D1857867

SFV

IGOR STRAWINSKY

mit

Robert Craft

ERINNERUNGEN UND GESPRÄCHE

S. FISCHER

Aus dem Amerikanischen übersetzt von
David und Ute Starke

© Igor Strawinsky and Robert Craft 1969
Die Originalausgabe ›Igor Strawinsky and Robert Craft: Retrospectives and Conclusions‹ erschien 1969 bei Alfred A. Knopf, New York
Deutsche Ausgabe:
© S. Fischer Verlag GmbH, Frankfurt am Main 1972
Register: Hanne Michel
Umschlagentwurf: Atelier Marhold
unter Benutzung eines Fotos von Peyer, Hamburg
Satz und Druck: F. L. Wagener, Lemgo
Einband: Butzon & Bercker, Kevelaer
Printed in Germany 1972
ISBN 3 10 075701 7

Für Christopher Isherwood

INHALT

ZWEITER TEIL

Aus den Tagebüchern von Robert Craft 1948–1968

EINLEITUNG

Ein Meister bei der Arbeit

Juni 1966

Strawinsky wieder! (immer noch? oder erst recht?): vierundachtzig letzte Woche und immer noch komponierend, immer noch seine Meinung äußernd, immer noch vital. Eben diese Aktualität ist es, die das ihm gewidmete Musikfest in der Philharmonic Hall im kommenden Monat auszeichnet. Eine Huldigung von solchem Ausmaß wird selten einem aktiven Zeitgenossen zuteil, schon deswegen, weil die meisten Künstler, wenn sie das Lebensalter der Huldigungen erreicht haben, schöpferisch längst in der Periode ihres ersten Aufblühens hängengeblieben sind. Sie haben somit aufgehört, zeitgenössisch zu sein. Überdies haben nur wenige zeitgenössische Künstler – gleich, welchen Alters – ein so vielfältiges und so reiches Werk hervorgebracht, daß es eine lebendige Ausstellung ergibt, also alles andere als eine Retrospektivschau im Museum. Strawinsky aber besitzt diese Qualifikation: er ist ebensosehr ein repräsentativer Wortführer des Jahres 1966, wie er es für die Jahre 1906, 1916, 1926 und so weiter war. Und praktisch denkenden Programmgestaltern scheint seine Qualifikation noch reicher begründet. Niemand sonst hat so große Gebiete der Vergangenheit erhellt – oder der Gegenwart, wie sie in der Vergangenheit verborgen lag; niemand sonst hat seinen Stempel so deutlich so vielen Nachfolgern aufgedrückt, apostolischen oder nichtapostolischen. Strawinsky als Schnittpunkt vielfältiger Bestrebungen: das ist ebensosehr Thema des Festspiels, wie es die Musik Strawinskys selber ist.

Es dürfte wohlbekannt sein, daß er seine schöpferische Arbeit in Hollywood leistet. Sein Studio dort wurde fotografiert, im Fernsehen gezeigt und im Prosastil von Hofberichten beschrieben. Die Veränderungen der letzten Jahre wurden jedoch nicht vermerkt. Das Zimmer hat jetzt eine Klimaanlage, und die Temperatur scheint häufig bis zum Gefrierpunkt reduziert zu sein: für diejenigen Freunde ein überraschender Unterschied, die sich an des Komponisten Kränklichkeit aus früheren Jahren erinnern, seine Furcht vor dem leisesten Luftzug oder der sanftesten kühlen Brise. Diese Verwandlung scheint ihre Ursache in einer Blutkrankheit zu haben, die seine Körpertemperatur erhöht. Einen weiteren Unterschied bilden die ausgestellten Ehrungen: das aufgerichtete *Schofar* aus Israel; der päpstliche Segen, in Silber gerahmt; das Großkreuz vom Orden des heiligen Jakobus aus Portugal; das Meißner Porzellan vom Berliner Bürgermeister und die Erstausgabe von Lessings *Hamburgischer Dramaturgie*, ein Geschenk des Hamburger Bürgermeisters; die »Schlüssel« zu Städten in den USA und Kanada, und verschiedene Teller, Schriftrollen und Medaillen von Städten in anderen Ländern. Trophäen dieser Art gab es noch vor wenigen Jahren in seiner Wohnung nicht, und hätte es sie gegeben, wären sie nicht zur Schau gestellt worden. Eine andere Veränderung aber dürfte einen stärkeren Eindruck auf den Besucher machen. Viele Dinge gemahnen an den Tod: die Porträts des Komponisten von der Hand des verstorbenen Giacometti, die Fotografien des Papstes Johannes, des Präsidenten Kennedy, von T. S. Eliot, Jean Cocteau, Aldous Huxley, Evelyn Waugh – und von Celeste, Strawinskys geliebter Katze. Von seinen Spätwerken tragen acht den Untertitel *In Memoriam.*

Strawinsky komponiert immer noch am Klavier, jedoch nicht ausschließlich, zumindest nicht, solange er sich auf ein Werk vorbereitet. Notenpapier oder Schreibgeräte und unliniiertes Papier hat er immer zur Hand auf allen seinen Wanderungen, und es scheint, daß das, was sich vielleicht nachher als Inspiration erweisen könnte, ihn häufig an Bord von Flugzeugen heimsucht. Vielleicht würde er die idealen Bedingungen fürs Komponieren auf einem Weltraumflug finden. Irgendein Papierfetzen – die Ecke eines Briefumschlags, die Rückseite eines Menüs, eine Serviette oder der Rand einer Zeitschriftenseite – dient zur Notierung von Einfällen. Daher schauen die Seiten der Notizbücher, auf die diese Skizzen geklebt sind, wie Collagen aus. Strawinsky datiert jede Skizze und markiert die gewählte Reihengestalt mit Farbstiften. Zur Begründung sagt er, es wäre sonst schwierig, Fehler zu entdecken; doch in Wirklichkeit ist es mehr als das, nämlich Manifestation eines mächtigen Zwangs zur Ordnung.

Die Art, wie Strawinsky ans Komponieren geht, scheint sich in den letzten Jahren nicht geändert zu haben. Er fängt fast immer mit einem melodischen Einfall an, den er in der ersten Aufzeichnung vielleicht bloß durch rhythmische Werte festhält. Diese eine Linie wird manchmal, wie es scheint, ganz isoliert, bis zu einem Punkt ausgedehnt, an dem größere Gestalten für ihn klar zu werden anfangen. Er begibt sich in diesem Stadium des Melodieschmiedens nicht ans Klavier, sondern erst dann, wenn sich harmonische und kontrapunktische Bezüge abzeichnen. Jetzt erst sagt Strawinsky, er habe etwas erfunden (d. h. entdeckt), das er nunmehr zu komponieren (d. h. entwickeln) gedenke. Das Erfinden geschieht hauptsächlich vormittags, am intensivsten gegen Mittag, das Komponieren in der Regel nachmittags. Zur Zeit verläßt Strawinsky sein Studio vor dem Lunch nur für einen Spaziergang, eine unerbittlich einsame Übung, die eher der Befreiung des Kopfes als, wie die Ärzte verlangen, der Lockerung der Glieder dienen soll. Die Instrumentierungsarbeit hat keine festgelegten Stunden. Sobald eine substantielle musikalische Einheit in Partiturskizze vollendet ist, macht er Überstunden, um die Orchesterpartitur zu beenden. Dies geschieht mit hoher Geschwindigkeit, jedenfalls so schnell, wie man auf Transparentpapier schreiben kann; denn er gebraucht weder Xerographie noch eine Notenschreibmaschine. Eine der Aufgaben seiner Tochter ist es (eine weitere, ihrem Vater die Haare zu trimmen), für die Reproduktion dieser Partituren und ihren Versand an den Verleger zu sorgen. Das geht manchmal Seite für Seite vor sich; denn Strawinsky schaut nie zurück, wohl aus Angst, seine Eurydike könnte verschwinden. Die Tochter hütet außerdem, wenn ihr Vater verreist ist, das Manuskript des entstehenden Werkes.

Strawinskys Arbeit beschränkt sich keineswegs auf das Komponieren, wie Konzertbesucher, Schallplattenkäufer, Leser von Bücherrezensionen und Fernsehzuschauer ja längst wissen. Da es ihm nie an Interpreten seiner Werke fehlte und er über vierzig war, als er zu dirigieren begann, kann man ihm die finanziellen Motive, die er als Entschuldigung für diese Karriere angibt, zumindest teilweise glauben. Weil er von den Tantiemen, die seine Kompositionen einbrachten, nicht leben konnte, wurde er zum Sommerkomponisten – das Konzertleben zu dieser Jahreszeit war damals weit weniger entwickelt als heute – und graste im Winter als Gastdirigent und Konzertpianist die Provinz ab. In den letzten Jahren sind seine Auftritte in Konzerten sehr selten geworden, aber eingestellt hat er sie nicht, angeblich aus demselben Grund, obwohl der wirkliche seine einfach nicht zu verleugnende Liebe zum lebendigen Musizieren ist. In der Tat ist es unmöglich, eine vierzigjährige Gewohnheit gänzlich zu unterdrücken, und das Stimulans und die Freude, die (zumindest) *ihm* das Dirigieren bringt, sind ganz offensichtlich eine Stütze seines Alters.

Um einen Blick hinter die Kulissen zu tun, wenn Strawinsky auf Tournee ist, will ich eine Momentaufnahme von ihm in seinem Zimmer im Pariser Hôtel Lotti versuchen, wo er sich von einer Reihe von Konzerten ausruht. Oder besser versuche ich, da er sich ungern fotografieren läßt, das Zimmer selbst aufzunehmen: es sagt auch etwas über den Mann aus. Eine halbe Stunde nach seiner Ankunft ist es vollkommen verwandelt: Medikamente, Toilettensachen und Heiligenbilder werden säuberlich auf dem Nachttisch aufgestellt, die Kleider ordentlich in Schubladen gestapelt oder in Garderoben aufgehängt, die Schreibmaterialien makellos zurechtgelegt, Geschäftspapiere,

Korrespondenz, Lexika und andere Bücher: dies alles exemplifiziert die Strawinskysche Ordnung. Die individuelle Note des Komponisten spiegelt sich, indem er die schlecht reproduzierten Utrillos und van Goghs im Zimmer durch Bilder aus Zeitungen ersetzt, die er mit Klebestreifen an der Wand befestigt, wie in dem Haufen von Extrakissen an seinem Bett und in der grünen Baskenmütze oben drauf, denn er schläft mit dieser spielerischen Kopfbedeckung, als wäre sie eine Zipfelmütze aus dem achtzehnten Jahrhundert.

Die Akten und Notizen sind umfangreich und nehmen so viel Platz ein wie die Bücher, die ein kleines Regal füllen. Strawinskys tägliche Wirtschaftsabrechnungen weisen solche kleinen Investitionen wie den Kauf einer Briefmarke aus, und die medizinische Buchhaltung ist noch genauer. Seine wöchentlichen Blutuntersuchungen werden registriert, zusammen mit einem Zeitplan für Sintrom und andere Antikoagulantien, der im wahrsten Sinne des Wortes die Lebenslinie des Komponisten bedeutet. Seine umfangreiche Korrespondenz wird auch während Konzertreisen nicht vernachlässigt; und obwohl seinen Brieffreunden mit gutem Grund Sammlerinteressen an ihrem Posteingang vorgeworfen werden könnte, ist *er* selten in Briefschuld. Außerdem fungiert Strawinsky unterwegs als sein eigenes Ausschnittbüro; Artikel über Naturwissenschaften, über Kunst, Archäologie und Bücher werden sorgfältig mit der Schere ausgeschnippelt und einsortiert, häufig mit Randnotizen versehen. Aber es ist beunruhigend, in dem kalendarischen Skizzenbuch seiner momentanen Arbeit eingeklebte Nachrufe zu entdecken (erst letzte Woche wurden Fotografien von Scherchen und Jean Arp dort angebracht), es ist beunruhigend, den Tod nicht nur in den alltäglichen, sondern auch den schöpferischen Gedanken des Komponisten zu finden. Vor ein paar Tagen erschien er zum Frühstück und sagte: »Ich träumte, ich konnte wieder normal gehen, und sah mich in einem Menschengedränge mit allen anderen Schritt halten. Es war grausam, aufwachen zu müssen.«

Der Gourmet Strawinsky ist in Paris immer glücklich, auch wenn die Tafelfreuden in seinen Lieblingsrestaurants, Ami Louis (dem Weltzentrum des *foie gras*), der Boule d'Or, dem Grand Véfour, gefährlich gut sind. In der Tat: während ich dies schreibe, macht dem Komponisten die Leber zu schaffen. Kein Wunder. Nachdem er ausgepackt hatte, eilte er zu dem zweitgenannten Restaurant, angeblich weil es eine herrliche Aussicht auf ein altes Stadtviertel hat; doch bald hatte er Platz genommen und in bedenklichen Mengen Krebse verspeist (denen Russen offensichtlich nicht widerstehen können). Er selber führt zwar seine Schmerzen nicht auf die Menge zurück; seine Diagnose beruht auf einer feineren Ursache. Da man ihm die lekkeren Tierchen vorher in der Küche gezeigt hatte, als sie noch lebendig waren, glaubt er nunmehr, für den Verrat an ihnen bestraft zu werden und für die Sünde, »ein Wesen zu verspeisen, dem man schon in Gesellschaft begegnet ist«. In Wahrheit besitzt der vierundachtzigjährige Strawinsky den Appetit eines Pantagruel.

Kehren wir zurück zum Schauplatz der dauerhaften und ständigen Arbeit, die immer noch hauptsächlich in Kalifornien geleistet wird. An einem guten Tag bringt Strawinsky es fertig, vier bis fünf Stunden der Komposition zu widmen, und noch mehr an Wochenenden, wenn die Unterbrechungen durch Telefonanrufe weniger werden: die zerreißen die Gedanken und Gefühle an einem normalen Tag wohl etwa dreißigmal, und das über zehn lautstarke Parallelapparate. Und dann gibt es andere Geräuschquellen: einen Nachbarn, der äußerst gewissenhaft auf dem Klavier Tonleitern übt; einen anderen Nachbarn, der sich nicht weniger pflichtbewußt dem Signalhorn und dem Schlagzeug widmet; dann Vögel, so zuverlässig melodisch mitten in der Nacht wie die Hifi-Kanarienvögel im Friedhof von Forest Lawn; weiter ohrenzerreißende Smogwarnungssirenen (oder sind es Vietkongwarnungen?) und Hubschrauber, für die das Haus Strawinskys ein wichtiger Markierungspunkt auf einem Luftkorridor zu sein scheint. Da keiner so empfindlich auf diese

Gehörstorturen reagieren dürfte wie der Komponist – er zuckt bei jedem Geräusch eine volle Sekunde früher zusammen als alle anderen –, ist es ein Wunder, daß er überhaupt noch arbeiten kann.

In seiner arbeitsfreien Zeit beschäftigt sich der Komponist mit nichts Ungewöhnlichem. Lesen ist das Wichtigste; er liest so viel wie ein Buchrezensent. Der Lesestoff reicht von den Klassikern bis zu den Luftpostausgaben mehrerer Wochenblätter aus Übersee. Selten wagt er noch einen Kinobesuch, aber den Flimmerkasten schaltet er auf ein Wort ein (noch schneller schaltet er ihn wieder aus). Ablenkung bieten seine Blumen- und Obstgärten, und mit Stolz erfüllen ihn (er tut, als zöge er sie gekauften vor) die Zitronen, Orangen und Avocados von seinen eigenen Bäumen. Außerdem ist er sehr tierliebend; dies gilt sogar für die Eidechsen, die in der warmen Jahreszeit über seine Einmachgläser schlüpfen. Ich könnte hinzufügen, daß die Wiegenlieder jener musikalischen Sorte von Lacertilia, die auf den Philippinen die Wände der Schlafräume frequentieren, ihn anläßlich seines dortigen Besuchs ebenso entzückten, wie sie mich erschreckten. Er genießt es auch, im Lincoln Continental – er hat deren zwei – herumzukreuzen, insbesondere, wenn Madame Strawinsky am Steuer sitzt, denn da hat er Gelegenheit, vom Beifahrersitz aus zu dirigieren.

Wenn man mich fragen sollte, welche Menschen zur Zeit verhältnismäßig leicht Zugang zu Strawinsky erhalten, müßte ich bemerken, daß russisch sprechende Besucher bevorzugt werden und daß er für einen Hurok, Magaloff, Joel Spigelmann, einen Ussachevsky, Isaac Stern, Babin oder Vronsky Zeit findet, die anderen verweigert wird. Es ist für Strawinsky einfach eine Erholung, in seiner Muttersprache plaudern zu können. Seit einiger Zeit stehen auch Historikern seine Türen offen, sofern ihre Fragen sich auf seine Weggenossen richten und ihn nur indirekt angehen. Er versprach vor nicht allzu langer Zeit, einen Beitrag zu einem Fernsehdokumentarfilm der BBC über Diaghilew zu liefern, und sein Material über Cocteau hat er Francis Steegmuller anvertraut, dessen Biographien von Flaubert und Maupassant er bewundert. Doch von dem alten Kreis der wirklich intimen Freunde in Kalifornien lebt nur noch Christopher Isherwood.

Hat die Grundstimmung des Menschen und seiner Musik sich in den letzten Jahren gewandelt? Gewiß, die chemische Zusammensetzung ist verschieden; aber mehr als das zu sagen, fällt schwer. Strawinsky war und ist eine im wesentlichen glückliche Natur. Die Mehrzahl seiner Kompositionen läßt sich als Divertimenti beschreiben, nur eine Handvoll von ihnen kann tragisch genannt werden. Seine profundesten Stimmungen (die nicht mit seiner profundesten Musik identisch sind) finden sich im allgemeinen in seinen religiösen Werken; und dort fällt auch die chemische Verschiebung am meisten auf: Strawinsky scheint jetzt noch ausschließlicher ein religiöser Komponist zu sein als zuvor. Aber die Stimmungen aller seiner Musik überschreiten die Grenzen und lassen sich in sämtlichen verwendeten Gattungen finden: jene barbarische Überschwenglichkeit, das Spaßmachen und Auf-den-Arm-Nehmen (in diesem schmächtigen Mann ist ein dicker Rossini gefangen), die Exaltation, der Zorn, Heiterkeit (*Apollon musagète*) und Sanftmut (das Wiegenlied in *Perséphone*). Sie sind Ausdruck einer Menschlichkeit, die nicht nur auf das musikalische Feingefühl, sondern ebenso auf den Intellekt und die Herzen in unserem Zeitalter gewirkt hat.

Robert Craft

ERSTER TEIL

Miscellanea

INTERVIEWS

Über das zeitgenössische Musikleben und anderes

Wo ist irgendeine bestimmte Melodie oder geordnete Musik in solchen Noten zu finden?
ELIZABETH BARRETT BROWNING

NEW YORK REVIEW OF BOOKS: Sind Sie mit dem Flugzeug von Kalifornien hierhergekommen, Herr Strawinsky? Wie war es?
I.S.: Wenn Sie Los Angeles meinen: genauso sonnenarm wie eine Pilzfarm. Meinen Sie den Flug, nun: wenigstens ist Muzak* nicht mehr obligatorisch, wenn ich, der ich die schmerzliche Leere vorziehe, das konstatieren darf. Aber ich will mich nicht über Flugzeuge beschweren. Ich bin nicht mehr in der Lage, um den Häuserblock zu spazieren, doch um die Welt fliegen kann ich. Ein bißchen »Turbulenz« störte das Bordkino, und der Pilot verkündigte etwas, das mir seitdem im Gedächtnis geblieben ist. Er sagte, der Computer habe beim Ausrechnen des Flugplans als günstigste Höhe zehntausend Meter gewählt, aber nach seiner Meinung sollten wir höher gehen. Diese rührend veraltete Kritik an der Autorität des Computers hat mich schockiert, muß ich gestehen, und ich hoffe aufrichtig, daß die Beziehungen zwischen den Menschen und ihrer Computerwissenschaft (und umgekehrt zwischen der Computerwissenschaft der Menschen und ihren Beziehungen) vertrauensvoller werden. Möglicherweise ist die Ursache dieses Schocks bei mir zum Teil in dem

* Kommerziell verbreiteter Klangteppich sanfter Unterhaltungsmusik, allzu gebräuchlich in amerikanischen Hotels, Restaurants usw. [Anmerkung der Übersetzer.]

Kontrast zwischen der computergesteuerten Flugsicherung selber und meinen Erinnerungen an das homerische Zeitalter der Fliegerei bei Saint-Exupéry und seinen Zeitgenossen zu suchen, die zeitweise von wenig mehr als ihren eigenen Befürchtungen geleitet wurden. Aber in der Hauptsache war es auf den Umstand zurückzuführen, daß ich in meiner eigenen Arbeit meine Gefühle für zuverlässiger halte als meine Berechnungen.

N.Y.R.: Würden Sie den Unterschied erklären, Herr Strawinsky?

I.S.: Wahrscheinlich ist es ein nichtiger oder, wie die Unterschiede zwischen analytischer und empirischer Wahrheiten oder angelerntem und angeborenem Verhalten, einer, der keine ganz scharfe Trennungslinie zuläßt. Unverkennbar überlappen sich unsere Berechnungen und unsere Gefühle, oder sie laufen kongruent. Trotzdem werde ich darauf bestehen und weiterhin sagen, daß ich meinen musikalischen Drüsen mehr vertraue als meinen narrensicheren musikalischen Flugplänen, obwohl die Flugpläne zum Teil von denselben Drüsen ihre Form erhalten. Und ich füge hinzu, daß ich es vorziehe, die »freie« Option meines Ohrs auszuüben, als mich dem Meisterplan der Lochkarte zu unterwerfen. Wenn ich jedoch behaupten würde, daß die alles überragende Autorität der Mathematik in der heutigen Kunst das Ergebnis eines tiefverwurzelten modernen Aberglaubens sei, wäre dies bloßes *ipse dixit*-Gerede: es sagt nur über mich selber etwas aus. Allerdings jetzt, in meinem Alter, ist das die Art von Gerede, die ich vorziehe. Ich brauche einerseits nicht so viele Fluchtworte zu verwenden; andererseits liegt der Gegenstand – meine Person nämlich – näher.

N.Y.R.: In der Vergangenheit haben Sie die Argumente kritisiert, die für die Option des Augenblicks sprechen sollten, Herr Strawinsky. Wollen Sie ihnen nun doch hier Tür und Tor wieder öffnen?

I.S.: Ich habe sie kritisiert nicht auf dem Gebiet der Komposition, sondern der Aufführungspraxis, obwohl dies für die Schule des »Happening« kein akzeptabler Unterschied ist – und meine

Ansichten über Aufführungspraxis haben sich eher verhärtet als verändert. Happenings sind nun einmal Kompositionen, zumindest im Rückblick. Bald wird jemand darauf kommen, daß sie noch interessanter sein können, wenn sie noch dazu vor und während der Aufführung Kompositionen sind. Damit könnte sich das Spiel wiederholen von, sagen wir, Bach oder Thubalkain angefangen. Schon weigern sich deutsche Orchester, an Happenings teilzunehmen oder nicht aufgeschriebene oder unvollständig notierte Musik zu spielen; dies verstehe ich jedoch nicht als einen Vorboten des nächsten Schritts, sondern einfach als die Reaktion von braven Soldaten, die eindeutige Befehle nötig haben. Was heißt hier denn der »nächste« Schritt? Sogar während ich spreche, wird der »nächste« der »vorige«, und Konformismus bleibt den massenweise produzierten Avantgarden so heiß auf den Fersen, daß wer »in« und wer nicht »in« ist, mit der Geschwindigkeit von Mach 3 wechselt. Vorbei sind die Zeiten, da künstlerische Bewegungen zusammen mit politischen existierten (und mit ihnen fielen, wie beispielsweise totale Serialisation mit der Entstalinisierung verschwand und *musique concrète* mit der Entpersonifizierung von Chruschtschow). Wer wagt noch zu behaupten, ob zu irgendeinem bestimmten Zeitpunkt es Nono ist, der das versinkende Venedig stützt, oder umgekehrt?

N.Y.R.: Was ist Ihre Ansicht über den gegenwärtigen Zustand der Aufführung traditioneller Musik? Wie haben, nach Ihrer Meinung, die gesteigerte Quantität der Musik in den Vereinigten Staaten und die erhöhte Konkurrenz sich auf den Qualitätsstandard ausgewirkt?

I.S.: Lassen Sie mich mit einer Anmerkung beginnen, die auf meiner jüngsten Erfahrung beruht. Wir alle wissen, oder sollen wissen, daß Amerika einige der besten Instrumentalisten der Welt hervorbringt, aus welchen geheimnisvollen Gründen nur immer; denn Orchestermitglieder sind im Durchschnitt so schlecht bezahlt wie Dichter oder Schullehrer. Diese Kenntnis hat mich aber nicht auf die Fülle der hochqualifizierten Interpretentalente vorbereitet, die ich in letzter Zeit bei Besuchen von Universitäten und Musikhochschulen wie Oberlin, Eastman und der University of Texas erlebt habe. Zudem muß ich hinzufügen, daß ich nicht nur Talent, sondern eine sensible neue Generation von Menschen entdeckte. Letzten Frühling sah ich meinen *Oedipus Rex* in der Produktion einer landwirtschaftlichen Hochschule in Indiana durch Studenten, die ihre Zeit ansonsten, was weiß ich, mit Vorlesungen über Düngemittel verbrachten. Und es ist nur wenige Wochen her, da hörte ich, wie das Orchester der Eastman School bei einem Minimum an Probezeit eine vollkommene Aufführung einiger meiner schwierigsten Spätwerke darbot, einschließlich der Teile aus der Oper *Die Sintflut*, mit der zumindest ein weltberühmtes Berufsorchester nach einer Woche Proben und zwölf Aufführungen nicht fertig wurde. Die Beweglichkeit der Jungen, die Starrheit der Routiniers: das ist eine alte Geschichte, natürlich; dennoch können Sie sich kaum vorstellen, welche Freude dieses Studentenorchester mir bereitete.

Was Quantität, Qualität und die Auswirkung von Konkurrenz betrifft, so gebe ich zu bedenken, daß Veblens klassische Kritik jener kapitalistischen Begriffe sich wohl auch auf die Musik anwenden läßt. Auf alle Fälle sind die Vorfragen dieselben. Konkurrenz zu welchem Zweck? Welche sind die Maßstäbe, und auf welche Weise werden sie verbessert? Jüngst hörte ich, wie ein Dirigent eines meiner Werke durch kosmetische Behandlung verbesserte, indem er die Musik mit Lippenstift beschmierte und mit Puder erstickte. Solche Sachen sind ebenso Form wie Ergebnis von Konkurrenz, aber von einer Konkurrenz der Dirigenten im Dirigieren, oder nennen wir es die Aufführung von Aufführung: sie haben keineswegs etwas mit Musik zu tun. In den letzten Jahren hat sich die Aufführung von Aufführung in einer solchen Weise entwickelt, daß sie die Musik selbst anficht und sie zu verbannen droht. Ich habe Aufführungen (von Aufführung) gesehen, die so vollkommen ausgearbeitet wie eine Sonate, so hübsch ausgedacht wie eine Fuge waren.

Der neue Dirigent X, zum Beispiel, kontrolliert jede Etappe der Operation so vollständig, wie eine Wohlfahrtsbehörde alles von der Wiege bis zur Bahre geplant hat, vom ersten Auftritt, bei dem gerade die richtige Menge künstlerischer Mystik zur Schau getragen wird, bis zu den letzten paar Dutzend erschöpften Verbeugungen. Ich werde nicht versuchen, die Aufführung, die X auf die Musik anwendet, zu beschreiben; ich sage nur, daß ihre am meisten einnehmenden Züge folgende sind: eine Kreuzigung, die ausgestreckten Arme bewegungslos, die Hände schlaff in erstarrter Leidenschaft; ein Beckenstoß, der an Höhepunkten gebraucht und mit einem Zurückwerfen des Kopfes koordiniert wird; und eine ganze Menge Arbeit mit dem Profil, nicht bloß in die Richtung der ersten Geigen, sondern über sie hinaus und auf die Zuhörer zu. Ansonsten setzt sich das Repertoire großenteils aus den üblichen, die Musik spiegelnden »Ausdrucksbewegungen« (die Bezeichnung von Lorenz für denselben Vorgang bei der Ethologie von Graugänsen) zusammen. Doch wird eine weitere Neuheit versprochen, ehe die Schau auf den Broadway kommt, und laut Gerüchten soll es sich um Kopfstände handeln während des Kontrapunkts in der Umkehrung. Aber das ist alles noch nichts: den wahren Höhepunkt bildet die Aufführung nach der Aufführung. Sie beginnt mit einem Tableau, das der Kreuzabnahme nachgebildet ist. Die Arme sind leblos, die Knie gebeugt, der Kopf (das Haar kunstvoll zerzaust) hängt tief herab, und der ganze Leichnam ist in Schweiß gebadet (Warmwasser, hat man den Verdacht, das von unsichtbaren Sprühflaschen herrührt). Der erste Schritt vom Dirigentenpult herab kann ein Wanken kaum verbergen, jedoch schafft es der Wundertäter trotzdem, noch sechsundvierzig Male auf dem Podium zu erscheinen. Es *ist* ja auch eine großartige Aufführung, und als Reklame wäre sie nur durch Himmelsschrift zu überbieten. Nur würde sich kein Musiker davon mitreißen lassen.

N.Y.R.: Welche neue Musik haben Sie in letzter Zeit gehört, Herr Strawinsky?

I.S.: Neu für mich war die *Fanciulla del West*, ein bemerkenswert moderner Fernseh-Western, mit einem Marshall Dillon und professionellen Indianern, ähnlich denen im Empfangssaal des Hotels Fonda in Santa Fe. Diese Ureinwohner werden charakterisiert, wenn man das so nennen darf, durch einige schwache Debussy-Reminiszenzen; doch die Partitur spielt hauptsächlich im Lande der *Butterfly*: eigentlich ist diese Oper ein Eastern-Western. Egal wie die Geographie ausschaut, die Musik – Arien, die Selbstparodien sind; eine Ouvertüre, die dem Roxy-Kino Ehre machen würde – ist schlecht, dabei einfach schlecht, nicht einmal interessant schlecht. Warum? Das Fehlen von Menschen, mit denen sich der Komponist identifizieren konnte (gewiß konnten sie sich selber nicht identifizieren)? Die Unangemessenheit des Sujets für jenes Genie der Sentimentalität, die in *La Bohème* so vollkommen der dramatischen Substanz angepaßt und so prächtig entfaltet ist, daß sogar ich, wenn es mir gelingt, eine Karte zu bekommen, das Theater mit dem Lied meiner verlorenen Unschuld auf den Lippen verlasse? Der einzige sichtbare Erfolg in der *Fanciulla* jedoch ist der Versuch, sie amerikanisch, d. h. einfältig zu gestalten. Dies geschieht, indem man die Goldgräber unisono singen und einen Pferdetrab-Rhythmus à la Ferde Grofé bis zur Weißglut wiederholen läßt.

Kein Zweifel, mit neuer Musik meinen Sie etwas anderes, aber ich bin so wenig auf dem laufenden, daß ich ein musikalisches Mobile kaum von einem musikalischen Stabile zu unterscheiden weiß, von den Splitterbewegungen ganz zu schweigen. Ich höre nur, was mir sozusagen über den Weg läuft, und kann daher nicht wählerisch sein. Des Weges kamen neulich Messiaens *Couleurs de la cité celeste*. Das Werk scheint von J. Arthur Rank inspiriert zu sein, und seine *force de frappe* ist so groß, daß ich staunen muß, daß die Marimbas, Xylophone, Becken und Tamtams nicht durch Materialermüdung entzweigingen. Etwa um dieselbe Zeit hörte ich desselben Komponisten *La Rousserolle effarvatte*, die beabsichtigt, für den Schilfsänger

(vierundzwanzig Stunden aus dessen Leben) etwa das zu tun, was Joyce für Bloom tat. (Nun, *einiges* davon habe ich gehört.)
Ich habe auch ein Programm mit elektronischer Musik besucht, aber nur eine Komposition schien im Medium und wegen des Mediums zu existieren; alle anderen waren Übersetzungen, worüber ich nichts Besseres zu sagen weiß, als daß sie wahrscheinlich in ihren Muttersprachen noch schlimmer geklungen haben würden. Der bloße Gedanke an die notwendige Schreibarbeit, um diese Geräusche zu fabrizieren, bedrückt mich. Denn, obwohl ich für einen van Eyck Mitgefühl empfinden kann, der mit der Hilfe eines Vergrößerungsglases Monate brauchte, um einen Käfer zu malen (und meine Sympathie beruht *nicht* darauf, daß er nicht einfach tropfte oder kleckste), ich kann musikalische Komposition nicht verstehen, die außerhalb der Musik stattfindet. Lieber ab und zu eine dieser Demonstrationen von Antimusik, obgleich ich zugeben muß, über die Entwicklungen auch auf diesem Gebiet, falls es welche gibt, mich nicht laufend informiert zu haben. Die einzigen Geräusche (wenigstens), die mich erreichen, sind das Auf-die-Brust-Schlagen und eigennützige Süßholzraspeln der Antimusikclaqueure selber.
In letzter Zeit wurde ich einer Menge dekorativ aufgemachter neuer Musik von polnischen Komponisten ausgesetzt, und ich darf berichten, daß die Oberflächenqualität oft reizvoll ist, beispielsweise in Tadeusz Bairds (im Sinne des Titels) harmlosen *Erotica;* hier scheinen Gefühle in Berechnungen eingegangen zu sein. Etwas später hörte ich einige überraschende Partituren von neuen französischen Komponisten: Guézecs *Architectures colorées,* Éloys *Équivalences,* Gilbert Amys *Antiphonies* für Doppelorchester. Es gibt eine neue französische Schule, eine gute, wenn man das Niveau der Kunstfertigkeit betrachtet. Boulez ist natürlich ihre Vaterfigur, obschon er sich immer weiter vom Dadaismus entfernt hat.
Eines der zwei eindrucksvollsten musikalischen Erlebnisse aus letzter Zeit – das andere war *Die Jakobsleiter* – verdanke ich dem verstorbenen Noah Greenberg und seinen Tonbandauf-

nahmen von polyphonem Gesang in den Gebirgsdörfern bei Tiflis. Greenbergs Entdeckung einer lebendigen Aufführungstradition von Musik aus so verschiedenen Bezirken wie dem Conductus und Organum des 10. Jahrhunderts und der Kunst der Hochrenaissance war ein wichtiger Fund, da Beiträge zu unserem Wissen über Aufführungspraxis wertvoller sind als die Ausgrabung weiterer Musikwerke, und diesmal *läßt* sich der Unterschied feststellen. Das Jodeln, *krimanschuli* nennt man es auf georgisch, in der Aufführung von Hoketus des *trecento* ist eine der stärksten Vokalleistungen, die ich je gehört habe. Dieser freigelegte Schatz ist, da sowohl ausländisch als auch religiös der Herkunft nach (und daher eine Verlegenheit für den progressiven Historizismus), außerdem polyphon (und daher subversiv), dieser Schatz ist also unwillkommen in der Sowjetunion, das braucht kaum gesagt zu werden, und es ist nicht sehr wahrscheinlich, daß er bewahrt wird. Ohne Zweifel wird er nun endgültig wieder begraben und durch schlagwortbespickte Parteilieder aus der Moskauer Manufaktur ersetzt. Der Verfall der Kultur, wenn Sie bitte meinen eigenen simplizistischen Historizismus verzeihen, läßt sich musikalisch als Rückfall aus der Polyphonie in die Monophonie begreifen.

Hollywood, California
1. April 1969

An den Herausgeber
der Zeitschrift »Composer«

Sehr geehrter Herr,

soeben las ich die Fußnote des Herrn Geoffrey Bush zu meinen *Dialogues and a Diary** in der Herbstnummer der Zeitschrift »Composer«. Herr Bush schreibt, daß »eine Angelegenheit von beträchtlichem musikethnologischem Interesse berührt wird«,

* Faber & Faber, London 1968.

und er macht den Versuch, »die Tatsachen in Erinnerung zu bringen«.

Tatsächlich haben die Ausführungen des Herrn Bush wenig mit Musikethnologie zu tun. Ihn interessiert, daß ich dem verstorbenen Noah Greenberg eine »Entdeckung«, in der Nähe von Tiflis, »einer lebendigen Aufführungstradition von Musik aus so verschiedenen Bezirken wie dem Conductus und Organum des 10. Jahrhunderts und der Kunst der Hochrenaissance« zuschreibe. Daß meine Worte irreführend waren, beweisen die Mißdeutungen von Herrn Bush. Jedoch ist Herr Bush gewiß vorsätzlich naiv, wenn er sie in dem Sinne von völlig unbekannt verstanden haben will und wenn er annimmt, ich hätte gedacht, ein Gast von Intourist sei in der Lage, irgend etwas von so geheimer Natur zu entdecken, das nicht schon zumindest in der UdSSR bekannt sei. (Tatsächlich hatte ich 1962 während meines Besuchs in der UdSSR von der Existenz der Tradition gehört.) Herrn Greenbergs Entdeckung war lediglich seine eigene, versteht sich, und die der anderen Musiker, mit denen er sie nach seiner Rückkehr in New York teilte.

Nun liefert Herr Bush ein neues Glied in der Kette seiner Argumentation mit der Erklärung, die Entdeckung von Herrn Greenberg sei das Ergebnis seiner Begegnung mit Herrn Bush und Herr John Gardner, zwei »weit weniger interessanten Kuriositäten« (Formulierung von Herrn Bush), als es die Musik selbst ist. Die Herren Bush und Gardner hatten Herrn Greenberg bloß eingeladen, nun sagen wir, ihnen »nachzulaufen«, um die Musik mitzuhören. Ich habe keine Ahnung, warum Herr Greenberg es versäumte, mir gegenüber die Herren Bush und Gardner zu erwähnen, aber es war eindeutig keine Geringschätzung beabsichtigt.

Gleichwohl bringen die Vermutungen von Herrn Bush »die Tatsachen« nicht »in Erinnerung«. Ein Hindernis dabei ist, daß sie nicht erschöpfend logisch sind. Er behauptet, daß Greenberg »nicht irgend etwas entdeckt und an Strawinsky weitergegeben haben kann, das wir drei nicht schon gehört hätten; denn Strawinskys Bemerkungen sind eine genaue Beschreibung der Musik, die für uns an jenem Vormittag aufgeführt und auf Tonband aufgezeichnet wurde ...«. Also, wie ist es denn mit der Musik, die ich *nicht* beschrieben habe?

Auch verstehe ich nicht, warum Herr Bush so hübsch präzis ist in Angelegenheiten, in denen er nicht sicher ist – wenn er sagt, der Anspruch auf die »Entdeckung« sei »nicht notwendig von Greenberg selber geltend gemacht« (von wem also?) – und doch so unbestimmt, wenn es um das New Yorker Ensemble Pro Musica Antiqua geht. Sein Bericht, »Greenberg hatte eine Gruppe von Sängern und Instrumentalisten dabei«, hört sich eher an wie eine Erwähnung von Herrn Greenbergs Namensvetter im Gefolge des Herzogs von Mantua.

Was Herr Greenberg tatsächlich sagte, war, soweit ich mich erinnern kann, daß die Musik, die seine New Yorker Gruppe spielte, und ihre auffallende Ähnlichkeit mit der Musik der örtlichen Tradition das Interesse der georgischen Musiker erweckt hatten. Dann, so habe ich es verstanden, wurden Herr Greenberg und zwei oder drei Mitglieder seines Ensembles nach den Konzerten in die Dörfer der Umgebung gebracht, wo sie für die Dorfbewohner und die Dorfbewohner für sie musizierten.

Nun, meine Erinnerung ist schwach, und es ist einige Jahre her, seitdem mir Herr Greenberg seine Tonbänder vorspielte. In der Tat würde ich dazu neigen, den Zweifeln von Herrn Bush Glauben zu schenken und die Geschichte einen Wachtraum nennen, gäbe es nicht einen Umstand: ich bin sicher, daß meine Frau und Herr Greenberg Notizen über zwei Dörfer nahe Tiflis verglichen, in denen sie gelebt und die Herr Greenberg ganz gewiß besucht hatte.

Herr Bush bekrittelt »die antisowjetischen Folgerungen, die Strawinsky der Episode entnimmt« (sie wurden selbstverständlich auch vielen anderen Episoden entnommen), obwohl er sie natürlich findet für einen »Weißrussen« mit einem »eingebauten Vorurteil gegen den Sowjetkommunismus« – als ob es möglich wäre, im Falle des Sowjetkommunismus unparteiisch zu sein, und als ob die Einstufung meine Emigration aus künstlerischen Gründen lange vor der Existenz eines Weißrußlands erklären würde. »Wie jeder, der überhaupt mit der UdSSR vertraut ist, weiß«, fährt er fort, »ist es die Politik der Partei . . ., Bekundungen von örtlicher Kultur zu fördern.« Ich darf wohl sagen, daß ich »überhaupt« mit der UdSSR vertraut bin. Aber davon abgesehen, ist die Behauptung von Herrn Bush keineswegs so selbstverständlich, wie er zu glauben scheint. Tatsächlich (*pace*, Herr Bush) dürfte man allgemein viel eher eine Politik der UdSSR erkennen, die darauf zielt, Bekundungen von religiöser Kultur (notorisch in letzter Zeit im Falle der Juden) zu *unterdrücken.*

Wie der Zufall es will, hatte Herr George Balanchine seinen Bruder, den georgischen Komponisten, in Tiflis besucht, kurz bevor ich die Tonbänder hörte, und zweifelsohne haben die Ansichten, die Herr Balanchine nach seiner Rückkehr äußerte, meine eigenen Bemerkungen beeinflußt. Als geborener Georgier ist Herr Balanchine mindestens so voreingenommen wie ich oder wie Herr Bush. Deswegen ist sein Bericht, der meine Gedanken beeinflußte, über die starke Abneigung zahlreicher Georgier gegen eine Parteipolitik, die ihm viele als eine der kulturellen Eindämmungen beschrieben, genauso gültig (insofern Meinungen dieser Art überhaupt Gültigkeit besitzen) wie die Eindrücke des Herrn Bush von der segensreichen sowjetischen Kulturförderung.

Darf ich hinzufügen, daß mir Herr Greenberg nicht lange vor seinem Tode einige weitere Tonbänder dieser Musik schenkte und daß zu jenem späteren Zeitpunkt meine Freude genauso groß war wie beim ersten Erleben.

Mit vorzüglicher Hochachtung

Die Jakobsleiter wird als »Skizze« und »Torso« beschrieben; beide Worte sind sowohl korrekt als auch irreführend. Von Schönberg sind die Noten, nicht aber die Klangfarbe, obwohl von des Komponisten eigener Hand genug stammt, um einer anderen Hand als Anleitung für Zusammensetzungen dienen zu können. Wo Schönberg die Instrumentation vollenden konnte, wie bei dem späteren Teil der Musik des »Sterbenden«, ist der Unterschied ungeheuer. Daraus folgt nun, daß, wo die Instrumentenangaben des Komponisten spärlich sind, wie bei der Musik des »Ringenden«, die Realisation hoffnungslos konventionell und das Tempo der Abwechslung von Orchesterkombinationen zu langsam ist. Außerdem gibt es einige offensichtlich falsche Interpretationen, wie etwa bei der Begleitung des Wortes *Rhythmus* zum Schluß der Musik des »Berufenen«; hier zeigt die Stimmführung, daß dieselbe Klangfarbe keineswegs sowohl für das obere System zu Beginn des Taktes wie für das dritte an dessen Ende beabsichtigt gewesen sein konnte. Dennoch ist das vorhandene Fragment, trotz der Unvollkommenheit insbesondere der Orchestrierung, ein Gipfel unserer Musik.

Die vielfachen Orchester und Sprechchöre haben zu vielen Auslassungen der Schönberggemeinde über die prophetische Natur der Partitur geführt, aber die Wiederaufnahme der Tonalität, die Schönberg selber acht Jahre früher exkommuniziert hatte, ist noch bemerkenswerter. Die Verbindung der Tonalität mit den Worten der »Gleichgültigen« und der »Sanftergebenen« zeigt gewiß eine Spitze; aber Tonalität ist an anderen Stellen ebenso integriert, ja, durch die ganze Partitur hindurch, während Oktavverdopplungen regelmäßig und sogar in Parallelform vorkommen, wie bei der Einleitung zu Gabriels Vortrag »Dies Entweder und dies Oder«. Es sei dahingestellt, ob die Ursache in diesen Leichtfertigkeiten zu suchen ist, jedenfalls ist die Harmonie äußerst reichhaltig. *Die glückliche Hand*, zusammen mit den *Vier Orchesterliedern*, bildet mehr oder weniger den Ausgangspunkt für die ersten Abschnitte des Werkes. Doch Schönberg hält sich nicht bei der Vergangenheit auf, und die Musik entfaltet sich in stetem Aufstieg, bis, an der Schwelle einer neuen Klangwelt, das Manuskript abbricht. (An dieser Stelle erhielt Kaiser Franz Joseph einen neuen Rekruten.)

N.Y.R.: Sie sagten, es sei leichter, über sich selber zu reden, Herr Strawinsky. Darf ich fragen, was das heißt, vierundachtzig zu sein?

I.S.: Es gibt dabei nichts zum Triumphieren, das kann ich Ihnen sagen, nichts Erheiterndes. Ich bin vergeßlich, ich wiederhole mich und bin etwas schwerhörig. Aus diesen Gründen lese ich mehr als ich spreche, und ich ziehe die Unterhaltung in russischer Sprache vor. Wenn ich aber spreche, dann spreche ich nur allzuviel, wie Sie sehen. Das ist eine Ironie, denn ich glaube nicht an Worte, wie ich an die Musik glaube, und wenn ich die Macht dazu hätte, würde ich alle meine Worte auslöschen. Eine noch größere Schwierigkeit ist die Schrumpfung meines Arbeitstages. Das Arbeitstempo hat, glaube ich, nicht nachgelassen, aber die Zeit, die man der Arbeit widmen kann, schrumpft zusammen, da alle anderen Tätigkeiten langsamer vonstatten gehen und Rechtsanwälte, Kaufleute und Ärzte größere Ansprüche an meine Zeit stellen. Ich leide unter Polyzythämie und muß alle acht Tage eine Blutuntersuchung erleiden, ja sogar alle zwei Monate einen Aderlaß – wie beim Barbier des achtzehnten Jahrhunderts. Die Eindämmung der Krankheit durch radioaktiven Phosphor ist in meinem Fall nicht mehr sicher, aber früher habe ich Kapseln mit dieser beängstigenden Substanz in einem Glas Sodawasser geschluckt, das mir von einem Techniker in einem Asbestanzug, auf seinem Kopf eine Maske wie die eines Imkers, mit einer bleibespitzten Zange überreicht wurde. Der Zyklus des Dicker- und Dünnerwerdens meines Blutes hat meinem Temperament und meinem ganzen schöpferischen Leben seinen Rhythmus aufgeprägt.

Ich leide auch, wie nie zuvor und wie ich nie zugegeben habe, unter meiner musikalischen Isolierung, da ich nunmehr gezwungen bin, auf einer abgesonderten und streng intellektuellen Ebene geistigen Austauschs mit jüngeren Menschen zu leben, die sich zu ganz anderen Glaubenssystemen bekennen. Auch quält mich, zum erstenmal in meinem Leben, ein Gefühl der Einsamkeit innerhalb meiner Generation. Alle meine Zeitgenossen sind tot. Dennoch sind es nicht so sehr alte Freunde oder Einzelpersönlichkeiten, und gewiß ist es nicht die Mentalität meiner Generation, die ich vermisse, sondern es sind der ganze Hintergrund, die häuslichen Gewohnheiten und sogar der gesellschaftliche Umgang. Dieses Heimweh ist erst in jüngster Zeit aufgekommen, muß ich hinzufügen, bis vor einem Jahrzehnt floh ich jede Erwähnung von Rußland und jede Erinnerung an die Vergangenheit.

N.Y.R.: Was meinen Sie mit Ihrer musikalischen Isolierung, Herr Strawinsky? Kein Komponist der Musikgeschichte hat zu seinen Lebzeiten einen größeren Einfluß ausgeübt, größere Anerkennung genossen, ist an so vielen Orten und so häufig aufgeführt worden. Sehen Sie darin keinen Triumph? Und haben Sie nie statt des Gefühls der Isolierung das Gegenteil gespürt, nämlich daß Sie so stark wie kein anderer mit der Welt kommunizieren?

I.S.: Vielen Dank, aber ich kann es mir nicht erlauben, mich so zu betrachten. Außerdem interessiert mich das Verzeichnis meiner Werke aus der Vergangenheit nicht so sehr wie meine gegenwärtige Arbeit, die eben durch das Werkverzeichnis etwas in den Schatten gerät und für das mir jedenfalls noch keine Kreditkarten ausgestellt wurden. Gewiß ist es erfreulich zu sehen, wie seinerzeit laut verdammte neue Partituren wie *Agon* und die *Mouvements* sacht ihren Platz neben früheren, häufig aufgeführten einnehmen, aber mir erscheint das nicht als ein Sieg. Als ich von Isolierung sprach, meinte ich es vom professionellen Standpunkt. Ich bedauere nicht, daß ich keiner Bewegung angehöre, noch weniger, daß die Musik, die ich jetzt komponiere, keiner kommerziellen Nachfrage entspricht. Dennoch möchte ich mehr als nur ein paar flüchtige Blicke mit meinen

Kollegen tauschen. So wie es jetzt steht, habe ich keinen Gesprächspartner.

N.Y.R.: Ohne Zweifel ist das nur eine Folge Ihrer überragenden geschichtlichen Stellung, Herr Strawinsky.

I.S.: Zur Hölle mit der überragenden geschichtlichen Stellung! Es gelingt mir kaum, ohne Geleit die Straße zu überqueren, und wohin nur immer ich gehe, werde ich wie irgendein idiotisches Mitglied einer Königsfamilie oder wie ein Tier im Zoo angestarrt. Zootiere, übrigens, sind bekanntlich vom Angeglotztwerden gestorben. »Dies ist wohl das letzte Mal, daß wir *ihn* sehen werden«, scheinen alle Augen zu sagen, obwohl ich mir erlaube zu sagen, daß einige dieser Zuschauer vielleicht etwas früher heimgehen könnten als ich. Ein Hauch der Ungewißheit umgibt jeden Namen, der so lange wie der meinige im Umlauf ist, und wenn diejenigen im mittleren Alter bei seiner Erwähnung unsicher sind, ob ich noch unter den Lebenden bin, so müssen junge Leute automatisch annehmen, daß jemand mit meinen Fin-de-siècle-Verbindungen gewiß tot ist.

N.Y.R.: Was meinten Sie kurz vorher, als Sie sagten, Sie glaubten nicht an Worte? Geht es um ihre Genauigkeit?

I.S.: Eher um ihre Bildlichkeit. Sie sind nicht so sehr eine andere Form der Notation wie eine irrelevante und nicht erbauliche Form. Manchmal fühle ich mich wie jene alten Männer, denen Gulliver auf der *Reise nach Laputa* begegnet: Sie haben der Sprache entsagt und versuchen, sich mit Hilfe von Objekten zu verständigen. (Siehe Ruesch und Kees: *Non-verbal Communication.*) Ein Komponist befindet sich immer in dieser Lage, da er keine verbale Kontrolle über seine Musik hat. Er versucht, darüber zu sprechen mit Diagrammen, symbolischen Codes und anderen Kniffen, die vielleicht wirkungsvoller und vor allem klarer sind als seine Darlegungen in gewöhnlicher verbaler Syntax, ihn aber der Musik nicht näherbringen. Der einzige wahre Kommentar zu einem Musikstück ist ein anderes Musikstück.

N.Y.R.: Dürfen wir fragen, woran Sie jetzt arbeiten, Herr Strawinsky?

I.S.: Ich könnte Ihnen bloß ein Etikett geben, wie ich Ihnen soeben erklärt habe. Die Musik sagt, was sie ist, und ich kann mit Worten in mein Werk nicht eindringen. Tatsächlich habe ich soeben das *Rex Tremendae* meines Taschenrequiems beendet. Ich habe es so getauft, einerseits, weil ich nur Teile des Textes verwende, die ich mit Instrumentalpartien spicke (obwohl es hübsch wenig Speck darin gibt), andrerseits, weil das meiste in Notizbüchern komponiert wurde, die ich in der Tasche trage. Aber ich bin abergläubisch und möchte lieber nicht über irgendein *work in progress* sprechen, geschweige denn über ein Denkmal, das, wie im Falle Mozarts, von einem »geheimnisvollen Fremden« bestellt wurde. Es wird mir eine große Erleichterung sein, es zu vollenden und mich dann mit etwas anderem zu beschäftigen.

Während der Komposition tröstete ich mich immer wieder mit dem Gedanken, daß mein Urgroßvater 111 Jahre alt geworden ist. Ich möchte gern wissen, wie er mit 84 war. Musik komponiert hat er nicht, das weiß ich, aber – so erzählte man in der Familie – er tat etwas Ähnliches, nämlich sich der Liebeskunst widmen. Tatsächlich starb der alte Herr, der Himmel segne seine Hormone, an den Folgen eines Sturzes von einer Gartenmauer, als er unterwegs zu einem Rendezvous war. Welch Abgang, wie die Amerikaner sagen! Besser noch: Welch ein Lebensalter für so einen Abgang.

März 1966

Musik und das Zeitalter der Statistik

COMMENTARY: Wie sehen Sie im allgemeinen das statistische Leben, Herr Strawinsky?

I.S.: Mit Sorgen und Befürchtungen, aber so etwas Bestimmtes wie eine Ansicht hat sich bei mir noch nicht herauskristallisiert. Bestenfalls registriere ich schwach, doch deshalb nicht unvoreingenommen, gewisse Auswirkungen von den Vermessungen der

Gesellschaft, die schon stattgefunden haben. Die bevorstehende Vermessung der ganzen Welt des Intellekts, und dies setzt eine ganz andere Art des Verstandes oder eine ganz andere Denkart voraus, ist eine Entwicklung, die ich mir nicht vorstellen kann. Aber diese Unfähigkeit hat nicht verhindern können, daß mich die Frage in letzter Zeit sehr beschäftigt hat.

C.: Warum »in letzter Zeit«?

I.S.: Das ist schwer mit Gewißheit zu sagen. Kleine Übergriffe der statistischen Philosophie finden die ganze Zeit statt, doch wir nehmen sie nur wahr, beschäftigen uns erst mit ihnen, wenn wir plötzlich gewahr werden, daß wieder ein ganzes Gebiet an sie gefallen ist. So war es mit der Automation. Während der letzten paar Jahre hatte ich gelegentlich davon gelesen, ohne der Sache größere Aufmerksamkeit zu schenken. Dann hat mich vor etwas mehr als einem Monat eine Erfahrung aus erster Hand wie ein Schlag getroffen. Es geschah überraschenderweise in einem zweitklassigen, renovierungsbedürftigen Hotel im Mittelwesten. Vor dem Schlafengehen rief ich die Zentrale an, um mein *petit déjeuner* zu bestellen, und erhielt folgende Antwort von einer Tonbandstimme, die wie eine Oberin klang: »Dies ist Ihr Frühstücksroboter. Wenn Sie den Signalton hören, sagen Sie bitte Ihren Namen, Zimmernummer, Frühstücksbestellung und wann Sie bedient werden wollen . . . bieep.« Nun folgte eine Pause – sie wurde besiegelt durch ein Schluß-»bieep« –, genau lang genug, um eine statistisch als durchschnittlich erfaßte Aufzählung der gewünschten Fakten durch einen richtig programmierten Kunden aufzunehmen. Aber ich konnte mir die Reihenfolge der Fragen nicht merken, ich wußte nicht einmal meine Zimmernummer, versäumte zu sagen, wie die Eier bereitet werden sollten, vergaß zu sagen, wann das Frühstück kommen sollte. Überdies hatte das Schluß-»bieep« mich so aufgebracht, daß ich, als ich mich »programmiert« hatte, zurückrief und eine Bestellung auf Band gab für zweihundert Stück verbrannten Toast, um vier Uhr in den dreihundertsten Stock zu bringen.

C.: Aber glauben Sie nicht, daß verbesserte Automationstechniken, durch immer raffiniertere Werkzeuge der statistischen Analyse gesteuert, eine noch wirksamere Zuleitung der Mittel erreichen könnten?

I.S.: Ich darf sagen, daß Fehler in meinen Bankkontenauszügen aus letzter Zeit zumindest auf dieser höchst individuellen Ebene nicht sehr vertrauenerweckend waren. Natürlich sollten wir in der total synthetischen Zivilisation der total automatisierten Zukunft eine gleichmäßigere Verteilung von gewissen Arten des Besitzes erwarten; und folglich eine Verbesserung der Lebensbedingungen bei sogenannten unterprivilegierten Völkern; und Verbesserungen der tierischen Lebensgewohnheiten von jedermann, wie die neue Wissenschaft der Ergonomik verspricht (siehe die soeben von der Cornell University veröffentlichte Studie über die wechselseitige Unangepaßtheit der menschlichen Anatomie und der meisten Badezimmervorrichtungen); und neue Konservierungstechniken (nicht bloß Blutdepots überall, sondern ebenso Depots von eingefrorenem Samen erster Qualität, obwohl dies für mein Gefühl eine traurige Ähnlichkeit mit der Walfischindustrie hätte, wenn es auch für die durch Eugenik selektierten Spender vielleicht Spaß bedeuten könnte). Auch ist es nicht schwierig, sich einige der neuen Arten von geistiger Effizienz vorzustellen, zumal sich die Neigungen der Literatur in unserer Zeit deutlich genug an Hand solcher gegenwärtigen Bestseller zeigen wie *Die Kybernetik sexueller Positionen im Verhältnis zum sozialökonomischen Status.*

Aber ich mache mir Gedanken über diese neue Art von Verstand. Ob er seinerseits sich den eigenen statistischen Erkenntnissen anpassen wird? Schließlich wurden nicht nur Paolo und Francesca durch Bücher verführt. Auch hat sich gezeigt, daß Stimmauszählungen in den Staaten der Ostküste auf die Wähler im Westen, deren Ortszeit zwei oder drei Stunden hinter der östlichen zurückbleibt, einen Einfluß ausüben können. Ja, an Hand dieses Beispiels – das, was mich betrifft, gestützt wird einerseits durch eine leise Skepsis gegenüber der individuellen

Urteilsfähigkeit überhaupt und entsprechend dann auf der anderen Seite durch den unaufhörlichen Glauben an die Macht der statistischen Überzeugungskraft, der Suggestion durch Wunschbilder, der Massenattraktion –, an Hand dieses Beispiels ist es möglich, sich die Zukunft vorzustellen. In der Tat läßt sich vorhersehen, daß die statistische Philosophie immer kreisförmiger wird, unordentliche Gebilde werden geschliffen und abgerundet und Trends werden auf ihre Schlußfolgerungen hin getrieben, zumal »das Krumme gerade machen« seit jeher einer der im höchsten Grad unbarmherzig bindenden Sätze in der Geschichte unserer ethischen Geometrie war. Also: Wenn die Leute durch ihre Statistiker aufgeklärt werden, daß sie in einem gewissen Alter vielleicht krebskrank werden könnten – es sei denn, sie sind schon zu einem früheren Zeitpunkt an den Auswirkungen von Strontium 90 gestorben –, werden sie, arme Lemminge, nicht ihr Bestes tun, um der Rechnung zu entsprechen?
Man macht sich auch seine Gedanken über das Beobachtungsvermögen, wenn nun die genaue Vorhersage zur Lebensregel geworden ist. Werden die Beobachtungsmechanismen in diesem neuen Hirn nicht einen noch kleineren Raum einnehmen, analog dem Satz der Physik, wonach die Vorhersage durch mathematische Theorie der Beobachtung vorausgehen kann, wie im Falle von Yukawas Entdeckung eines mesonartigen Teilchens? (Natürlich ist dies meinerseits nur Geschwätz, denn ich weiß selber nichts über solche Materien und denke sogar immer noch in logischen Folgen, wie die Apostel von McLuhan gewisse bis vor ganz kurzer Zeit noch respektable Gedankentätigkeiten beschreiben.)

C.: Welche Auswirkungen wird die Vermessung auf die Musik haben, Herr Strawinsky?

I.S.: Es wird auf dasselbe hinauskommen: einerseits eine größere Effizienz bei solchem nützlichen, aber peripheren Bestreben wie der Berechnung und Programmierung sämtlicher Klangelemente, der Entdeckung einer präzisen und ökonomischen Notation, der Formulierung einer statistischen Musiktheorie, die mit einer verständlichen Terminologie ausgestattet wird; und andrerseits die Kontrolle, im Herzen aller Dinge, durch einen statistischen Konformismus, dessen Messungen in die Struktur jenes neuen Gehirns eingeprägt werden. Doch jetzt bin ich noch einmal in die Weissagung abgerutscht, wofür ich keine Begabung habe. Im Gegensatz zu jenen Schatten des zehnten *Canto,* die Vergangenheit und Zukunft, nicht jedoch die Gegenwart sehen, sehe ich nur die Gegenwart. Darüber hinaus wollte ich nur vorschlagen, daß ein Blick nach rückwärts möglicherweise lehrreicher wäre. Es scheint, daß die statistische Philosophie in der Musik vor etwa sechzig Jahren von Ives entdeckt wurde.

C.: Haben Sie schon die vierte Sinfonie von Ives gehört, Herr Strawinsky?

I.S.: Ja, mit großem Interesse, das allerdings immer wieder nachließ. Ives war kein Sinfoniker; die *Three Places in New England* bilden eher ein Ganzes als irgendeine der Sinfonien. Außerdem enthalten sie viel bessere Musik als die dritte und durchweg mehr gute Musik als die vierte Sinfonie. Und doch hat Ives im zweiten Satz der vierten Erstaunliches zustande gebracht. Das Umfassende, worin Ives' Genie wurzelt (»alle Dinge in ihrer Mannigfaltigkeit«, so zitierte er Emerson), erreicht den Sättigungspunkt in diesen scheinbar »offenen« Partiturseiten. »Scheinbar«, denn, obwohl diese oder jene Melodie plötzlich hervorbricht aus keinem anderen sichtbaren Grund als der *joie de vivre,* kann sie aus dem Gewebe der Komposition nicht herausgewickelt werden. Doch mehr will ich nicht sagen. Ich weiß zu wenig von diesem zweifellos demnächst überschätzten Komponisten, der schon zur Blütezeit Debussys die musikalische Welt der 1960er Jahre sondierte. Polytonalität, Atonalität, Clusters, Reihen, vielfache Orchester, perspektivische Wirkungen, Mikrointervalle, Zufall, statistische Komposition, Permutation, rhythmische Dimensionen, die sogar heute noch der Avantgarde voraus sind, Spiel-Mit-Verfahren, Schabernack und informelle Musik: diese waren die Entdeckungen von Ives, patentiert durch das Schweigen der Musikwelt vor einem halben Jahrhundert. In der Tat: Er machte sich ruhig daran, den zeitgenössischen Kuchen zu verzehren, ehe überhaupt sonst jemand am Tisch Platz gefunden hatte. Für mich aber bedeuten diese Neuerungen weniger als meine Entdeckung eines neuen Bewußtseins von Amerika durch Ives.

C.: Worin bestand diese Entdeckung, Herr Strawinsky? Da Sie nun hier schon fast so lang wie in Rußland und sogar länger als in Westeuropa gelebt haben, können Sie uns etwas von Ihren Gefühlen uns gegenüber erzählen? Identifizieren Sie sich irgendwie mit Amerika? Was gefällt Ihnen, was mißfällt Ihnen am meisten in Amerika?

I.S.: Eine Identifikation gibt es, nur bin ich nicht ganz sicher, wie weit sie geht. Ich identifiziere mich nicht mit der Militärversion des Manifest Destiny*; daher verspüre ich keine Sympathie mit den Opfern von Friedenspanik (d. h. den Aktienbesitzern). Da ich jedoch keinen Besuch der CIA provozieren möchte, werde ich den Rat des Teufels in meiner Oper beachten, wenn er sagt: »Davon sprechen wir erst später.« Ich identifiziere mich auch nicht mit der amerikanischen Musik, obwohl ich mich einzelnen amerikanischen Komponisten und früher einmal dem Musikleben in Amerika eng verbunden fühlte. Die amerikanische Musik, die mir am meisten gefällt, ist die, die nicht den Versuch unternimmt, sich mit ihrer Rustikalität anzubiedern. Gleichwohl wurde Ives ausgerechnet von den kolonialen Aposteln des »Neoklassizismus« und des »Zwölftonsystems« als Heimatkomponist abgeschrieben, und nur durch seine Flucht in die etwas absonderliche Welt Neuenglands konnte er überwintern.

Aber ich weiß nicht, wie man jene persönliche Entdeckung beschreiben soll; ich kann nur ganz vage die allgemeine Richtung

* Wörtlich = offenbares Schicksal: der Glaube, im 19. Jahrhundert, daß es die Bestimmung der Vereinigten Staaten sei, den amerikanischen Kontinent von Küste zu Küste unter ihre Herrschaft zu bringen. [Anmerkung der Übersetzer.]

andeuten. Ein Teil der Musik von Ives hat mich mehr gelehrt über das, was ich als ein spezifisch amerikanisches Gefühl der Isolierung betrachte, als sowohl Whitman wie *Walden*, Miss Dickinson oder Tuckerman (der »die Spannung des dunklen Windes« spürte) oder auch die Schriftsteller der freien Natur, die ich früher einmal in Frankreich las. Ihre Eigenschaften, wie die Haupteigenschaften von Ives, sind mir fremd, aber sie können trotzdem als Mittel der Identifikation fungieren, wie mir in Europa klar wurde, wo Unterschiede kultureller Art Gefühle hervortreten lassen, die vorher unbemerkt blieben. In Europa fühle ich mich heutzutage oft der amerikanischen Seite verbunden; ja, ich muß sogar zugeben, dort von kurzen Anfällen von Heimweh nach bestimmten Orten überrascht worden zu sein. Vermißt habe ich jedoch eher die Wolkenspiegelungen an den hohen Glashäusern der Park Avenue als jene parallelogrammartigen Städte des Mittelwestens, die zum schnellen Durchfahren entworfen wurden. Um aber zu Ives zurückzukehren: Ich glaube, es ist an der Zeit, die Betrachtungsweise umzukehren und, statt weiterhin seine Isolierung zu betonen, sich seinen Anteil an den Ideen des Jahrhunderts zu überlegen.

Was meine Neigungen und Abneigungen betrifft, ließe sich nur eine Kette von zusammenhangslosen Vorurteilen aufreihen. Beispielsweise könnte ich sagen, daß voriges Jahr die Begrüßung durch den Bürgermeister von Muncie im Staate Indiana mich mehr rührte als diejenige eines prominenten europäischen Kultusministers; denn, wenn auch der Grad des musikalischen Unwissens der beiden gleich war, so schien dies eher entschuldbar im Falle des Erstgenannten. Dann, um umgekehrt zu argumentieren, könnte ich gegen die amerikanische Abbruchmanie protestieren, jenes neurotische Bedürfnis, das – wie ich hoffe – seinen Höhepunkt bald überschritten haben wird, die Vergangenheit zu verleugnen. Gewisse Aspekte dieser Zerstörung, zu denen der bevorstehende Untergang des Metropolitan Opera House zu rechnen ist, dessen Grundsteinlegung nach meiner eigenen Geburt datiert, betrachte ich als eine persönliche Kränkung. Zwar habe ich die Met nie besonders gemocht, aber jetzt, da das Haus leer steht, habe ich das Gefühl, daß ein Teil von New York selber gestorben, daß ein jüngerer Kollege verschwunden ist.

C.: Und die neue Met, Herr Strawinsky: Was sehen Sie für dieses Haus vorher?

I.S.: Schwierigkeiten. Es hat das meiste seiner Aura, den Großteil seines Alibis und praktisch die ganze Identität verloren. Aus welchen Gründen sollen nun die Kunstwaren einer Stadt in einer Art von Einkaufszentrum zusammengefaßt, warum soll es einen Supermarkt der Künste geben? Fürchtet keiner, daß, wenn man alle Institutionen in einen Topf wirft, ihre charakteristischen Züge sich verwischen könnten? Seit wann gilt der Gedanke der vielgestaltigen Umgebung als nicht mehr glaubhaft?

C.: Ist Ihre Einstellung zum Kennedy Arts Center dieselbe?

I.S.: Ich habe keine Einstellung dazu, aber ich sage große Gebäude voraus – je dürftiger die Inhalte einer Kunstform, um so größer und langweiliger sind die Behälter –, wahllos wie Bauklötze herumgestreut. Unvermeidlich werden die zwei größten heißen: »Forschungslabor für die Korrektur der Akustik in neuen Konzertsälen« und »Ruhmeshalle für Helden der Public Relations«, also Impresarios, Mäzeninnen, Dirigenten und andere *maîtres d'hôtel* der Künste, die einen momentanen Platz in den Annalen der Publizität errungen oder erkauft haben und nunmehr abgefunden werden mit Denkmälern, die passenderweise »soft sculpture« sind (und somit zur Auflösung verurteilt, wenn die Klimaanlage versagen sollte). Kurz, die Kunstzentren betonen Aufführung und Ausstellung auf Kosten der schöpferischen Tätigkeit. Und das sind die letzten scharfen Töne, gedämpft wie sie waren, die ich heute blasen will (obwohl ich keine Garantie gegen Rückfälle geben kann). Als die Minderheitsgruppe, die aus einem einzelnen besteht, bin ich viel zu wortreich.

C.: Kehren wir zur Frage der neuen Medien zurück, Herr Strawinsky. Werden nicht auch neue Mittel angeboten?

I.S.: Das wäre zu erwarten, aber ich bin nicht überzeugt, daß eine größere Auswahl an Mitteln das ist, was wir brauchen. Mir scheint, daß die Möglichkeiten schon reich genug, wenn nicht gar zu reich sind. Einen guten Künstler hindert kein Mangel an Mitteln, die in jedem Fall in dem Mann selber sind und die die Zeit jeden Tag neu schafft. Die sogenannte Krise der Mittel ist eine innere.

C.: Lévi-Strauss bemerkte jüngst: »Wenn die Komponisten elektronischer Musik versuchen würden, zu verstehen, was Musik ist, statt sich um ihre Produktion zu kümmern, würden wir große Fortschritte auf dem Weg zur Lösung des Problems machen, das die Musik der Wissenschaft vom Menschen stellt.«

I.S.: Komponisten elektronischer Musik, zumindest diejenigen, die ich kenne, sind keineswegs um das Wesen der Musik unbekümmert, aber es ist kaum anzunehmen, daß sie sich der Philosophie und Wissenschaft dessen zuwenden würden, was sie tun, anstatt es einfach zu tun. Definitionen der Kunst sind Künstlern nicht nur unnütz, sondern möglicherweise ein Hindernis. In meinem eigenen Fall nehme ich an, daß, wenn der Computer meine musikalischen Eigenschaften quantifiziert hätte, ich versuchen würde, sie zu umgehen. Und obwohl ich meine, die Bloßstellung überleben zu können, ich würde sie nicht willkommen heißen. Die Untersuchungen von Lévi-Strauss verdienen volle Unterstützung. Er ist der erste Philosoph von Rang, der verstanden hat, daß die wahre Stellung der Musik im Zentrum der menschlichen Kultur ist*.

C.: Stimmen Sie mit Messiaen überein, daß die Natur (er schreibt das Wort auch französisch mit großem Anfangsbuchstaben) – ihre Geräusche, Farben, Formen, Rhythmen – die höchste Inspirationsquelle des Komponisten ist?

I.S.: Nur wenn man dem Wort die Reichweite des kleinen Buchstaben einräumt; der große bezeichnet bloß eine Landschaft oder Provinz, die vielleicht von persönlicher Bedeutung, in der Art

* Nebenbei, ich lernte Lévi-Strauss während des Krieges kennen, als er Kulturattaché in New York war.

jedoch nicht neu ist. In der Tat unterscheiden sich Messiaens *oiseaux exotiques* nur der Gattung, nicht aber der musikalischen Intention nach, von Beethovens schlichtem Kuckuck. Die Legitimität von Messiaens Nachahmungen soll nicht verleugnet werden, auch nicht die Fruchtbarkeit der »natürlichen« Mittel für ihn. Was ich sagen will ist, daß, egal wie getreu diese Nachahmungen sein mögen, sie notwendigerweise Ausdruck und Inhalt finden durch Harmonie, Rhythmus, Instrumentalfarbe und (was mir im Falle Messiaens besonders wichtig erscheint) Klangvolumen der zeitgenössischen Musiksprache.

C.: Betrachten Sie Kunst und Natur als zwei Arten von Wirklichkeit? Glauben Sie an eine Umwandlung der einen in die andere?

I.S.: Es gibt jede Anzahl von Wirklichkeiten, Dualismen, Pluralismen; Begriffe dieser Art lassen sich leicht aufstellen, indem man bloß das überzeugende Wortmobiliar in der verfügbaren leeren Ideenwohnung aufstellt. Für mich ist die Musik Wirklichkeit, das habe ich schon früher gesagt. Und wie Baudelaire, jedoch im Gegensatz zu Messiaen, *»J'aime mieux une boîte à musique qu'un rossignol«*. Was die Umwandlung betrifft, ist der Gedanke für mich nicht zulässig, da ich nicht begreifen kann, welche nun die Kognaten sein sollten. Es leuchtet ein, daß die Welt der Phänomene durch die Musik eine Brechung erfahren oder von ihr dargestellt werden kann. Ich will nur sagen, daß ich die Chemie der Spiegelung, der Umwandlung nicht verstehe. (Versuchen Sie es mit Lévi-Strauss.) Es müßte ebenfalls einleuchten, daß Komponisten zum Teil durch Wechselwirkungen geformt werden, die dadurch entstehen, daß sie nach eigener Entscheidung die Welt in sich aufnehmen und verarbeiten, und ebenso sollte einleuchten, daß die Entelechie dieser individuellen Entscheidungen verschiedene Komponisten aus ihnen gemacht hat. Doch dürfte sich vom Standpunkt des Staatsbürgers, wenn auch nicht des Künstlers, mein Bild von der Welt der Phänomene wahrscheinlich nicht sehr wesentlich von dem anderer wissenschaftlicher Analphabeten unterscheiden; oder vielleicht sollte ich so sagen: Während die Unterschiede allgemeiner Art sind, sind die Ähnlichkeiten bei genügend »kernigen« Fakten so konform, daß sie zur Gründung einer statistischen Gesellschaft berechtigen, womit wir wieder beim Ausgangspunkt wären.

C.: Was waren Ihre Erfahrungen hinsichtlich der Generationskluft, Herr Strawinsky?

I.S.: Die langhaarigen Epheben finde ich reizend, aber ich bin zu spießig, um selber zu den von ihnen auserwählten Vaterfiguren zu gehören. Was ist übrigens an dem Krieg der Generationen so neu? War es nicht zu allen Zeiten die Tendenz von älteren Menschen, alles absolut und zu moralistisch zu sehen, haben sie nicht immer die Streitfragen aus der Enge ihrer sich ständig verschlimmernden Kurzsichtigkeit betrachtet? Waren sie – wir – nicht immer verdutzt, daß die Jugend sich für Sachen begeistert, denen wir entwachsen sind, und nicht weniger verdutzt wegen ihres mangelnden Interesses an Sachen, die uns nach wie vor begeistern, denen aber die Zeiten entwachsen sind? Ich glaube, daß kein alter Mensch die Gefühle der Alten so ehrlich ausgedrückt hat wie Tolstoij. Hier eine Beobachtung von ihm, die Anatol Koni in seinen Memoiren zitiert (*Wosspominanja o Pissatiljach*, Leningrad 1965), und die auch ich unterschreiben würde: »Alten Leuten mißfällt, daß junge Leute so viel reden und so viel zu wissen scheinen, ohne die Erfahrung der alten gehabt zu haben.«

C.: Ist es jetzt schwieriger als je zuvor, Musik zu komponieren, Herr Strawinsky, im allgemeinen wie in Ihrem speziellen Fall?

I.S.: Es war immer schwierig und ist es heute noch mehr. Was mich betrifft, so darf ich berichten, daß mir die Einfälle wie seit eh und je zufließen, ja daß mein neues Opus sogar das am leichtesten verdauliche aller meiner neuesten Musik zu sein verspricht. Es war *nicht* leichter zu komponieren, und tatsächlich waren die Schwierigkeiten bei der Handhabung von zwei Reihen manchmal äußerst lästig. Gleichzeitig aber, da die Form die eines Retabels, eines Altaraufsatzes mit kleinen Feldern, nicht die eines großangelegten Freskos ist, mußte ich keinen großen Plan in mir herumtragen, sondern konnte die Arbeit in kleinen Dosen verrichten, und meine »Inspiration«, die jedenfalls den Vorteil hat, transportabel zu sein, brauchte ich nur dann anzuzapfen, wenn ich fühlte, daß die Quelle voll sei. Wenn ich komponiere, kann ich Musik jedoch nur auf der technischen Ebene taxieren; und ich bin nicht in der Lage, das Funktionieren meines Intellekts abzuschätzen.

C.: Haben andere Komponisten in Ihrem Alter wertvolle Musik geschrieben, Herr Strawinsky?

I.S.: Schütz war vermutlich älter, als er das Requiem* schrieb, und Richard Strauss ein Jahr älter, als er die vier letzten Lieder komponierte. Aber Ihre Formulierung impliziert, daß *meine* neue Musik wertvoll ist, und ich danke für das Vertrauensvotum, auch wenn ich nicht in der Lage bin, an dieser Urteilsbildung teilzunehmen (das bedeutet aber nicht, daß ich willens bin, diese Aufgabe der musikwissenschaftlichen Zunft zu überlassen). Sehen Sie, Männer in meinem Alter sind empfindlich und eitel auf ihre hohe Jahreszahl, dabei auch wahrscheinlich durstiger auf die Belohnung durch Lob, als sie zuzugeben bereit sind. Auch sehen sie sich gerne als das Ende der Kultur und lieben es, sich als die letzten Verteidiger wahrer Kunst zu dramatisieren, überdies in einem Ton, der andeutet, daß ihr Hinscheiden wahrscheinlich eine neue Eiszeit nach sich ziehen wird. Vielleicht habe ich eine ähnliche Bühnenvorstellung genährt, etwa mit einer Art von Lear-Rolle für mich selber als »den letzten Komponisten, der alles allein macht, ohne Arrangeur oder Bearbeiter, sogar ohne Computer«. Aber wehe, wenn mich sonst jemand so betrachten will. Vielleicht gibt es doch noch ein Lied oder auch deren zwei, vor dem, das man meinen »Schwanengesang« nennen wird.

Juni 1966

* Wahrscheinlich ist das Deutsche Magnificat von 1671 SWV 494 gemeint. [Anmerkung der Übersetzer.]

IGOR STRAWINSKY

Mit fünfundachtzig Jahren

Ich lenkte die melodische Kunst von Klängen auf Dinge ...
ALEXANDER POPE, Ein Essay über den Menschen

NEW YORK REVIEW OF BOOKS: Wir lasen, Sie haben Ihre Europatournee abgesagt, Herr Strawinsky: Hoffentlich nicht krankheitshalber?

I.S.: Nicht krankheitshalber, danke; obwohl Sie, wenn ich heutzutage niese, sicher sein können, daß die Zeitungen darüber berichten. Tatsächlich bin ich soeben von einer Konzerttournee zurückgekehrt, einer *via dolorosa*, die weiter verfinstert wurde durch einige unvorhergesehene Blicke auf die Kulturexplosion (die gewalttätigen Künste), soweit sich sagen läßt, daß dieses Phänomen Miami, Beverly Hills, Seattle und Honolulu erreicht hat.

N.Y.R.: Wie waren die lokalen Detonationen?

I.S.: Pfft. Von Miami dürfte man zumindest erwarten, es besitze ein erstklassiges Orchester. Aber nichts in der Stadt scheint den Künsten geneigt zu sein, abgesehen von dem Hotel, in dem ich übernachtete; es hat eine Venus von Milo mit restaurierten Armen. Gewiß ist ihnen das Sonnenanbeterleben dort feindlich – die ganze Bevölkerung schaut aus wie in Butter gebraten –, einschließlich der Musiker, worunter man in einigen Fällen irgend jemand zu verstehen schien, der wußte, daß man eine Geige mehr oder weniger mit dem Kinn festhält.

Auch zwang die Kostprobe des Kulturstandes in Beverly Hills unser Einbildungsvermögen nicht dazu, nach Florenz oder Athen auf der Suche nach entsprechenden Vergleichen auszuschweifen, obwohl sie mich von einem meiner alten Klagelieder abbrachte. Früher bekrittelte ich die Politik, immer mehr und immer größere Säle für schlechte und noch schlimmere Aufführungen zu bauen. Jetzt würde ich doch zumindest für Konzertsäle plädieren. Der in Boudoir-Rosa gehaltene Tanzsaal des

Beverly Hilton war als Umgebung für den *Sacre* albern, und das Ausschalten der Beleuchtung, während ich dirigierte – es half nicht, daß die Musik, die wir während der Verdunkelung herunterdudelten, *Feuerwerk* hieß –, machte eine konzentrierte Aufführung noch unmöglicher. Wahrscheinlich dachte die Geschäftsführung, der längst fällige Luftangriff habe endlich begonnen.

In Seattle wurde meine *Histoire du soldat* durch Kulissen von Saul Steinberg verschönert, doch sie waren hinter der ersten Reihe nur noch mit Fernrohr zu entziffern. Sogar auf der Bühne mußte ich schielen, um die pagodenartige erste Szene (Vietnam?) zu erkennen, während der Soldat, der schwache Augen gehabt haben mag, da er eine überraschende Bereitschaft zu weinen zeigte, obwohl man von seinem Berufsstand doch ein gewisses Maß an Tapferkeit erwarten dürfte, verblüfft schien durch den »Königlichen Palast« in einer Entfernung von nur ein paar Schritten. (Eine Dachterrassenwohnung? Eigentumswohnung? Raumschiff?)

N.Y.R.: Und Honolulu?

I.S.: Ich habe es mehr genossen als das vorige Mal, im Jahre 1959, kurz bevor die Inseln ein Bundesstaat wurden. Es gab damals lästige Formalitäten am Flughafen, einschließlich einer ärztlichen Untersuchung, bei der ich mich bemühte, nüchtern auszuschauen und das Naseputzen zu unterlassen. Die Anforderungen müssen jedoch extrem niedrig gewesen sein; denn der Inspektor schritt so schnell vorbei, daß er kaum etwas anderes hätte bemerken können, als daß jemand schon tot oder ungewöhnlich grün war. In den neuen Staat kann man leichter einreisen, trotz der drohenden Erwürgung oder Erstickung durch die *leis* der Hula-Mädchen von den Empfangskomitees. Wenn man nun drin ist, sind die einzigen Gefahren, die ich erkennen konnte, diejenigen, die aus der Tiefe kommen. Ich schaute einem »eingeborenen« Fischer zu, der ein Netz voll Krustentiere an genau der Stelle einholte, an der ich eine Stunde früher meine Zehenspitzen ins Wasser getaucht hatte. Aber im Honolulu Hilton könnten sogar die Krebse einschmeichelnd sein. Außerdem war das ganze Bild allzu malerisch: der Fang war wahrscheinlich fingiert. Dann gibt es auch ein Ananasproblem: Es ist fast unmöglich, irgendein Essen zu bestellen, das ohne diese Frucht bereitet wäre. Neun Tage vergingen, ehe ich einen unpatriotischen Kellner entdeckte, bei dem ich es riskieren konnte zu sagen: »Nun nimm doch diese zehn Dollar als Bestechung und versuche bitte dieses eine Mal, die Spaghetti ohne Ananas herzuschmuggeln.« Nebenbei: an dem Tag, an dem ich Pearl Harbor besichtigte, waren die meisten Touristen Japaner. Das veranlaßte mich, darüber nachzudenken, welche Denkmäler unsere Nachkommen nach weiteren fünfundzwanzig Jahren in Hanoi besichtigen werden. »Ah so, Perarber, Perarber«, sagten sie: nachdenklich, wie mir schien; doch zweifle ich, ob wir einen Film mit dem Titel *Pearl Harbor, mon Amour* zu erwarten haben.

N.Y.R.: Was halten Sie von der Rocker-Aufführung von *Rake's Progress* letzten Monat in Boston?

I.S.: Ich habe sie nicht gesehen, höre aber, daß die Oper die Behandlung aushält und daß die Inszenierung und die Musik sich sogar gegenseitig einige Komplimente machten. Mir fiel auch eine Veränderung in den Presseberichten auf: nicht mehr diese Einheitsmeinung, dieses idiotische Vorurteil, daß das Konventionelle gefühllos, das Experimentelle ausdrucksvoll sein muß. Es ist natürlich klar, daß Lederjacken und Motorräder, psychedelische und kreisende Beleuchtung, Pullover mit Strawinsky-Aufdrucken, Tanz à la Discothèque sowie Fotos von Allen Ginsburg und Tim Leary in dem Liebesnest des Wüstlings (ist *er* schwul?) nichts mit der Oper zu tun haben, obwohl die Veränderlichkeit tasächlich eines ihrer Themen ist.

Ich hätte jedoch nur dann Einspruch gegen sie erhoben, wenn sie den Intimcharakter der Musik zerstört hätten. (Ich nehme an, daß die Begründung folgendermaßen lautete: Da die Musik parodiert und zeitliche Sprünge macht, warum soll es die Umgebung nicht?) Laut Berichten soll die Inszenierung eine neue Lösung des Problems der Türkenbaba bieten, weswegen ich bedauern muß, sie nicht gesehen zu haben: denn mit der Baba tut sich die größte Glaubwürdigkeitslücke der Oper auf. Der Beweggrund des Wüstlings bei seiner Eheschließung mit diesem »Monstrum«, nämlich die Befreiung von den »zwei Tyrannen ... Lüsternheit und Gewissen«, kann ein bißchen wie Notbehelf erscheinen, und etwas unwahrscheinlich mag es wirken, daß er zu diesem Zeitpunkt überhaupt nicht an seine Verlobte denkt. »Willst du sie (Baba) haben«, fragt Shadow. »Lieber Fallsucht«, erwidert der Wüstling. »Dann heirat' sie«, antwortet Shadow, und seine Worte bewirkten bei einer der Vorstellungen den Aufschrei einer Frau aus dem Publikum, ein Effekt, den man in die Partitur aufnehmen könnte. Nachdem die Baba auf einer Versteigerung wie ein Gegenstand veräußert wird, erscheint sie wieder, als eine *dea ex machina*, auf einem Fernsehmonitor. In dieser Inszenierung fand ihre Enthüllung im zweiten Akt überdies im Regen statt, was die Kürze der Szene rechtfertigt und die Zurschaustellung einiger hübscher Regenschirme erlaubt.

N.Y.R.: Ihr basso profundo hat bei der Claque der Kulturhausse auffällig gefehlt, Herr Strawinsky.

I.S.: Das ist so, weil mir die kulturelle Blüte, gleich der raketenrasselnden wirtschaftlichen Blüte, aufgebläht, naiv-quantitativ ausgerichtet und mißleitet scheint. Das beste Beispiel hierfür ist die Wiedereröffnung, in grellerer Aufmachung, der uralten Met. Hier, wie man hätte annehmen können, gab es wieder einmal eine platinumrahmte Gelegenheit, das Wachstum der Künste in Amerika zu überschätzen. Diesmal auch konnten die Titelgeschichten einem wirklichen, lebenden Lokalkünstler gewidmet werden, statt der üblichen Preislieder auf Mäzene, die Sonderausgaben für ihre Steuererklärung buchen, und den Etatposten des Sozialprodukts. Immerhin hatte man Herrn Barber die Taufpartitur anvertraut, und er war nun einmal der Lieferant in der Musikgemeinde, zu der die Operngemeinde gehört, egal wie niedrig die gegenwärtigen Normen auf diesem Gebiet der Musik sind. Was Herr Bing und die anonymen Glossenschreiber der mittelmäßigen Presse wußten und verschwiegen, war nämlich, daß Herr Barber für seine Opferrolle von denselben Leuten (ihnen selbst nämlich) ausgewählt wurde, die ihn in den Tagen verzärtelt hatten, da seine Art von Musik noch keine schlechte Nachricht bedeutete. Da bei der Großen Gesellschaft die großen Komponisten knapp waren, konnte er allein die unerläßlichen Erfordernisse befriedigen, gleichzeitig hausbacken, bekannt, tüchtig und zuverlässig zu sein und dabei ohne wahrnehmbare musikalische Ausrichtung; kurz, man konnte sich darauf verlassen, daß er die Publizität weder von dem Haus noch von dessen Leitung, noch von dem gesellschaftlichen Ereignis oder sonst etwas ablenken würde. Wie ich mir schwerer erklären kann, ist die Einsetzung von Herrn Bing als einem Kulturhelden: nicht, *wie* es geschah, natürlich – er hat eigentlich keine Konkurrenz –, sondern *warum*. Warum erhebt man einen Operndirektor zum Mythos, der die Möglichkeit einer neuen Oper leugnet, wie seine Aufträge für das neue Haus beweisen; der das heute allgemein verrufene Starsystem unterstützt, das in der Tat der Idee widerspricht, die endlich anderswo Verbreitung findet, daß Oper eine dramatische Form ist; der den kleinsten Opernspielplan irgendeines Ensembles dieser Klasse auf der Welt ausweist? Herr Bing ist unaufrichtig, wenn er sein Repertoire als den Geschmack der Besucher zu rechtfertigen versucht; denn er weiß, daß man Geschmack bilden und daß ein guter Verkäufer ohnehin in der Lage sein muß, sowohl schlechte als auch gute Ware zu verkaufen. Wäre es nicht angemessener gewesen, angesichts des neuaufkommenden Interesses an Wagner, für die Weihe des neuen Hauses einen neuen *Tristan* zu bestellen, statt der Ausgrabung eines mottenzerfressenen Lustspiels wie *La Gioconda*? Oder vielleicht eine fortschrittliche Neuheit, etwa eine Koppelung von *Curlew River* mit *Schwester Angelika*? Doch trotz *Gioconda* und *Cleopatra* und *Adriana Lecouvreur* und *Cavalleria Rusticana* und *Pagliacci* ist Herr

Bing einer der Topswingers von New York (im altmodischen, harmlosen Sinne). Ohne Zweifel wird uns seine Gestalt in einem Musical wiederbegegnen, was auch eine Art von Kulturtat ist.

N.Y.R.: Sie wurden aber auch vor nicht sehr langer Zeit vom Musikestablishment umworben, Herr Strawinsky. Dürfen wir fragen, wie Sie sich nach dem Strawinsky-Festival der New Yorker Philharmoniker fühlten?

I.S.: Also, ich entkam ohne Katzenjammer oder sonst irgendwelche ernste Verletzung, gleichviel, wie ich ausschaute. Vielleicht wurde ich gerettet durch den Umstand, daß alle Konzerte, mit Ausnahme des von mir selber dirigierten, Gruppenvorstellungen waren. Es fehlte natürlich nicht an potentiellen Attentätern, doch alle außer dem Sendling jener Gesellschaft eingegangener Zeitungen, des Trib-Sun-Telegram-Post-News-Mirror, haben wohl den Mut verloren. Und er war ein Rohrkrepierer: man sammelt jetzt, um ihm zum Andenken eine kleine Bedürfnisanstalt in irgendeinem installationsarmen Bezirk seiner Heimatstadt zu errichten.

N.Y.R.: Glauben Sie, daß die Zuhörer insgeheim mehr durch das, was gespielt wurde, oder durch die Spieler angelockt wurden?

I.S.: Letzteres, aber da können Ihnen die Werbefachleute Fakten liefern. Die Besucher von Lincoln Center sind wohl eine Ausnahme, da eine gewisse Prozentzahl der Leute vielleicht noch ebensosehr kommt, um sich die Gebäude anzusehen, wie um Herrn Bernstein zuzuschauen: ähnlich war es damals mit der Radio City Music Hall und ihren Tanzmädchen, den »Rockettes«. Mir schien jedenfalls, daß nicht mehr als ein Zehntel der zweitausend Kunden, die das Kammermusikkonzert des Festivals besuchten, vorher gewußt haben kann, was es zu hören bekommen würde. Das bewies das anfängliche Kichern der gefangenen Mehrheit, die jedoch, als die Dynamik dem förderlich war, sich einzurichten und das Beste aus der Situation zu machen versuchte: ich habe nie so viele Augenlider auf Halbmast gesehen. Was das Programm betrifft, war es ein Fehler, Milton Babbitts elektronische Komposition in das Foyer während der Pause zu verbannen. In einer Zeit, da die Verdrängung der Stille bald den Saturierungspunkt erreicht haben wird, in einer Zeit der Kofferradios, der bearbeiteten Klassiker, der Stimmungsmusik rund um die Uhr (Musik für Mahlzeiten, Musik zum Meditieren, Musik für tatsächlich alles außer konzentriertem Zuhören), ist der Widerstand gegen Nebenkonzerte in der Pause, jedenfalls wenn ich meine eigene Gleichgültigkeit in Betracht ziehe, sehr stark.

N.Y.R.: Und was hielten Sie von den Programmen, Herr Strawinsky?

I.S.: Einige gut, einige nicht gut, aber meine Lippen sind versiegelt. Außerdem bin ich kein Programmsachverständiger; wenn ich Konzerte besuche, dann, weil ich ein einzelnes Werk hören will. Bevorzugt wurde meine frühe Musik, nicht jedoch *Der Feuervogel*, dieses Hörerbonbon. Gut vertreten war auch mein Neoklassizismus, dessen Kurssturz überwunden zu sein scheint. *Apollon musagète*, der wirkliche Umkehrpunkt, fehlte, nicht aber *Oedipus Rex* und *Perséphone*, auch nicht *Pulcinella*, der erste meiner angeblichen Raubzüge durch die Vergangenheit. Was meine spätere Musik betrifft, die nicht weniger neoklassisch ist, war das einzige ansehnliche Beispiel *Die Sintflut*. Warum, das erklären zum Teil die Schwierigkeiten, die die Partitur dem Orchester bereitete. Musiksoziologen mögen festhalten, daß – aus welchen Gründen nur immer, seien es solche der Probezeit oder solche der Arbeitsmoral – die Orchestermitglieder, nicht die Zuhörer, größere Portionen gewohnter Musik nötig hatten.

N.Y.R.: Und die anderen Aufführungen?

I.S.: Nun, Frugging – dieser Tanz ist für Dirigenten der Philharmoniker wohl *de rigueur*. Sogar Kondraschin hat's getan. (Wo hat er *das* in der UdSSR gelernt? Ob Dirigenten dort Filme studieren, wie es Geheimagenten tun?) Aber Herr Bernstein ist im Wettbewerb unschlagbar und ein so glänzender Interpret*, daß er gar mit der Nationalhymne ein Dutzend Hervorrufe schaffen würde. (Nicht jedoch mit *meiner* Version, die eine straffere Aufführung verlangt.) Der Artikulationscharakter meiner Musik entzog sich den meisten Dirigenten, sogar an einem so einfachen Punkt wie der Tatsache, daß die metrischen Gliederungen wesentlich mit dem Rhythmus zu tun haben und keine stummen, unrühmlichen Zeichen sind, die der Dirigent ignorieren darf zugunsten von etwas, das er die Phrase nennt. Doch wurde die Qualität der Aufführungen, sowohl bei den schlechten – *Oedipus Rex* – wie bei den guten – *Histoire du soldat,* dem Höhepunkt der sommerlichen Lustbarkeiten, dank dem Buffo-Teufel von John Cage –, durch außermusikalische Mätzchen bestimmt. Was die Qualität der Musik selber betrifft, war der Juli viel zu heiß, um sich darüber Gedanken zu machen. Mir fiel jedoch auf, daß, während die »Ragtime« in der *Histoire* so glatt integriert ist wie ein Menuett von Mozart, diejenige für elf Instrumente so zeitgebunden ist wie ein Waschbärmantel. Das Eröffnungskonzert mit *Le Sacre* und dessen amerikanischen Nutznießern war eine würdige Huldigungsgeste an Herrn Bernsteins Jugend. Sogar die eigentümlichen Tempi und Rubati im *Sacre* – das Ganze etwas mehr händeringend, als ich es gewohnt bin – leiten sich, wie er mir erklärte, von den Aufführungen Stokowskis aus den dreißiger Jahren her. Von den anderen Stücken erwies sich Coplands *Dance Symphony* als ein sehr frühreifes Opus für einen dreiundzwanzigjährigen Komponisten, das auf einem Ravel-Festival genauso zu gebrauchen gewesen wäre, während *Sensemayá* von Revueltas mehrere Komponisten zum Preis eines einzigen anbietet und bei jedem historischen Überblick die Rolle eines eklektischen Stücks spielen könnte.

* Weit weniger wirkungsvoll war er vor einigen Tagen, als er im Fernsehen Rock and Roll seinen Segen erteilte (den diese Musikform überhaupt nicht nötig zu haben scheint) und das Staunen des kultivierten Musikers über solche Wunder der Erfindung ausdrückte wie den Gebrauch eines Dreiertakts in einem Lied im Viervierteltakt bei den Beatles.

N.Y.R.: Glauben Sie, daß Revueltas sich entwickelt hätte, wenn er, wie Sie, weitere fünfunddreißig Jahre hätte arbeiten dürfen?

I.S.: Darüber habe ich keine Meinung. Ich kann Ihnen nur umgekehrt antworten, indem ich Leute aufzähle, die besser fünfunddreißig Jahre früher verschwunden wären.

N.Y.R.: Haben Sie irgendwelche Rezepte der späten Stunde für den jungen Komponisten, Herr Strawinsky?

I.S.: Wenn er außerhalb der Musik eine ehrliche Million verdienen kann, soll er ernsthaft überlegen, sein Talent eine Zeitlang an den Nagel zu hängen, und sie eben verdienen. Ansonsten sollte er jeder Versuchung durch kleinere Summen widerstehen, sich eingraben und nichts tun als komponieren: d. h., keine Stiftungspreise, akademische Anerkennungen, Hochschuldirektionen oder ausländische Stipendien anstreben; keine Kulturkongresse besuchen; keine Interviews gewähren; nicht im Rundfunk über Musikverständnis plappern; keine neuen Partituren besprechen (außer seine eigenen, anonym); und sich nicht nach vorne drängen, nicht außerkünstlerische Mittel zu seiner Förderung benutzen, nicht manövrieren, Reklame machen, mogeln, spekulieren.

N.Y.R.: Einige Komponisten verwenden Strukturmodelle, die den Naturwissenschaften entlehnt sind: Xenakis, zum Beispiel, gebraucht Bernouillis Lehrsatz von den Grenzen, und seine *Metastasis* stammt von demselben Entwurf wie der Philips-Pavillon auf der Brüsseler Weltausstellung.

I.S.: Ich finde die Sparsamkeit bewunderungswürdig und freue mich auf die Zeit, da die Nachfolger von Xenakis Musik schreiben werden, die gleichzeitig Steuersätze ausrechnen und eine Stadtsanierung durchführen kann. Mittlerweile muß ich gestehen, daß ich Angst hätte, einige der Kompositionen, die ich letzte Zeit gehört habe, in ihrer Häusergestalt zu betreten.

N.Y.R.: Da nun bei uns Computerprogrammierung der Beruf mit dem schnellsten Wachstumsgrad ist, würden Sie für den Computer eine größere Rolle im Dienste der schöpferischen Künste prophezeien?

I.S.: Wenn der Computer die universale Wissensdestillieranstalt der elektronischen Kultur geworden ist, wird man schöpferische Arbeit, falls es welche geben sollte, offensichtlich einer technischen, theoretischen und teleologischen Überholung unterwerfen müssen. Zur Zeit befinde ich mich jedoch in einer Luddite-Phase* und prophezeie sehr wenig. Wie jedermann begrüße ich die Vorteile beispielsweise der Speicherung von medizinischer Information und Forschung (da sowieso kein Arzt sich auf dem laufenden halten kann); anders jedoch als die meisten Menschen erschrecken mich die Aussichten, sagen wir, des IBM-Projekts für die direkte Umwandlung von Information in Sprache. Der bloße Gedanke an Millionen von elektronischen Stimmen, die von lebenden nicht zu unterscheiden sind (T. S. Eliot: »Bis Menschenlaut uns weckt, und wir ertrinken.«) wirft mich völlig aus der Bahn.

N.Y.R.: Wie soll der Laie von etwas überdurchschnittlicher Intelligenz heutzutage wissen, Herr Strawinsky, »was Kunst ist«. Ich meine, wann ist ein zusammengepreßtes Auto, wann sind »tonlose Liedchen« dazuzurechnen?

I.S.: Man rechnet immer noch im allgemeinen zur bildenden Kunst, was in einer Galerie gezeigt wird, und zur Musik, was an Orten stattfindet, die traditionellerweise mit Konzerten in Verbindung gebracht werden. Man kann sich aber auch an den Händlern orientieren, deren Aufgabe es ist, das ganze Geschäft in Gang zu halten. Ihre Formel lautet, und sie scheint sehr gut zu funktionieren: »Jetzt kaufen im Vertrauen darauf, daß es sich später als Kunst erweisen könnte.« Was mich betrifft, wüßte ich bei manchen Konzerten, die ich in letzter Zeit erlebt habe, nicht, wie man anfangen könnte, zwischen Musik und ihrer Negation zu unterscheiden. Und ich bin keineswegs sicher, daß ich ein neues Musikgenie erkennen würde. In der

* Luddite: Mitglied einer Arbeitergruppe, die Aufstände zum Zweck der Zerstörung von Maschinen organisierte (1811–1816), genannt nach Ned Lud, einem angeblich schwachsinnigen Mechaniker, der eine Reihe von Strumpfwirkrahmen zerstörte. [Anmerkung der Übersetzer.]

Tat, wenn ich heute Schumanns Rolle übernehmen und einen neuen Chopin begrüßen sollte, müßte ich wahrscheinlich seinen Ausspruch umkehren: »Hut aufbehalten, ihr Herren, es kann ein Scharlatan sein.«

N.Y.R.: Da der Begriff der Avantgarde eine Richtung impliziert, würden Sie uns sagen, in welche Richtung nach Ihrer Meinung die heutige Avantgarde marschiert?

I.S.: Da ich nicht weiß, welche Art von Musik nach vorwärts Ausschau hält, oder überhaupt, was vorwärts ist, habe ich keine Ahnung. Wenn, zum Beispiel, die Diabelli-Variationen so vieles im Keime enthalten, was kommen sollte, so ist es rückschauende Prophetie, die uns das zu sagen erlaubt. Im Vergleich mit der Naturwissenschaft, deren zukünftige Errungenschaften in vielen Fällen längst bekannte Ziele sind, kann man gewöhnlich nicht einmal sagen, auf welchen Gebieten der Musik Entwicklungen zu erwarten sind. Und während Fortschritt in der Wissenschaft meßbar und sogar absolut ist, läßt sich selten überhaupt eine Übereinkunft darüber erzielen, was Fortschritt in der Musik bedeutet. Musikalische Stile scheinen sich durch neue Infusion von Emotion zu entwickeln, oder neue Betonungen bzw. Kombinationen von Emotion, zusammen mit Verschiebungen und Veränderungen – sowohl Verlusten wie Mehrungen – des Vokabulars. Doch kann eine neue Sprachmode auch roher sein als diejenige, die sie ersetzt.

Was die gegenwärtige Avantgarde betrifft, habe ich in den letzten paar Saisons wenig Kontakt mit ihr gehabt: und dies auf einem Gebiet, wo sechs Wochen eine Epoche bedeuten können und wo das Eigentumsrecht auf eine Idee bei der gegenwärtigen Geschwindigkeit des »dynamischen Veraltens« etwa sechs Minuten währt. Der Trend scheint jedoch noch immer zu den Mixed Media zu gehen, zum Kollektivausdruck, zum gebrauchsfertigen Gesamtkunstwerk, und daher weg von der Musik in sich und für sich. Das ist ja auch verständlich, allein aus dem Grund: »Vita brevis, ars longa.« Der Trend bedeutet auch von meinem Standpunkt aus ein Sich-Entfernen von der Idee der Komposition; denn Effekte, auf die man planlos hinstolpert, sind ganz anders als solche, die sich im Verlauf und im Rahmen einer sich entfaltenden Ordnung ereignen. Was ich bei der Avantgarde von vor ein paar Jahren einigermaßen, wenn auch nicht unerschöpflich interessant fand, war die Erforschung feinster Sinneswahrnehmungen bei einem einzelnen, am Ort verharrenden Menschen. Das war nicht ganz neu (man denke an Gulliver, der von einer »*Fourmillante cité . . .*« wimmelt), aber es wurde erst mit Beckett, glaube ich, eine vollwertige Bewegung. Die Parallele in der Musik verdanken wir Herrn Cage, der uns auf unser tonverstärktes Atmen und Schlucken (letzteres hört sich wie die Niagarafälle an) und das Kräuseln eines einzigen Haares aufmerksam machte.

N.Y.R.: Sind diese Veränderungen des Vokabulars und neuen Infusionen von Emotion rein innermusikalische Entwicklungen, oder gibt es eine Verwandtschaft metaphorischer Art mit der wirklichen Welt?

I.S.: Wie ich es sehe, sind die metaphorischen Ausrichtungen, Symbolisierungen, reflektierten Gedanken und Gefühle eine Sache des Hörers allein, ohne irgendeine »wirkliche« Grundlage in der Musik; oder mit anderen Worten: Die Ausstattung eines musikalischen Objekts mit den subjektiven Reaktionen des Hörers ist tatsächlich nichts anderes als eine Art pathetischer Täuschung. Außerdem zweifle ich, ob das subjektive Terrain der meisten Hörer mit metaphorischer Neigung so reich und mannigfaltig ist, wie sie annehmen, da »freie« Gedankenverbindung in den meisten Fällen tatsächlich eine ziemlich enge und vorgeformte Gewohnheitsverbindung ist. Aber das setzt als selbstverständlich anderes voraus, das uns schließlich zu dem Postulat zurückführen würde (es steht in Marx' *Grundrissen der Kritik der politischen Ökonomie*, glaube ich, aber ich bin kein Auskunftsdienst), daß die Wirklichkeit nicht durch unser Bewußtsein bestimmt wird, sondern umgekehrt.

N.Y.R.: Sicherlich können aber Musikstücke über sich hinaus einen gültigen Sinn haben.

I.S.: Gewiß: Ihren eigenen. Und Sie können darin suchen, was Sie nun wollen: Eine Zeitkritik, beispielsweise, verkörpert in formalen, wesentlichen und strukturellen Merkmalen (die Methode der Schule der »Sich-aus-dem-Zusammenhang-ergebenden-Interpretation«); oder Analogieübungen – ich könnte selber einen platonischen Dialog über den Satz auf die Beine bringen, daß gute Musik erhabene Wahrheiten und schlechte Musik Plattheiten und Lügen ausdrückt. Es hängt alles – da es auch mit Ihnen beginnt und endet – von Ihnen ab.

N.R.Y.: Aber doch in Ihrem eigenen Bewußtsein, Herr Strawinsky?

I.S.: Mein »Bewußtsein« zählt nicht. Ich bin von den Funktionen meines Intellekts nicht verblendet. Mein Interesse geht völlig auf den Gegenstand über, auf das, was man macht. Daraus folgt, daß ich mich mehr mit dem Konkreten befasse als mit dem anderen, worin, wie Sie sehen, ich leicht in Schwierigkeit gerate. Und erstens teile ich nicht die Meinung, daß Komposition mehr eine Funktion des Intellekts als eine sinnliche Freude sei. »Lüsternes Vergnügen« heißt die berühmte Beschreibung der Aufführung eines – sehr keuschen, wie uns erscheint – Lautenliedes, und Aufführungen sind nur blasse Erinnerungen an schöpferische Akte. Bei der Musik wie bei der Liebe ist Lust das Abfallprodukt der Schöpfung.

N.Y.R.: Würden Sie sich zu Leopardis Behauptung äußern, daß das Alter uns jede Lust nimmt, während es uns Appetit auf alles läßt, daß aber die Menschen den Tod fürchten und das Alter begehren?

I.S.: Vorziehen, nicht begehren, und die logische Symmetrie stimmt auch nicht: Es gibt noch Lust, und sie hält dem Appetit die Waage. Aber wenn das Alter heute genausowenig Anziehungskraft ausübt wie zur Zeit Leopardis, der zu jung starb, um irgend etwas darüber gewußt zu haben, behandeln wir es heute auf kosmetische Weise, und es kann zumindest besser ausschauen. Unter dem Schlagwort »ältere Bürgerschaft« (*senior citizenry*), jedenfalls, wird es als eine Art von Berufung verhökert. Seine Verkäufer vergleichen Senilität mit einer späteren, glanzvolleren Phase des Mondes und tun so, als ob unser Verlust an Triebkraft, der zu offensichtlich ist, um verleugnet zu werden, der Preis für eine ausgleichende größere Weisheit sei.

Die Wirklichkeit ist anders, sie *könnte* einer intellektuellen Tiefkühltruhe ähneln. Kürzlich verschrieb mir ein Arzt ein neues Beruhigungsmittel mit der Empfehlung, es hätte bei seiner Großmutter Wunder gewirkt, das heißt, es hat sie wahrscheinlich in ein halbes Koma versetzt und sie ihm so aus dem Wege geschafft. Doch hat die ehrwürdige alte Dame auch Musik geschrieben? Das fragte ich, und die schockierte Antwort implizierte, daß, wenn *ich* das täte, dann sollte ich sofort aufhören um meiner eigenen Ruhe willen, die, wie ich jetzt weiß, nicht mehr ein Ort ist, wo man sich der Emotion erinnert, sondern ein Zustand fast nur noch des Vegetierens.

N.Y.R.: Dürfen wir uns erkundigen, wie Sie selbst über das Alter denken, Herr Strawinsky?

I.S.: Wenn Sie etwa das Wissen meinen, daß ich in höchstens einem halben Jahrzehnt tot sein werde, wahrscheinlich jedoch noch früher: das bewegt mich wenig; denn die Möglichkeit des Todes ist immer gegenwärtig, ist immer gegeben, und nur die Wahrscheinlichkeit hat zugenommen. Wenn, andrerseits, Sie sich nach Veränderungen im Denken und Charakter erkundigen, dann muß ich zugeben, daß ich von einigen nur durch andere Leute erfahre. Sie sagen es mir zum Beispiel, wenn ich zu argwöhnisch und widerspenstig bin, doch Fehler dieser Art sind, wie das Leben nun mal ist, gewiß unabhängig von Fragen des Alters. Eine Veränderung, die mir ohne jegliche äußere Hilfe auffällt, ist die Neigung, den kleinsten blauen Fleck in seiner Wichtigkeit zu vergrößern. Gewiß gibt es eine einleuchtende biochemische Erklärung dafür, aber ich kann einfach nicht meinen Gallenwert kontrollieren. In der Vergangenheit hielt ich mich gegen die Selbstzufriedenheit aller Meinungen zurück, die von beispielhafter Nächstenliebe erfüllt sind (»sie haben

Ohren und hören nicht«), und des Gedankens, daß, wo Tod ist, auch Hoffnung ist. Aber heute weiß ich, daß, wo Tod ist, auch Nachfolge ist.

Wie die Kindheit – meine Kindheit – ist das Alter eine Zeit der Demütigungen. Das Unangenehmste für mich ist, daß ich nicht längere Zeit unter ständigem Hochdruck und ohne nachlassende Konzentration arbeiten kann. Aber es gibt andere Ärgernisse. Ich verschreibe mich jetzt häufig, und meine Manuskripte müssen gründlich überarbeitet werden. Das ist »verständlich bei einem Mann in seinem Alter«, sagen die Leute, aber verständlich oder nicht, mich beunruhigt es. Das trifft auch für mein Gedächtnis zu, das gerne Versteck spielt. Ich habe zum Beispiel zweimal dieselbe Seite orchestriert, vollkommen fremde Menschen auf russisch begrüßt und ähnliche zerstreute Handlungen begangen. Coué hätte gesagt, daß die Natur mich schützt, indem sie meine Fähigkeit, das Nebensächliche zu behalten, vermindert. Mir wäre aber lieber, diesen Schutz nicht nötig zu haben.

Letzte Woche träumte ich von einer neuen Episode des Werkes, an dem ich gegenwärtig arbeite. Doch als ich aufwachte, wurde mir klar, daß ich nicht zu meinem Schreibtisch gelangen konnte, um sie aufzuschreiben, und daß sie bis zum Morgen vergessen sein würde. In diesem Augenblick dachte ich zum erstenmal darüber nach, wie lang es noch dauern wird, bis ich als Komponist den Laden ganz zumachen muß.

N.Y.R.: Haben fünfundachtzig Jahre Ihren Glauben an die Kontinuität des Lebens und der Kunst gestärkt, Herr Strawinsky?

I.S.: Im Gegenteil; mir scheint, daß die Diskontinuität herannaht. In weiteren zwei, drei Generationen werden sich die von den genetischen Ingenieuren nach den Angaben des Amtes für menschliche Verwendung gezüchteten Wesen ganz gewiß weit stärker von mir unterscheiden als ich, beispielsweise, mich von den Astronomen von Fowlis Wester und Stonehenge unterscheide (die, wie es jetzt scheint, eine Mondbewegung gekannt haben müssen, welche später von Tycho Brahe »entdeckt« wurde). Ich habe kein Vertrauen in die Genetik und andere

Utopien, wie Sie merken, und ich habe Analogien satt, die sich auf erfolgreiche Versuche mit Fröschen stützen. Mich macht schon die Gegenwart schwindlig – jene Entdeckung in Cambridge zum Beispiel, daß bei gewissen Insekten das Zeitgefühl in zwei oder drei Zellen verschlüsselt ist. (Also *ist* die Zeit selber dann ontologisch?) Aber mißverstehen Sie mich nicht. Obwohl ich jeden faustischen Handel ablehnen würde, bin ich mit mir selber keineswegs zufrieden. Ich möchte nur weiter bis zum Schluß versuchen, das, was ich immer getan habe, besser zu tun. Und das, obwohl die statistischen Tabellen mir unaufhörlich klarmachen wollen, daß es sich verschlechtern müßte. Außerdem will ich es mit derselben angeschlagenen, aber langbewohnten Identität tun. »Mich selber muß ich wieder schaffen«, heißt es im Gedicht von Yeats. Und das müssen wir alle.

Nebenwirkungen I

1

Um das Unrecht unserer Zeit zu rächen ...
Igors Wunden. Igorlied

HARPER'S: Ihre Auftritte in New York sind selten geworden, Herr Strawinsky. Es war für uns eine große Enttäuschung, daß Ihre Konzerte in der Carnegie Hall neulich abgesagt werden mußten.

I.S.: Die Stadt ist für mich jetzt zu riskant geworden. Während meines letzten Besuchs im Mai ging ich eines Nachmittags spazieren, aber der Wind war so stark, daß ich mich gegen Mauern lehnen und an Parkverbotsschildern festhalten mußte. Bald wurde ich von einer Hilfspolizistin kritisch beobachtet, die wahrscheinlich annahm, daß ich betrunken sei. Dann näherte sich mir ein junger Mann, aber nicht, um mir seine Hilfe anzubieten, sondern weil er ein Autogramm haben wollte. Um ihm den Gefallen zu tun, tastete ich mich zentimeterweise wie ein Bergsteiger aus diesem Windkanal namens 61. Straße und zurück ins Hotelfoyer, wo ich gehörig meinen Namen hinschrieb. Aber der mangelnde Sinn für das Absurde bei diesem Sammler oder maskierten Händler raubte mir auch noch die Laune, und so versuchte ich nicht, meine windige Promenade fortzusetzen.

H.: In den Berichten über die Absage schrieben die Zeitungen, Sie seien im Krankenhaus gewesen.

I.S.: Das ist wahr. Ich habe zwei Wochen dort wegen eines Magengeschwürs verbracht, eines »gutartigen«, im Ärztejargon, aber wenn es nicht mehr »gutartig« ist, sind Sie schon so ziemlich tot. Schuld an dem Übel, sagten die Ärzte, sei eine durch Alkohol verursachte Erweiterung der Blutgefäße. Aber ihr Bericht nennt natürlich nur den Alkohol und versäumt, die tugendhaften Absichten zu erwähnen. Zunächst war ich nicht beunruhigt, und meine Vorahnung, die tatsächliche Schwierigkeit, ja das Schlimmste könnte noch kommen, wurde nur durch die plötzlichen Krankenhausbesuche von gewissen Musikkritikern und ihr Betragen dabei erweckt. Doch es war tatsächlich bloß ein Geschwür. Und ich habe mich schneller davon erholt als von diesem Krankenhaus für leidende Mäzene, in das ich eingeliefert worden war. Dort fingen die Zähler zu ticken an, als ich den elektrischen Strahl am Eingang durchschritt; auf den Pillen stand mein Name, und um die Rechnung zu bezahlen, wird wohl ein Wohltätigkeitsball nötig sein.

Aber im Ernst: Bußorden – Wüstenprediger und dergleichen –, die ihre Kasteiungen auf den letzten Stand bringen wollen, könnten sich kaum besser inspirieren lassen als in einem modernen Krankenhaus. Mein Tag begann etwa um 5 Uhr mit einem dringlichen, offensichtlich unaufschiebbaren Schrubben der Zelle; einmal sogar früher, als der Fernseher sich selber einschaltete. Von dann an, bis zum Ausschalten des Lichtes (hier wurde ich regelmäßig aufgeweckt und belehrt, es sei nun Zeit zum Schlafen), blieb ich beständig, schwärend wach, um zu vermeiden, mit anderer Leute Mitteln gespritzt zu werden. Während eines früheren Belagerungszustandes im Krankenhaus vor einigen Jahren hat mich solch eine Injektion fast das Leben gekostet. Trotz dieser Vorsicht sind wohl wenige Fakire so häufig gestochen, gestoßen, punktiert und perforiert worden wie ich, und wenn man sich überlegt, daß Blutverlust der eigentliche Grund für meine Einkerkerung war, erschienen die weiteren Abzüge bemerkenswert reichlich und häufig. Außerdem habe ich eine imposante Vielheit und Menge von Medikamenten geschluckt, eingeatmet, durch die Poren aufgesaugt und sie mir durchpumpen lassen; dazwischen erlitt ich zwecks Blutdruckmessung Aderpressen, wurde bestrahlt, mit Abführmitteln versorgt, wurde gezwickt, geklopft und vielem »Handauflegen« unterworfen.

Das Krankenhaus war teilweise durch Gegensprechanlagen automatisiert. Der Patient richtet seine Bitten an Wandröhren mit Siebabschlüssen wie die Sprechluken von Beichtstühlen und wartet dann, bis die Antworten ihm wie Fluganmeldungen von der Decke entgegendröhnen. Diese Stimme von der Decke, die mich ermahnte, meine Milch zu trinken, war mir eine schlimmere Tortur als die Milch selber, darf ich sagen, und meine Zunge wurde beim ersten Knistern des Lautsprechers plötzlich belegt, wie es ähnlich Pawlows Hunden wohl ergangen sein mag. Überdies waren manche Menschen dort genauso automatisiert wie die Automaten. Einer brachte dreimal am Tag Gelatinepudding, ein anderer Joghurt, und, soweit ich feststellen konnte, tat keiner je etwas anderes. Zuerst meinte ich, diese Anordnung habe man getroffen, um leicht überforderte Gehirne zu schützen, aber nun habe ich den Verdacht, daß es keine Hirne gab bzw. daß alle Gehirnfunktionen mit Ausnahme derjenigen, die das Ausliefern von Gelatinepudding und Joghurt kontrollieren, chirurgisch entfernt worden waren. Jetzt möchte ich gern wissen, da ja diese Automaten programmiert waren, nur leere, nicht aber unangerührte Schüsseln wegzuräumen, wie lange man wohl brauchte, um die etwa vierzig noch nicht konsumierten Puddinggläser in meinem Garderobenschrank zu entdecken.

Meine eigenen Krankenschwestern waren noch nicht automatisiert; ja, eine war so altmodisch, daß sie den Vorhang um mein Bett zuzog, ehe sie mir eine Vitamin-B-Spritze *in den Arm* gab! Ihr Zartgefühl war weniger anspruchsvoll, wenn es darauf ankam, mich über die neuen Krankheiten aufzuklären, die durch die neuen Heilmittel verursacht werden, aber sie brachte mir immerhin eine wirkungsvolle einschläfernde Formel bei: Gamma-Globulin, Hämoglobin, die Schwelle des Schmerzes, die Haustür des Schmerzes, Schmerz selber . . . zzzzzzz.

Meine Vorliebe für schmerzstillende Mittel wurde übrigens inzwischen bestätigt; wäre ich ein »End«-Patient gewesen, so hätte ich gegen die Anti-Drogen-Lobbyisten Partei ergriffen, die behaupten, ein »Recht« auf ihren Tod zu besitzen. Nach einer bloß dreimaligen Dosis von Morphin war ich bereits *»hooked«*, und ich begann die Ärzte zu bearbeiten, meine Demerol-Zuteilung zu erhöhen. Ich habe die Kolchizin-Sucht – an der zufällig auch Erdeichhörnchen teilhaben – nur wegen der beunruhigenden Nachricht abschütteln können, daß es in den Zellen von Pflanzen die Chromosome teilt. Darvon wird jedoch noch verschrieben, und so bin ich, zumindest auf Zeit, ein Süchtiger von Rechts wegen.

Außerdem fühle ich mich immer noch wie Amfortas und von Zeit zu Zeit etwas schwindlig, als ob ich gerade aus einem Riesenrad gestiegen wäre. Milchsüchtig bin ich auch geworden, und die Pharmakologie bleibt weiterhin mein »Lebensstil«. Das schlimmste ist, daß das Geschwür auf seinem Rückzug eine Falle in Form von Fingergicht hinterließ. Die Schmerzen sind sowohl unberechenbar als auch pedantisch; es ist daher schwierig, sich an sie zu gewöhnen. Sie sind zu Zeiten auch so stark – ich glaube Aubrey nicht, wenn er berichtet, Milton habe während seiner »Gichtanfälle« gesungen: wahrscheinlich hat er geheult –, daß ich nicht mehr sicher bin, »Künstler bis in die Fingerspitzen« zu sein. Es ist im Moment fast unmöglich, irgendein neues Musikstück auszubrüten, wie Sie sehen, und völlig unmöglich, das am Klavier zu tun, da die Gicht mich meiner Geschicklichkeit beraubt hat.

H.: Nur »fast«, Herr Strawinsky?

I.S.: Ich bin dabei, eine Folge von Stücken mit dem Arbeitstitel *Etüden, Inventionen und eine Sonate* zu komponieren. Nur zwei Nummern, die beide aus der Zeit vor dem Geschwür stammen, sind vollendet. Ich hoffe, daß der Plural nicht überoptimistisch ist.

2

> *Vom Paradies kann ich eigentlich nicht sprechen, denn ich war nicht dort.*
>
> SIR JOHN MANDEVILLE

> *... monatelang steigen ohne Unterbrechung ungeheuere, nasse melancholische Nebel aus dem Ozean und bewegen sich auf das Ufer zu ... es ist immer traurig.*
>
> ROBERT L. STEVENSON über Kalifornien, 1880

H.: Warum leben Sie in Los Angeles, Herr Strawinsky?

I.S.: Ursprünglich bin ich wegen meiner Gesundheit dorthin gekommen, mit anderen Worten: aus demselben Grund, weswegen man mir jetzt rät, wegzuziehen. Die Auswirkungen des Smog werden zur Zeit dem Schaden gleichgesetzt, den zwei Packungen Zigaretten pro Tag anrichten; die Worte des Dichters: »Den Tod fürchten? – in meiner Kehle den Nebel spüren«, sind in Los Angeles buchstäblich wahr. Ich hatte mir als nächsten Schritt La Paz überlegt, nicht weil ich für Guevara oder sonst jemand eine Botschaft hätte, sondern weil Magengeschwüre dort fast unbekannt sind infolge der, wie man meint, wohltätigen Wirkung der Höhe auf die Magenenzyme.

H.: Aber ist Los Angeles wirklich so etwas Besonderes, oder

entwickeln sich bloß gewisse Formen gesellschaftlichen Verhaltens dort etwas früher als sonst in der Welt?

I.S.: Letzteres stimmt: Los Angeles ist der Welt voraus, beispielsweise im Falle solcher relativ kleinen Entwicklungen wie der Einnahme der politischen Szene durch alternde Filmhelden oder solcher modischer Erscheinungen wie Abziehtätowierungen und der Verjüngung durch Silicium (womit, um Eliot abzuwandeln, die meisten Gesichter über vierzig, denen man begegnet, behandelt worden sind). Aber die Stadt ist unleugbar anderen voraus im Falle solcher ziemlich wichtigen Entwicklungen wie der Umwandlung von Männern in Frauen, von Frauen in Männer und der Ausmerzung des Todes.

In Los Angeles hat das Sterben nur entfernt etwas mit dem Tod zu tun. Laut den Anzeigen, die es für preiswerte Begräbnisse in allen Stadtteilen gibt, ist die einzige Frage die, ein paar Probleme zu ordnen (Ihre irdischen Überreste nämlich), und das kann man, dank einigen selbstlosen Firmen, mit einem Telefonanruf erledigen und dann vergessen. Früher schienen mir diese Inserate bloß liederlich und gemein, außer auf der Mittelseite der Programmhefte der Philharmonischen Konzerte, wo sie gewöhnlich sehr passend waren, oder an den Sitzbänken der Bushaltestellen, wo sie, da Busse das Transportmittel der älteren Armen sind, grausam wirken. Doch ich betrachte sie jetzt als den logischen Abschluß der lokalen Philosophie des Lebens (d. h. des Todes). Indem man dem Begräbnis alles Begräbnismäßige wegnimmt und damit auch all den Unsinn über schmerzlichen Verlust wie auch das Gefühl einer »höchsten Ironie« und irgendwelche sonst verbleibenden Aberglauben eines »Sieges über den Tod«; indem man die kinoartige Ausblende an die Stelle der barocken Feier mit Trompeten, Elegien und Marmorgräbern setzt; kurz, indem man den Vorgang mit Zahlungsmitteln in Verbindung bringt und ihn auf eine Art von Supermarktdienst reduziert, wird der Tod selber in gewissem Maße etwas weniger erkennbar. Das glaube ich, ist der Grund, warum die Sterbenskranken ein so lebendiges Interesse haben an der Ermittlung der relativen Vorteile von Einäscherung gegenüber pharaonischer Präservierung (»den äußeren Schein wahren«) und im Ausmachen der vorteilhaftesten Ratenzahlungsbedingungen (»jetzt zahlen, später verreisen«).

Eine verstorbene Freundin von mir erzählte kurz vor ihrem letzten Zusammenbruch, ein Verkäufer in dem Begräbnis-»Studio«, das sie als erstes aufgesucht hatte, wollte ihr einreden, daß Atlas der kleidsamste Futterstoff für ihren Sarg sei. Darüber war meine Freundin so verärgert, daß sie ihn daran erinnern mußte, wer nun einmal im Sterben begriffen sei, und daß es sich um *ihr* Begräbnis, nicht um *seines* handle. Sie berichtete auch, zu den musikalischen Requisiten dieses Ateliers zählt, neben der üblichen Auswahl an japanischen elektronischen Kanarienvögeln, eine Sammlung von »Einäscherungsblues«, wovon eine Nummer ihr tatsächlich eine Gänsehaut verursacht habe. Die Annoncen im kommenden Jahr werden ohne Zweifel das Angebot enthalten, unsere Leichen nicht nur in Alltagskleidung zu präsentieren (Polaroidbrillen sind in Los Angeles unerläßlich), sondern außerdem in »nicht ganz lebender Farbe«.

Der transsexuelle Trend, d. h. die Vertauschung der sexuellen Rollen, ist kaum weniger interessant, jedoch hier schwieriger zu verfolgen, da der soziologische Gesichtspunkt sich ebenfalls verschiebt. Zuerst wurde die neue Nacktkultur* von hüllenlosen Interessen bloß als die letzte Manifestation der sinnlich-visuellen Revolution eingestuft. Doch nun, unter dem Druck der Kleiderindustrie, sehen dieselben Experten darin ein reaktionäres Phänomen. Die nackte Kellnerin ist eine Sexualsuffragette, lautet das neue Argument, eine unentwegte Demonstrantin für die Sache der altmodischen binären Sexualkonstruktion.

Wie auch immer diese Streitfrage entschieden wird, die übrigen Teile des Landes hinken weit hinter Los Angeles her, was die Freilegung vom Busenfetischismus des amerikanischen (ehema-

* Deutsch im Original. [Anmerkung der Übersetzer.]

ligen) Mannes betrifft. Und damit meine ich nicht nur das Oben-ohne-Restaurant, sondern auch die Eisdiele, denn um dieselbe Zeit, zu der der Gallier seine Grappa oder seinen Pernod hinunterkippt, verschanzt sich der verwachsene Angeleno – der vielleicht der Vater liebesfreudiger Töchter ist, die an der Universität von Kalifornien in Los Angeles die Hauptfächer Sonnenbaden oder Wellenreiten studieren – in einer Milchbar, an einem ice cream soda saugend. (Ich darf Sie daran erinnern, daß meine gegenwärtigen Ausschweifungen in Sachen Milch nicht dieselbe Ursache haben: nämlich, daß man's als Säugling nicht richtig »satt hatte«.) Aber wie sieht die mammalogische Zukunft dann aus? Wie wird, nach ein paar Jahrhunderten natürlicher Zuchtwahl, das Faltbild des Supergirls vom Jahre 2500 ausschauen, wenn man als äußere Fortschrittsmessungen die Evas eines Cranach oder Clouet und die des *Playboy* nimmt?

(Ist der Restaurantservice *au naturel* der Verdauung wohltuend, oder hat diese gleichzeitige Verwicklung der Gefühle eine beunruhigende Wirkung auf die Verdauungssäfte? Kommt es je vor, daß jemand aus Versehen eine Tomate oder ein Feigenblatt bestellt? Aber die Musik scheint ebenfalls in das Zeitalter des Bodenlosen eingetreten zu sein, nicht im Sinne der Tiefe, natürlich, sondern, wie in dem Film *Spiele der Nacht*, im tatsächlichen Gebrauch der anatomischen Flächen für die Notation von Musik.)

3

... einige reiten, aber die restlichen sind überfahren worden. THOREAU

... eines persönlichen Gottes ... der uns gern hat bis auf einige Ausnahmen, man weiß nicht warum. BECKETT, »Warten auf Godot«

Wäre es möglich, daß Shakespeare gezwungen werden könnte, sich selber anzuklagen, weil er des ›Ismus‹ unkundig sei?
Wäre es möglich, daß man Strawinsky durch schreiende Straßen schleppt, mit einem Kübel Abfall auf seinem weißen Haar?
WOSSNESENSKIJ, März 1967

H.: Sind Sie sich einer Kluft zwischen Ihnen und der Jugend bewußt, Herr Strawinsky?

I.S.: Wenn man nach einer Nachrichtensendung urteilt, die ich mir gestern abend kurze Zeit anschaute, trennt mich ein Cañon im Arizona-Format von fast *jedermann* sonst. Die Fernsehsendung begann mit einer Meldung von der Überbevölkerung, die Statistiken enthielt wie »7,2 Menschen«; bis zum Ende des Jahrhunderts wird der Ausdruck: »schloß sich der Mehrheit an« geboren heißen, nicht gestorben. Dann verlas der Sprecher in jenem wohlbekannten, abwechselnd ernsten und drolligen Mann-zu-Mann- und Mann-zu-Frau-(und nervenzersägenden) Ton die jüngsten Zahlen der Opfer von »Anti-Personal«(d. h. Anti-Menschen)-Bomben. Enthalten waren auch einige Nichtkommunisten, die versehentlich getötet wurden; aber glücklicherweise werden in diesem Fall, wie der Sprecher versicherte, ihre Familien zum gegenwärtigen Preis von 34 Dollar pro nichtkommunistische Leiche entschädigt. Weit entfernt von jeder Spur des Zweifels war dieser bestehende Bericht, und die Festsetzung der Preise für Menschenleben und die Bezahlung für sie – gleich der Bezahlung der Jäger für ihre Felle – waren dargestellt wie eine Sache, die mit einem Händeschütteln in der

Runde enden sollte. Aus Rücksicht auf mein Magengeschwür schaltete ich an diesem Punkt aus, aber in Wirklichkeit hat mich die versprochene »Zusammenfassung« von kulturellen Ereignissen, d. h. der Schließung eines Kinopalastes und der Vorhersage über den morgigen Smog, nicht verlockt.

Die Kluft zwischen mir und der rebellierenden Jugend, um auf Ihre Frage zurückzukommen, ist nur so tief wie die Furchen meines Gesichts, verglichen mit dem Abgrund, der mich von den Menschen trennt, die sich so verlogen anquatschen lassen wie in der eben beschriebenen Sendung. Ja, da der Sunset Strip, jener trockene Ganges für Hippie-Heilige (das Tauchen unters Wasser ist nicht ihre Sache), nur ein paar Schritte von mir liegt, werde ich mich auch wahrscheinlich um die Mitgliedschaft bei den jungen Hindus bewerben. Was die älteren betrifft, so scheint es kaum der Mühe wert zu fragen, ob sie wüßten, was aus der Menschlichkeit geworden sei. (PS: Wossnesenskij muß Stokowski im Sinne gehabt haben. Ich bin kahlköpfig.)

4

Claudio Monteverdi, indem er die Gemüter bewegt ... ist der angenehmste Tyrann über den Geist der Menschen geworden.

AQUILINO COPPINI (1608)

H.: Ein Porträt von Monteverdi fällt auf unter den Bildern in Ihrem Arbeitszimmer, Herr Strawinsky. Was bedeutet er Ihnen in diesem vierhundertsten Jahr nach seiner Geburt?

I.S.: Offensichtlich fühle ich mich ihm sehr eng verbunden, aber er ist ja wohl auch der erste Musiker, dem wir uns überhaupt eng verbunden fühlen können. Die Reichweite seiner Musik sowohl als Emotion wie auch als Architektur (zwei Aspekte derselben Sache) bedeutet eine neue Dimension, mit der verglichen die großartigsten Gedanken seiner Vorgänger, wie auch die meisten ihrer inspirierten Hitzewallungen und

Trübseligkeiten, zu Miniaturen zusammenschrumpfen. Der Mensch selber, so wie er in Gorettis Darstellung erscheint, seine Gewohnheiten beim Komponieren und beim Gespräch während der Zeit in Parma und auch in seinen eigenen schwermütigen Briefen, mit den Sorgen über mangelnde Zeit, den Klagen über Migräne, dieser Mensch hört sich für mein Gefühl auffallend modern an; ja, wenn ich es sagen darf, er redet so ziemlich wie ich.

Meiner Meinung nach wurden im Sinne der Fortschrittsgläubigen die Etikette der *prima* und der *seconda prattica* des Komponisten vertauscht, wie das die nach vorwärts und die nach rückwärts Schauenden manchmal taten. Ich meine damit, daß der ältere polyphone Stil mit seiner Erforschung des Rhythmus und seinen kontrapunktischen Spannungen (den Sekundvorhalten im *Gloria* des siebenstimmigen *Magnificats* z. B.) heute noch moderner klingt als die harmonischen Neuheiten des deklamatorischen Stils. Und doch findet sich der allermodernste Effekt unzweifelhaft in der *seconda prattica*. Ein Brief des Komponisten, der erst 1966 veröffentlicht wurde, deutet an, daß er für eine Szene in einem verschollenen dramatischen Werk etwas Sprechstimmenähnliches im Sinne gehabt haben muß. Jedenfalls ist das *meine* Interpretation des Satzes *»a parlar nel modo come se l'avesse a cantare«*.

Wenn ich an erster Stelle Monteverdis rhythmische Erfindungen bewundere, dann zum Teil, weil ich selber mein ganzes Leben hindurch in ähnlicher Richtung gearbeitet habe, weil dies wesentlich zu meiner Psychometrie als Komponist gehört. Ich kenne keine Musik vor oder nach der *Sonata sopra Sancta Maria*, die auf so glückliche Weise Variation und Unregelmäßigkeit der Akzente und der Metrik ausbeutet, und ich kenne keine subtilere rhythmische Konstruktion überhaupt als die zu Beginn des Satzes *Laudate pueri*, wenn man das Stück entsprechend den Wortakzenten singt, nicht nach dem *tactus* und den Taktstrichen des Herausgebers. Andrerseits finden Hörer, die in erster Linie durch reiche Harmonien befriedigt werden, das fast ausschließlich rhythmische Interesse des *Dixit Dominus* langweilig. Mir gefällt ja diese kanonische Monotonie, und für mich ist dieses Absinken nach g-Moll beim *Gloria Patri*, auf die lange a-Moll-Passage folgend, so wirkungsvoll wie die drei modulationslosen Stürze in neue Tonarten beim Hauptthema der *Eroica*.

Eine der größten Ehrungen meines Lebens war die Einladung, zwei meiner eigenen Werke in Räumen erstmals aufzuführen, die durch ihre Verbindung mit Monteverdi geweiht sind: das *Canticum Sacrum* in der Basilika von San Marco und *Threni* in der Scuola di San Rocco. (Die *New York Times* nannte das Werk »*I Treni*«; man hatte es wohl mit *Pacific 231* verwechselt.) Was mich indessen am meisten in Mantua beeindruckte, war das Studierzimmer Isabella d'Estes, jenes Denkmal des hohen Standes der Musik am Hofe der Gonzaga, in früherer Zeit wie zu allen Zeiten. Auch wenn das Erscheinen Monteverdis ein Wunder war: auf ihn warteten schon hochentwickelte Werkzeuge. Keine musikalische Reminiszenz in diesem romantischsten Palast der Welt ist mir jedoch so unheimlich wie die Gonzagas selber, zumindest auf den Fresken von Mantegna, wo Lodovico auf einem Mandragora-Trip zu sein scheint: unfähig, vor lauter Drogenschläfrigkeit seine Augenlider weiter als bis zur Hälfte hochzuziehen.

5

> 2. MUSIKER: Ich sage ›Silberklang‹, weil Musiker für Silber spielen.
>
> SHAKESPEARE, »Romeo und Julia«
>
> *Der dritte, zweifellos ein Diener, trägt ein Musikinstrument.* W. B. YEATS, »Lapis Lazuli«

H.: Was können wir den Kunstförderungssystemen früherer Zeiten entlehnen, Herr Strawinsky?

I.S.: Wenig. Man kann nur versuchen, den individuellen Geschmack zu verbessern. Solche Systeme lassen sich natürlich nicht von den Gesellschaftssystemen insgesamt abstrahieren, und es wäre sinnlos, die Kultur der herrschenden Klasse etwa zur Zeit Monteverdis mit derjenigen unserer eigenen Epoche zu vergleichen. Immerhin war die Kunst wichtig, ja sogar das Lebenszentrum für die Kirchenfürsten und Staatsoberhäupter, die Monteverdis Gönner waren, und die – obwohl diese Unterscheidung von untergeordnetem Rang ist – *als eine Klasse* in der Lage waren, ein geübtes Urteil über die Qualitäten von Architekten, Bildhauern, Malern, Dichtern und Komponisten zu fällen. Gewiß würde kein Mensch heutzutage es wagen, irgendeinen hohen Amtsträger auch nur des geringsten Interesses an der Kunst zu beschuldigen, zumindest nicht, ohne eine Anklage wegen Verleumdung zu riskieren. Für millionenschwere Politiker der Mittelklasse ist Kunst etwas, das man sammelt und an seine Witwe weitergibt. Und das ist zum Teil der Grund, warum man unter unseren jachtsegelnden und rennpferdhaltenden Millionären so viele Französische-Impressionisten-Millionäre, aber so wenige musikalische Millionäre findet, denn musikalische Kunstgegenstände mit Wiederverkaufswert fallen nicht ins Gewicht.

Auch sind die Kulturetats früherer Gesellschaften nicht aufschlußreich, es sei denn, um noch neidischere Vergleiche daraus ziehen zu können. Daraus können wir lernen, daß Musiker nicht immer die Hungerleider oder in solch unbegehrter Menge vorhanden waren wie jetzt. Im Griechenland des Sophokles zum Beispiel waren die Gehälter der Musiker gesetzlich geregelt (s. Sifakis: *Studies in the History of Hellenistic Drama*). Und in Griechenland, wie auch in Mantua, Esterház und Monticello (Virginia), scheinen sie auch nach Verdienst geregelt worden zu sein. Um auf die Frage des geübten Urteils zurückzukehren: Wenn Haydn ein Dienstbote war, erwiesen ihm seine Arbeitgeber zumindest die Ehre, etwas von seiner Arbeit zu verstehen. Jefferson besaß übrigens musikalische Kultur und, obwohl er für seine Orchestermitglieder wahrscheinlich eine schwierige Einkommensquelle darstellte, da er von ihnen verlangte, daß sie außerdem Gärtner sein sollten und so weiter, gab er einen größeren Teil seines Vermögens für Musik aus als jene »elf Cents pro hundert Dollar verfügbaren Einkommens« (laut dem Gutachten des Twentieth Century Funds), die seine Landsleute heute auf die Musik und die darstellenden Künste verschwenden.

H.: Was meinen Sie mit musikalischen Kunstgegenständen?

I.S.: Die marktgängigen Waren. Publizität ist die größte, doch der Handel mit Autographen ist lebhaft, und Briefe und solche Erinnerungsobjekte wie Seife aus den Hotels, in denen der Künstler übernachtet hat, kommen auch langsam in Bewegung. Diese Versetzung der Preiszettel von dem funktionierenden Talent auf die Andenken an seine Schreibkunst (meine Manuskripte haben immer weit mehr eingebracht, als ich für die darin enthaltene Musik bekam), von der Freude an einem Musikstück auf die Verbindung eines Sammlers mit dem Autor durch ein Autogrammalbum macht einen großen Teil des Kunsthandels aus. Komponisten werden außerdem heute weniger wegen ihrer tatsächlichen Funktion als Komponist denn als Ausschußmitglieder, Versammlungsteilnehmer und Lehrer geschätzt. In Wahrheit waren und sind noch die meisten, einschließlich eines großen Komponisten, zu arm, um es sich leisten zu können, zugunsten der Kompositionstätigkeit ihre Unterrichtszeit zu verringern. Das Beispiel des einen großen läßt übrigens den ersten Teil meines Arguments erläutern, da eine Universität jüngst ein Museum errichtet hat, um sein Taschenmesser, seine Unterwäsche und die Asche seiner letzten Zigarre auszustellen. Zweifelsohne wurde für die geringste dieser Reliquien mehr bezahlt, als der lebende Komponist für seine sämtlichen Werke erhielt. Wenn man bedenkt, was man alles heutzutage mit tausend Dollar nicht kaufen kann, sollte man über jenen Tausend-Dollar-Auftrag nachdenken, an dem ein guter Komponist ein oder zwei Jahre arbeiten muß.

Was meine »Erinnerungsobjekte« betrifft: Vor nicht langer Zeit versuchte ich, einen Pelzmantel zu verschenken, den ich zwar viele Jahre getragen hatte, der aber noch gut erhalten war. Ich konnte aber keinen finden, dem's zu kalt war, ja sogar die Heilsarmee lehnte ab. Dann erfuhr ein Stiftungsspäher von meinem Gewand ohne Nutzwert, mit dem Ergebnis, daß mein altes *schuba* nunmehr im Pariser Konservatorium als Heiligtum verwahrt wird (zweifellos verursachte seine Beförderung dorthin mehrere dicke Posten auf mehreren Spesenrechnungen). Und mit meiner Musik ist es dasselbe wie mit meinem Mantel. Meine neueste Komposition wird dem musikalischen Kommerz weniger wegen ihres wahren Werts, ihres musikalischen Inhalts dienen, als wegen ihres Verbraucherwerts als Publicity, d. h. ihrer Verwendung für eine Premiere. Für den neuen Künstler ist Publicity tatsächlich fast der alleinige Wert geworden; vor allem anderen muß er ein Publicity-Fachmann sein.

H.: Und das Mäzenatentum der Stiftungen, Herr Strawinsky?

I.S.: Stiftungen sind Steuerumgehungssysteme, deren Gelder der Gesamtgesellschaft entzogen wurden. Gewiß gibt es dringlichere Bedürfnisse in der Gesellschaft als einige der von Stiftungen finanzierten Kunstprojekte. Gleichwohl scheint es unvernünftig, sich darüber zu beschweren, angesichts der vielen anderen Verschwendungen, verglichen mit denen sämtliche Ausgaben für Kunst bedeutungslos sind. Außerdem geht es nicht um Geld allein. Einen Bach subventioniert, einen Beethoven mit einem Fulbright-Stipendium ausgestattet zu haben, hätte nichts genützt. Mit Geld kann man anzünden, aber es kann nicht von selber und auch nicht sehr lange brennen. (Aus schlechtem Gewissen gestiftetes Geld schwelt immerhin eine Zeitlang.)

H.: Sind Sie der Meinung, daß die Gesellschaft Künstler unterschätzt?

I.S.: Was ihre Kunst betrifft: ja. Sonst ist das Gegenteil der Fall. Aus diesem Grund werden ihre Meinungen von Angelegenheiten, die nicht in ihrer Kompetenz liegen, publiziert (s. dieses Interview). Intelligenz und Tugend treffen nicht aus

Naturnotwendigkeit mit künstlerischer Begabung zusammen, wie die Leute manchmal glauben; ein guter Künstler hat auch nicht die Zeit, sehr viel von etwas außer seiner Arbeit zu wissen. Trotzdem wird die politische Weisheit von Malern, Schauspielern, Cellisten und Komponisten weiterverbreitet. Kurz, Künstler und »Intellektuelle« können genauso töricht und gefährlich wie Berufspolitiker sein, und weit davon entfernt, anderen Menschen moralisch überlegen zu sein, sind sie oft, wegen ihrer außerordentlichen Eitelkeit und Selbstgefälligkeit, sogar etwas schlechter.

6

Das Gehör . . . mit vielen Geräuschen beschäftigen.
L'Artusi ovvero della imperfezioni della moderna musica, G. M. Artusi, 1600

H.: Gibt es einen Begabungsmangel, Herr Strawinsky?

I.S.: Nicht was kleine Begabungen betrifft, wenn man die reine Masse betrachtet. Aber ich soll meinen Mund halten. Ich bin selber ein Drop-out, der nicht mehr in der Lage ist, die Picknicks jener kleinen, in sich versponnen und nicht sehr saturnalischen Neue-Musik-Gruppen zu besuchen, durch deren Bemühungen immerhin ein Talent von einiger Bedeutung sehr wahrscheinlich auftauchen *müßte*. Meine Ansichten bilden sich aufgrund der Tonbänder und Partituren, die ich durch die Post erhalte. (Die Partituren, nebenbei, sind großenteils verbale Beschreibungen und Diagramme; einige davon, möchte ich vermuten, sind Modemarktforschungstabellen, im wörtlichen wie im graphischen Sinne.) Die Ernte brachte nichts Verlockendes in letzter Zeit, obwohl ich etwas über gewisse Zufallsoperationen gelernt habe, nämlich: Es geht nicht so sehr darum, daß es keinen Unterschied macht, sondern daß, indem es keinen Unterschied macht, es trotzdem ganz gleich klingt. Mit anderen Worten: Die unbegrenzte Reichweite der Möglichkeiten zwischen jenen modischen

Klangerdrutschen, die weder Mensch noch Tier entwirren kann (von Maschinen habe ich nichts gesagt), und jenen genauso modischen Pausen erweist sich in der Praxis als ein kleines, patentiertes Klischeegebiet. Indem ich dies sage, vergesse ich nicht, daß die Ausbeute meines Briefkastens auch aleatorisch ist. Höre ich aber auf diese Weise, bloß weil ich immer noch Musik, nicht bloß Geräusche brauche, und weil »offene« Kunst mir nichts sagt, oder »minimal art« (die schon unverkennbar flach sich an »no art« anlehnt), oder jene grelle Publicity, jenes große Geschäft, das sich »Underground« nennt?

Was, darf ich fragen, ist aus der Idee der Universalität geworden, einer Ausdrucksart, die nicht unbedingt populär sein, aber die Phantasie für ein oder zwei Jahrzehnte nach ihrer Entstehung beflügeln müßte – und welcher Künstler in irgendeinem Medium, der im letzten halben Jahrhundert geboren wurde, hat dieses Ziel auch nur annähernd erreicht?

H.: Finden Sie aber auch nichts an der jungen Kunst zu loben, Herr Strawinsky?

I.S.: Abgesehen von etwas mattem Beifall für die Aleatorik, begrüße ich die neue unsichtbare Plastik (*Radar* von Takis, beispielsweise, die der »Betrachter« in einem »Environment« mit Energie erfüllen soll), und alle Arten von Wegwerfkunst und selbstexplodierender Kunst sind meines Lobes sicher.

H.: Dürfen wir fragen, warum Sie darauf abzielen, die »ausgedehnten Möglichkeiten« – Vierteltöne, multiple Klangsysteme und so weiter – im Arsenal des neuen Komponisten verächtlich zu machen, Herr Strawinsky?

I.S.: Aber das tue ich nicht. Ich stelle nur ihren Gebrauch in Frage, denn sie scheinen häufig sogar die Möglichkeit von Kunst zu töten: *parvum in multo*, um das Schlagwort umzudrehen! Die Verwendung der neuen Hardware erscheint dem neuen Musiker natürlich »historisch notwendig«; aber Musik setzt sich aus musikalischen Notwendigkeiten zusammen, und man sollte vielleicht das Bewußtsein historischer Prozesse lieber zukünftigen und andersgearteten Lohnempfängern überlassen. Es ist aber auch einleuchtend, daß Rechenmaschinen etwas machen werden, das man Kunst nennen wird. (Wie wird man ohnehin Kunst definieren? Was war *»le bonheur«* in Holbachs *Traité mathématique sur le bonheur?*) Was auch immer *ich* davon halte, daß die neue Hardware des Komponisten ihn in eine Sackgasse führen wird, zählt auf keinen Fall, denn ich habe kein Anrecht auf eine Meinung. Ja, sogar die genaue Beschaffenheit des Problems ist mir so entfernt wie der Gluck-Piccini-Streit. Das einzige Stück musikalischer Hardware, das ich in letzter Zeit geprüft habe, war eine Notenschreibmaschine, die ich wunderbar geeignet fand für die Bedürfnisse eines . . . Bach.

H.: Sie nennen Messiaen einen beherrschenden Einfluß des Jahrzehnts und kritisieren gleichzeitig wichtige Elemente seiner Musik. Wie schätzen Sie seine Musik im allgemeinen?

I.S.: Hoch. In der Tat wäre eine jener großen Hymnen vielleicht aus unserer gesamten Musik das Bestgewählte für das Konzert der Schiffskapelle auf der *Titanic* unserer untergehenden Zivilisation; unter anderem böte sie den Vorteil, daß Rettungsfahrzeuge – andere Planeten – eine gute Gelegenheit hätten, sie zu hören. Außerdem wage ich die besonnene Prophezeiung, daß seine jüngeren Werke von so langer Dauer sein werden wie irgendeine Musik unserer Zeit. Aber mit der *Turangalîla* schaffe ich es immer noch nicht.

Sofern Kritik nichts anderes ist als Zuneigung und Abneigung, charakterisiert sie den Kritiker besser als seinen Gegenstand. Sogar die antinomische Unterscheidung zwischen mir und Messiaen, die ich versucht habe, sagt mehr über meine Art der Konvention, über meine Art, der Welt einen Spiegel vorzuhalten, als über seine. (Im Gegensatz zu ihm, beispielsweise, würde ich den *schang* der pentatonischen Skala als ein Symbol des Herbstes akzeptieren, nicht aber die Beschreibung des Tons selber als herbstlich.) Aber mein wichtigster Vorbehalt beruht auf einem persönlichen, vielleicht sogar einem neurologischen Unvermögen. Unsere immer lärmverseuchtere Umwelt, worin auch hochgefährlicher, unhörbarer Lärm enthalten ist, macht

mich zunehmend nervöser. Letzte Zeit plagen mich Alpträume von neuen Jerichos und von einem Hörgerät, das ich nicht leiser stellen kann. Akustische Energie von einer gewissen Intensität kann tödlich sein.
H.: Im Zusammenhang mit Ihrer Bemerkung über Universalität, Herr Strawinsky: Glauben Sie, daß alle großen Gemütsbewegungen schon in der Musik aufgetreten sind?
I.S.: Ja, bis neue auftreten, das Gegenteil zu beweisen.

7

Alles muß gelernt werden, vom Reden bis zum Sterben.
FLAUBERT

H.: Abgesehen von Ihrem neuen Werk, Herr Strawinsky: Was hat Ihre Gedanken in letzter Zeit am meisten beschäftigt?
I.S.: Die allerletzte *force majeure*, selbstverständlich; denn trotz aller dieser kleinen Kapseln, dieser »Stimmungsmacher«, die die Wahrheit wegscheuchen sollen, bietet ein Krankenhausbett eine Fülle sowohl an Zeit als auch an »Motivierung«. Unterdessen sind die düsteren Gedanken verflogen, und ich empfinde es, als ob man meine Uhr zurückgedreht habe von, sagen wir, eine Minute vor zwölf auf elf Uhr dreißig (ich hoffe, daß es nicht später ist!). Aber ich sehe aus und fühle mich wie das siebte Zeitalter des Menschen. Steif, langsam und mit knarrenden Gelenken, bin ich zuweilen recht ungewiß, ob ich »im vollen Besitz meiner Fähigkeiten« bin.
Das schwierigste geistige Problem für einen Fünfundachtzigjährigen ist, obwohl intelligente Menschen schon mit fünfundzwanzig daran leiden, die Erkenntnis, daß man machtlos sein könnte, die *Qualität* seiner Arbeit zu verändern. Die Quantität kann man steigern, sogar mit fünfundachtzig, aber kann man das Ganze verändern? Jedenfalls bin ich sicher, daß meine *Variationen* und *Requiem Canticles* das Bild meiner ganzen Arbeit

verändert haben, und ich begehre jetzt die Kraft, jenes vollendete Bild nur noch *ein* Mal zu verändern.

Durch irgendeinen unglücklichen Umstand geschah es, daß ich vor ein paar Monaten den *Tod des Iwan Iljitsch* nochmals las; und, wie es jeder Leser dieser Geschichte tun muß, erblicke ich seither mich selber darin. (Aus ähnlichen Gründen sollte jemand mit einem überaktiven Autosuggestionstrieb Groddecks *Buch vom Es* vermeiden.) Während ich mich jedoch mit Iwan Iljitsch identifizierte, bewunderte ich die Geschicklichkeit, mit der Tolstoj das Bewußtsein des Helden von seiner zunehmenden Isolierung schildert, von seiner Irrelevanz und von der Belanglosigkeit seines Zustandes im Leben jüngerer Menschen. Was Iwan Iljitschs Innewerden der durchsichtigen Berufspraktiken der Ärzte betrifft, der diplomatischen Unredlichkeit seiner Familie und solcher Feinheiten wie des Gefühls, daß ein Gutenachtkuß eher zu wenig ausdrücken sollte, um einen Zusammenstoß unausgesprochener Gedanken zu vermeiden – über diese Sachen zu sprechen, bin ich durch meine jüngste Erfahrung wie ein idealer Literaturkritiker ausgerüstet. Nicht weniger glänzend ist, wie meine Erfahrung mich auch gelehrt hat, Tolstojs Schilderung des Wahrnehmens von Übergangsstadien; oder des Wechsels zwischen Kampf und Hinnahme; des Bedürfnisses nach Mitgefühl und der Zurückweisung von Mitgefühl; der Anstürme von Kindheitserinnerungen; der Angriffe der Philosophie in endlosen inneren Dialogen über die Bedeutung des Lebens; und vor allem, der akuten Empfindung des Kranken sowohl für seine Vorherstimmtheit als auch für die erschreckenden Zufälligkeiten des Lebens (und wieviel davon ist tatsächlich Zufall, wenn, wie Rank behauptet, der Hergang unserer Geburt – wie die Instrumente trafen und so weiter – das überaus wichtigste Ereignis darin darstellt).

Aber dem Himmel sei gedankt, daß ich über Iwan Iljitsch sprechen kann! Was mich betrifft, darf ich sagen: Fortsetzung folgt, hoffe ich.

Oktober 1967

Nebenwirkungen II

1

Eine der Schwierigkeiten, die Fähigkeiten damaliger praktischer Ärzte einzuschätzen, ist auf das fast vollständige Fehlen von Aufzeichnungen über die Patienten zurückzuführen, die sich in ihre Behandlung begeben hatten.

Aus einer Rezension des Buches ›Medicine in Medieval England‹, Times Literary Supplement, 11. Januar 1968

NEW YORK REVIEW OF BOOKS: Wir haben mit Bedauern gehört, daß Sie ein zweites Mal ins Krankenhaus mußten, Herr Strawinsky.

I.S.: Ich danke für Ihr Mitgefühl. Ich habe es auch sehr nötig. Mir scheint in letzter Zeit, daß, je größer die Fortschritte der Medizin, um so geringer die Chancen des Patienten werden, Ärzte und Krankenhäuser zu überleben. Vor diesem letzten Abenteuer wußte ich nicht, in welchem Ausmaß Medizinmänner, wie Generäle und Politiker, das Recht genießen, sich zu irren; ich wußte nichts von der Kluft zwischen medizinischer Wissenschaft um ihres interessenfreien Selbst willen – »Operation gelungen, Patient tot« – und medizinischer Praxis um interessierter Menschen willen. Einiges an der Publicity über das neue Herz des verstorbenen Herrn Washkansky half, der Unterscheidung den Weg zu bahnen, indem es zu lärmend demonstrierte, daß das Leben des Mannes weniger wichtig war als das symbiotische Experiment, für das es die Gelegenheit lieferte. Durch meine eigene Erfahrung frisch vorbereitet, machte ich mir nicht nur um Herrn Washkansky Sorgen, sondern ebenso um seine Mitpatienten, die keiner Pressemeldung würdig waren. Während die Krankenschwestern sich für den Fotografen von *Life* in Positur stellten und die Ärzte sich mit dem Reporter von *Time* unterhielten: Wer hat nun die Herztropfen verteilt?

Die zweite Einkerkerung dauerte zweimal so lang wie die erste und war, trotz der sogenannten Maharadscha-Behandlung, hundertmal quälender. Glücklicherweise war ich zu sehr von Drogen benommen, um das meiste zu merken, aber genug Klarheit verblieb mir, um verstehen zu können, wieviel schiefging und was mir fehlte. Mein Vertrauen in die Ärzte war auch im Abnehmen begriffen, obgleich die nahezu ausschließliche Beschäftigung mit Rangfragen bei diesem Berufsstand – die amerikanische Ärztevereinigung muß manchen »Arzt wider Willen« beherbergen – meine Abneigung schon erregt hatte, sogar mehr als die *Schadenfreude** der Chirurgen und die Gleichgültigkeit der Pillenverteiler (nennen wir es Gleichmut, wenn Sie so wollen, doch ich leide noch unter meinen Erlebnissen). Aber auch mein Vertrauen in das routinemäßige Funktionieren des Krankenhausbetriebs fand keinen Aufschwung. Einmal fütterte man mich mit dem falschen Röntgenbrei; bei anderer Gelegenheit wurde ich beinahe mit der falschen intravenösen Flüssigkeit durchströmt. Als man dann die richtige Ampulle fand, die gerade einem Besucher hatte verpaßt werden sollen, und sie endlich meinem Arm zuführen wollte, rutschte die Nadel aus und blähte mir die Haut auf wie einen Luftballon. Ich »ging in die Luft«, wie eine der Schwestern zu sagen pflegte, schon aus kleinerer Ursache, doch dieser Protest hätte nicht gewaltig genug sein können, denn an der nächsten Flasche war der Hahn locker, und bald war ich so überwässert, daß ich mich fragte, wieviel von mir noch mein früheres Ich und wieviel synthetisch sei.

Derartige Identitätsprobleme werden immer häufiger werden, je mehr Gehirnwäschen stattfinden und – indem man dabei Komplikationen der Histologie und der Apartheid ohne weiteres überwindet – je mehr Ersatzteillager und chirurgische Verschmelzungen (»Über-« und »Umpflanzungen« in der Gartenbau- und Antivivisektions-Terminologie) zunehmend effizient

* Deutsch im Original.

werden. Eine andere Möglichkeit, die berücksichtigt werden muß, wäre die versehentliche Übertragung der Seele und des Wesens. Dies könnte zu einer Wiedererweckung der alten Argumente der Eleaten über Teilbarkeit und Unteilbarkeit, über das Eine und die Vielen führen; zu theologischen Verwicklungen, vorauswirkende Gnade betreffend; und zu gerichtsmedizinischen Argumenten bei Prozessen, in denen es um Privateigentum (*sehr* privates Eigentum) geht, um die genauen Inhalte eines »Ich« oder eines »Du«, deren Schlichtung vielleicht so aussehen könnte, daß man die Namen der Spender und die der Beschenkten mit Bindestrich koppelt. Seitdem die Molekularbiologen die im Labor hergestellte Desoxyribonukleinsäure aktiviert haben, sind schließlich frühere Definitionen des »Lebens« hinfällig geworden. Aber ich schweife ab.

H.: Sie sprachen von den Quälereien im Krankenhaus.

I.S.: Die meisten anderen Pannen waren entschuldbar. Auf alle Fälle wäre es schwierig zu entscheiden, wem man die Verantwortung für das Eindringen eines Ausbrechers auf dem Nervenkriegspfad von der neurologischen Abteilung in meinen Flur geben sollte. Oder für den Ersatz eines gebrochenen Rouleaus in der Nacht durch einen schwarzen Schirm, so daß ich am Morgen unsicher war, ob ich tatsächlich erwacht war oder schon im Jenseits. (Krankenhausbetten sind einer Bahre merkwürdig ähnlich, zwischen den Gittern betrachtet.) Auch wäre es unvernünftig, dem Personal für eine schlecht gezielte »schmerztötende« Injektion die Schuld zu geben, die mir im Hochsprung den ersten Preis gebracht hätte, wenn das Krankenhaus eine Sporthalle gewesen wäre und nicht ein Circus Maximus. Die psychologische Technik des Personals bei der Schmerzbehandlung besteht nebenbei darin, das Opfer zu beschwatzen, die Intensität seiner Schmerzen selber einzustufen nach einer Skala von Euphemismen, die sich von »sehr gering« bis »etwas heftig« erstreckt. In meinem Fall richteten die Quälgeister mit ihrem Appell nichts aus, wie sich denken läßt. Ich bin für masochistische Verlockungen nicht empfänglich und habe vor langer Zeit erkannt, daß die Pfeile in den meisten jener Sebastians mit den Gott zugewendeten Augen in Wirklichkeit Amors Liebespfeile sind. (»Die ich von Phöbus' Liebesstichen braun«, sagt Cleopatra.) Für mich ist jeder Schmerz äußerst groß, und die Frage lautet nicht, wie viel, sondern wie lange. Es war nicht zu vermeiden, daß meine Dosis radioaktiven Phosphors von der Atomenergie-Kommission geliefert und wie Geld in einer Art Panzerwagen transportiert werden mußte. Jedoch waren meine Schuldgefühle bei dem Gedanken, ich könnte die Kriegsanstrengungen belasten, weniger entnervend als das ängstliche Zittern des diensttuenden Technikers, der mich anscheinend für ein Ein-Mann-Versuchsgelände, ein menschliches Atom-Atoll hielt. Vielleicht wird mir die Kenntnis Trost bringen, daß ich für Leuchtkäfer und Glühwürmchen, wenn nicht für Minensucher, magnetisch bin, aber das ist bis jetzt noch nicht geschehen.

Das schlimmste aber im Krankenhaus war die musikalische Frustrierung. Meine Sparflamme ist vielleicht nicht mehr so glänzend oder konzentriert, aber sie brennt trotzdem noch, auch wenn der Herd nicht im Gebrauch ist. Musikalische Einfälle beschlichen mich, doch ich konnte sie nur im Geiste komponieren; damals konnte ich nicht schreiben, und heute kann ich mich nicht mehr daran erinnern. Der Geist braucht in einer solchen Zeit seine tägliche Arbeit, nicht die Betrachtung seiner Vergänglichkeit. Der Kunst beraubt und mit der Philosophie allein gelassen zu sein bedeutet, der Hölle nahe sein.

N.Y.R.: Und Ihre Genesung, Herr Strawinsky?

I.S.: Ich versichere Ihnen, daß meine Krankenschwestern und Naturheilkundigen gedeihen, und wenn meine Wiederherstellung lange im gegenwärtigen Tempo fortdauert, bin ich bald gezwungen, die Rolling Stones oder Herrn von Mehta um ein Darlehen zu bitten. Denn *ich* gedeihe nicht. Und trotz der Beteuerungen der medizinischen Großmoguln, ich sei wiederhergestellt(was hätten sie anders sagen können bei *den* Preisen?), fühle ich mich hundert Jahre alt, bin so mager wie Kafkas Hungerkünstler und so blaß – obwohl man mich ständig in den

Garten schleppt, offensichtlich der Photosynthese wegen – wie der Mond am Nachmittag.
Aber ich klage zu viel und bin zu spleenig (kein Wunder, denn auch mit der Milz ist etwas nicht in Ordnung); wenn meine Hinfälligkeit tatsächlich so schlimm wäre, wie ich sie darstelle, hätte irgendeine Hochschule schon versucht, vor Torschluß mir einen Ehrendoktor zu verpassen. Außerdem hat man in meinem Elektro-Enzephalogramm Grund für gehobene Stimmung gefunden, was mir wichtiger als je zuvor erscheint, da mir nicht erlaubt ist, längere Zeit am Klavier zu sitzen, und ich das meiste von dem, was ich noch komponieren *kann*, im Kopf komponieren muß. Das ist ein Hindernis, denn das Instrument hilft einem, die Phantasie zurechtzurücken; ferner ist es eine Ironie, denn ich schreibe mein erstes Stück für Klavier solo seit 1925. Gestern habe ich zum erstenmal seit fünf Jahren am Klavier gearbeitet (das »Gefühl« des Staubes an den Tasten war unangenehm); ich begann mit einem C-B-Triller, sehr langsam, wie das Vibrato einer Primadonna auf Abschiedstournee. Die Anregung zum Triller verdanke ich, glaube ich, dem unfreiwilligen Genuß eines Weihnachtsgeschenks, eines Kanarienvogels (jemand hatte meine Vorliebe für Respighis *Pinien von Rom* überschätzt), dessen schönste Fiorituren Antwortrufe auf unsere elektrische Saftpresse zu sein scheinen.

2

*»Neue Kraft fühlend«**

N.Y.R.: Haben Sie irgendwelche neuen Entwicklungen in der Musikwelt vernommen, Herr Strawinsky?
I.S.: Die Ives-Woge der »Vielschichtigkeit«, das musikalische Pendant zur simultanen Projektion beim Film, steht auf Fluthöhe. So auch die Pop-Musik; die Schallplattenfirmen setzen ihre Mittel hauptsächlich dafür ein, neue Schlager ausfindig zu

* Von Strawinsky deutsch nach Beethovens opus 132 zitiert.

machen. Gewiß gab es keinen »Durchbruch« im klassischen Establishment. Dirigenten sind immer noch die Schoßhunde des Musiklebens, aber die Schöße sind immer noch nicht göttlich. Im Vergleich damit zählt die glänzendste Instrumentalvirtuosität kaum. Vielleicht könnte ein kleines Wunderkind mit einem Arrangement der *Turangalîla* für die linke Hand allein einen gewissen Achtungserfolg erringen, aber die schauspielerische Reichweite von Kleinkindphänomenen, die ein Instrument spielen, ist natürlich beschränkter als die von erwachsenen Männern, die sich selber darstellen. Außerdem erfordert die Beherrschung eines Instruments viel Zeit und harte Arbeit, während die *musikalische* Ausbildung von Dirigenten – die vor allem Experten in Flugplänen und internationalen Steuergesetzen, Körperbeherrschung und Frisierkunst sein müssen (der Ausdruck »der silberhaarige Karajan« hat inzwischen einen mythologischen Rang, vergleichbar Homers »rosenfingriger Morgenröte«, erreicht) – kürzer wird mit dem in jeder Saison zunehmend schnelleren Umsatz auf dem *stupor mundi*-Markt.

Aber diese Anklage gegen die visuelle Norm einer Tätigkeit, die der Musik benachbart ist, ohne jedoch immer ein Teil von ihr zu sein, habe ich schon früher erhoben. Vielleicht ist es sogar jetzt schon Zeit, die Kritik ein wenig zurückzunehmen, indem man darauf hinweist, daß Dilettantismus wohl beklagenswert ist, ebenso aber auch zuviel Professionalismus. Was seine Technik betrifft, ist der gefeiertste Dirigent in diesem Land – das ist er auch für mich, obwohl ich oft wünsche, seine Tempi wären um einen Pulsschlag langsamer – der zukünftige Ombudsman der New Yorker Philharmoniker. Wie steht es aber mit dem letztlich angestrebten Ziel? Auf dem Wege dorthin bedeutet doch das Dirigieren kaum mehr als ein notwendiges Übel. Wäre es nicht denkbar, daß ein Chef mit geringerem technischem Vermögen, aber einem weiteren Horizont bessere Musik machen würde? Ein Musiker wie Herr Zubin von Mehta zum Beispiel, der tränenreiche und intensiv durchlittene Aufführungen von Dvořák-Sinfonien liefert und unbefangen erlebte, zuweilen sogar glühende Interpretationen von rumänischen, ungarischen und anderen Rhapsodien, einschließlich solcher mit anderen Titeln von Komponisten, die in Wahrheit so etwas nicht beabsichtigt hatten.

Was ich mit Horizont meine, ist zum Teil bloß eine Frage größerer Interessen. Vor allem aber kann ich nicht begreifen, wie ein Musiker, dessen Repertoire fast ausschließlich aus dem vergangenen Jahrhundert stammt, als Berater bei den Angelegenheiten unseres schnell alternden Säkulums fungieren will. Stellen Sie sich also meine Freude vor, als ich entdeckte, daß diese Art von Beschränkung nicht länger den Fortschritt in der Quäkerstadt hindern soll, seitdem der dortige Dirigent die neue Ära der Aufklärung ausgerufen (siehe das kursiv Gedruckte unten) und gleichzeitig den Schleier von dem langgehegten Geheimnis seiner Bekanntschaft mit Alban Berg gelüftet hat: »Damals war ich in der Zwölftonmusik nicht so bewandert, *wie ich es jetzt bin*«, sagt er, und im folgenden lobt er Berg, der auf seine Fragen »logische, intelligente und verständliche« Antworten gab. Mir gefällt besonders das »verständlich«. Was die Philharmoniker betrifft: Ich glaube, die hätten vielleicht mehr Glück mit dem Branchenverzeichnis.

N.Y.R.: Haben irgendwelche neuen Entwicklungen auf dem Gebiet der Kritik Ihre Aufmerksamkeit erregt, Herr Strawinsky?

I.S.: Ich bin nicht ganz auf dem laufenden, aber das Neueste scheint der »Kritiker als Held« zu sein. Die Anzeige eines neuen Broadwaystücks jüngst in der *Times* brachte ein Foto nicht etwa des Autors, oder des Regisseurs, oder des Bühnenbildes, oder der weiblichen oder tierischen Hauptrolle, sondern des Kritikers der *Times*, der einen Lobeshymnus darauf geschrieben hatte. Dies könnte helfen, das Gefühl für die Wichtigkeit einer Funktion wiederherzustellen, die durch den Vorabdruck von Waschzetteltexten der Produzenten und Verleger schwer gelitten hat.

Zumeist aber bleibt Kritik etwas unvermindert Veraltetes, da Musik, Tanz und Schauspiel immer noch primär als Mittel zur

Linderung der Arbeitslosigkeit von umherstreifenden Allzweck-Journalisten angesehen werden, nicht als ziemlich spezialisierte Aufträge. Früher gab ich der »Gemeinde der Intellektuellen« die Schuld daran, daß man nichts Besseres verlangte, und tatsächlich ist mir erst in letzter Zeit aufgegangen, daß es keine solche Gemeinde gibt, und nicht einmal sehr viel Achtung für die einzelnen Stimmen, aus denen sich eine hätte vielleicht bilden können. Ein Aufruf zugunsten eines amerikanischen Jean Genet (so undenkbar die Äquivalente wären, nicht nur von Genet, sondern auch der Appellanten Gide, Claudel und Sartre) würde keine Anerkennung finden, geschweige denn etwas ausrichten können. Und die Presse würde sehr wahrscheinlich die Bittsteller verspotten, wie *Time* es mit Robert Lowell tat, als er eine gewisse Einladung zum Abendessen ablehnte.* Wenn die »Gemeinschaft der Intellektuellen« aber keine Vertretung bei öffentlichen Angelegenheiten hat, kann sie auch im öffentlichen Kunstbetrieb nicht Anspruch auf viel mehr erheben. Man fragt sich, ob je ein Student, Künstler oder Schriftsteller sich in die Sitzreihen der Bankiers, Börsenmakler und Aufsichtsratvorsitzenden gewagt hat, die das »Publikum« des New Yorker Gettos der Darstellenden Künste ausmachen, wobei man gestehen muß, daß *Martha* und *Hänsel und Gretel* genauso wirkungsvolle Abschreckungsmittel sind wie die Kartenpreise.

Was meine eigenen Public Relations betrifft, ist mir bisher nicht aufgefallen, daß man die gewohnte Grobheit einstellt zugunsten der veralteten Tradition von Höflichkeit gegenüber älteren Menschen. Aber auch ich habe weder die Absicht, ein Moratorium auszurufen, noch mich an Spielregeln zu halten, die ich weder erfunden noch gebilligt habe.

N.Y.R.: Debussy prophezeite, daß Sie »als alter Mann überhaupt keine Musik dulden« würden, Herr Strawinsky.

I.S.: Aber ich liebe die Musik mehr denn je. Wenn es den An-

* Lyndon B. Johnson gab zu Beginn seiner Präsidentschaft einen Empfang für Künstler und Schriftsteller. [Anmerkung der Übersetzer.]

schein hat, daß ich Smetanas sinfonische Dichtungen, Mendelssohns Oratorien und jene Art von Solokonzert, die bei den Olympischen Spielen der Pianisten verwendet wird, ungebührlich zu kurz kommen lasse, ist der Grund einfach der, daß einem dann mehr Zeit für Beethovens Quartette bleibt. Ich habe mir in letzter Zeit große Mengen an Musik wieder vorgenommen, ja zum Teil nach einer Unterbrechung von sechzig oder siebzig Jahren. Manche Ansicht mußte revidiert werden infolge früherer Parteilichkeit und der Entdeckung radikaler Unterschiede zwischen erinnerten und neugemachten Erfahrungen. Gewisse Lieder und Klavierstücke von Schumann zum Beispiel versetzten mir einen heftigen Stoß. Schumann ist der Komponist der Kindheit schlechthin (der ersten Kindheit: ich werde mich hüten zu verraten, wen ich als den Komponisten der zweiten Kindheit betrachte), sowohl, weil er eine Phantasiewelt der Kinder schuf, wie auch, weil Kinder einige ihrer ersten Musikstücke aus seinen wunderbaren Klavieralben lernen. Tatsächlich ist mir soeben aufgegangen, daß der Grund, warum ich *Carnaval* nicht mag, nicht der war, wie ich annahm, daß meine musikalische Persönlichkeit sich nicht mit den Archetypen von Schumanns ganzer Musik, Florestan und Eusebius, identifizieren konnte, sondern bloß, daß man mir als Kind befahl, ihn gern zu haben. So groß ist die Macht dieser Kindheitsatavismen, daß ich sogar jetzt noch nicht alt genug bin, um die Musik selbständig nicht leiden zu können.

Ich muß unerträglich im Verurteilen gewesen sein, als Debussy mich so charakterisierte. Er nannte mich auch, ich glaube sogar im selben Brief, einen »primitiven«, »instinktiven«, im Gegensatz zum »geschulten« Komponisten. Er hatte auch recht. Wie Ramanujan, der seine Theorien ohne formelle mathematische Schulung entwarf, mußte ich mich auf »natürliche« Einsicht und auf Instinkt stützen, um all das zu lernen, was mir ein regelrechtes Kompositionsstudium gebracht hätte, abgesehen davon, daß ich bei der Schlußprüfung durchgefallen wäre und kein Diplom bekommen hätte.

N.Y.R.: Welche Aussichten hat der akademische Komponist zur Zeit, Herr Strawinsky?

I.S.: Ich weiß nicht. Früher gelobte er einem von zwei totalitären Bannern Treue; die eine Partei war für die Wissenschaft, die andere so sehr dagegen, daß die wissenschaftlichen Pietäten der datenverarbeiteten Gesellschaft ihre Hauptzielscheibe waren. Doch nun haben sich die Fronten verwischt; der Nahkampf hat aufgehört, und die schlimmsten Gegner haben sich verbunden, vielleicht unter dem Einfluß der Maharischi; denn die einzige Ware, die jeder kaufen möchte, liefert die Königlich Liverpudlianische Akademie der Musik. Nun, sagen wir *fast* jeder. Immerhin haben ein paar strenge Wissenschaftler dem allgemeinen Abgleiten in die Mixed-Media-Unterhaltung widerstanden, wie ich ihren Meldungen entnehme, man habe die Datenverschlüsselungszeiten reduziert und neue Systeme entwickelt, die sowohl Zahlen- wie Analogdaten aufnehmen. Kurz, das Endziel, Computermöglichkeiten für alle, kommt näher.

Aber ich bin selber kein Leithammel. Ich verliere die Geduld bei einer Musik, die weder singt noch tanzt (lang ist die Zeit her, da wir davon sehr viel hatten) und die keine andere Geste macht, die ich verstehen kann, außer mechanische Vorgänge zu spiegeln, die mich bald den Boden unter den Füßen verlieren lassen. Auch das Versprechen der »Folgerichtigkeit« in jenen Vorgängen befriedigt mich nicht; mich interessiert nur der Inhalt: das einzige, wofür jemand in meinem Alter es sich leisten kann, sich zu interessieren. Ein weiteres, persönliches Handicap ist, daß ich mehr Handwerker bin als Computer oder Ingenieur, und so finde ich keinen gemeinsamen Handwerksboden bei den meisten neuen maschinellen Kunstprodukten. Ähnlich empfindet wohl ein Staffeleimaler meiner Epoche die Konfrontation mit den neuesten Schöpfungen aus flüssiger Glasfaser.

Ferner gebe ich meinem Bedürfnis nach, vom Anfang bis zum Ende eines Stückes durch einander verwandte Teile zu gehen. Vielleicht aus Mitgefühl für die verminderte Mobilität meines

Körpers scheint mein Verstand nicht mehr gewillt oder fähig, von isolierten »gegenwärtigen« Momenten zu anderen isolierten »gegenwärtigen« Momenten zu springen. Diese Woche hörte ich mir Schallplattenaufnahmen der Klaviermusik eines Komponisten an, der jetzt wegen seiner Fähigkeit hochgeschätzt wird, seiner Zeit ungefähr eine Stunde vorauszubleiben, aber ich finde den Wechsel zwischen Notenklumpen und Pausen, aus dem sie besteht, unmöglich in seiner Monotonie und sehne mich nach der Hebelkraft von Beethovens *timing*, von harmonischen und anderen Hebelkräften ganz zu schweigen.

Außerdem ist die *Materie* der Musik in ihrer Wirkung so begrenzt und so feierlich, daß mich allein die Hoffnung stützte, während jeder noch längeren Pause, der Pianist habe es vielleicht auch satt gehabt und habe sich erschossen.

N.Y.R.: Würden Sie Ihre Bemerkung über »folgerechte Vorgänge« erläutern?

I.S.: Das ist Fortschrittlerjargon. Natürlich hört es sich besser an, folgerichtig zu sein als umgekehrt, da das Versprechen einer höheren Entwicklung in den bevorstehenden Stadien Überlegenheit impliziert. Aber die wahre Absicht des gradlinigen Historizismus liegt einfach darin, Doktoranden neue, unbeackerte Gebiete des Denkens zu öffnen.

Das Folgerichtigere ist oft einfach das Offenere, das leichter gesehen oder gehört werden kann, und das Folgewidrige (im geschichtlichen Sinne) das schwerer Zugängliche, oft aufgrund innerer und äußerer Gedanken- und Kommunikationsneuerungen. Die allerhöchsten Werke der Wertskala, Beethovens Quartette zum Beispiel, sind selbstverständlich folgewidrig, obwohl sie sowieso nicht nach solchen Begriffen berechenbar sind, da eine Wertgeschichte zuweilen zyklisch und zuweilen außerhalb der Zeitfolge sich bewegen würde, in beiden Richtungen Generationen und sogar Jahrhunderte überspringend. Man könnte schließen, daß die Mode die größte Rolle spielt, abgesehen von dem biologischen Gesetz, wonach Anfänge natürlich folgerecht sind und das Ende etwas ganz anderes ist. Aber solche Spekulationen führen bloß zu weiterem Historizismus, während ich an die Nichtvorhersagbarkeit – über alle Epochen, Stile, Schulen, Zusammenhänge und historische Gegebenheiten hinweg – eines Beethoven glaube.

N.Y.R.: Ein wesentliches Merkmal Ihrer Werke ist das Gleichgewicht zwischen Vergangenheit und Gegenwart sowie die unaufhörliche Entdeckung des einen im anderen.

I.S.: Vielen Dank, aber es ist genau jene Debatte über gestern und heute, die nunmehr *mich* in die Vergangenheit verbannt, in ein Nebenzimmer des Neunzehnten Jahrhunderts, wie eine der schmeichelhafteren Verfügungen lautet. »Nichts geschah vor uns«, verkündet der nach-zeitgenössische Komponist, und er hat ganz recht. Die Nichtexistenz der Vergangenheit ist eine notwendige Hypothese für jeden, der beabsichtigt, beim Nullpunkt anzufangen, und Schutz vor vernichtenden Vergleichen ist für seinen Modus vivendi nicht weniger notwendig. Belustigungen, die gleichzeitig mit dem von ihnen provozierten Kichern vergehen, sollen nicht die Bloßstellung neben einer Musik erleiden müssen, die ohne Altersfältchen anderthalb Jahrhunderte hat überstehen können.

Nach-zeitgenössische Komponisten sind bescheiden und verschwiegen, was ihre Materialien oder ihre Herkunft betrifft. Ich konnte wenig über beides erfahren, außer einem »kein Inhalt«, einer Abgrenzung von drei Jahren nach rückwärts, und einer Erklärung, daß alle Schultraditionen hinfällig sind, obwohl nun eine Menge Zeit vergangen ist, seitdem es irgendeine Schule gab, über die zu spotten sich lohnen würde. Doch das eigene Programm der Jünglinge, ihre Zelebrierung des »Jetzt«, vermutlich durch selbstzündende Stoffe, scheint ein bißchen an Unterernährung zu leiden. Ehe es zu spät ist, sollten sie sich an die wissenschaftlichen Musiker wenden mit der Bitte um Unterweisung in der Theorie der *Un*wahrscheinlichkeit. Die nächsten drei Jahre und die drei danach werden bald vorbei sein, genau wie die Verpackung von Telefonzellen, Unterhöschenklau, Goldhamster und die Batman-Mode vergingen. Kurz, das »Vergangenheitslose« wird bald ein Teil des noch »nicht Vergangenen« sein, nur daß, um damit zu beginnen, die Vergangenheit sich schwer verleugnen läßt, da die *tabula*, wie immer man sie betrachtet, weit davon entfernt ist, *rasa* zu sein. Bei mir verstärkt sich in der Tat die Vermutung, daß der Pott am Ende dieses Regenbogens nur *pot* enthält.

N.Y.R.: Haben Sie selber irgendein Rauschgift probiert, Herr Strawinsky, etwa während Ihrer Zusammenarbeit mit Cocteau?

I.S.: Ich verwende ein sehr gewöhnliches Rauschgift, das in den von mir bevorzugten Formen hauptsächlich aus Schottland und Frankreich zu beschaffen ist. Cocteaus Opiumgenuß, zumindest während unserer Bekanntschaft, glich Herrn Plimptons Schlagzeug- und Fußballspiel, war also mit anderen Worten Buchmacherei.*

Der verstorbene Max Reinkel von der Technischen Hochschule von Massachusetts führte gerade seine bahnbrechenden Experimente mit LSD durch, als ich 1953 sein Patient wurde, und ich erfuhr damals von diesem Rauschmittel. Bald danach forderten mich meine Freunde Aldous Huxley, Gerald Heard und Christopher Isherwood, die zu den ersten intellektuellen Drogenbenutzern gehörten, auf, die Droge zu probieren, um ihre Wirkungen auf mein Erlebnis der Musik zu beobachten. Aber ich bin halt ein Spießer. Erhöhung der Sinnesintensität, Zeitverschiebung, Bewußtseinsveränderung: diese sind die letzten Sensationen, die ich suchen würde. Ich habe nie Benzedrin genommen, geschweige denn Marihuana geraucht, und das einzige künstliche Paradies, das mich interessiert, ist die Ataraxie – oder ist es die Apathie? –, die die vorhergenannten, legalen Getränke herbeiführen. Jedoch, da die Gesellschaft nun einmal so ist und weil die Abhängigkeit von Rauschgift gewiß zunehmen wird, wäre eine kontrollierte Legalisierung dringend notwendig.

* Der Schriftsteller spielte in einer Fußballmannschaft, trat in einem Zirkus auf und wirkte zeitweilig in der Schlagzeuggruppe des New Yorker Philharmonischen Orchesters mit: all dies, um die dabei gewonnenen Erfahrungen für Erfolgsbücher auszumünzen. [Anmerkung der Übersetzer.]

Diese Meinung habe ich mir gebildet, nachdem ich einen beunruhigenden Film über Teenager gesehen hatte, die gerade auf dem Rückweg von einem Trip waren.

3

N.Y.R.: Kehren wir zur Frage der wirkungslosen oder nichtexistenten Gemeinschaft der Intellektuellen zurück. Was verstehen Sie an erster Stelle unter den »Intellektuellen«?

I.S.: *Nicht* die Literaten, Philosophen und Künstler, wie meine Bemerkung vielleicht andeutete, sondern eher jemand wie Gramscis »Jedermann, der außerhalb seiner eigenen Arbeit an einem Weltbild teilhat, bewußte Richtlinien moralischen Verhaltens hat und somit einen Beitrag leistet, jenes Weltbild aufrechtzuerhalten oder zu verändern und neue Gedankenformen zu fördern«. (An anderer Stelle vergißt Gramsci dieses marxistische Idyll, wenn er erwähnt, daß »Intellektuelle in einer Zahl produziert wurden, die über das hinausgeht, was durch die gesellschaftliche Notwendigkeit sich rechtfertigen läßt«.) Die Gedichte des *Manyōschū* wurden von »Jedermann« geschrieben oder zumindest von einer Gruppe von Menschen, in der alle Schichten vertreten waren, vom Bettler bis zur Kaiserin.

Meine Bemerkung wurde durch die Entführung des koreanischen Komponisten Isang Yun aus Westdeutschland provoziert, der nach Seoul verschleppt und dort als kommunistischer Spion verurteilt worden war. Ich kannte das Beweismaterial nicht, ja nicht einmal Herrn Yun, der, soviel ich wußte, der Schattenkomponist von *»Wir lieben den Vorsitzenden Mao«* hätte sein können (der Vorname von Herrn Yun ist für einen Musiker gut, für einen Spion weniger gut). Trotzdem unterschrieb ich ein Gnadengesuch für Herrn Yun, weil ich nicht für Justizmord bin. (Auch nicht für eine andere Art von Mord; ich sollte hinzufügen, daß ich kein Untersuchungsrichter bin und daß ich dazu neige, mich vor meiner gesellschaftlichen

Pflicht zu drücken, über eine Sache mit Menschen einig zu sein, mit denen ich eigentlich über sonst alles in ständigem Widerspruch lebe.)

Herr Yun wurde verschont, ob jedoch wegen oder trotz unseres Protests, davon habe ich keine Ahnung. Mein einziger Beweis für die Existenz dieses Protests ist eine Mitteilung von der Amerikanischen Akademie für Kunst und Literatur, an deren Adresse die Telegramme versehentlich geschickt worden waren. Die Nachricht besagte, daß die Politik der Akademie die Mitwirkung bei solchen Empfehlungen ausschließe. Ich hoffe, daß eine solche »Politik« ein Notbehelf ist, um Ärgernis zu vermeiden, und kein Versuch, die »Neutralität« der Kunst und Literatur zu erhalten.

N.Y.R.: Und Ihre Vorstellung von Gemeinschaft? Glauben Sie, wie Durkheim, daß die Gesellschaft als moralische Instanz sich »qualitativ« von den einzelnen Menschen unterscheiden soll, aus denen sie sich zusammensetzt?

I.S.: Keine solche Gesellschaft läßt sich zur Zeit erkennen; auch zeigt die Vervollkommnungsfähigkeit des kollektiven Mini-Gehirns keine größeren Zeichen von Erfolg als die Vervollkommnungsfähigkeit des individuellen. Ich würde mich auch schon mit geringeren Idealen begnügen, vielleicht mit einem weniger »menschlichen« und mehr »mechanischen« System, aber einem, das fähig ist, das Gleichgewicht zwischen der Sicherheit in Zahlen und der Gefahr in Zahlen zu bewahren.

Egal, welches Verhältnis zwischen der Kollektivmoral und den neuen Kommunikationsmitteln besteht, die doppelte Moral ist nun einmal die einzig existierende, zumindest im öffentlichen Leben. Keine Feststellung seitens irgendeiner öffentlichen Persönlichkeit, die nicht unter Einfluß von Wahrheitsserum oder Hypnose gemacht wurde, kann als völlig aufrichtig genommen werden, solange besagte Persönlichkeit sich von den Statistiken der Meinungsforschungsinstitute unterrichten läßt. Da wir uns überdies schon in der zweiten Generation des »Lippendienstes« befinden, werden die öffentlichen Persönlichkeiten der nahen Zukunft bald nicht mehr in der Lage sein, sogar unter Einwirkung von Wahrheitsserum den Unterschied zwischen ihren eigenen Meinungen und ihren hohen politischen Einsätzen zu merken, geschweige denn das Schicksal von Ananias oder den Gedanken zu verstehen, daß Schweigen eine Lüge sein kann. Der plötzliche Berufswechsel von Herrn McNamara ließ mich beispielsweise darüber nachdenken, ob nicht gewissermaßen ein persönlicher Sieg sich aus der politischen Niederlage hätte retten können, weil nämlich bei der Unmöglichkeit, gleichzeitig das zu sagen, was man für die Wahrheit hält, und politisch zu überleben, man den politischen Selbstmord lieber vollenden sollte. Um Herrn McNamara die Ehre des Zweifels zu gewähren: er schien einfach sprachlos zu sein. Aber es wäre auch so interessant zu wissen, wie eine »Friedensoffensive« wirklich aussieht, und wer wäre in einer besseren Position gewesen, das zu sagen?

Und wer, welcher telegene junge Senator wird uns jetzt daran erinnern, daß unser Urteil gegen die Nazi-Kriegsverbrecher – ein Urteil, das nicht von den Unterschieden zwischen Nürnberg und unserer Zeit abhängt – besagte: Soldaten tragen sogar unter Befehl die Verantwortung für Verbrechen gegen die Menschlichkeit? Das ist es ja immerhin, was Dr. Spock, Hauptmann Levy und andere den Mut hatten zu sagen. Und jemand in höherer und sicherer Position sollte es bald auch sagen. Wenn man die Rachsucht betrachtet, die gegen Herrn LeRoi Jones gerichtet ist, sieht es so aus, als ob wir demnächst unsere eigenen Daniels und Sinjawskijs haben werden.

Wenn wir nun schon dabei sind, könnte vielleicht derselbe Wortführer sehr wohl die nicht weniger einschlägige Frage von Marlowes Machiavelli wiederholen: »Welches Anrecht auf das Reich hatte Caesar?« War es, das möchte ich gern wissen, das Recht der Selbstverteidigung?

4

Da wir durch jeden neuen Fall der erworbenen Erfahrung und der früheren Praxis beraubt werden, wissen wir nicht, was wir tun sollen.

AMIEL

Und Alter, und dann das einzige Ende des Alters. PHILIP LARKIN

N.Y.R.: Machen Sie sich je Gedanken über die Zukunft Ihrer Werke, Herr Strawinsky?

I.S.: Nein, ich habe schon einen Teil ihrer »Nachwelt« erlebt: Sobald ein Werk aufgeführt wird, gehört es schließlich dazu, und je mehr ich davon erlebe, um so weniger mache ich mir Sorgen darum. Natürlich ist es befriedigend zu sehen, wie feste Meinungen ins Wanken geraten und wie das Verbot von Werken aus unmodern gewordenen Epochen aufgehoben wird. Jedoch geht es mir weniger um meine »Werke« als um das Komponieren. Der Grund ist zum Teil der, daß man nie genau jenes Stück komponiert, das man zu komponieren beabsichtigte, ebenso wie ich jetzt nicht genau das sage, was ich zu sagen vorhatte, sondern das, was mich die abschwächenden Worte, die mir so in den Sinn kommen, zu sagen verleiten. Aber die Bedrohung durch die Nachwelt ist auch aus anderen Gründen schlimmer, als es früher der Fall war. Zum Beispiel habe ich meine Meinung über die Vorteile einer auf Tonband einbalsamierten Aufführung geändert. Die Nachteile, daß eine Aufführung nur die Verhältnisse eines Augenblicks darstellt und daß Fehler und Mißverständnisse genauso schnell und kanonisch wie Wahrheiten zu Traditionen zementiert werden, scheinen mir eine zu hohe Rechnung zu sein. Der aufzeichnende Engel, mit dem ich mich befasse, ist jedenfalls nicht der von CBS, sondern der mit dem Großen Buch.

N.Y.R.: Und Ihre eigene Zukunft, Herr Strawinsky?

I.S.: Ich werde noch mehr zu Hause bleiben müssen, und

meine Welt der Objekte wird noch begrenzter sein. Aber ich habe darüber nachgedacht, wie Vermeer in seinem Atelier eine Welt spiegeln und ein Leben des vollkommenen Schaffens leben konnte; und wie Chardin in seiner Küche eine reichere Darstellung des Lebens zeigen konnte als andere Maler in dem ganzen Versailles. Also muß ich versuchen, auf meine bescheidene Weise, das, was in nächster Nähe ist, genauer zu betrachten und mehr Leben in mein eigenes Stilleben zu bringen. Eine Schwierigkeit liegt darin, daß ich jetzt selber wie ein Gegenstand betrachtet werde, etwa wie ein kostbares Stück Porzellan, und dieses Bruchgeschirr ist mein schlimmster Feind. Ich hoffe, daß ihm eine Zeitlang nichts weiteres widerfährt; aber sollte das nun doch geschehen, dann möglichst »während der Dienstzeit«. Was die »Inhalte« betrifft: Unsere Talente werden uns ohne Festlegung der Besitzdauer verliehen, und es kann sein, daß »wir« sie überdauern. Trotzdem weiß ich, daß ich noch Musik in mir habe. Und ich muß geben; ich kann kein rein rezeptives Leben leben.

Das Alter hat zwei große Probleme sich selbst gegenüber, wovon das erste einfach die mangelnde Vorbereitung ist, das Fehlen eines natürlichen oder erworbenen Erfahrungsvorrats. Unser Leben lang beobachten wir andere Menschen in jenem Zustand, aber wir lernen nichts Biologisches aus diesem Schauspiel und glauben nicht einmal, daß dasselbe uns geschehen kann und geschehen wird. Wenn es geschehen ist, ist die Plötzlichkeit so etwas wie Levins Erkenntnis im Bauerndorf, daß der Himmel anders geworden ist und daß diese Veränderung, wie die Verwandlung in ihm selber, als Vorgang nicht wahrnehmbar war.

Das schwierigere Problem ist die Unvermeidbarkeit. Augustin drückt es in seiner letzten Predigt sehr sanft aus, und ich möchte es ihn gerne für mich sagen lassen, wie Herr Peter Brown die Szene in seinem *Augustin von Hippo* beschreibt. Nachdem er den Priester Heraklius zu seinem Nachfolger ernannt hat, ermahnt Augustin die Gemeinde: »Als Knaben können wir uns darauf freuen, Jünglinge zu werden; als Jünglinge auf das Erwachsensein, als jüngere Männer auf die besten Jahre und in den besten Jahren auf das Altwerden. Ob dies je geschehen wird, ist ungewiß, aber immer gibt es etwas, worauf wir uns freuen können. Allein ein alter Mann hat keine weitere Strecke vor sich. Jetzt bin ich alt geworden.«

Aber der Schluß der Geschichte mahnt *mich*, nämlich daran, daß ich zu viel geredet habe: Heraklius trat vor, um zu predigen, während der alte Augustin hinter ihm saß. »Die Grille zirpt«, sagte Heraklius, »der Schwan schweigt.«

Hollywood, 1. Februar 1968

Wo ist dein Stachel?

1

> *Was sonst, o Sokrates, sprach Kriton, als daß der, welcher dir den Trank bereiten soll, mir schon lange zuredet, man müsse dir andeuten, doch ja so wenig wie möglich zu sprechen. Denn er sagt, durch das Reden erhitze man sich, und das vertrage sich nicht mit dem Trank ...* PLATO, »Phaidon«, 63

NEW YORK REVIEW OF BOOKS: Neulich, als Sie nach Europa reisten, Herr Strawinsky, hörte man, Sie hätten vor, endgültig dort zu bleiben.

I.S.: Nun ja. Zu der Zeit, als ich Los Angeles verließ, schien es für einen Rückzug in Etappen schon zu spät. Der Smog wirkte wie Mace*. Überhaupt dürfte die Luft, wenn man von den Radio-Isotopen absieht, an jedem anderen Ort heutzutage besser sein: ja, sogar in einem Kohlenbergwerk. Ein größeres Erd-

* Streitkolben, hier jedoch der Name eines unbemannten Flugzeugs, das von Boden zu Boden einen Atomsprengkopf trägt. [Anmerkung der Übersetzer.]

beben war auch vorhergesagt, nicht bloß von den Seismologen, sondern ebenso von den Geschäftemachern, die den Schutz einer Religion verhökern. Sie waren dabei, sich nach dem Osten abzusetzen, um dort im Gebet das Millennium und die zweite Option des Chiliasmus abzuwarten. So selbstsüchtig es klingen mag, angesichts der Verwüstungen, welche die atomaren und bakteriologischen Vorräte heimsuchen würden bzw. welche man von diesen zu erwarten hätte, würde ich wie Humpty Dumpty fallen und, weil ich nicht in der Lage bin, »weich« zu landen, irreparabel zerbrechen. Eine Flutwelle war ebenfalls erwartet, und weil einige schwere Regengüsse große Teile der Stadt in »Erdrutschgebiete« verwandeln können, die eine Evakuierung per Hubschrauber benötigen, würde eine Überschwemmung größeren Ausmaßes das ganze »Songdom« und »Gemurmel« ins Meer hinausspülen. Und doch, trotz dieser und anderer gegenwärtiger und bevorstehender Naturereignisse, ist niemand auf die Idee gekommen, den Bundesstaat Kalifornien zum Katastrophengebiet zu erklären, bis die Monsune mitten im Winter eintrafen.

Aber auch dann war der Zustand der Gesellschaft die unmittelbarste Gefahr. Was nur immer sie berauscht haben mag, ob »speed«, die Droge, »Soul« oder jene allerneuste Entdeckung, »die Jugend«, Leute mit Anti-Astronautenfrisuren kreisten in solchen Mengen langsam durch meine Straße, daß die Krankenwagen, die normalerweise alle paar Minuten mit heulenden Sirenen vorbeibrausen (und mit offenen Vorhängen, offensichtlich um dem Verletzten einen letzten Blick in die Welt zu gewähren), einen anderen Weg suchen mußten. So sehr dies vom Standpunkt der Lärmverminderung zu begrüßen war, es zog dennoch eine größere Zahl jener bewaffneten und uniformierten Männer heran, die schon damals so sehr auffielen, daß die Nachbarschaft sich wie ein besetztes Gebiet vorkam. Oder noch schlimmer als das: die Xenonstrahlen, die die unterirdische Düsterkeit des verpesteten Himmels über uns absuchten (»the smog is lofting« – *Finnegans Wake, S. 593*) und die angeblich Filmpremieren »hochheben«, verleiten einen tatsächlich zu der Vorstellung, man sei in der Nähe von, wenn nicht gar in einem Konzentrationslager.

Hohe Barrieren gibt es; das steht fest, und nicht nur im figurativen Sinn, da die Umzäunung von mindestens einem privaten Anwesen in dieser Gegend offensichtlich nach dem Muster der Berliner Mauer errichtet wurde. Ferner braut sich ein Klassenkrieg um diese Barrieren zusammen, und er könnte sich sehr leicht in einen heißen Krieg verwandeln. Das war sogar der Fall kurz vor meiner Abreise, als die Polizei im Feuergefecht einen Mann kaum dreihundert Meter von meinem Haus entfernt zur Strecke brachte. Ungefähr zu dieser Zeit eröffnete außerdem die American Legion ihre Kampagne gegen meinen Nachbarn in San Diego, Professor Marcuse: eine Aktion, die ich als eine Warnung verstand, meine Meinung über den Krieg (in Vietnam) für mich zu behalten, wenn ich es nicht riskieren wollte, selber im Chicago-Stil behandelt zu werden.

Trotzdem erwuchs der endgültige Entschluß, wegzugehen, einer ganz anderen Überlegung. Es war einfach so, langsam wandelte mich die Furcht an, irgendein Beamter der Stadt oder des Staates könnte herausbekommen, daß ich dort wohnte. Das hätte unweigerlich irgendeine öffentliche Anerkennung zur Folge, wie ich sie während der letzten fünfundsechzig Jahre von anderen Städten, Provinzen, Staaten, Kibbuzim oder Stämmen erhalten habe. Dann gäbe es auch noch einen feierlichen Akt, womöglich mit einer Festrede von Miss Long Beach oder einem der Beverly Hillbillies. Irgend etwas mußte nachgeben, und das war ich. Ich wählte den Flug nach New York, der am seltensten durch Luftpiraten umgeleitet wird, und flog dann weiter nach Zürich.

N.Y.R.: Was haben Sie in der Schweiz getan, Herr Strawinsky?

I.S.: Freunde gesehen. Sie kamen aber nicht nur, um mich zu sehen, sondern auch, um mich zu berühren: so, als ob ich eine Art Reliquie oder Talisman wäre. Ich nahm an, sie wollten nur sichergehen, und weil ich mich auch erinnerte, daß beim Großen Sprung Vorwärts man die Tangibilität des Vorsitzenden Mao prüfte, indem man ihn zu schwimmen zwang, habe ich mich nicht beschwert. In dem gehorsamen, ordentlichen und stillen Zürich indessen, und durch die rosa Brille der Entfernung etwas getäuscht, begann ich nicht nur jenen Aspekt von Hollywood zu vermissen, den man mit den »allerletzten Minuten des Römischen Reichs» umschreiben könnte, sondern ebenso die Aufregung (»Besucht Amerika, da ist was los«), die »Unruhe« an den Universitäten (d. h. Panzer, Bomben, Guerrillakrieg) und das übrige. Tatsächlich verursachte das Krachen von Jagdgewehren eines Nachmittags in den Wäldern nahe beim Hotel solches Heimweh in mir nach Sunset Boulevard an einem Samstagabend, daß, wenn ich eine Sauerstoffmaske und eine kugelsichere Weste gehabt hätte . . .

N.Y.R: Wohin sind Sie nun tatsächlich gefahren, Herr Strawinsky?

I.S.: Nach Paris, um weitere Freunde zu besuchen. Ich ging auch ziemlich regelmäßig spazieren, so ich noch spazieren kann – auf den Wegen von Le Nôtre in Chantilly und, etwas weniger anstrengend, auf den Gängen im Hôtel Palais Trianon, wo einige Stammgäste einen frühen Film von Chaplin darzustellen schienen: ein Zigarrenraucher mit weißen Handschuhen; ein Mann, der Gamaschen trug und zur Kompensation einen kleinen, bissigen Hund mit sich führte; eine alkoholisch optimistische alte Frau, die Dauergespräche mit Katzen führte. Ich besuchte keine Konzerte, hörte aber auf Tonband einige neue Stücke, einschließlich eines sehr guten Werks (heutzutage wird eine Menge glatter Musik geschrieben) von Gérard Masson, den ich übrigens kennenlernte. Und ja, ich sah *Le Sacre du printemps.* Diese Lustbarkeit fand in der Opéra statt, hätte jedoch in die Folies-Bergères gehört.

Nebenbei war ich in Paris zur Zeit der Währungskrise und wurde stark beeindruckt von dem Kontrast zwischen dem Erfolg der internationalen Bankiers und dem Versagen der internationalen Friedensunterhändler. Was für »die Gemeinschaft der Nationen« wirklich von Wichtigkeit ist, oder zumindest für die Leute, die wirklich die Welt regieren, kann sofort erledigt werden und wird es auch.

N.Y.R.: Wir lasen, Sie hätten mit Vertretern des französischen Fernsehens gesprochen. Haben Sie auch dort ferngesehen?

I.S.: Nein, und wohl, weil mir hier die Einrichtung noch sinnleerer und verstandestötender vorkommt als früher. Aber es sind mir außerdem einige Veränderungen in den Fernsehsitten seither aufgegangen. Zum Beispiel ist die Nahaufnahme von Toten und Sterbenden, von Unfall- oder Mordopfern (sowohl in der eigenen Stadt wie auch in Biafra oder Vietnam) zur Spezialität des Mediums geworden. Eine andere Sache kann ich nicht definieren, aber sie wird exemplifiziert durch die gestrige Ankündigung eines Kommentators im Farbfernsehen (teils grün, teils Sonnenbrand dritten Grades): »Obwohl sich der Zustand General Eisenhowers gebessert hat, werden die Vorbereitungen für die Trauerfeier fortgesetzt.«

Gewiß, das Fernsehen verkauft etwas anderes als nur das, was gefährlicherweise als gottnah eingeschätzt wird – man merke: »cleanliness is next to godliness« – (ja, es verkauft sogar Ersatzexistenzen). Aber die tonangebenden Reklamespots scheinen diejenigen zu sein, die suggerieren, daß eine Gesellschaft ohne Schmutz, ohne Geruch und ohne Unbequemlichkeiten das höchste Ziel der Zivilisation ist. Überdies müssen diese irgendwie unzureichenden Ziele der Erfüllung nahe sein, zumindest in der häuslichen Wohnung, dank sozial fortschrittlicher Reinigungsmittel (»DRIVE frißt Blutspuren«), die durch »ultraschallgetriebene Seifenblasen« aktiviert werden. Die »Technologie der falschen Bedürfnisse« wendet sich der Natur zu, auf alle Fälle, und besprüht sie mit Defolianten, Denudanten, Desikkanten, Deodoranten, Herbiziden, Germiziden, Pestiziden und Mitteln gegen die Vögel, die die Eier von Läusen fressen. In einem Bühnenstück über Adam in moderner (Ent-)Kleidung wäre man heute schon gezwungen, den Garten ohne Feigenblatt, geschweige denn Apfel darzustellen. Jetzt erwecken auch die strafenden und sühnenden Bedürfnisse puritanischer Gesundheitswut die Erwartung kosmischer Vergeltung: die Verpestung anderer Planeten durch irdische Mikroorganismen und unseres eigenen durch Mondsporen. Das erinnert mich an die Sternstunde des Fernsehens zur Zeit meiner Rückkehr, an jene Weihnachtsweltraumschau, die Raketentechnologie mit dem ersten Buch Mose versöhnte. Tatsächlich wurde die Raumkapsel selbst in ein teleologisches Argument verwandelt, als die drei Weisen, die Astrobarden, von Erdenschein geführt, den sonntäglichen Erdlingen biblische Poesie lasen. »Gott mit uns«*, wollte uns die Raumfahrtbehörde versichern, aber sie war gewiß beunruhigt, daß eine entferntere, mehr Prestige erheiheischende Umlaufbahn als Kanzel für Lesungen aus »Das Kapital« am Geburtstag von Marx bestimmt wurde.

N.Y.R.: Was sagten Ihre europäischen Freunde zu unseren Wahlen?

I.S.: Sie sagten, sie könnten sich das Antlitz des neuen Präsidenten auf dem Mount Rushmore nicht vorstellen, und das nicht nur wegen der Hindernisse bildhauerischer Natur. Und einige bezweifelten, ob die eigentliche Wahl tatsächlich stattzufinden brauchte, mit der Begründung, daß die Hochrechnungen der Meinungsbefragung nunmehr einigermaßen zuverlässig sind und die Arbeit somit schon geleistet haben. Ein Freund, der wahrscheinlich mein Wohlergehen im Sinne hatte, äußerte die Meinung, daß das, was sich an Zeit, Geld und frischen Düngemitteln einsparen ließe, wenn man es richtig umwandelte und anlegte, Los Angeles sogar bewohnbar machen könnte. Ganz gewiß würde eine Wahl durch Meinungsbefragung die Illusion nicht zerstören, daß, indem man einen Wahlzettel in eine Wahlurne wirft und den Gewinner als den vom Volke auserkorenen proklamiert (was er oder sie nur durch eine Verkettung von Willensäußerungen werden könnte, die einige Millionen von Kettengliedern voneinander entfernt liegen), die po-

* Deutsch im Original.

litische Gemeinschaft ihre Freiheit und demokratische Rechte ausübt.

Gesetzgeber mit eigenen Interessen, das ist eine alte Geschichte. Aber einige Gebiete, die sie jetzt verwalten müssen, die Planung der zukünftigen Wissenschaft beispielsweise, um einen ziemlich beachtlichen Bezirk zu nennen, sind erschreckend neu. Man betrachte das Feld der Genetik, deren Macht ohne Grenzen ist, deren Zeitplan binnen kurzer Frist zur Katastrophe führen kann. Nehmen wir auch an, daß die unter dem Schlagwort »neuer Mandarin« apostrophierten Ausschüsse zur Verbesserung der Menschenrasse »human« sind, »wohlwollend«, »verantwortlich« und daß man ihnen anvertrauen kann, Diabetiker, Hasenschartige, Stotterer, Farbenblinde und Tönetaube zu eliminieren. Wie ist es aber mit den geistig Zurückgebliebenen, insbesondere den Grenzfällen?

Eine Art Trost bietet sich durch die Gewißheit, daß die Verwaltung der Wissenschaft durch Wissenschaftler noch schlimmer wäre. Als sich auf dem kürzlich in Tokio abgehaltenen Genetiker-Kongreß eine Debatte über die Frage entfachte, ob die Wissenschaft es sich leisten könne, sich dem Zwang der Ethik zu unterwerfen, wollte ein Befürworter der Ethik sein Argument mit der Erleuchtung bekräftigen, daß, »obwohl der Mensch aus Molekülen besteht, er selber kein Molekül ist«. Und ein gleichgesinnter Kollege fügte hinzu: »Die Evolution einer jeden Art wird gewiß sehr entschieden modifiziert durch die Gegenwart des Menschen.« Das verdient zumindest einen Preis als Beispiel von Litotes.

Dies ist jedoch hohe Wissenschaft, zur Zeit noch reine. Was geschieht unterdessen bei einigen angewandten Zweigen, beispielsweise bei der Verpflanzung oder Einpflanzung jener fünfunddreißig Ersatzteile des Körpers? (Welche Erleichterung zu wissen, daß man zu alt für diese Art von Gärtnerei ist.) Werden diese Versorgungseinrichtungen zur Verlängerung des Lebens allen, ob arm, ob reich, in gleicher Weise verfügbar sein; denen, die Schlange stehen müssen, wie denen, die gute Beziehungen haben? Und auf welche Weise werden die Spender gefunden? Euthanasie? Schwarzmärkte der Zerstückelung? Körperklau (der noch Lebenden)?

N.Y.R.: Was meinten Ihre Freunde zu unseren schwarzen Separatisten?

I.S.: Ich bin mir über meine eigene Meinung noch nicht im klaren. »Jetzt gibt es nur noch Schwarze und diejenigen, die sie nicht mögen«, sagt Herr Bond. Aber dies ist nicht wahr und hilft nicht weiter. Es wird weder Monostatos abschaffen noch den Mohr in *Petruschka*. Sie sind Figuren des Manichäismus, natürlich, aber ihre Albernheit, wenn man von der Musik einmal absieht, ist eine Kritik allein an der weißen Kultur, nicht an der schwarzen: sie sind kleine weiße Lügen. (Beiläufig, die »rassische« Motivation in Monostatos' Bericht über seinen Versuch einer Vergewaltigung ähnelt Herrn Cleavers Bericht über dieselbe Sache in *Seele auf Eis*.)

Weil ich nun aber nicht sicher bin, ob es wichtig ist oder nicht, werde ich nicht weniger rhetorisch als Herr Bond, wenn ich erwähne, daß der Mann, der in der Nähe meines Hauses erschossen wurde, schwarz war. Gleichwohl wurzelte das Verbrechen dieses Schwarzen bis zu einem gewissen Grad in den Ungerechtigkeiten, die ihm seine Hautfarbe eintrug. Vom Standpunkt des kurzsichtigen und fachidiotischen Gesetzes ist dieser Punkt irrelevant: jenes Gesetzes, das keine Abhängigkeit des Besonderen vom Allgemeinen zuläßt oder entsprechend zuteilt und das jetzt erst anfängt, die Idee der verminderten Verantwortung zu akzeptieren, die so alt ist wie die Enzyklopädisten. Aber das Gesetz ist nun einmal ein wesentlicher Bestandteil des moralischen Dilemmas.

Die Erschießung war die Folge eines kleinen Diebstahls. War es indessen notwendig, dafür jemand zu töten? Können ausgebildete Schützen nicht anders handeln? Oder ist die Polizei von Los Angeles (wie sie manchmal der nur teilweise befreiten Bevölkerung von Watts vorkommen mag) absichtlich im Schießen auf gewisse Ziele unvollkommen ausgebildet; zum Teil, weil

sie in der Aufrechterhaltung eines Systems voll von Vorurteilen überspezialisiert ist? Das System, das ich meine, ist das der Nichtverteilung von Reichtum, dank einigen Steueroasen und anderen Privilegien, wodurch die Reichen weniger Steuern zahlen als ihre Chauffeure – weswegen wir den Besitz und nicht das Einkommen versteuern sollen, weswegen wir eine Onassis-Steuer brauchen und Rockefellow- und Rothschildbürger-Steuern und eine Steuer auf Steuer-Expatrioten und eine Steuer auf diejenigen, die ganz sicher nicht durch ein Nadelöhr gehen werden.
Die Lösung des Rassismus-Problems ist genetisch; ich habe jedoch meinen Mendel vergessen und weiß nicht mehr, ob eine Verschmelzung sich rasch oder nur nach einem langen Interregnum von Sexualroulette erreichen läßt. Auch frage ich mich, ob dann der Rassismus verschwunden sein wird oder ob dann der Spruch des Shakespeare-Sonetts gilt:

Dann schwör ich, Schönheit sei nur schwarz geprägt,
und häßlich sei, wer andre Farbe trägt.

2

N.Y.R.: Wie würde ein zeitgenössischer Musiker Mendelssohns Worte umschreiben: »Das, was mir eine Musik ausspricht, die ich liebe, sind mir nicht zu *unbestimmte* Gedanken, um sie in Wort zu fassen, sondern zu bestimmte«?
I.S.: Er könnte sagen, daß Musik ein nichtanaloges System sei – oder mehrere nichtanaloge Systeme. Sie ist eher eine Art Babel als eine Universalsprache. Und wenn er das gesagt hätte, könnte er hinzufügen, daß die Verständlichkeitsgrundlage (da es sich nicht um die verschlüsselte Form von etwas anderem handelt) vorausgesetzt sei, in sich geschlossen und angeboren. Das epistemologische Problem wäre also dasselbe wie bei der Verbalsprache. Die Erkenntnisart ist zwar unübersetzbar, doch nicht privat, denn sie hängt von anderen ab, die sie verwenden. Das ist das (überholte) Argument der »anderen Intellekte« von

Descartes: ». . . *qu'ils usent comme moy de la Parole . . . qu'ils le sont comme moy.*«
Hätte jedoch unser zeitgenössischer Musiker überhaupt so etwas gesagt, sich dem Nominalismus verschrieben? Eine Musiksoziologie, die Musik mit der Gesamtheit des Lebens in Beziehung bringen sollte, existiert noch nicht; aber Spezialstudien – zum Beispiel in der Psychiatrie, die nachweisen, daß Patienten, die auf keine Verbalannäherung reagieren (*trauen* sie keiner Verbalannäherung?), auf die Musik reagieren und daran teilnehmen – beweisen, daß man sie doch im Sinne einer Wechselbeziehung versteht.
Existiert die Welt der Beethoven-Quartette außerhalb der Musik also, und wäre es möglich, ein System herauszufinden, das Beziehungen zwischen der Sprachstruktur der Musik und der Struktur der Welt der Phänomene offenbart? Was die erste Frage betrifft: nein; zur zweiten, nun ja, vielleicht, eventuell. Trotzdem, die Musik der Quartette, wie auch der *Zauberflöte*, nimmt eine Position von äußerster Bedeutung im menschlichen Bewußtsein ein, über das Lust- oder Divertimento-Prinzip hinaus, von dem sie nichtsdestoweniger weiterhin abhängt. Des weiteren ist es mein persönlicher Glaube, daß die Quartette eine Charta der Menschenrechte sind, eine ewig aufrührerische, wenn man die Kunst platonisch, das heißt: umstürzlerisch versteht. Die Charta ist offensichtlich keine Lösung für die verworfenen Menschen in den Städten der Wiederauferstehung, denen – im Gegenteil – die Zugänglichkeit solcher Schätze für andere Menschen so ungerecht und ihre Verwendung so taktlos erscheinen muß, wie dies im Falle der Burtons mit ihrer neuen Jacht geschah. Aktivisten wird sie auch kaum Trost bringen, für die das Wort »Kunst« sowieso scheinheiliges Gerede ist und »ästhetische Beispiele« Ausflucht, Betrug im Sprachspiel sind. (Nach dem *chakras* der Hindus befindet sich der Körpermittelpunkt der ästhetischen Gefühle wie der Gefühle des materiellen Reichtums – hat Freud dies gewußt? – im After. Möglicherweise hat das etwas zu tun mit dem bei Ästheten und Sammlern häu-

fig vorkommenden Zustand, den man als verstopft zu beschreiben pflegt.)

Trotzdem verkörpern die Quartette eine erhabene Vorstellung der Freiheit, die das enthält und zugleich überschreitet, was Beethoven meinte, als er (dem Fürsten Galitzin) schrieb, daß seine Musik »der leidenden Menschheit helfen« könnte. Sie sind ein Maß des Menschen (ich denke an Professor Puccettis außermenschliche »Personen«) und ein Teil der Beschreibung der Qualität des Menschen. Ihre Existenz bedeutet eine Bürgschaft.

N.Y.R.: Warum *Die Zauberflöte,* sogar wenn man annimmt, daß Ihre Meinung sich auf die Musik beschränkt?

I.S.: Kann man sich auf die Musik beschränken? Ich glaube selber an das Ganze. Gewiß, der Zauber beschränkt sich auf die Musik, während die moralische Bedeutung – das Ganze, woran ich glaube – kaum der Darlegung wert wäre, falls sie getrennt von der Musik dargelegt werden könnte. Und doch ist diese Musik nicht »unabhängig«, nicht »rein«. Mir scheint in der Tat, daß der beabsichtigte Sinn der Oper, der Sieg des Lebens über den Tod, zuweilen in den Tiefen der Musik ins Gegenteil gewendet wird: beispielsweise in der tapferen kleinen Parade der Musik durch die Tore des Todes verzaubert die Flöte den Wächter so, daß er die Hinrichtung aufschiebt; trotzdem ist das Stück ein Trauermarsch. Bei einem großen Teil der ganzen Musik liegt der Tod ebenfalls knapp unter der Oberfläche, insbesondere bei der von Pamina. Und in dem großen c-Moll-Fugato-Choral, in dem irgendwie Beethovens »Eroica-Ton« ohne Beethovens Zurschaustellung eines überlegenen Willens anklingt, sind die Schwingen des Schreckensengels näher als je zuvor in der Musik.

Mozarts freimaurerisches Allegorienland ist attraktiver als die Dix-huitième-Establishment-Länder seiner anderen Opern: für mich jedenfalls, und nicht nur in musikalischer Hinsicht. Es ist zum einen moralisch großzügiger; und zum anderen reicht das dramatische Terrain weiter, teils wegen der neuen, mannigfachen Erhöhungen des Religiösen, Mystischen und Übernatürlichen. Wirklich ist das Wesentliche dieser Oper, Mozarts größte Errungenschaft in ihr, gerade jene Einheit des Gefühls, die auf die gesamte Musik abfärbt, von den heiligen Chören und den Zaubersprüchen bis zum Prototyp von Broadway-Duetten – abgesehen von ihrer unterschiedlichen musikalischen Qualität –, dessen Gegenstand die zukünftigen Nachkommen von Papageno und Papagena sind.

Anders als *Don Giovanni* enthält die Oper keine ausgedehnte Szene; aber es »mangelt« ihr auch nicht an einer solchen. (Auch enthält sie keinen mit Masetto vergleichbaren Langweiler, was ebensowenig ein Verlust ist.) Zudem ist Mozart hier ökonomischer und dramatisch bewegter als je zuvor; die letzte Szene wird beispielsweise durch eine einzige Phrase vorbereitet. Auch sind die einfachsten Mittel die wirkungsvollsten, wie bei dem Kunstgriff des »Quer«standes, der in seiner ganzen Musik auftaucht: hier aber (am schwindelerregendsten bei Paminas »*Mir klingt der Muttername süße*«), als wäre es zum erstenmal.

Unüberhörbar vorweggenommen werden Weber, Wagner und der Mendelssohn des *Sommernachtstraums.* (Nicht minder deutlich fehlt jede Beziehung zu Schubert, der schon bei »*L'ho perduta*« aus *Figaro* ausgestochen wurde.) Wagner findet man überall: vom *Tannhäuser* (siehe die Sechzehntelfiguration der Geigen im Schlußandante) bis zum *Tristan* (»*Wann also wird die Decke schwinden*« und »*Jedem Tone meinen Dank zu schildern*«). Auch die Szene Pamina-Sarastro ist wagnerisch (obwohl Sarastros eigene Musik gar auffallend der Christus-Musik in den Bachschen Passionen ähnelt), nur daß Mozart dort aufhört, wo Wagner, schon schwer atmend, zum Überblasen angesetzt hätte.

Noch bemerkenswerter, wenn ich mich schon auf dem öden Gebiet der Vorwegnahme befinde, sind das Terzett (Nr. 16 der Partitur) und die Begleitung von Paminas letzter Arie, die Tschaikowskys *Dornröschen* plagiieren und gleichzeitig verbessern; die Chorstimmen und die Baßlinie der Instrumente in »*Bald, bald, Jüngling*«, die *Rigoletto* entnommen zu sein scheinen; und die Einleitung zu »*Drei Knäbchen, jung, schön, hold und weise*«, die irgendeinem Ravelschen Stimmungsstück für einen Regentag entliehen sein könnte.

N.Y.R.: Welche Bestrebungen im Bereich der Musik sind heute bemerkenswert, verglichen mit der Zeit vor zehn Jahren, als Sie sagten, sie seien durch Boulez und Stockhausen vertreten?
I.S.: Nun, die Kopplung dieser Namen bleibt immer noch unvermeidlich und Stockhausen immer noch auf dem Kamm der *Nouvelle Vague*. In der Tat hat er die meisten wichtigeren modischen Einfälle des Augenblicks entweder selber erzeugt oder sie doch schnell unter seine Fittiche genommen. Seine *Hymnen* popularisieren den Einfall der Wiederverwendung der Klassiker (eine Idee, die so alt wie das Quodlibet ist), seine *Stimmung*, ein Akkord von siebzig Minuten Dauer, den der ausgehaltenen Klänge (». . . da alles in einem Ton ist«, wie Hawthorne sagt, »brauchte ich nur den zu haben, um endlos weitergehen zu können«). Stockhausens Zeitmaß ist ja das der *Götterdämmerung*, was mir die Notwendigkeit des musikalischen Pendants zu einer Parkuhr angezeigt scheinen läßt. *Diese* Idee, darf ich hinzufügen, ist so alt wie Purcells *Fantasie über einen Ton*. Die Hauptrichtungen vieler anderer Stockhausen-Novitäten werden in seinen eigenen »Konzerten« festgelegt. Eine davon heißt die Termini *a quo* und *ad quem* verwischen oder, sagen wir, das ästhetische Unternehmen mit »der Welt« verschmelzen. Eine andere ist elektronische Improvisation als Begleitmusik für das Aufsteigen von Luftballons, was auf dasselbe wie Seifenblasen hinauskommt, bildlich gesprochen.
Die bequemste Basis, um den Anfang mit dem Ende des Jahrzehnts zu vergleichen, bildet jedoch nicht das Werk irgendeines Komponisten, sondern der Status der elektronischen Musik. Während dieser Zeit hat sie sich aus einem Experimentierwinkel ins Rampenlicht bewegt, von Konzerten für den harten Kader der Kollegen zu pflaumenweichen Filmen wie *Candy*. In die akademische Welt ist sie auch eingedrungen, ja, hat sie erobert.

Heutzutage promoviert ein junger Musiker in Computertechnologie und richtet sich mit seinem Moog* oder seinem Minisynthesizer** so routinemäßig ein, wie er zu meiner Zeit Kontrapunkt und Harmonie (siehe Lexikon) studiert und sich ans Klavier gesetzt hätte.

Was die *live*-produzierte neue Musik des Jahrzehnts betrifft, fand der wichtigste Machtkampf zwischen den Schulen der Vorherbestimmung und des Lotterieprinzips statt. Und doch endete er, soweit es den gewöhnlichen Hörer betrifft, mit einem Patt, denn: egal wie polarisiert die Unterschiede waren, nur Partiturleser und Eingeweihte haben sie wahrgenommen. In der Praxis wurden die Ad-libitum-Zeitmaße, die unbestimmten Töne im bestimmten Tonraum und der Wahlmechanismus nicht als die Freiheitsgesten anerkannt, als die sie gemeint waren, sondern als Effekte, die genauso despotisch wie alle anderen hätten »geschrieben« werden können.

Fortschritt, oder zumindest Erfindung, hätte der Nichteingeweihte vielleicht in den neuen Techniken zur Bewegung des Klanges im Raum entdecken können. Jedoch müßten einige andere »Pioniertaten« der Epoche ihm erschienen sein wie ein Abschälen näher und näher zum Nichts hin: zum Beispiel die Verwendung von Chören für vielerlei Possen, die sich alle ohne Gebrauch der Stimme abspielten, oder Aufführungen auf dem Klavierdeckel (nachdem die Reize des Flügels »oben ohne« über Gebühr bloßgestellt wurden) oder die Ausnützung eines Formprinzips, das sich vollständig auf die Ungewißheit der Zuhörer stützt im Rätseln darüber, wie nahe dem wirklichen *cul* des *sac* der Verkünder tatsächlich war. Doch könnte sich der Nichteingeweihte sehr wohl geirrt haben; vielleicht hatte man ihm wirklich angeboten

> *... unvergängliche, klare Gestalten,*
> *gewaltig, ohne Form oder Sinn oder Klang.*

* Elektronisches Klanggerät mittlerer Preislage.
** Billigeres elektronisches Klanggerät.
[Anmerkungen der Übersetzer.]

Als einen Fortschritt wertete man übrigens, aber nicht so ganz von ungefähr, daß das Ephemere schließlich zum Ziel erklärt wurde. Vielleicht hieß dies einfach aus der Not eine Tugend machen, aber dadurch wurde die Produktion so erhöht, daß der Hersteller jedes neue Modell in der Gebrauchtwagenabteilung abstellen konnte, ehe es auch nur um die Ecke gefahren war.

N.Y.R.: Haben Sie zufällig das Streitgespräch zwischen Boulez und Liebermann über die gegenwärtige Lage der Oper gelesen oder Ezra Ladermans Brief an die *Times* über die Vernachlässigung amerikanischer Bemühungen in dieser Gattung?

I.S.: Boulez hat seine Zielscheiben so überzeugend anvisiert, daß ich um so mehr sein Zögern bedauere, ein eigenes Beispiel der notwendigen neuen Oper zu liefern. Doch während Boulez alle zeitgenössischen Opern außer denjenigen Bergs ablehnt, erhebt Laderman die Wertfrage überhaupt nicht. Amerikanische Opern sollten aufgeführt werden, weil sie geschrieben werden und weil sie amerikanisch sind. Wer möchte da widersprechen, wo doch Opernkomponisten noch mehr Hilfe als andere Arten von Komponisten brauchen und amerikanische noch mehr als europäische? Aber was soll das Ganze?

Die Met hätte 1937 *Wozzeck* spielen können. Statt dessen gab man Walter Damroschs *The Man Without a Country*, die einheimische Oper in einem annehmbar sanften Stil eines Komponisten, dessen Beziehungen die Aufführung sicherten. Ich habe sie nicht gehört; weil ich aber zur Zeit der Proben in New York wegen meines Balletts *Jeu de cartes* war, habe ich einigen Tratsch darüber vernommen. (Man sagte, es gebe eine unglückliche Fermate auf der ersten Silbe des letzten Wortes der Titelarie: »The Man Without a Count . . . ry.«)

Wenn man nach ihren Spuren urteilt, hat die Aufführung wenig für die Met, für den Komponisten oder für die Zukunft der Oper getan, die tatsächlich immer mehr in der Vergangenheit zu liegen scheint.

N.Y.R.: Wie läßt sich das Publikum für neue Musik heute mit dem Ihrer frühen Jahre vergleichen?

I.S.: Mit Zahlen kann man diese Frage nicht beantworten. Außerdem bin ich so etwas wie das älteste lebende Publikum und kann daher für Jüngere nicht sprechen.

N.Y.R.: Welche Elemente sind denn unvergleichbar?

I.S.: Zu meiner Jugendzeit erwuchs die neue Musik aus Traditionen und als Reaktion gegen Traditionen, während sie heutzutage sowohl aus sozialen Notwendigkeiten wie aus inneren künstlerischen sich zu entwickeln scheint. Ich kann diese Entwicklung nicht abschätzen, aber ich nehme meine früheren irrelevanten Einwände zurück, wonach, wenn alles geht, dann *nichts* mehr geht, und wenn alles geschehen kann, es egal ist, *was* geschieht.

Die Stellung der neuen Musik als einer Kategorie ist ein weiteres unvergleichbares Element. Sie hatte überhaupt keine während meiner frühen Jahre, da sie kategorisch bekämpft wurde, häufig sogar mit echter Feindseligkeit. Jedoch hielt der Mißerfolg von Komponisten meiner Generation sie zumindest davon ab, etwas mit einem Erfolg anzufangen, und unser Mißerfolg war vielleicht weniger heimtückisch als die automatischen Superlative, die heutzutage das Neue durch Verschlucken töten. (Im selben Zeichen werden natürlich die besten Verrisse durch verderbliches Lob bewerkstelligt.)

Das größte unvergleichbare Moment ersteht nun aus der Frage, wieviel eigentlich gestattet sei. Vor zwanzig Jahren, als Mitropoulos Schönbergs damals noch ziemlich mit Dampf geladenen *Fünf Orchesterstücke* in New York vorstellte, starb ein unentwegt philharmonischer Abonnent tatsächlich am Schock. Sicherlich ist eine Reaktion von *solcher* Sensibilität heute nicht mehr möglich.

3

N.Y.R.: Wie lassen sich die oberen achtziger Jahre mit den unteren vergleichen, Herr Strawinsky?

I.S.: Sehr unvorteilhaft. Einem Bertrand Russell erscheine ich vermutlich als ein Küken; und tatsächlich: neben jenem erhabenen Weisen sehe ich nicht sehr arktisch aus. Und doch können siebenundachtzig Jahre sich wie das anfühlen, was sie selbstverständlich sind, eine unheilbare Krankheit. In diesem Lebensalter wird einem die Körperlichkeit und das, was bizarrerweise die Gesundheit genannt wird, allzu wichtig. Man muß mit seiner Kraft haushalten, und Körpergewohnheiten, die früher mechanisch waren, müssen vom Gehirn programmiert werden. Zuweilen müssen sogar die einfachsten Gliederbewegungen über den Verstand gesteuert werden. Das erklärt zum Teil, warum wir uns nicht mehr umhertreiben, sondern nur noch herumwatscheln – am Ende wie zu Beginn; diese Erkenntnis kam mir, als ich vor kurzem mich mit meiner zweijährigen Urenkelin fotografieren ließ. Und das ist die einzige zuverlässige »Altersweisheit«, die ich weitergeben kann.

Mein Katalog von Genüssen, schon klein in den unteren Achtzigern, ist jetzt weiter geschrumpft. Während aber meine einzige ungeschwächte epikuräische Gewohnheit, eine flüssige, fast vollständig stillgelegt wurde, hat man alles außer einer Mast versucht, um ihre geschwächte, feste Begleiterin von einst wiederzubeleben: das Essen. Suche andere Befriedigungen, sagen mir die Mediziner, und eine, worüber ich in letzter Zeit sehr ernsthaft nachgedacht habe, ist die Befriedigung, ihre Heilmittel zu überleben. Gewiß ist das grob, aber ich bin aufgewachsen und älter geworden zu Zeiten, da praktische Ärzte nicht für jeden Hausbesuch ein Stipendium und eine Auszeichnung für ihre Menschlichkeit erwarteten noch verlangten, der Kranke solle seine Leiden selber diagnostizieren. Gewiß ist kompetente Behandlung sogar jetzt noch zu haben, insbesondere für Krankheiten, die nicht durch die Notwendigkeit erschwert werden, den ganzen Menschen zu berücksichtigen. Aber ich stellte vor nicht langer Zeit eine Fehldiagnose bei einer meiner Krankheiten, und die Ärzte, die sie ebenfalls nicht klassifizieren konnten, gingen an ihre Arbeit so heran, als wollten sie feststellen, ob ich noch schwieriger umzubringen sei als Rasputin.

Die akuteren Schmerzen sind die moralischen, jene »Melancholie«, d. h. die Milz (der »Spleen«), auf die Dürer selber zeigt, in der Federzeichnung, die offenbar für *seinen* Arzt bestimmt war. Aber Schmerz, in jedem Fall und aus welcher Quelle auch immer, wird rasch das, woran wir am vollkommensten glauben. Einer meiner regelmäßigsten Schmerzen wird herbeigeführt, indem ich meine jetzige geringfügige Produktion vergleiche mit jener der auch keineswegs durch Rekordernten gesegneten mittsechziger Jahre. Dann schmerzen mich plötzliche Gedächtnislücken; das ist, als ob man in einem fremden Hotel aufwacht und nicht weiß, wo man ist. Mein Gedächtnis verhöhnt mich auch; während ich darin eine Begebenheit von vor vier Wochen nicht richtig placieren kann, während das Gestern vage ist und die letzte Woche hätte in Dunst aufgegangen sein können, scheint ein Großteil dessen, was vor drei Vierteln eines Jahrhunderts sich dort einätzte, mir auf der Zungenspitze zu liegen. Diese Gedächtnislücken stören mehr als die verminderte Leistung des Motors, da ein Wagen immerhin mit einem Zylinder und etwas Normalbenzin (nicht so viel, um den Motor versaufen zu lassen) laufen kann, solang die Kraftübertragung funktioniert und das Chassis genügend gewartet wird.

Wenigstens verweile ich nicht bei der Zukunft. (Anders als Prospero: »... mein dritter Gedanke soll das Grab sein.«) Tatsächlich haben mich die »Sterbens-Trajektorien« in dem Buch von Glaser und Strauss nicht mehr geplagt, als es der Jahresbericht einer Versicherungsgesellschaft getan hätte, nicht einmal jene Parabel nach unten, die den Punkt markiert, an dem die hierbei graphisch dargestellte Person zu knarren aufgehört und, wie diejenigen meiner Nachbarn sagen, die für alte Menschen nichts übrig haben, abgeschrammt ist.

Vielleicht *kann* man die Vergangenheit in einem plötzlichen Zurückfließen des Gedächtnisses durch eidetisches Abrufen wieder hervorholen, das provoziert und begünstigt ist bei alten Menschen durch Momente zeitlicher Aufhebung und Verwirrung. Ich muß selber in einem solchen nachdenklichen Zustand eines Nachmittags letzten Herbst in Luzern gewesen sein, denn mir war, als ob ich in eine frühere Zeitschicht wieder eingetreten sei. Ich sollte erwähnen, daß ich starke Kindheitsassoziationen mit der Stadt habe und daß ihr äußeres Bild sich bis heute wenig geändert hat. Pferde und Kremser sind natürlich verschwunden, und die Verkehrspolizei besteht heute aus jungen Frauen, ehemaligen Heidis in weißen Gummimänteln, scheinbar ohne Waffen, obwohl sie sicherlich geheime besitzen wie zum Beispiel Karate. Aber die Geranien auf den Fensterbrettern, die Schwäne, die am Uferstrand watscheln (im Trockendock haben sie nicht die geringste Ähnlichkeit mit der Pawlowa), die Schneedächer, Holzstapel und vieles andere sind völlig unverändert.
Diese List der Zeit geschah komischerweise, als ich Wagners Villa in Triebschen besuchte. Die Räume selber, die *Peschka* aus Porzellan, die Scheibenfenster mit den Palmetten: all das erinnerte mich an die russischen Landhäuser, wie ich sie von meiner Kindheit her kannte. Als ich von dort auf den See schaute (geradeaus, wegen der immer näher kommenden Fabriken und Phalansterien) und außer dem Wind keinen Laut hörte – kein knatterndes Touristenschiff, nicht einmal einen Jodler –, wurde ich zurückversetzt an einen ähnlichen und natürlich unberührteren Nachmittag während meiner ersten Schweizer Urlaubsreise vor vier Fünfteln eines Jahrhunderts. Ich war an jenem Tag mit meinem Vater gerade von einem Spaziergang zurückgekehrt, als wir in die Halle unseres Hotels, des Schweizer Hofs, traten und er mich zu einer schönen Dame hinschauen ließ. Dies sei die Kaiserin Elisabeth von Österreich. Und er fügte hinzu, ich glaube, weil es kurz nach den Ereignissen in Mayerling war, daß sie *»njeschtschastna«* (unglücklich) sei. Das Bild der Kaiserin jedenfalls wie das meines Vaters

und der Halle waren so klar und wirklich wie das Bild der Villa Wagners, in der ich jetzt tatsächlich stand.
Ob ich mich vielleicht daran erinnerte wegen dieses Wortes, das mein Vater gesagt hatte und das ich mir für meine eigenen Nöte entlieh? *Mein* »Unglück«, so habe ich mich gewöhnt, es zu erklären, war die Folge der Distanziertheit meines Vaters und der Liebesverweigerung meiner Mutter. Als mein älterer Bruder plötzlich starb und meine Mutter keines ihrer Gefühle für ihn auf mich übertrug und mein Vater sich nach wie vor fernhielt, beschloß ich (diesen Entschluß fassen irgendwann aus irgendeinem Grund alle Kinder), daß ich es denen eines Tages »zeigen« würde. Aber nun ist dieser Tag gekommen und gegangen, und niemand ist geblieben, dem es etwas bedeutet haben würde, das »gezeigt« zu erhalten, was vielleicht zu zeigen übrigbleibt, da ich selber der letzte Zeuge bin.

In die Gegenwart zurückgeführt (und zum heilen Verstand, wenn man meinen »normalen« Verstand überhaupt noch so beschreiben kann), ging ich von Triebschen ins Hotel Schwann zum Tee. (Im Jahre 1890 waren es, glaube ich, Makronen und Tee im Englischen Viertel.) Als ich da saß, wo Wagner, noch nicht begnadigt, mit der Uhr in der Hand der Weimarer Uraufführung von *Lohengrin* im Geist folgte, schien es mir unmöglich, daß meine eigene Kindheit so fern, und unmöglich, daß jene Gefühlswelt, außer in mir, erloschen sein könnte. Doch es geht nicht darum, wie fern, sondern wie nah und wie wirklich; und wie bald jene Frage kommt, nach deren Beantwortung ich, wie Lohengrin, selber verschwinden muß.

Hollywood, 27. März 1969

Porträt des Künstlers als alter Mann

1 EAU D'EVIAN

Als ich (bei der Autopsie eines Mannes, der zuviel Mineralwasser getrunken hatte) den ersten Einschnitt machte, blendete mich das Glitzern der Stalaktiten in der Magenhöhle des armen Kerls – ich mußte einen Monat lang eine blaue Brille tragen. GEORGE MEREDITH

N.Y.R.: Ein Jahr ist vergangen, seit wir von Ihnen gehört haben, Herr Strawinsky. Damals erholten Sie sich von einer Operation.

I.S.: Und das tue ich angeblich immer noch. Inzwischen wurde eine Krise in einer anderen Zone so ominös publiziert, daß die Post mit Sympathiebekundungen überhaupt nicht hat aufhören wollen. Zuletzt kam ein Stoß Briefe von einer Schulklasse auf Long Island. »Sie sind ein ganz prima Kerl«, schrieb einer der jungen Briefpartner, »und wenn Ihnen danach ist, können Sie mir zurückschreiben.« Ein anderer, der die Langeweile im Krankenhaus voraussah, nicht aber, daß man mich bis zu dem Punkt, wo es zur Qual wird, beobachten würde, gab mir den Rat, »einen Blick auf die Krankenschwestern zu werfen«. Noch ein anderer, dessen logische Annäherung an die Moral offensichtlich unter dem ersten Zusammenstoß litt zwischen dem, was ist, und dem, was sein sollte, sagte, es tue ihm leid, »daß ein guter Komponist wie Sie krank ist. P.S. Mein Vater ist Arzt.« Und ein anderer, wahrscheinlich ein angehender Musikkritiker, äußerte den Wunsch, ich möge mich »erholen und wieder eine Operette komponieren«.

Danke, es geht mir besser. Europäische Freunde sagten, ich sehe jünger aus als bei meinem Besuch vor zwei Jahren – auch wenn sie in Wirklichkeit gedacht haben mochten, die Tatsachen wiesen in die andere Richtung. In meinem Alter jedoch hängt das Kompliment in dem Wort »jünger« vom »um wieviel« ab.

Eine Verjüngung um acht Jahrzehnte beispielsweise wäre entschieden übertrieben.

N.Y.R.: Waren Sie den ganzen Sommer in Evian-les-Bains?

I.S.: Evian-dans-la-pluie wäre richtiger, nur daß »pluie« immer noch zu sanft ist. Es ist ein elementarer Ort, wo Stürme fast jeden Nachmittag ihren Derwischtanz den See hinab vollführen. Die Stadt Evian ist eine andere Sache: man hat die Wahl zwischen einem schnellen Tod im Spielkasino oder einem langsamen durch Mineralwasser. Es ist ganz entschieden *nicht* der Ort, »an dem etwas los ist« oder aller Wahrscheinlichkeit nach je los sein wird; er ist tatsächlich mit der Zeit nur insofern mitgegangen, als der See jetzt verpestet ist und Forelle *à la carte* mit Quecksilber vergiftet serviert wird. Aber vielleicht ist nicht einmal das so neu. Schon im Jahre 1400 war das am See gelegene Château de Ripaille für die Essenzen *»contre les miasmes«* berühmt, die dort destilliert wurden.

N.Y.R.: Haben Sie in Seenähe gewohnt?

I.S.: Genau oberhalb, in einem Hotel vorzugsweise für Achtzigjährige. Im Gegensatz jedoch zu Audens Freund in seinem »Old People's Home« glaube ich, daß keiner der ältlichen Gäste um ein »rasches Einschlafen« betete, vielleicht aber um ein schmerzloses. (Auden liebt unentschiedene Angelegenheiten nicht und würde als Direktor des Programms für freiwilligen Tod schnell alle entsprechenden Einrichtungen – »Wartesäle Gottes« – beseitigen.) Tatsächlich war die einzige Krankheit, an der diese Ehrwürdigen sterben wollten, mehr Leben. Und, da sie Franzosen waren, mehr Mahlzeiten. So sterbenskrank sie vielleicht zwischenzeitlich erscheinen mochten, sind sie ins Restaurant richtig hineingaloppiert oder ließen sich in doppelter Eile dorthin rollen. Überdies aßen alle wie schwangere Frauen, und das, obwohl sie beständig sich beschwerten, das Fleisch sei *»dure«*. Das *war* es auch, von den Zahnbeschwerden ganz abgesehen. (Wenn man die Zeit bedenkt, die sie für das Schlucken aufwenden, ist es kein Wunder, daß die Franzosen praktisch monoglott sind; was mich dagegen wundert, ist das Ausmaß ihres Monarchismus. Sogar die beliebtesten *pâtisseries* waren *le désir du roi, caprice du roi, la couronne, rondure royale* usw., und zweifelsohne kann man bei ihnen Büsten des einen oder des anderen Ludwig in den meisten Badezimmern finden.)

Wenn alte Leute mürrisch und zänkisch aussehen, ist die Ursache dafür vielleicht weniger ihre Lebenserfahrung (so verständlich das auch wäre) als vielmehr physiologische Degeneration: Circes furchtbare Insel der Verwandlung. So ist das Zuspitzen des Mundes, wie mir scheint, eher auf fehlende oder wackelnde Zähne als auf Bitterkeit und Feindseligkeit zurückzuführen. Ebenfalls muß man das Schweigen der Älteren mehr ihrem schlechten Hörvermögen als kritischer Mißbilligung zuschreiben; und ihre abgehackte Sprechweise eher Ausspracheschwierigkeiten als schlechter Laune, denn das Alter macht die Zunge lahm. Wenn die Alten auch bis zum Verdruß wählerisch sind und sich über jede Störung beschweren, so ist körperliche Schwäche der primäre Grund dafür. Daher waren die zwei vorsintflutlichen Jungfern am Nachbartisch, die sich sehr für die Getränke auf dem meinigen zu interessieren schienen, vielleicht keineswegs die Brüder Grimm, sie waren nicht grimmig, sondern ganz gemütliche (und durstige) alte Seelen, deren Antlitze einfach nichts von ihrer »inneren Dynamik« widerspiegeln. Das möchte ich jedenfalls glauben, zumal ich mit Mme. De Nino einer Meinung bin, daß »nach dem achtzigsten Lebensjahr alle Altersgenossen Freunde sind«.

N.Y.R.: Was haben Sie in Evian getan?

I.S.: Besucher empfangen; in einem abgelegenen Hotel ist man weniger glaubwürdig »nicht zu Hause« als in einer Stadt. Forschende Akademiker *nicht* zu empfangen, hat auch einige Zeit in Anspruch genommen; tatsächlich hätte ich den ganzen Sommer damit verbringen können, nur ihre Fragebögen durchzulesen. Ich habe selber »geforscht« nach meinen alten Wohnungen in Montreux, Clarens und Vevey, aber sie waren kaum wiederzuerkennen in ihren neuen, übervoll verbauten Umgebungen. Die Aussicht ist übrigens besser von der Schweizer

Seite, aber ich war von dem Anblick meiner Mitgäste im Hotel so präpariert, daß für mich sogar die Dents du Midi wie Zahnstummel aussehen.

Eine neue zeitraubende Drohung erhebt sich, wenn man erkennt, daß ein weiteres rundes Jubiläum zumindest im Bereich des Möglichen liegt; das Elba-Festival zum Beispiel hat schon einige Male geschrieben und um eine Zusage gebeten. Doch ein noch größeres Ärgernis bildet das sehr lebhafte Geschäft, das sich um das eigene Ableben entwickelt. Ich bin über den Inhalt von Gedenkkonzerten, von Schallplattenkassetten und posthumen Fernsehsendungen konsultiert worden; mir wurden auch gute Honorare angeboten, obwohl ich gerne gewußt hätte, wie ich sie kassieren sollte. Sogar ein Angebot für ein Denkmal habe ich erhalten (mit Marmormuse, selbstverständlich), habe aber beschlossen, etwas Besseres abzuwarten: Vielleicht sollte man den Wettstreit zwischen neueren, gierig nach Kultur strebenden Ländern entfachen.

N.Y.R.: Und die Besucher?

I.S.: Einige kamen aus bloßer Neugier, argwöhne ich, da sie mich wie eine Naturerscheinung betrachteten – etwa wie einen Stein, der nach Sonnenuntergang noch eine Weile warm bleibt. Ohne Zweifel dachten sie, daß sie selber zufrieden wären, mit fünfzig oder sechzig Schluß zu machen; das wären sie ohne Zweifel, bis es dann soweit ist. Andere besuchten mich beruflich: ein Zahnarzt aus Genf, der, wie sich herausstellte, jede Note von *Les Noces* kannte; und Lord Snowden, der Fotos machte. (Ich war sehr erleichtert, daß er zu mir fand, nachdem am Vortag eine Sekretärin angerufen und gefragt hatte: »Wo *liegt* Avignon genau?«)

Aber in der Hauptsache waren es alte Freunde, einige von so weit weg wie Los Angeles und andere von so nahe wie vom anderen Seeufer. Einer davon, möchte ich bemerken, war ein Pariser Intellektueller der älteren Generation, d. h. jener fast ausgestorbene Typ des Moralphilosophen: in der Mathematik und den Künsten wohlfundiert, in einer Wissenschaft ausgebildet und noch in der Lage, über sie zu reden; er spricht fünf moderne und zwei klassische Sprachen fließend. Das sage ich, um ihn zu unterscheiden, erstens, von dem endemischen Pariser Semiologen von heute, der, wie sein transatlantischer Kollege, der »universelle Grammatiker« (Experimente bis jetzt auf Mäuse beschränkt), alles über die Sprache zu wissen scheint, außer wie man sie gebraucht; und zweitens, von einer speziell amerikanischen Art von Versuchsprogrammierern, Systemanalytikern, Futurologen.

Aber ich bin vom Thema abgekommen. Der interessanteste Besuch war der meiner Nichte aus Leningrad. Sie sagte, mein Haus in Ustilug sei restauriert und in ein Museum verwandelt worden; meine in der UdSSR befindlichen Briefe – jetzt im Puschkin-Haus, im Russischen Museum, im Institut für russische Literatur, in den Rimskij-Korsakow-Archiven, der Öffentlichen Bibliothek von Leningrad und im Leningrader Institut für Theater und Musik – seien veröffentlicht worden (vermutlich gemäß Proudhons Vorschrift, daß »Eigentum Diebstahl« und nur da ist, um gestohlen zu werden); sie sagte mir, daß eine Biographie meines Vaters erschienen sei – von den Autoren Kutateladze und Gosenpud (Hamlets »Freunde« aus Studententagen in einer verstümmelten Übersetzung?). Kurz, Propheten gelten im eigenen Lande dann nicht, wenn sie nicht überlebt haben oder wenn es sich herausstellt, daß sie nicht prophetisch genug waren. Nicht ideologische Launenhaftigkeit, sondern wahres Russentum allein zählt. Und in dieser Beziehung kann man sicher voraussagen, daß die bekannteste Liebesgeschichte meines Landsmannes auf dem gegenüberliegenden Seeufer eines Tages den Rang eines sowjetischen Klassikerwerks erlangen wird; das russische Nymphchen selbst wird einen heiligen Schrein in der nationalen Volksmythologie bekommen. Aber es ist nett zu wissen, daß sie einen daheim zurückhaben wollen, wie meine Nichte mir versicherte, und nett zu erfahren, welch neues Vertrauen die UdSSR jetzt in meine Musik setzt, nach dem folgenden Bericht der *Sunday Times* zu urteilen:

Die meisten wissenschaftlichen und NATO-Geheimnisse des Westens wurden nach Moskau weitergeleitet durch Frau Lindner ... und Frau Schulz, die persönliche Assistentin zweier Bonner Minister für Bildung und Wissenschaft. Das dritte Mitglied des Spionagerings, Dr. Wiedermann, und die beiden Frauen aßen oft zusammen in Bonner Lokalen, und angeblich wurde vor etwas mehr als einer Woche zum letztenmal Geheiminformation weitergereicht während einer Vorstellung von Strawinskys Ballett *Der Feuervogel.*

N.Y.R.: Warum sind Sie dann nach New York zurückgekehrt?

I.S.: Um es noch einmal verlassen zu können. Und um Kontakt mit dem gegenwärtigen Geschehen zu halten, d. h. zu wissen, wer jetzt im Aufstieg, wer im Abstieg begriffen ist, wer vielleicht zu früh auf der Höhe war, wie auch die letzten PR-Jobs zu erfahren. Und weil ich mich jetzt an die giftige Luft, den Lärmpegel von hundert Dezibel, den herzgefährdenden Angstpegel gewöhnt habe und in gewissem Ausmaß von ihnen abhängig bin. In Evian war die Ventilation übertrieben rein, die Stille fast zu vollkommen und das Nachlassen der Spannung zu total; solch extreme Veränderungen sind bestimmt nicht sehr gesund. (Mein nächster Rückzug wird wohl in Etappen vor sich gehen und eine Woche oder so Aufenthalt in, sagen wir, Chicago einschließen müssen.)

Wird angesichts des bevorstehenden Zusammenbruchs der Technologie (Versagen der Stromversorgung, Versagen der Kommunikation), des übermäßigen Wachstums (sogar die »Warteschleifen« über den Flugplätzen sind jetzt ständig belegt) und des Wiederauflebens der Kasuistik (an Stelle irgendeines Handelns) – wird da die morgige petrochemische Smogwolke »gefährlich« oder nur bedrohlich sein, »annehmbar« oder »unannehmbar«? (Und was ist dann?): Der New Yorker ist in der Lage des an die Eisenbahnschienen gefesselten Mannes im Stummfilm. Er kann nichts anderes tun, als das Ergebnis des Wettrennens zwischen einem wahrscheinlich zu spät kommenden Retter und einer nicht anzuhaltenden Lokomotive abwarten. Im neueren Film würde man das einen »Kollisionskurs« nennen.

N.Y.R.: Und die kulturellen Attraktionen New Yorks? Das Theater, die Oper?
I.S.: Wirklich? Wollen Sie mich zum Narren halten?

II EAU DE VIE

N.Y.R.: Sie haben einige Ihrer Ansichten über die Sonaten und Quartette Beethovens mitgeteilt, aber nicht über die Sinfonien.
I.S.: Weil wir keine Distanz zu Musik von *dieser* Popularität besitzen. Und, während negative Kritik mich nicht interessiert, ist affirmative zu schwierig: im Sinne des Arguments von Professor Popper, wonach die Hypothesen der Wissenschaft zwar als falsch, nicht aber als richtig bewiesen werden können. Und schließlich, weil die Sinfonien öffentliche Erklärungen sind, die Sonaten und Quartette aber, insbesondere die letzten, private oder doch zumindest intimere, und diese ziehen mich stärker an.
Mit Ausnahme allerdings des Adagios der Neunten. Das sage ich, weil es mich in letzter Zeit so tief bewegt, ein Bekenntnis, das mich anscheinend als der Gefühlstäuschung verfallen brandmarkt. Aber in Wirklichkeit habe ich immer versucht, zwischen dem musikalischen Gegenstand und der Emotion, die dieser hervorruft, zu unterscheiden: zum Teil aus dem Grund, daß der Gegenstand aktiv, die Emotion reaktiv und daher eine Übersetzung ist. Nicht, daß ich etwa je an solche Trennungen geglaubt hätte oder daß ich heute an diese modischen Leukotomien von »Sensibilität« und »Intellekt« glaubte, an den sogenannten »neuen« und den »alten« Verstand. Ich wollte nur feststellen, daß Ihre Gefühle und meine Gefühle weit weniger interessant sind als Beethovens Kunst. Und daß Beethoven in erster Linie nicht seine »Emotion«, sondern seine musikalischen Ideen vermitteln wollte. Diese »übersetzen« nicht notwendigerweise irgendwelche Emotionen, die er vielleicht damals verspürte, obwohl sie vielleicht dadurch *ver*setzt wurden. Mit an-

deren Worten: Ich stand (und stehe) in genauem Gegensatz zu Diderot, der verlangte, daß ein Gemälde ihn »bewegen«, sein »Herz brechen«, ihn »zittern« und »weinen« lassen müsse, aber anschließend nur »seine Augen ergötzen« solle. Kurz: mache dir nichts aus der *Kunst*.

N.Y.R.: Woraus besteht eine Idee? Was bemerken Sie zuerst von ihr?

I.S.: Intervalle, Intervallkombinationen. Rhythmus neigt dazu, da er Gestaltung (und Struktur) ist, wenn nicht später in Erscheinung zu treten, dann zumindest der Veränderung unterworfen zu sein, was bei Intervall-Einfällen selten vorkommt. In meinem Fall ereignen sich beide im allgemeinen gleichzeitig. Eine unerläßliche Eigenschaft der Phantasie eines Komponisten, könnte ich hinzufügen, ist die Fähigkeit, das Potential seines Einfalls zu erkennen, beispielsweise sofort zu sehen, ob dieser überkompliziert ist und der Entwirrung bedarf oder zu locker und daher der Konzentrierung bedürftig. Die Macht der Gewohnheit spielt hier wahrscheinlich eine größere Rolle, als dem Komponisten selbst bewußt ist.

Ich habe die Skizzen des ersten Satzes von Beethovens fünfter Sinfonie nie gesehen, aber ich kann nicht glauben, daß Intervall und Rhythmus getrennt konzipiert wurden; gewiß können sie in der vollendeten Komposition nicht anders als vollkommen kongruent betrachtet werden. (Oder, wie die Theologen der »zwei Naturen« behaupten, »ohne Trennung oder Verwirrung«.) Trotzdem ist der bemerkenswerteste Aspekt des Satzes der Rhythmus. Erstens beschränken sich die *un*regelmäßigen Dauern auf die *nicht*klingende Musik, die in ihrer Länge variierenden Pausen. Zweitens wird die *klingende* Musik von nur drei und dabei sogar noch multiplen rhythmischen Einheiten artikuliert: von Halben, Vierteln und Achteln (keine Jamben, keine Triolen!). Und drittens – die Abgrenzung, die am meisten überrascht – kommt im ganzen Satz keine Synkope vor.

Beethoven hält sich übrigens an diese Bedingungen so genau, daß man ihn fast im Verdacht hat, er habe sie sich bloß als

Spielregel auferlegt. Seine Erfindungskraft ist aber weit davon entfernt, sich dadurch einschränken zu lassen, im Gegenteil, sie ist so verschwenderisch wie immer und sogar noch radikaler. In dem Dialog zwischen Bläsern und Streichern ab Takt 196 zum Beispiel folgen zweiunddreißig Halbe aufeinander ohne *rhythmische* Abwechslung, wenn auch andere gegeben sind: die melodisch-harmonische Bewegung, die Instrumentierung mit ihrer Gewichtsverschiebung, die wechselnde Länge der Phrasen. Und die Passage ist nicht nur nicht rhythmisch monoton: sie hat genausoviel Spannung wie irgendeine in *Le Sacre du printemps.*

Der zweite Satz fällt im Vergleich so pochend im falschen Sinn auf die schweren Zählzeiten – so unausweichlich, daß rhythmische Spannung kaum existiert. Außerdem widersteht Beethoven nicht immer der Versuchung, übermäßig auszudehnen (vgl. die Musik für Holzbläser, Takt 129–143). Nach dem ersten Satz ist die Sinfonie etwas schwer zu ertragen.

N.Y.R.: Welche Sinfonien *können* Sie ganz ertragen?

I.S.: Die Zweite, Vierte, Achte. Die Sechste dagegen überhaupt nicht; die Musik ist selbstverständlich immer »schön«, aber auch nicht mehr als das. Ohne Zweifel passen die tonale und metrische Regelmäßigkeit zur Einfachheit der »Szene«, aber was geht uns die »Szene« an? Dem »Bach«, obwohl von donauartiger Länge, mangelt es an Ereignissen, Stromschnellen, Strudeln, Wasserfällen, und für mich sind wenige Episoden im Werk des großen Komponisten weniger willkommen als die Rückkehr des Seitenthemas bei Takt 113. Und doch finden sich thematische Strukturen der *Pastorale* sowohl in früheren wie auch in späteren Sinfonien: im Adagio der Vierten (Takt 34) beispielsweise; im Andante der Fünften (das Thema selbst, aber am auffallendsten in der Zweiunddreißigstel-Variation); und – die größte Überraschung – auf dem letzten Höhepunkt des Adagios in der Neunten (Takt 147).

Der erste Satz der Zweiten Sinfonie ist, was Brillanz betrifft, der unbarmherzigste in allen neun, und außerdem legt er viele

Merkmale von Beethovens sinfonischem Stil fest: die hammerschlagartigen Auftakte, die plötzlichen Pausen, die plötzlichen harmonischen Wendungen, die plötzlichen Ausdehnungen und Verkürzungen, plötzlichen Umkehrungen – oder Hinhaltungen – von erwarteter Klangfülle. Auch die anderen Sätze dienen als Muster für spätere Sinfonien: das Larghetto für das Andante der Fünften (vgl. insbesondere ab Takt 230), das Scherzo und Finale für die entsprechenden Teile der Vierten. Aber abgesehen von Haydn in der Ersten lassen die Sinfonien die Geister der Vorgänger fast immer in Ruhe; eine der seltenen Ausnahmen ist die Episode bei »A« in diesem Finale: es hätte auch in einer Opern-Ouvertüre von Mozart vorkommen können.

N.Y.R.: Und die *Eroica*?

I.S.: Der erste Satz wird von den Halbgöttern unter den Dirigenten immer so verstümmelt, daß ich selten das Ganze schaffe. Und dasselbe kann man auch vom Trauermarsch sagen, den der Dirigent vielleicht zu preisen gekommen war, doch gewöhnlich nur begraben kann. Daß das Finale uns schließlich so im Stich läßt – dies liegt *nicht* am Dirigenten – ist um so schlimmer, weil es auf das wunderbarste Scherzo folgt, das Beethoven je geschrieben hat.

Die Vierte (zusammen mit der Achten) ist die am gleichmäßigsten durchgeführte von allen Sinfonien. Und doch wird in der Regel das erste Tempo so langsam angesetzt, daß ein Accelerando benötigt wird, um die Akkorde am Schluß der Einleitung unterzubringen. Selbstverständlich muß ein Takt der Einleitung annähernd zwei Takten des Allegros gleichen (genau wie die Sechzehntel am Schluß der Einleitung der Ersten Sinfonie den Sechzehnteln im Allegro gleichen sollen, d. h. wie Vierundsechzigstel gespielt werden sollen). Daß Weber so wenig Verständnis für diese Sinfonie aufbringen konnte, ist übrigens um so seltsamer, als das Cantabile der Klarinette im zweiten Satz seiner Musik so nahesteht.

N.Y.R.: Und die Neunte als Ganzes?

I.S.: Das Allegro enthält viele Neuerungen (etwa den Wagnerischen Baß bei Takt 513), aber das Hauptthema schließt mit einem dumpfen Schlag, und das Motiv mit punktierten Werten ist halsstarrig (vgl. die acht Fortissimo-Takte unmittelbar vor dem Dacapo). Das Scherzo, obwohl es der beste Teil des Huntley-Brinkley-Programms ist*, hat denselben Fehler wie das Scherzo der Siebten: es ist zu lang. Überdies wird es *immer* falsch gespielt. Die Zweier- und Dreiertakte sollen ungefähr gleich lang sein. Wäre dies nicht schon durch das einleitende Stringendo selbstverständlich, müßte es um so mehr durch das Presto sein, das ein zuverlässigerer Anzeiger als die Metronomangabe und, im Gegensatz zu dieser, kaum als ein Druckfehler zu werten ist. Kurz, das Verhältnis ist grob gesehen das gleiche wie dasjenige, das zwischen den Dupel- und den Tripelmetren im Scherzo der *Eroica* herrscht.

Was aber das große, unberührbare Finale betrifft, wagt man immer noch kaum, die Wahrheit auszusprechen, und das, obwohl der Komponist selber sie erkannt zu haben scheint (laut Sonnleithner und anderen). Ein Teil der Wahrheit ist, daß die Musik streckenweise äußerst banal ist: zum Beispiel das letzte Prestissimo und, um eine andere Passage zu nennen, die erste Version des Themas für volles Orchester, die deutsche Militärkapellenmusik von der *Kaisermarsch***-Klasse ist. Die Banalität wiegt auch schwer, vielleicht unverhältnismäßig schwer. Ein anderer Teil der Wahrheit ist, daß die Stimmen und das Orchester sich nicht mischen. Diese Unausgewogenheiten sind symptomatisch. Ich habe keine Konzertaufführung seit 1958 gehört, als ich ein eigenes Werk in einem Programm dirigierte, in dem die Neunte vorkam; aber ich habe *nie* eine ausgewogene Aufführung gehört. Die »falschen« Töne ragen in dem »apokalyptischen« ersten Akkord falsch heraus, trotz der Bemühungen der Tonmeister, und ihr ganzes periphones Schwindeln kann die Streicherfiguration bei *»Seid umschlungen, Millionen!«* nicht retten,

* Nachrichtensendung des amerikanischen Fernsehens mit zwei sich ablösenden Moderatoren. [Anmerkung der Übersetzer.]

** Deutsch im Original.

wobei der Fehler nicht elektronischer, sondern musikalischer Natur ist. Und doch liegt der größte Fehler in der »Botschaft« und daher, wenn Sie den Ausdruck gestatten, im »Medium«. Die Botschaft der Stimmen ist beschränkt und verringert die Botschaft der wortlosen Musik stark. Und der erste Einsatz der Stimme ist eine schockierende Zudringlichkeit. Der Sänger könnte kaum mehr fehl am Platz sein, wenn er Bajazzo hieße.

N.Y.R.: Und das Adagio?

I.S.: Mir fehlen die Mittel, wie ich schon sagte, um für »Richtigkeit« zu plädieren. Ich kann es nicht einmal so genau ausdrücken wie der Neffe des tauben Komponisten. »Wie gut hast Du das Andante hineingebracht, Onkel«, bemerkte er in einem Konversationsheft in einem weit umfassenderen Sinne, als er selber wußte. Denn die Gestalt des Adagio und seiner kontrastierenden Teile und das Schwebende des Dreiertaktes mit seinen Vorhalten über den Taktstrich hinweg sollten zum Besitz – manchmal auch zum Bühnenrequisitenbesitz – des »alten«, d. h. eines neuen Wien werden. Der sogenannte Wiener Stil, ein gewisser Teil einer gemeinsamen Sprache von so verschiedenen Komponisten wie Brahms, Strauss, Wolf und Mahler, wurde in diesem Satz nicht bloß prophezeit, sondern erfunden. Das gilt insbesondere für Mahler; die Beschwörung seines Stils in dem Bläserserenaden-Mittelstück ist wahrhaft unheimlich. Nur war Beethoven schon immer der aufmerksamste Bote aus der Zukunft, jedenfalls aus der einzigen Zukunft, die *mich* interessiert. Doch genug, man soll einfach zuhören. Der ganze Satz ist eine in Erhabenheit durchgehaltene Melodie des Komponisten, der mehr als jeder andere »den Menschen läutert und bis zu den Höhen erhebt, die er zu ertragen vermag«.

New York, 22. 10. 1970

Prügelstunde

I

Wenn ich über Gebühr an meine Lungen denken muß, gehe ich zur See ... wegen der frischen Luft ... Von der guten Stadt auf Mannahatin nahm ich Abschied ... MELVILLE, Moby Dick

Die Insel ist voll Lärm. SHAKESPEARE, Der Sturm

NEW YORK REVIEW OF BOOKS: In der *Times* stand, Sie hätten sich New York zum Wohnsitz gewählt, Herr Strawinsky.
I.S.: Gewählt? Nun ja, ich verstehe, was Sie meinen: statt der Galapagos-Inseln. In Wirklichkeit halte ich mich hier wegen der ärztlichen Betreuung auf, andrerseits würde ich, wenn ich nicht hier wäre, sie vielleicht gar nicht so oft nötig haben. Und doch, man paßt sich an, vielleicht sogar den Giften der Umwelt: das Argument des Mithridatismus, das die langweiligen Fachidioten der Ekologie möglicherweise übersehen haben.
N.Y.R.: In der *Times* stand auch, Sie würden Ihre Manuskripte und andere Dokumente verkaufen.
I.S.: Hoffentlich gelingt's. Mangels Konzerten und Schallplattenaufnahmen ist mein Einkommen stark zusammengeschrumpft. Und, während der populäre Teil meines Werkkatalogs in den Vereinigten Staaten (die sich der Berner Konvention nicht angeschlossen haben) tantiemenfrei ist, könnte der unpopuläre Teil, gemessen an der gegenwärtigen Zuwachsrate, meine Apothekenrechnungen etwa von meinem 102. Geburtstag an finanzieren. Gleichwohl hat man offensichtlich bei der Abfassung der neuen Steuergesetze angenommen, daß Komponisten wahrscheinlich ergiebigere Steuerquellen sein müßten als all die noch nicht angezapften Ölkönige. Die Erlässe verbieten nicht nur, daß man Manuskriptschenkungen an Bibliotheken und Universitäten als Steuerabzug bucht, sie verlangen, daß der Schenkende selber eine Steuer entrichtet. Und so werden einem die

Aktiva in Passiva verwandelt. In meinem Fall gibt es nur einen Ausweg: verkaufen, wenn's irgend geht, obwohl nach Abzug der Maklergebühren und dem Zubiß des natürlich immer gefräßigen Finanzamts mir nur ein Teil der Summe verbleiben wird, von der die Tageszeitungen reden. Aber vielleicht ist doch nicht alles verloren. Man hat mir genausoviel angeboten, wie ich mein ganzes Leben lang als Komponist verdient habe, wenn ich in einer Fernsehplaudersendung auftrete – oder war es »Was bin ich?«.

N.Y.R.: Aber die *Times* schrieb, Sie hätten eine Wohnung gekauft.

I.S.: Aus Sparsamkeitsgründen, so lautet das Argument. Außerdem brauche ich mehr Platz für Bücher: so wie jene Mitglieder von Buchgemeinschaften, die entdecken, daß man doch nicht austreten und der Erstickung durch Papier nur entrinnen kann, indem man umzieht. Mein Vater hatte übrigens die größte Privatbibliothek in Petersburg; so habe ich's aus der neuesten Nummer von *Sowjetskaja Muzyka* erfahren, worin auch eines meiner frühesten Gemälde und einige Zeichnungen reproduziert sind: Ansichten von Königstein, Höchst (wegen seiner Fayencen berühmt) und anderen vielbesuchten Orten der neunziger Jahre. Aber ein neues sowjetisches Buch, *Die Entwicklung Igor Strawinskys*, geschrieben von einem gewissen *Smirnow* (sic!), verspricht, mich auf vieles andere in meinem früheren Leben aufmerksam zu machen.

N.Y.R.: Warum sind Sie vom Stadtteil Central Park South weggezogen?

I.S.: Ich mußte mir den Anblick anderer Statuen verschaffen. (Die neue Wohnung ist nicht weit vom Mall, dieser al fresco-Ruhmeshalle, entfernt.) Betrachten Sie die 59. Straße, angefangen an der Ecke der 5. Avenue. Doch zunächst, wer *ist* jener berittene Krieger, der von einem palmwedeltragenden, weiblichen Engel geführt wird? Das Pharisäische der Kombination ist zwar hochaktuell, aber Stil und Beförderungsmittel passen eher zum ersten Bürgerkrieg. Geht etwa Whitman zu Fuß, und ist folglich Gertrude Stein jener Mann auf dem Pferd? Ich vermute, daß nur denen die Lösung bekannt ist, die tatsächlich die Buchstaben am Sockel konsultiert haben: der Friedensspender ist General (»verbrannte Erde«) Sherman.

Schaut aber irgend jemand diese Statuen je an? Befriedigen sie irgendwelche Bedürfnisse? – außer denen von Hunden, die deutlich bekunden, daß sie diesen Statuen vor den breiteren Sockelmauern der umliegenden Straßen den Vorzug geben, damit aber vielleicht eine Quelle von *toxacana canis* bilden, zugleich jedoch dem menschlichen Maßstab huldigen.

Der Brunnen auf der anderen Straßenseite ist ein noch größeres Rätsel, zum Teil wegen des völligen Ausbleibens von Wasserzufuhr (weder Tropfen noch Glucksen seit Menschengedenken – seit dem meinem auf alle Fälle). Doch wer *ist* nun die Nymphe inmitten jenes imaginären Wasserspiels? Die Sittsamkeit? (Ein kritisches Kleidungsstück wurde nicht ganz abgestreift.) Diana? (Dieser Ort wird von Hunden im Überfluß bevorzugt.) Die Ornamentik bleibt nicht weniger rätselhaft, zumal sie gleichzeitig etwas vages Astrologisches – einen geflügelten Widder – und offensichtlich Pelagisches hat: Mollusken, Schildkröten und, wie gesagt, jene unbekannte Badeschönheit. Und jetzt wird dieser Häuserblock, wie auch alle anderen in der Nachbarschaft, abgerissen. »Die Wiederherstellung von Pulitzer-Plaza« verkündigt ein Schild, das Geheimnis somit vertiefend. Wieso Wiederherstellung?

Das Südufer des Park-Festlandes andrerseits ist unzweifelhaft den guten Nachbarn gewidmet, Kuba vor allem. Dazu muß man aber sagen, daß das Denkmal der *Maine*, auf der Seite des Columbus Circle, die besten Chancen hat, zur »*unter*wältigendsten Ansicht der Stadt« erkoren zu werden. Das gesunkene Schiff, angedeutet durch einen mit Dreizack versehenen Gondelbug, ist von Trauernden umgeben; ich glaube jedenfalls, daß sie trauern, obwohl sie vielleicht aus schlechtem künstlerischem Gewissen die Köpfe hängen lassen. Oder sie beugen sich einfach unter der Last des Taubendrecks, des Rußes und der Beschmutzung durch andere, polychromere Gifte. Kein Wunder, daß das Standbild des großen, obwohl fehlorientierten Seemanns, der für dies alles verantwortlich ist und der nun in dem nach ihm benannten Verkehrswirbel gestrandet ist, in die entgegengesetzte Richtung blickt.

N.Y.R.: Und die Bolívar-Plaza?

I.S.: Sie auch nur eine Einbuchtung zu nennen, wäre schon Übertreibung. Tatsächlich war man bei der Zuteilung von Grund und Boden so geizig, daß die drei Contra-Conquistadoren zu Pferd praktisch unsichtbar für jeden bleiben, der sich auf derselben Straßenseite befindet. Ein anderer Grund ist jedoch, daß die Plinthen maßlos hoch sind – dies zum Teil aus denselben Gründen, aus denen auch die Bäume im Park mit weniger tiefgehenden Wurzeln jetzt an den Boden gekettet sind. Und doch sind die Plinthen wahrscheinlich die wertvollsten Teile dieser Statuen. Denn im Guerrillakrieg der nahen Zukunft, wenn das Standbild des José Martí in direkter Schußlinie von den Schützengräben im Park liegt, können seine Nachfolger vom Planeten Mars (oder wer auch sonst) zumindest Schutz hinter jenem Marmorsockel finden.

Doch wie albern nehmen sich jene lateinamerikanischen Kavalleristen aus, insbesondere gegenüber den Autofahrern, die sich an ihnen vorbei und in den Park debouchieren. Nicht, daß es auf das Sujet der Porträtskulptur ankäme, natürlich (obwohl man erwarten sollte, daß es deren schlimmste Beispiele irgendwie entschuldigen könnte); auch sicherlich nicht darauf, daß etwas hiervon wahrhafte Bildhauerkunst sei. Das wäre zuviel verlangt, zumal wir – im Gegensatz zu Bartolomeo Colleoni – nicht in einem Pferdezeitalter leben oder in einem Zeitalter der Porträtkunst oder gar – was der Fall sein könnte – in einem Zeitalter der Kunst überhaupt. Rechtfertigung, falls jemand sie braucht, sucht man gewiß besser auf einem Gebiet, das uns näher liegt. Die Ausrottung von Arten, zum Beispiel. In *diesem* Zusammenhang könnten die Statuen also eines Tages ein gewisses zoologisches Interesse erlangen; oder sogar ein mythologisches, denn Pferde könnten sehr wahrscheinlich in diesen Breiten so rar wie Einhörner werden.

A propos Statuen: neulich sah ich einen Roboter, den ersten wirklichen – d. h. nichtmenschlichen (ich habe schon Kandidaten für politische Ämter gesehen, die durch Meinungsumfragen programmiert waren) –, den ich jemals erlebt habe. Das elektronische Mannequin winkte auf der George-Washington-Brücke die Autos von einer Bahn zur anderen. Es war auch mit leuchtender Mütze und Jacke ausgerüstet, einerseits weil der Erfolg des Einsatzes von der täuschenden Ähnlichkeit der Verkleidung abhing (da kein Pfeilsystem oder andere Zeichen dieselbe Autorität besitzen), andrerseits wegen der Dichte des »Baldachins der Luft«, denn Hamlets Worte klingen heute bedrohlich prophetisch. Auch war dieser Ersatzmensch nicht sofort als solcher zu erkennen. Was ihn verriet, war seine grausame Unermüdlichkeit, und zweifellos wird man zukünftigen Modellen, die von mehr »Kyborg«* und »exosomatischer Evolution« profitieren werden, einen »Verzögerungsgrad« einbauen. Und dennoch hat seine Gesichtslosigkeit, aus der Nähe gesehen, mich schockiert. Das hätte doch nicht passieren dürfen. Schließlich haben wir uns sehr schnell an »gehen« und »nicht gehen« gewöhnt.

N.Y.R.: Nun kehren wir aber zu den Pferden zurück. Es gibt immer noch ein paar, wissen Sie: vor den Hochzeitskutschen, bei der Polizei, vielleicht auch in einer Reitschule.

I.S.: Jawohl, aber ich sehe sie selber nur an Wochenenden, wenn der Park für Automobile gesperrt ist und dem Studioaufbau für eine Filmszene Anno 1900 ähnelt, d. h., insofern es sich um Radfahren, Waldlaufen, Skifahren, Schlittschuhlaufen und Kutschenfahren handelt. Mit der Kleidung verhält es sich anders. Tatsächlich ist das einzige Kleidungszeichen der Zeit, das Universalität – aber hoffentlich ohne tiefere Bedeutung – beanspruchen kann, der Stiefel. Ich habe auch quäkerhafte Männerhüte gesehen, aus derselben Periode wie die schwarzen Frauenmüt-

* Kybernetik-Organisation. [Anmerkung der Übersetzer.]

zen bei Kutschenpartien; zigeunerhafte Rüschenröcke, Pelerinen und vielleicht sogar Krinolinen; und all dies gleichzeitig mit dem letzten Schrei aus Bloomingdales St.-Tropez-Abteilung, wie auch mit den Exempeln derer, die bei jeder Fluktuation der Rocklängen-Börse zum jeweiligen Tageskurs in Länge an und unter dem Knie erfolgen. Weil wir es jedoch mit New York zu tun haben, neigen die Fahrräder zum Verklemmen, die Waldläufer treten sich auf die Füße, die Kutschen formieren sich zu Trauerzügen, den Skifahrern mangelt es am Platz zur Schußfahrt und die Schlittschuhläufer – mit mehr Zischlauten als bei Wordsworth: . . . alle mit Stahl beschuht,
zischten wir über das glitzernde Eis
in Spielen . . .
– bilden Trauben, Läufer an Läufer.

N.Y.R.: Und doch bedeutet sogar die zeitweise Sperrung des Parks für Autos einen Sieg im Kampf darum, irgend etwas vor totaler Mechanisierung zu retten.

I.S.: Wird es den Bau von Hochhausklötzen an der 5. Avenue hindern, zumal die Geschäftsaufgabe von Best & Co. die Frage des Besitzes am höheren Luftraum aufgeworfen hat? Und wird es eine Kompensation für die neue Geschoßsilo- und Karteischrankarchitektur an der Avenue of the Americas bringen, die, wie mir scheint, eher einen Sieg des Gedankentankgedankens bedeutet? Tatsache ist, daß die in- und antihumanen Gebäude den Bedürfnissen von wirklichen Menschen – im Gegensatz zu Reißbrettmenschen – trotzen, die abends sogar aus ihrer Nähe verbannt werden, als ob es eine Sperrstunde gäbe. Es fällt einem schwer, nicht mit den Weathermen, unseren Studenten links von Mao, zu sympathisieren.

Was die Mechanisierung angeht, so sind in meiner Nachbarschaft sogar die Sgraffiti mobil geworden. Waren sie vorher auf die Bretterwände an Baustellen sowie auf Kloakensprache und -materie beschränkt, so fahren sie nunmehr auf den Stoßstangen der Autos mit und sprechen aus, was sie nur wollen. Die Texte erinnern übrigens manchmal an die Lästerungen der Anschlagzettel des 18. Jahrhunderts und an das Underground-Pamphlet (nur müßte man bei einem der populärsten Beispiele dieser Aufkleber-Literatur, die ich gesehen habe: »Kauf dir einen Ted-Kennedy-Taucheranzug«, um genauer zu sein, von »Underwater« sprechen).

N.Y.R.: Von Statuen abgesehen: Wie unterscheidet sich Ihre neue Nachbarschaft am stärksten von der alten?

I.S.: Die soziale Schichtung von Avenue zu Avenue ist viel auffallender, als dies direkt südlich des Parks war, zumindest in der 59. Straße. Aber die radikale Trennung nicht nur stadtteilweise, sondern von Straße zu Straße, war für mich immer eines der Phänomene dieser symmetrisch und netzartig angelegten Stadt. Denn, trotz der unaufhörlichen Bewegung und des Tumults (keine Siestas und kaum je so etwas wie die Nacht), bleiben die Fußgängerbevölkerungen eines jeden Häuserblocks in Ost oder West nach Art völlig verschieden. Was vielleicht nichts anderes bedeutet, als daß sich die Menschen vom Computer erfassen lassen, je nachdem, was für und wie teuere Ware sie konsumieren und ob diese Ware aus den schicken Pubs und Antiquitätenläden der 3. Avenue oder von den Zuhältern und Drogenverkäufern, den Überfallrowdies und Räubertypen der 8. Avenue stammt. Natürlich sind die Trennungslinien nicht gar so starr, wie ich sie darstelle, aber die Ausnahmen sind nicht häufig genug, um den Charakter des Ganzen zu verwischen.

N.Y.R.: Was halten Sie von den neuen atavistischen Lebensstilen?

I.S.: Ich kann mir überhaupt nicht vorstellen, was damit gewollt ist. Neulich sah ich aber einen dieser Toga-und-Sandalen-Seligmacher-Typen, und mich hat die Veränderung – gegenüber einer Generation früher – verblüfft. Damals hätte er einen Pilgerstab oder ein Plakat (»Das Ende naht«) bei sich gehabt und Traktate für oder gegen Wasser mit Chlor verteilt. Aber sein Nachfolger, den ich an einer Straßenecke vor einigen Tagen erblickte, war grimmig und bar einer Botschaft; er stand einfach da, genauso steif und fern wie ein hölzerner Indianer vor einem Zigarrenladen. Noch dazu fuchtelte er nicht mit einem Pilgerstab, sondern mit einem sehr professionell aussehenden Speer.

II

N.Y.R.: Haben Sie irgendwelche Konzerte in diesem Winter gehört?

I.S.: Nur im eigenen Wohnzimmer und nur mit Musik, die Flucht bedeutet. Nicht, daß ich etwa meine Hand oder mein Ohr nicht mehr in lebende Musik hineinhalten möchte oder daß ich diese nicht mehr brauchte. Aber zum einen, wissen Sie, neigen die meisten neuen Produkte zu »visueller Orientierung« und gehören somit in die Rubrik der Zuschauersportarten. Und nicht nur die neuen. Das Dirigieren ist in dem Maß zuschauerorientiert geworden, wie die Zuhörer immer weniger hörgemäß reagieren.

Der arme *chef* muß heutzutage sogar bei einem Haydn-Stück wie ein armenischer Teppichhändler gestikulieren und für jedes Tutti so springen, als ob er Moissejew vortanzen würde. Nebenbei bemerkt: Bernstein war früher ein eindrucksvoller Springer, der einen genau wie Wodka etwas atemlos zurückließ. Ich habe ihn nie bei *Les Noces* springen sehen und bedauere sehr, daß ich seine Aufführung letzten Herbst verpaßte. Außerdem wollte ich ihm mein Mitgefühl aussprechen wegen der Beulen, die er sich während der Sache mit den *beaux ténébreux* zugezogen hat – in Form eines Gegenbesuches, denn Herr Bernstein war zu mir so aufmerksam und zuvorkommend während meiner Krankheiten vorigen Jahres und der Jahre davor wie nur irgendeiner meiner Musikerfreunde.

N.Y.R.: Und Ihre Wohnzimmerkonzerte?

I.S.: Ich habe mir die neue *Pelleas*-Aufnahme angehört. Die Aufzeichnung ist jedoch enttäuschend und wird ohne Zweifel die Nachfrage nach der alten Ansermet-Kassette erhöhen. Eine Besetzung, in der keiner dabei ist, der Französisch spricht, bringt ein zu großes Handicap mit sich, zumal *Pelleas* die einzige Oper ist, in der die Diktion ein entscheidendes Element darstellt. Die Diktion, hier zumindest, beeinflußt nicht nur die Farbe, sondern sogar die Tonhöhe und den Rhythmus. Obwohl nun die Aufführung auf verschiedene Art und Weise in stilistischer Hinsicht fragwürdig ist – sie überakzentuiert und überartikuliert (die punktierten Werte in dem Intermezzo zwischen den ersten zwei Szenen des zweiten Akts sind zu kurz und zu sportlich unruhig), sie setzt forte für pianissimo ein (vgl. die Bläser bei Ziffer 35 im zweiten Akt); usw. – , bilden doch die Sänger das Hauptproblem. Nur der Balg Yniold ist frei von einem die Tonhöhe trübenden Vibrato, doch sein Vortrag – das winselnde *»petit père«* und das weinerliche *»oh, oh«* – ist auf andere Art und Weise unerträglich.

Davon abgesehen, lenken die Akzente und die falsch ausgesprochenen Vokabeln – Melisandes *»un«* und *»une«* sind ununterbrochen maskulin; Golauds *»vous«* reimt sich vollkommen mit der Vokabel, die in Kinderbüchern den Laut der Kühe wiedergibt; usw., usw. – allzuviel Aufmerksamkeit auf die Worte. Und was für Worte! Wie konnte Debussy, der Freund Mallarmés, Maeterlinck schlucken, geschweige denn einige seiner irritierendsten Manierismen unterstreichen? Jene Füllworte und kurzen Phrasen, zum Beispiel – *»oui, oui«*, *»loin, loin«*, *»tous, tous«*, *»où est-il, où est-il«*, *»la verité, la verité«*, *»ne me touchez pas, ne me touchez pas«* –, die jeder so wiederholt, als ob es ein nervöser Tick wäre, der der Region und der Zeit allgemein anhaftete. Debussy verschlimmert den Tick, indem er die Worte durch gleichmäßige Pausen trennt. So muß das *»Oh«* (Pause, Pause), *»Oh«* ein Dutzend Male geschehen, ehe Melisande ihren Ring überhaupt fallen läßt, und damit zugleich ihr zweites *»Oh«*: ein Verlust, der den jetzt schließlich dressierten Zuhörer mehr stört als der Verlust von Melisandes Schmuck.

Von den zwei Ungenauigkeiten der Sänger, der rhythmischen und der intonationsmäßigen, ist die erstere die überraschendere. Nicht, daß Genauigkeit alles wäre; aber Flexibilität kommt nach, nicht vor der Treue den notierten rhythmischen Werten gegenüber, und jede von Debussys Unterscheidungen hat ihre Bedeutung. Sie werden jedoch von den Sängern nicht immer beachtet. Beispielsweise wird die Dauer eines Auftakts oder der ersten Note einer Phrase häufiger verdoppelt als umgekehrt. So schreibt, um irgendeine beliebige Stelle anzusprechen, der Komponist für Pelleas' *»mais il y a longtemps«* (Anfang der zweiten Szene des dritten Akts) fünf Sechzehntel vor, gesungen werden aber eine Achtel und vier Sechzehntel: eine Verbesserung, die keineswegs wünschenswert ist. Der Rhythmus der Sänger ist jedoch nicht nur für sich schlaff, d. h., soweit es ihre eigenen Partien betrifft, sondern ebenso im Zusammenspiel oder bei mangelndem Zusammenspiel mit dem Orchester. Dies ist keine große Sache in einer Solopassage, die ganz einfach durch Akkorde interpunktiert wird, doch wenn die Rhythmen schwieriger werden, wie bei Genofevas Musik (vgl. 1. Aufzug, 3. Szene, 4. Akt), ist das Resultat weit entfernt von jeglicher *clarté*.

Aber genug. Welche Schönheiten enthält doch die Partitur! Ich beschränke mein Urteil freilich auf die Musik, da ich nicht mehr in der Lage bin, das Werk als eine Oper zu »sehen«. (Unbemerkt, als die Oper neu war, aber sehr auffallend heute, ist die Leistungsfähigkeit des Postwesens im mittelalterlichen Allemonde – vgl. besonders die 2. Szene, da dieses Königreich einen Zauberwald umschließt, in dem jedermann verlorengeht.) Nach der *»Hair«*-Szene, wenn die stille Düsterkeit der früheren Aufzüge durch Golauds Melodramatik verscheucht wird, habe ich den Eindruck von einem Abfallen. Überdies scheinen mir gewisse Momente in den späteren Szenen nicht mehr ganz durchkalkuliert – einmal der musikalisch ziemlich oberflächlich angelegte Schluß des vierten Aktes –, aber vor allem läßt die Wirkung des Idioms, wie die einer Droge, mit der Zeit nach. Ist dieses Idiom für eine Oper von solcher Länge zu beschränkt? Denn, obwohl es den ganzen Weg von Wagner – doch ohne Wagners Reichweite – bis *Petruschka* (die Fagotte und Klarinetten in Sekundführung im Zwischenspiel vor der zweiten Szene des zweiten Akts) zurücklegt, verraten die letzten Szenen musikalische Klaustrophobie. Einfachheit und Zurückhaltung verwandeln sich in Beschränktheit und Zwang, schöne Monotonie wird allzu schlichte Monotonie. Tatsächlich ist die Oper vom fünften Akt an zu lang, obwohl die Sterbeszene (Kindbettfieber, *le cafard?*) eine seiner schönsten Stellen ist.

Virgil Thomson schrieb einmal, ich hätte »Claude Debussy in heillose Panik versetzt«. Tut mir leid. Neulich entdeckte ich einen mir bis dahin unbekannten Bericht eines Augenzeugen über eine andere Reaktion Debussys auf mich, oder besser auf ein Werk von mir. Kurz nachdem ich zum erstenmal *Pelleas* hörte – an der Seite des Komponisten: ich bin wohl einer der letzten unter den mehr oder weniger Lebenden, die das getan haben –, hörte sich Debussy meinen *Sacre* an. Der Dramatiker Lenormand beobachtete ihn, offensichtlich mit mehr Aufmerksamkeit, als er der Musik widmete. »Debussy zeigte ein gequältes, betrübtes Gesicht«, schreibt Lenormand:

> Es verriet einen Kummer, den man weder beherrschen noch verbergen kann: den eines Schöpfers, dem sich eine Welt auftut, die völlig anders als die eigene ist; die Traurigkeit eines Menschen, der zurückgelassen wird, das Leiden eines Künstlers angesichts neuer Formen, die seine Stellung in der Geschichte und seine Grenzen erkennen lassen.

Debussy, das muß man sich vergegenwärtigen, wußte nicht, daß *Le Sacre* schon in einem gewissen Sinne der Höhepunkt, *das* Stück war, in dem ich nach noch heute geltender, allgemeiner Ansicht »alles zusammengekriegt« haben soll. Davon abgesehen, hätte *Le Sacre* für Debussy gar nicht *so* neu sein sollen, da er gewiß seinen eigenen Anteil daran hätte hören müssen. Trotzdem war der Grundzug darin neu und für Debussy ohne Zweifel so etwas wie eine Warnung. Und doch glaube ich, daß Lenormand den Gesichtsausdruck des Komponisten richtig gedeutet hat; denn gerade solche Reaktionen erklären zum Teil, warum er in jedem Sinne der erste Musiker des Jahrhunderts ist.

New York, 11. 2. 1971

VORWORTE

*Ein paar Gesichtspunkte eines Zeitgenossen**

Ich habe keine übersichtliche Meinung über die Musik unseres Jahrhunderts anzubieten, auf jeden Fall keine, die ich weitergeben oder erklären möchte. Das Gesicht, das ich der Epoche aufdrücken würde, müßte überdies notwendigerweise und zu sehr meinem eigenen ähneln; das bedeutet, daß neben anderen Beschränkungen es auch und unvermeidlich meine tauben Stellen bloßlegen würde – etwa, daß ich überhaupt nichts von elektronischer Musik weiß, und von Unterhaltungsmusik nur, daß sie sämtlich sehr laut ist. Indem ich mich als Historiker jenseits aller Rehabilitierung disqualifiziere, muß ich schließlich gestehen, daß meine Erinnerungen an einige von den vielen verschiedenen Etappen der musikalischen Entwicklung seit 1900 sich verwirrt haben, nicht nur im allgemeinen, sondern sogar in bezug auf die eigene Karriere. Infolgedessen werde ich meine Bemerkungen auf das beschränken, was ich als die wichtigsten Gegensätze zwischen dem Anfang und dem Ende von sieben Musikjahrzehnten betrachte: eine willkürliche Einteilung, aber sie liefert eine bequeme Definition meines eigenen musikalischen Lebens.

Das erste und wichtigste ist das Verschwinden des Hauptstromes der Musik. (Ob er *tatsächlich* verschwunden ist: diese Behauptung bedarf einer analytischen Begründung, die ich hier nicht liefern kann, aber ich hatte ja auch nichts mehr als eine

* Vorwort zur *Storia Della Musica*, Band IX: *La Musica Contemporanea* (Fratelli Fabbri Editori, Mailand 1967).

persönliche Ansicht versprochen.) Das Problem, das dieser Mangel mit sich bringt, ist dasselbe wie das Problem des Menschen ohne Gott: die Unverantwortlichkeit. Auf dem Gebiet der Kunst läßt sich dies in das unbrauchbarste aller Ziele übersetzen, die totale Freiheit, als ob die Unbrauchbarkeit früherer Gesetze und Prämissen, der Techniken und Systeme, die in der Kunst der Vergangenheit verkörpert waren, die Notwendigkeit aufheben würde, neue zu suchen. »Umsturz verkündet uns das neue *Recht*«, singt der Chor in einem Stasimon aus den *Eumeniden*. (Die Kursivierung ist von mir, wohlgemerkt.)

Komponisten werden dennoch nach wie vor in und von Traditionen erzeugt, wie verkümmert, zersplittert oder selbstfabriziert diese auch sein mögen (durch die freiwillige Adoption der Ahnen und durch das Auswählen und Zusammenkleben verschiedenartiger Fetzen und Stücke der Vergangenheit). Alle Werke der Kunst, und der Antikunst, müssen Vorläufer haben, auch wenn diese nicht ohne weiteres erkennbar sind und man den Zusammenhang erst nach langen Zeitläufen herstellen und entdecken kann. Die »Beklemmt«-Episode aus der *Cavatina* von op. 130 beispielsweise erhielt ganze hundert Jahre später eine neue Dimension aufgrund der rhythmischen Wiederentdekkungen durch Webern und andere. Und dies soll mir eine Warnung sein: ohne Zweifel wird die Zukunft Verbindungen schaffen zwischen Erscheinungen, die für mich in der heutigen Musik am unvereinbarsten sind.

Eine Ursache der Verdunstung oder Zerfaserung des Hauptstroms der Musik ist die Verlegung westlicher Musik aus dem Westen. Die musikalischen Grenzen Europas sind während dieser ganzen siebzigjährigen Epoche ständig und immer schneller zerbröckelt, und heute läßt sich zuverlässig voraussagen, daß die versprochene Symbiose der neuen Musiker und der neuen Media im Wohlfahrtsstaat der Zukunft mit derselben Wahr-

scheinlichkeit im Orient wie in Deutschland oder Italien sich ereignen könnte (wenn sie sich überhaupt ereignet). Aber die Verstreuung des musikalischen Erbes Europas muß zum Teil dem wachsenden Bewußtsein und der zunehmenden Verschmelzung von Ost und West zugeschrieben werden. In Europa angebahnt und von Debussy gefördert, wird diese Fusion heute von Messiaen veranschaulicht, der während des letzten Jahrzehnts unserer Epoche eine dominierende Rolle gespielt hat. (Im Osten scheint sie solche Gebrauchsartikel wie Bartók *à la japonaise* zur Folge gehabt zu haben, jedoch steht diese Region außerhalb meiner Zuständigkeit.)
Zugleich gedieh der Nationalismus in der Musik so üppig wie seit eh und je, obwohl die Musik kraft ihrer Natur das Nationale überschreiten soll und viele der neuen Techniken und Media von Natur aus ethnisch neutral sind. In der Tat haben die neuen Kommunikationsmittel nichts zur Überwindung des Nationalismus erreicht, außer daß sie anstelle einer Stubenhockerkultur eine Kultur der Flughäfen und Motels gesetzt haben.

Es ist diese transzendente (oder abstrakte, oder verschlossene) Natur der Musik, welcher der neue, sogenannte Konkretismus – Pop Art, achtzehn Stunden lange, Hier-habt-Ihr-ein-Stück-der-Wirklichkeit-Filme, *musique concrète* – entgegensteht. Aber statt Kunst und Wirklichkeit einander näherzubringen, macht die neue Bewegung den Unterschied bloß undeutlicher, jedenfalls meiner Ansicht nach. Unterdessen aber betrachte ich das Ringen zwischen Sprache und Wirklichkeit als gnädigerweise unlösbar. Nach meinem Begriff ist die konkreteste Kunst schlicht die am vollkommensten geschaffene.

Wird die Musik des Westens, ihrer historischen Tradition beraubt, ihrem Ende entgegengehen? Auch unter einem anderen Namen wird die Zukunftsmusik gewiß nicht süßer klingen. Jedoch scheint die Gesellschaft, ob das marxistische Argument der Nützlichkeit durch den Tod der schöpferischen Tradition in westlicher Musik nun bewiesen wurde oder nicht, ohne Zweifel ihren neuen Spielsachen den Vorzug zu geben, etwa dem Fernsehen, das unbestreitbar an und für sich interessanter ist als irgendeine schöpferische Verwendung, die es erfahren könnte. Die sich ständig verbessernden Reproduktionswerkzeuge in diesem Zeitalter des sich selbst nachbildenden Moleküls und die hochpotenzierte Zunahme der reproduzierten Kunst* unterstützen ebenfalls die Prophezeiung, daß die Hominiden von morgen dem Bedürfnis nach schöpferischer Kunst entwachsen werden. Jedenfalls scheint mir, daß die Verhökerung der Musik jeglicher Ära und Kultur in Form von Konserven – natürlich in immer schöneren Dosen (»Reklame ist wahrer«) – dem Schöpferischen kaum förderlich sein dürfte.

Die Musik der sechziger Jahre – das, was ich davon kenne – wurde durch weitaus größere Mannigfaltigkeit gekennzeichnet als die Musik des ersten Jahrzehnts unseres Jahrhunderts; durch einen höheren Grad des Experimentierens und durch Gesichtslosigkeit oder Verwischung der Individualität ihrer Komponisten. Sie wird außerdem durch neue Maße, einschließlich einer anderen Spezifizierung der Zeit (und daher auch des Tempos der Ideen), charakterisiert und durch die Spiegelung vieler Ideen des *Zeitgeistes***, wie beispielsweise des Versuchs, sich Zufallselemente einzuverleiben (was ich selber überhaupt nicht verstehe, aus dem Grund, daß Zufall, da subjektiv, auf der Ebene der Ursächlichkeit, wo meine Beteiligung beginnt, nicht mitteilbar ist).

Aber diese Eindrücke bildeten sich unter dem Zeichen vergangener Perspektiven. Nach weiteren siebzig Jahren würde ein anderer Beobachter dieselbe Periode vielleicht als eine der Synthese kennzeichnen, einer vergleichsweisen Abmilderung des Experimentellen und des Auftauchens von scharf profilierten

* Siehe *Das Kunstwerk im Zeitalter seiner technischen Reproduzierbarkeit* von Walter Benjamin.

** Deutsch im Original.

Persönlichkeiten. Sogar jetzt können meine jüngeren Kollegen – und hierin läßt sich der Abstand messen – Notwendigkeit hören, wo ich nur den Zufall höre, und den Ariadnefaden wahrnehmen (so wie Mollusken Farben jenseits der Reichweite menschlicher Sinneswahrnehmung sollen erkennen können), wo ich nur abgerissene Schnurstücke finde.

Ob diese siebzig Jahre eine Periode hoher musikalischer Leistung bilden? Ich bin dieser Meinung, und ich würde die höchsten Flüge dieser Epoche mit den größten Errungenschaften der Vergangenheit messen. Wahr ist, daß kein großer Fluß der Musik, vergleichbar den Flüssen von Bach, Mozart oder Beethoven, aus irgendeinem originellen Komponisten der Epoche geflossen ist (das Beiwort schließt die vielen fruchtbaren Reproduzierer in synthetischen Traditionen aus), doch ist nun weder die Zeit noch die Natur der neuen Musik der fließenden Mitteilung förderlich.

Trotz des Titels dieses Vorworts, und obwohl es als unfein gilt, von sich selber zu reden, muß ich zum Schluß erklären, daß ich nie in den Begriffen der Perspektivisten über meine Rolle in der Musik dieses Jahrhunderts nachgedacht habe. Meine Aktivität – Reaktivität, würden es meine Kritiker nennen – wurde nicht von historischen Vorstellungen, sondern von der Musik selber bedingt. Ich wurde zu einem guten Teil, bald mehr, bald weniger, durch das Ganze der Musik geformt, die ich kannte und liebte, und ich komponierte, wie ich zu komponieren geformt wurde.

Hollywood, 5. August 1967

*Gesualdo di Venosa: Neue Perspektiven**

Vielleicht werden Musiker Gesualdo noch vor den Musikologen retten, doch bis jetzt waren die letztgenannten obenauf. Für die akademische Welt ist er sogar heute noch nicht respektabel, ist er noch immer der schrullige Chromatiker, seine Musik wird immer noch nur selten gesungen.

Zwei Neuveröffentlichungen, die Monographie von Professor Watkins und die CBS-Aufnahme des 6. Madrigalbuches, könnten helfen, das Vorurteil der Gelehrten auszurotten. Professor Watkins versetzt den Komponisten in eine vorher nicht sichtbar gewesene geistige Landschaft, in der er nicht verblaßt, sondern sogar noch deutlicher hervortritt, wennzwar in anderen Farben als früher. Andrerseits korrigiert die Schallplattenaufnahme die Ansicht, die Musik sei bloß eine Kollektion von Mustern, die sie einfach mit ihrem eigenen Kontext versieht. Das weitgehend tendenziöse Interesse an Gesualdo hatte ihn sogar seines eigenen »Normalseins« beraubt. Zusammen füllen die zwei Veröffentlichungen die Lücken so vollständig, daß, abgesehen von der fortdauernden Suche nach dem verlorenen Buch sechsstimmiger Madrigale, es nur noch zwei Hauptziele gibt: die Wiedergewinnung des Aufführungsstils (ein Unternehmen, das keineswegs unmöglich wäre) und eine Gesamtaufnahme der Musik.

Bei der Suche nach Gesualdos Ursprüngen in der neapolitanischen Schule enthüllt Professor Watkins Pomponio Nenna in der Rolle des Hauptvorbilds. Mindestens sechs der von Gesualdo vertonten Texte, unter ihnen *Ancide sol la morte*, *Mercè grido*, *Tu segui* und *Deh, coprite*, waren vorher von Nenna vertont worden. Abgesehen von diesem Zufall, wenn es einer war, scheint Gesualdo sich der Elemente von Nennas chromatischem Stil bedient, ja ganze harmonische Fortschreitungen einfach in die Tasche gesteckt zu haben. Tatsächlich sind Gesualdos Nach-

* Vorwort zu *Don Carlo Gesualdo: The Man and His Music* von Glenn E. Watkins, University of North Carolina Press, Chapel Hill 1970.

ahmungen in einigen Fällen so emsig, daß sie uns wie schlichter Diebstahl vorkommen. Vielleicht wurden sie auch damals so betrachtet, aber die unbefangenen Meinungen der Musiker und Untertanen eines mächtigen Fürsten werden kaum zu Papier gebracht worden sein. Ohnehin ist, wenn man von einer fehlenden Zuschreibung in den Geschichtsbüchern absieht, kein ungeheuerliches Unrecht geschehen. Nenna wurde vom Zephyr nie berührt. Er ist, verglichen mit Gesualdo, in dem Maß musikalisch uninteressant, wie Holinshed poetisch uninteressant ist, verglichen mit dem Shakespeare, der auf ihm basiert.

Mindestens seit 1934 (Pannain: *Istituzione e Monumenti*) weiß man, daß die geistliche Musik Gesualdos (das, was davon damals bekannt war) stilistisch zu der von Nenna, von Macque, Trabaci und anderen gegründeten Richtung gehört. Jedoch wußte man vor Watkins nichts von neapolitanischen Einflüssen auf seine weltliche Musik. Ihre radikale chromatische Tendenz wurde mit Wert, Rore, Luzzaschi und anderen Madrigalisten am Hofe der Ferrara in Verbindung gebracht. Nach dem wenigen, was ich von diesen Komponisten weiß, ist allein Luzzaschi nahe genug, um billigerweise als Brücke in Betracht zu kommen. Jetzt, nach Professor Watkins' Entdeckung der Beispiele von Nenna – wie bei der Entdeckung des Fossilschädels von Oldowan, der Entzifferung der Linear-B-Schrift oder jeder anderen Entdeckung, die abhängige Klassifizierungssysteme berührt –, muß die ganze Geschichte des Gegenstands revidiert oder verworfen werden. Da Entdeckung auch Entdeckung zeugt, dürfte Professor Watkins' Entdeckung nun weitere Forschungsergebnisse im Ganzen der neapolitanischen Musik hervorrufen. Als erstes möchte man etwas mehr über einige der schattenhaften Figuren in Gesualdos eigenem Kreis wissen: Luigi Tansillo von Venosa beispielsweise und Giovanni Leonardo Primavera, dessen Siebentes Buch dem Fürsten gewidmet ist. Und wie war der Madrigalstil jenes »*infelice*« Troiano, der mehr als nur schattenhaft war, da er der erste der komponierenden Mörder war, die das Musikleben der Halbinsel bis einschließlich Alessandro

Stradella in Schwung hielten und zu deren Bruderschaft nun bald Gesualdo selber gehörte? Kann irgendeine besondere Vertonung von Gesualdo des Wortes *»uccide«* auf ihn zurückgeführt werden?

Im übrigen mustert Professor Watkins sämtliche Formen, geistliche und weltliche, wie sie der Komponist geerbt und später vermacht hat. Mit Geschick zergliedert er außerdem die gesamte Musik; und nicht nur die Musik, sondern die Texte ebenfalls, denn die musikalisch-dramatische Gestik der weltlichen Stücke hängt von Sprachfiguren wie Oxymoron, von Sexualsymbolik (»Ich hauche aus«, »Ich sterbe«*) und anderen konventionellen Fadheiten ab. Professor Watkins weist den Komponisten erneut als einen der Höhepunkte des Manierismus aus und beendet diese erste erhellende Studie über ihn mit einer voll dokumentierten Geschichte der Mißverständnisse, denen seine Musik bis ca. 1970 unterworfen war.

Wie schon gesagt, sind die ungewöhnlichsten Perspektiven, die sich aus der CBS-Aufnahme des Sechsten Buchs ergeben, die, in denen der Komponist selber erscheint. Ehe diese preisträchtige Schallplatte veröffentlicht wurde, hatten unsere musikalischen Bienen den berauschenden harmonischen Blütenstaub des Komponisten so herausgezogen, als hätte er nur eine Blumensorte kultiviert. Aber das ganze Buch zeigt ihn als einen Komponisten von immer stark ausgeprägter und fachmännisch ausgeführter »normaler« Musik, deren Besonderheiten und Einfallsreichtum auf anderen Gebieten liegen, wie etwa Rhythmus oder Vokalfarbe mittels ungewöhnlicher Kombinationen in extremen Lagen. (Ich möchte gern wissen, ob nicht einige dieser »normalen« Stücke nicht dankbarer zu singen sind als die chromatischen Ekstasen von *Moro lasso*, bei dem die Anforderun-

* »Ertrinken« ist ein ähnlicher Schleier im elisabethanischen Madrigal – da die Engländer ein Volk von Seefahrern sind –, und es mag auch ein Schleier sein beispielsweise in Bennets:

Ach wann, ach wann wirst du beginnen,
Dich so aufzuschwellen, daß ich mich in dir ertränken kann?

gen an das Ensemble die Individualität des einzelnen Sängers beinahe auslöschen müßten?) Schließlich zeigt das Sechste Buch, das den Höhepunkt des radikalen Chromatismus jener Epoche darstellt, den Komponisten außerdem als einen konservativen Abweichler, zumindest von dem Standpunkt der damaligen Ästheten und Preziösen aus gesehen, für die Monodie einen Vorsprung besaß und kontrapunktisch geführte Harmonie wie die Gesualdos weit hinter sich gelassen hatte.

Ob das Sechste Buch eine günstige Wahl als Auftakt einer neuen Gesualdo-Serie war, ist schwer zu sagen, aber die größeren physischen Anforderungen der restlichen Musik dürften auf die Entscheidung eingewirkt haben. Das Dritte und das Vierte Buch enthalten sechsstimmige Madrigale; das Fünfte weicht in der hohen Lage noch mehr ab als sonst, und die geistliche Musik verwendet fünf-, sechs- und siebenstimmige Chöre. Jedenfalls dürfte die Strenge von Gesualdos Madrigalform, egal in welcher Lautstärke, alle Hörer außer dem tapfersten abschrecken. Außergewöhnliches Aufnahmevermögen benötigt man, um das Nacheinander von dreiundzwanzig vollständigen Expositionen – jede von größter Dichte – zu verdauen. Denn, wenn schon Gesualdo seine Formen nicht ausbaut, so bauscht er sie auch nicht auf, und wenn schon seine Form klein ist, so ist sie doch nie elliptisch. Ein weiteres Hindernis für moderne Hörer, wenn auch nur miteinbegriffen, bilden die begrenzten Möglichkeiten harmonischer Erweiterung durch verwandte Tonarten. Dies wird gewissermaßen durch neuartige Sequenzen und Juxtaposition ausgeglichen, trotzdem wird die Musik manchem unerklärlich statisch vorkommen und für Knödelliebhaber so wenig befriedigend sein wie eine Mahlzeit, die aus dreiundzwanzig Kaviarbrötchen besteht.

Auch sind Gesualdos offenste Mittel, das Bewußtsein formaler Beschränkungen in Schach zu halten, nicht immer die erfolgreichsten. Tatsächlich neigen die Madrigale, die am vollkommensten überzeugen, dazu, Kontrast um seiner selbst willen zu vermeiden (Pope: »Jene Lichter und Schatten, deren wohlgestimmter Streit«) und sich entweder auf eine einzelne Stimmung zu beschränken oder dem freien Lauf von Gesualdos Todeswunsch zu folgen, worin er sich, musikalisch gesehen, wahrlich auskannte. Eintönigkeit droht ohnehin nur, wenn er so tut, als ob die Aussichten besser würden und allzu großen Gebrauch vom Happy End macht. Schließlich muß gesagt werden, daß, weil Gesualdos Ausdrucksweise dramatisch, höchst intim und überaus ernst ist, er das traditionelle Madrigal der gestellten Gefühle und Ideen, der amourösen Feinheiten und Unfeinheiten mit schwerer Fracht belädt. Aber diese Kritik berührt nur die Theoretiker unter sich. In der Praxis, d. h. während man zuhört, bleibt keine Fähigkeit unbeansprucht, mit deren Hilfe man die Frage des Gleichgewichts und der Verhältnisse von »Form« und »Inhalt« hätte stellen können.

Die außerordentliche Einheit im Charakter und Stil des Sechsten Buchs – es wäre unmöglich, irgendein Madrigal mit einem Beispiel aus den früheren Büchern zu vertauschen – läßt vermuten, daß der Komponist selber für Auswahl und Anordnung der Stücke verantwortlich gewesen ist. In erster Linie scheint die geistreiche Gruppierung in verschiedenartige Paare darauf hinzudeuten, daß eine eingeweihte Hand im Spiel war. So werden die ersten zwei Nummern, die erste und die letzte, und die Nummern vier und fünf, elf und zwölf, dreizehn und vierzehn sowie achtzehn und neunzehn sozusagen nach »Tonart« paarweise angeordnet. Paarung wird ebenfalls durch Tempo und Stimmung bewirkt; durch das Auftreten von Tanzmetren (Nr. 22 und 23) und Hirten-Modi (*Al mio gioir* und *Tu segui*); schließlich durch Ähnlichkeiten bei den Kopfmotiven kanonischer Durchführungen (*Ardo per te* und *Ardita Zanzaretta*), Schlußkadenzen (Nr. 11 und 12) und »Instrumentierung« (die Madrigale mit zwei Tenören, Nr. 18 und 19). Tempowechsel wird durch Verdopplung oder Halbierung der Schlagzeit bewerkstelligt, wie damals üblich, jedoch wird in ungefähr der Hälfte der Madrigale rhythmische Unregelmäßigkeit durch Verwendung von Metren ungleicher Länge eingeführt. Ein Beispiel findet sich auf der ersten Seite des teils sechs-, teils vierstimmigen *Se la mia morte brami*, wo die Wirkung auffallende Ähnlichkeit mit der Stelle zeigt, an der Wilbye das Metrum vergrößert, um die musikalische Gangart bei den Worten *»whereon man acts his weary Pilgrimmage«* zu verlangsamen*. Die rhythmischen Einfälle durch das ganze Sechste Buch hindurch stehen in der Tat den harmonischen an Bedeutung in nichts nach, und in solchen Fällen wie dem Anfang von *Quel »no«*, der eigentlich ohne Metrum ist, und den peitschenden Synkopen mit dem Wort *»tormenti«* in *Candido e verde fiore*, sind sie genauso »revolutionär«.

Das Haupthindernis bei der Wiedergewinnung des Aufführungsstils ist ein pekuniäres. In den wenigen Urlaubsstunden, die ihnen ein mit Aufnahmen von Reklamespots fürs Fernsehen und der Erledigung von saisongemäßen Oratorien gefüllter Brotberuf noch gewährt, können auch die exzellentesten Sänger nicht die Klangmischungen, die Intonationsgenauigkeit, Diktion und Artikulation erreichen, die des Fürsten Sänger durch Verordnung und jahrelangen Umgang mit der Musik meistern mußten. (Und wahrscheinlich auch unter Androhung der Geißelung, obwohl der Komponist, ein Anhänger von *le vice anglais*, diese im umgekehrten Sinne vorgezogen zu haben scheint – Marsyas schindet Apoll.) Kurz, die Welt braucht ständige Madrigalconsorts und Martha Baird Rockefeller-Schenkungen, um sie zu unterhalten. Nur dann könnten Stile wiedergeboren werden – des Fürsten von Venosa, aber auch von Marenzio und Monteverdi, Wilbye und Weelkes**.

Was den Stil der *Musica Riservata* betrifft, sind erbauliche Beschreibungen durch Ohrenzeugen reichlich vorhanden. So be-

* Das *»Ay me«* in Wilbyes *Weep, Weep, Mine Eyes* ist übrigens einem *»oimè«* von Gesualdo so ähnlich, daß ein direkter Zusammenhang nahezuliegen scheint.

** Vergleiche Gesualdos *Beltà, poi* und Weelkes' *Cease Sorrows Now*, bei den Worten »I'll sing my faint farewell«.

richtet etwa Cerone, »Der Madrigalist singt nicht mit voller Stimme, sondern kunstvoll, mit Falsett oder *sotto voce*«; wozu ich noch hinzufügen würde, daß saubere Intonation bei dichteren harmonischen Gerinnungen auf keine andere Weise erzielt werden kann, ganz gewiß nicht durch haarige Vibrati. Zarlino, dessen theoretische Schriften Nicolas Poussin beeinflußten*, bestätigt, daß »der Madrigalsänger seine Stimme genau, wie der Komponist sie schrieb«, auszuführen hat – d. h. ohne Verzierungen, und a cappella. Das Concertato-Madrigal, das Monteverdi in seinem Fünften Buch einführt, fand bei Gesualdo keine Nachahmung. Padre Martini informiert uns dazu, daß »Madrigale leise gesungen werden müssen« und daß »kühne Dissonanzen in Madrigalen erlaubt waren, weil perfekte Intonation leichter durch wenige Sänger als durch den Sängerhaufen bei Kirchenmusik erreicht werden konnte«. Endlich könnte man aus Mazzochis Hinweis auf Gesualdo schließen, daß unser Komponist das Crescendo (und dessen Gegenteil) wie auch andere dynamische Schattierungen (sfumato) verwendet hat. Der Grund hierfür ist einfach, daß Mazzochi ein System zur Notierung der Dynamik erfunden hatte, und das, was er an Gesualdo rühmt, die Genauigkeit der Notierung ist. Aber diese Frage ist Dissertationsfutter, und dabei möchte ich es bewenden lassen.

Die Aufmerksamkeit, die ich Gesualdo vor zehn bis zwölf Jahren entgegenbrachte, führte zu einigen Streifzügen musikalischer und anderer Natur. Zweimal besuchte ich die Stadt, nach der des Komponisten Familie benannt wurde, eine unmalerisch schmutzige Ortschaft, zumal, wenn man vorher Acerra und die anderen architektonisch reizenden Dörfer der Campagna gesehen hat. Das erste Mal, an einem lustlosen Julitag des Jahres 1956, war ich per Schiff nach Neapel gereist – es sollte meine letzte Expedition dieser Art sein, so hatte ich beschlossen, weil

* Sogar noch im 18. Jahrhundert illustrierte der Architekt Vittone seine Darstellung des Proportionsideals der Renaissance mit Analogien aus der Musiktheorie.

die Geduldsprobe der Landungsformalitäten allein länger dauert als ein transatlantischer Flug, von den simultanen Marathonkonzerten der wetteifernden Blaskapellen, der ununterbrochenen Bombardierung durch Papierschlangen und den Tränenorgien der sich trennenden und wiedervereinigenden Neapolitaner ganz zu schweigen. Ich weiß noch, daß wir auf dem Weg nach Gesualdo das Konservatorium von San Pietro a Maiella und den Fischmarkt nahe der Porta Capuana besuchten; und in Montevirgine schauten wir der Prozession eines parthenogenetischen Kultes zu, einer Parade von blumengeschmückten Automobilen, von Knaben geführt, die religiöse Transparente trugen und wie Lampadephoren liefen.
Gesualdos Schloß war damals der Wohnsitz von ein paar Hühnern, einer Färse und einer naschenden Ziege wie auch einer menschlichen Bevölkerung, die in jenem noch pillenlosen, antimalthusischen Jahrzehnt eine ganze Menge *bambini* zählte. Natürlich hatte keiner dieser Bewohner je vom Fürsten von Venosa oder seinen Taten gehört, und wir mußten, um unseren Wunsch zu erklären, einen flüchtigen Blick auf die Lokalitäten werfen zu dürfen, zumindest einigen Mietern etwas von seiner finsteren Geschichte weitergeben. Eine Folge meiner Versuche, dies zu tun, war, daß ich bald (woran mein dürftiges Italienisch schuld war) das Ziel äußerst beunruhigter Blicke wurde, da das Publikum die Komponisten der Geschichte verwechselt und *mich* fälschlicherweise als den Mörder *meiner* ersten Frau verstanden hatte.
Das Schloß ist erbärmlich. Von dem aufgerichteten Löwen, der das *sottoportico* schmückt, und den wohlbekannten Inschriften an der Mauer des Innenhofes abgesehen, gab es kaum einen Beweis, daß je ein waffentragender Fürst dort gewohnt hatte. Das Innere schien von Woolworths apenninischem Äquivalent ausgestattet zu sein; weil aber größere Mengen von Mitteln zur Luftverbesserung nötig gewesen wären, habe ich nicht viel davon gesehen. Kurz, man konnte sich den hohen Stand der Musikkultur schwer vorstellen, die einst auf diesem verlassenen

Hügel geblüht hatte, die Sänger und Instrumentalisten, den Kirchenchor und nicht zuletzt den großen, wenngleich emotionell aus dem Gleichgewicht geratenen Komponisten, dessen letzte Madrigalbücher hier erstmals gedruckt wurden.

Das Porträt des Komponisten in der Kapuzinerkirche war damals verschmutzt, aber unbeschädigt, während nach meiner Rückkehr drei Jahre später das Bild zwar gereinigt worden, die linke untere Ecke aber, genau über dem Haupt des Komponisten, gerissen war. (Man kann nicht alles haben.) Wir wurden dort von einem Padre Cipriano empfangen, der erklärte, er sammle Material für eine Biographie des Komponisten, und die interessantesten unter den bisher aufgetauchten Dokumenten seien einige Verse von Gesualdos unglücklicher Frau. Diese Ansicht schien mir vollauf gerechtfertigt; denn, wenn die Schriften der Dame einigermaßen ausführlich ihre amourösen Erlebnisse schildern, könnte Padre Ciprianos Buch, falls er es je geschrieben hat, der erste musikwissenschaftliche Band sein, den die Grove Press verlegen würde. Der Padre reichte uns einige Kleinstportionen vom Likör des Ortes; während wir seine Möbelpolitur hinunterschluckten, beschwerte er sich über die amerikanische Besetzung der Stadt im Jahre 1944. Seine Geschichte hat sich seitdem natürlich in ähnlicher Weise unzählige Male und überall in der ganzen Welt wiederholt, aber was die Plünderung Gesualdos betrifft, waren meine Sympathien ganz auf seiten der GI's.

Ich besuchte danach andere Stätten, die in Beziehung zu dem Komponisten stehen, aber nicht mit Absicht, nicht auf seiner Spur. Ich war in der Biblioteca d'Este in Modena und einige Male in Ferrara, aber wegen der Schifanoia-Fresken und des etruskischen Museums, und nebenbei, um Lambrusco zu trinken. Ich reiste sogar einmal nach Mesola, auf einem Ausflug zu der Abtei von Pomposa, und nach Comacchio, das damals von dem Geklapper der Holzschuhe erschallte, heute jedoch im Schlamm des jüngst trockengelegten Deltas gestrandet ist. Andere Besucher seien warnend darauf aufmerksam gemacht, daß

Mesola, das Xanadu der Este, von Tasso und Wert in einem Madrigal gefeiert, heute ein sehr ödes Rathaus ist. Was Venosa betrifft, das Venusiae des Horaz, die Hauptstadt von Gesualdos Fürstentum, so bin ich ihm nie näher gekommen als bis Brindisi, technisch gesehen vielleicht nicht einmal das, da ich das griechische Schiff nicht verlassen habe (es war so überfüllt, daß man Zelte auf dem Hauptdeck aufschlug), das seinen Hafen angelaufen hatte, als ich auf dem Weg nach Venedig war.
Zweck meiner nächsten Reise nach Neapel im Oktober 1959 war, ein Programm meiner Musik im Teatro San Carlo* zu dirigieren. Weder die Ortschaft Gesualdo noch der Musiker Gesualdo spielten auf meinem Reiseplan eine Rolle. (Einen vorsätzlichen Besuch von Sehenswürdigkeiten gab es nur in Sperlonga mit einem Pfuhl, der vor Aalen erzitterte, in einer Grotte, die wie eine Seemuschel rauschte.)
Aber ich bin doch noch einmal nach Gesualdo gefahren und, wieder in Neapel angelangt, habe ich das Grab des Komponisten besucht. Es liegt im Fußboden der Gesù Nuovo (deren Diamanti-Fassade den gleichmäßigsten Taubenschlag bildet – für jeden Vogel eine Facette, welche Hackordnung auch immer existieren möge) nahe einigen sehr großen Mausoleen. »Carolus Gesualdus«, so hebt die Grabschrift an, die jedoch gänzlich der Genealogie gewidmet ist, keinen Beitrag zur Musik erwähnt und nicht einmal ahnen läßt, daß der Begrabene ein Musiker war. Aber man hat ja auch seiner Musik herzlich wenig Aufmerksamkeit gewidmet vierhundert Jahre lang. Und wenn man sich's überlegt, ist die Grabplatte noch ausgezeichnet erhalten. Vielleicht werden schließlich doch »Die güldenen Denkmäler der Fürsten« ihre mächtigen Madrigale überleben.

Hollywood, 7. März 1968

* Nach des Komponisten Onkel mütterlicherseits genannt. Der Onkel väterlicherseits war der Kardinal von Santa Cecilia in Rom, Zeuge beim berüchtigten Prozeß wegen der Potenz des Fürsten von Mantua, im Volksmund bekannt als der Kongreß von Venedig. Siehe *Die Natur des Prinzen* von Roger Peyrefitte.

Die Meistersinger

Herrn
Wolfgang Wagner
Bayreuther Festspiele
8580 Bayreuth, Bundesrepublik Deutschland

11. April 1968

Sehr geehrter Herr Wagner,

es tut mir leid, Ihren Brief erst so spät beantworten zu können, aber als er ankam, war ich in Arizona, und seit meiner Rückkehr bin ich ununterbrochen beschäftigt gewesen. Aber um so betrüblicher und beschämender empfinde ich es, daß ich *keine* Gedanken zu Ihrem Programmheft für das hundertjährige Jubiläum der *Meistersinger* habe. Ich habe sie seit sehr langer Zeit nicht mehr gehört. Wenn Sie die beigefügten Bemerkungen für des Druckens würdig erachten, so gebe ich sie Ihnen gern, aber ich verarge es Ihnen gewiß nicht, wenn Sie sich entschließen, sie nicht aufzunehmen.

Ich erinnere mich immer noch meiner Aufregung und Freude, als ich *Die Meistersinger* zum ersten Male hörte. Diese Vorstellung, die ich mit Rimskij-Korsakow besuchte, dem ich die Noten umblätterte, wurde von einer deutschen Truppe im Marijinskij-Theater gegeben, und ich entsinne mich, daß die musikalische Akkuratesse der Aufführung, die unsere Petersburger Normen weit übertraf, mich verblüffte und entzückte.

Weil ich die Partitur mitlas, ist in meinem Gedächtnis der Bühneneindruck weniger stark geblieben als die Wirkung der Musik. Ich hatte sie seit Kindheit gekannt, aber nur im Klavierauszug, und der wirkliche Klang war für mich eine Offenbarung, deren Gewalt, da jegliches musikalisches Erlebnis damals »live« war, kein junger Komponist heute ermessen kann. Schließlich war ich doch selber ein Komponist (nicht bloß ein Zuhörer), und jede Gelegenheit, meine Vorstellung von einer Orchesterpartitur mit deren Realisierung in einer Aufführung zu vergleichen, mußte als eine Lehrstunde und eine Gelegenheit ausgenützt werden, selbst einige Kunstfertigkeit zu erwerben. Und mit Kunstfertigkeit beschäftigen sich großenteils *Die Meistersinger.*

Es ist so lange her, seitdem ich zum letzten Male *Die Meistersinger* hörte, daß ich nicht sagen kann, was sie mir heute bedeuten würden. Aber ich glaube, ich würde ihnen immer noch zuhören, wie ein jetzt wirkender Komponist einer jetzt wirkenden Komposition zuhört, denn im Alter von hundert Jahren sind *Die Meistersinger* ein sehr lebendiges Denkmal.

Igor Strawinsky

Swadjebka (Les Noces): Eine Instrumentation

Als ich kürzlich zwei von meinen abgebrochenen vorläufigen Versionen von *Swadjebka (Les Noces)* zum erstenmal hörte, wurde ich an ein einmaliges, längst vergessenes Musiziererlebnis von vor fünfzig Jahren erinnert. Ich weiß nicht mehr, wie viele Versionen ich wohl begonnen habe, auch nicht, wie ausgedehnt jedes Fragment vielleicht war. Neulich entdeckte ich eine vollständige Partitur für vier Klaviere, jedoch ohne Vokal- und Schlagzeugstimmen, an die ich mich überhaupt nicht erinnern konnte, und man wird vielleicht noch andere Partituren und Skizzen unter den Manuskripten ausheben, die ich während des Krieges Leuten als Dank für finanzielle Hilfe gegeben habe. Auch bin ich mir über die Chronologie nicht sicher, außer, daß über die Jahre die Ensembles ständig reduziert wurden von einem Super-*Sacre*-Orchester (von dieser Version besitze ich noch Skizzen) bis zu einer Besetzung für zwei Zimbalons, Harmonium, Pianola und Schlagzeug, die im ganzen nur fünf Spieler erfordert.

Diese letzte Version, komponiert in Morges während des Winters 1918/19, ist die ausgedehnteste der aufgegebenen und die authentischste, dies in mancher Hinsicht sogar noch mehr als die endgültige Partitur, die, obwohl entschlackt, stärker im Volumen und in der Instrumentierung homogener, aus zum Teil ebendiesen Gründen irgendwie eine Vereinfachung ist. (Aber auch aus anderen Gründen: einer davon ist, daß die Figuration in der unvollendeten Version im allgemeinen komplizierter ist; ein anderer, daß sie eine kontrapunktische Tendenz zeigt, nämlich die kanonische Behandlung der Hauptlinie bei [54]; im Lichte der endgültigen Partitur scheint dieses Verfahren stilistisch falsch, aber es hätte vielleicht anders ausgesehen, wenn die frühere Partitur fortgeführt worden wäre.) Das Manuskript ist in den Einzelheiten bis zum Ende des zweiten Bildes vollständig, abgesehen davon, daß wiederholte Partien nicht ausgeschrieben wurden, wo die Instrumentation sich nicht veränderte. An dieser Stelle wurde die Arbeit durch den Eilauftrag für *Pulcinella* unterbrochen, aber mir mußte wohl auch inzwischen klargeworden sein, daß durch die Schwierigkeiten der Synchronisierung mit dem Pianola und die Unwahrscheinlichkeit, kompetente Zimbalonspieler zu finden, sich meine Instrumentation als unpraktisch erweisen würde.

Sie ist trotzdem die praktischste Partitur in technischer Hinsicht, die ich je geschrieben habe, da jeder Ton auf meinem eigenen Versuchsgelände geprüft wurde. Ich hatte alle Instrumente in meine kleine musikalische Vorratskammer gestopft und lernte sie selber alle spielen; tatsächlich verbrachte ich genausoviel Zeit damit, auf ihnen zu üben, am Zimbalon zu basteln und es zu stimmen, wie mit dem Komponieren. Aber das, was ich schrieb, kam direkt aus den Instrumenten, während der Klang noch heiß war. Ich bin kein Mystiker; ich muß Musik auch berühren, nicht nur denken, und deswegen war es in diesem Fall notwendig, daß ich die Zimbalonschlägel gehandhabt, mich mit den Registriermöglichkeiten des Harmoniums vertraut gemacht (es war ein zweimanualiges Instrument: ich habe die Quittung über eine Jahresmiete noch), auf der kleinen Trommel einfache Vor- und Randschläge probiert und sogar das Tamburin geschüttelt habe. So unzuverlässig mein Gedächtnis auch ist, was Daten und Orte betrifft, weiß ich doch genau die Position von jedem Instrument dieses kleinen Orchesters in meinem Zimmer. Das hat seinen Grund wohl darin, daß meine akustische Wirklichkeit – zweiseitig in meinem Fall, nicht kreisförmig, wie mir jedesmal klar wird, wenn »räumliche Musik« mich in den Nacken schlägt – Teil meiner biologischen Wirklichkeit ist.

Die Instrumentation zeigt gewisse Verwandtschaften mit der Oper *Die Nachtigall*, die mir jedenfalls bisher unbemerkt geblieben waren. Die Musik zum ersten Auftritt des Tenors zum Beispiel scheint der Oper nicht nur rhythmisch und harmonisch (Parallelakkorde, die Quinten betonen) zu entstammen, sondern ebenfalls im Vokalstil. Und das Gezwitscher im Pianola während der Wehklage der Braut offenbart sich unerwartet als ein Erbe der ornithologischen Ornamente der Oper. Auch verwenden beide Werke Orientalismen, am auffallendsten in *Swadjebka* während derselben Wehklage, wo die Zimbalons japanische Zupfinstrumente bei der Begleitung eines Kabukispiels sein könnten.

Der Part des Pianolas wurde nicht für menschliche Hände, sondern zur unmittelbaren Übersetzung in die Lochkartensprache jenes automatisierten Poltergeistes bestimmt. Er nutzt die übermenschliche (und vielfingrige) Geläufigkeit des mechanisch programmierten Instruments so weit aus, daß drei Pianisten gebraucht werden, um alle Töne zu fassen, *wenn* sie überhaupt alle genau im Tempo gespielt werden *können*. (Meine *Studie für Pianola* würde übrigens dieselbe Anzahl von Ausführenden verlangen, wenn man sie aus den sechs Systemen der Originalpartitur spielte.) Ich könnte hinzufügen, daß ich das Pianola nicht primär aus Gründen der Sparsamkeit wählte, sondern weil das blecherne Gerassel dieses Ur-Musikautomaten in mein Klangschema hineinpaßte. Es läßt sich mit dem aufpolierten Hochglanzton vom Steinway eines Chopin-Interpreten etwa wie ein Modell T von Ford mit einem sechstürigen Cadillac vergleichen. Was meine Pläne vereitelt hat, war, wie gesagt, das Synchronisierungsproblem, sowohl was Tonhöhe wie auch was

Tempo angeht, denn von dem Instrument konnte man eine Gänsehaut bekommen: zum Teil wegen des spukhaften Fehlens des Spielers, in der Hauptsache aber, weil es so grob, unheilbar und unerträglich verstimmt war.

Am schwierigsten zu schreiben war der Harmoniumpart. Ich traute dem Instrument akustisch nicht und komponierte ja auch für viele Stellen Alternativversionen in der Hoffnung, dadurch den abweichenden Möglichkeiten der verschiedenen Instrumentenmarken Rechnung getragen zu haben. In jenem Zeitalter des Kirchengesanges war das Harmonium sehr beliebt, heute aber ist es in Wirklichkeit ausgestorben; an seine Stelle ist die elektronische Orgel getreten, die ich widerstrebend als Ersatz in mein Ensemble zugelassen habe.

Kein Ersatz, kein mit Reißnägeln oder sonstwie präpariertes Klavier ist an Stelle der Zimbalons zulässig, deren Seltenheit das Haupthindernis bei Aufführungen ist. Es ist erstens ein seltenes Tier und ein noch seltener gezähmtes – d. h. von Leuten gespielt, die Musik lesen können. So sind die Chancen, zwei von der Art zu fangen, und noch dazu ein Paar kompetenter Spieler, astronomisch klein. Doch ist der Klang des Zimbalons so gefällig, daß eine Gesellschaft zum Schutz der musikalischen Tierwelt überredet werden müßte, einer der Hochschulen sowohl ein Instrument wie auch ein Stipendium zu seinem Studium zu stiften. Sein Klang springt hoch: zart glänzend, wenn er mit Filzschlägeln artikuliert wird, stärker hervortretend mit der Dichtigkeit von Billardkugeln, wenn hölzerne, die ich vorziehe, verwendet werden. Beide Klangfarben sind wirkungsvolle Mittel gegen die düstere akustische Gegenwart des Harmoniums, und beide verbinden sich ideal mit dem drahtigen spielerlosen Klavier (wie man es hätte nennen sollen).

Die Rolle der Batterie war eine weitere Neuheit, zumindest für 1918. Schlagzeuggruppen hatten dem Orchester als Arsenale und Geräuscharchive gedient, ihm besondere Farben, Artikulation und Gewicht geliefert. Aber vor der *Histoire du soldat* und dieser Version von *Swadjebka,* in der das Schlagzeug ein fortdauerndes, innerlich folgerichtiges Element bildet, wurden die »Trommeln« nie ganz für voll genommen. Überdies ist der Charakter der Musik selber perkussiv, und dieser Charakter ist ein Teil von mir, eine weitere biologische Tatsache. Ein Tamtam, ein Becken, einen Holzblock (oder Kritiker) schlagen, hat mir stets die größte Befriedigung gewährt, je nach der daraus resultierenden Klangqualität, und ich komme bei Tischgesellschaften immer noch in Versuchung, mit dem Besteck an die Wassergläser zu klopfen. Gewiß ist dies aber für einen Musiker natürlich oder jedenfalls Teil einer uralten Tradition. Der erste Musiker in der Bibel war doch schließlich ein Spieler von Hammer und Amboß (trotz der Fassade in Orvieto, die ihn zeigt, wie er an einem Gerüst aufgehängte Glocken anschlägt), und die Musik derselben Instrumente soll die Entdeckung der Intervallverhältnisse inspiriert haben – durch Pythagoras, auch einen Klopfer von verschieden vollgefüllten Wassergefäßen.

Meine Erinnerungen an *Swadjebka* selbst sind glücklich, die damit verbundenen aber schmerzhaft: Alle meine damaligen Freunde sind tot, ich bin der einzige und immer einsamere Überlebende. Stepan Mitusow kommt mir als erster in den Sinn; er war mir näher als sonst jemand zu jener Zeit, und neben anderem verdanke ich ihm die Ermutigung zu meiner Idee mit *Swadjebka*. Der Gedanke an Mitusow bringt mich dann wieder auf Rimskij-Korsakow. Während einer gewissen Zeit waren wir zusammen fast jeden Tag bei Rimskij, weil Rimskij ihn so gern hatte wie ich, obwohl er ihn nicht als seinen Schüler annahm – das schenkte mir zum erstenmal eine bessere Meinung von mir selber: ich war wenigstens angenommen worden. Ich weiß nicht, ob Mitusow je *Swadjebka* gehört hat oder ob die Musik zu seinen Lebzeiten überhaupt repatriiert wurde. (Ist das jetzt der Fall?) Und die Welt ist heute so anders geworden, daß der Name Korsakow mich weniger an meinen alten Lehrer als an das gefürchtete Syndrom des schadhaften Zeitgedächtnisses erinnern dürfte. »Alte Männer vergessen«, gewiß, aber sie vergessen oder erinnern sich selektiv, wie jedermann sonst. Diese Erinnerungen sind dann eine Auswahl, aber sie sind die einzigen, die sich heute hervorholen lassen in bezug auf eine längst verschwundene Episode während der Entstehung meiner *Swadjebka*.

Zürich, 22. Oktober 1968

REZENSIONEN

Drei Arten von Frühlingsfieber

EIN VERGLEICH DREIER AUFNAHMEN AUS JÜNGSTER ZEIT VON *Le Sacre du printemps**

BERLINER PHILHARMONIKER	ORCHESTRE NATIONAL DE LA R.T.F.	STAATLICHES SINFONIE-ORCHESTER DER UDSSR
Dirigent: H. v. Karajan	*Dirigent: P. Boulez*	*Dirigent: R. Craft*
Deutsche Grammophon Gesellschaft	Internationale Guilde du disque	Amalgamated Unions Gramophone Studio

1 *Einleitung*

An die Stelle des vorgeschriebenen Accelerando in den Takten 5–6 wurde ein Ritardando gesetzt. Nach (3) ist die Unterscheidung zwischen Tempo primo und Tempo secondo, sollte es eine geben, mir jedenfalls nicht vernehmbar. Die Triole fünf Takte vor (13) ist zu langsam. Insgesamt ist die Aufführung zu mild, zu glatt, zu getragen: Phrasen über-	Das Spiel des Fagotts ist zwar mühelos, hat aber zu viel Vibratoglanz und klingt zu sehr nach Saxophon; außerdem ist die zweite Fermate im ersten Takt zu lang. Das Diminuendo vor (8) ist geschickt angelegt, aber bei (9) sollte die Oboe Staccato spielen, desgleichen die Trompete vor (11). Das Tempo bei der Wiederkehr des Fagottsolos ist zu	Der Anfang ist unglücklich; das Tempo primo ist lethargisch, und die Klarinetteneinsätze sind flüchtig. Das Tempo des Più mosso ist jedoch gut, und der Triller der Geiger vor (7), die Triole der Klarinette (13) und die Artikulation der Oboe bei (9) sind besser als in den anderen Aufführungen. Die Orchesterbalance bei diesem Konzertmitschnitt läßt sich mit den

* Geschrieben im Oktober 1964 für die Zeitschrift *HI FI-Stereo*, teilweise aus Verärgerung über die unnützen Verallgemeinerungen in den meisten Schallplattenrezensionen. Der vollständige Text wurde erstmals in der *Süddeutschen Zeitung*, München, am 9. Oktober 1965 veröffentlicht.

lappen einander an Stellen, wo sie kontrastieren sollten.

schnell, das vorgeschriebene Tempo primo wird nicht beachtet.

anderen zwei Produktionen, die im Studio entstanden und offensichtlich aus vielen Einzelaufnahmen zusammenmontiert wurden, nicht vergleichen. Doch die Nachteile werden bis zu einem gewissen Grade durch das Gefühl ausgeglichen, daß es sich um ein Konzert handelt: zu Beginn folgt auf äußerst matten Beifall ein ohrenbetäubender Chor von Nasen- und Luftröhrenentladungen.

2 *Die Vorboten des Frühlings*

Die Oboenfigur bei (26) muß staccato gespielt werden. Der Abschnitt von (28) bis (30) ist zu glatt in dieser Aufführung. Horn und Kontrafagott sind schwach bei (31), und ihre Synkopen (wie alle Synkopen) haben Akzente nötig. Artikulation würde die Schwerfälligkeit bei (34) etwas lindern.

Dies ist viel zu schnell und außerdem uneben, insbesondere bei (15), zwei Takte vor (20) und abermals zwei Takte vor (21), wo die Streicher sich über die Akzente nicht im klaren sind. Die Intonation der Tuba ist trübe vor (22), und von (23) bis (28) ist das Tempo schwankend. Das Crescendo der Trompeten vor (29) ist unnötig und führt keine Steigerung herbei. Größere Akzentuierung und akustische Präsenz von Horn und Kontrafagott sind bei (31) wünschenswert, und ein kontrolliertes Tempo ist bei (33) vonnöten.

Von den drei Aufführungen weist diese das beste Tempo auf, und von (31) bis (37) das gleichmäßigste. Die Oktave der Tuben vor (22) ist außerdem eindeutig sauberer als in den anderen Aufnahmen, und das Hornsolo bei (25) hebt sich deutlicher ab. Heute würde ich das Klimpern bei (31) anders notieren, aber ich bin nicht sicher, wie.

3 *Spiel der Entführung*

Das schnelle Tempo ist gut, außer wenn es gehetzt *klingt;* ich habe den Verdacht, daß eine andere Takteinteilung vorgenommen wurde, aber lassen wir das. Ein schwerer Fehler ist die Gleichsetzung der 2/4- und 6/8-Takte gegen Schluß. Die Achtel, nicht die Takte sind gleich lang.

Das ist viel langsamer als bei Karajan und wird vor (44) noch langsamer. Der 2/4-Takt neun Takte vor (48) ist zu lang, und dasselbe gilt für die Viertelnoten in sämtlichen 2/4-Takten.

Im allgemeinen ist diese Aufnahme deutlicher als die anderen, aber das Horn bei (44) ist zu entfernt und hohl.

4 *Frühlingsreigen*

Am Anfang sind die Baßklarinetten und ihre Pizzicato-Verdopplungen zu schwach. Sechs Takte vor (54) stören die Trompeten gewaltsam die Orchesterbalance. Bei (54) selbst sind die M.M. 160 langsamer als die M.M. 132 im *Spiel der Entführung.*

Die Ritardandi vor (49) und (57) sind häßliche Schnitzer. Ich hätte gern mehr Luft zwischen den Viertelnoten der Bratschen drei Takte nach (50), und das verschmierte Sostenuto bei (53) ist deutlich falsch. Der Abtakt bei (55) ist genau.

Die Aufnahme irrt auf eine der Boulezschen entgegengesetzte Weise: es gibt zu viel Luft zwischen den Vierteln. Sie haben die richtige Länge bei (53).

5 *Spiel der rivalisierenden Stämme*

Das Tempo schwankt im ersten Takt, aber ein noch störenderer Fehler ist die mangelnde Staccato-Artikulation. Die Pfeile über den Noten drei Takte vor (61) verlangen eine übertriebene Schärfe und gelten den ganzen Ab-

Die Akkorde des Blechs in den 3/2-Takten sind zu kurz, und das Ensemble ist bei (61) zu ungenau. Bei (65) und an anderen Stellen sind die Hörner zu schwach, die große Trommel und Tuben hingegen zu robust.

Die erste Tuba schleppt bei (57), und zwei Takte vor (59) stimmt es mit der Dynamik nicht ganz. Der Abschnitt zwischen (61) und (62) ist seltsam und unangebracht lyrisch, aber die Posauntriller vor (64) sind

schnitt hindurch. Die Achtel darauf werden klar und vortrefflich gespielt. Bei (66) und anderswo sind die Hörner zu stark hervorgehoben.		überzeugend (die Russen verwenden Instrumente mit Ventilen), und dasselbe gilt für die tierische Brunst der Tuben bei (66). Leider ist der Rhythmus etwas weich.

6 Aufzug des Weisen

Die Trompeten bei (70) bis (71) heben sich deutlich ein Dezibel oder so *au-dessus de la* (im wörtlichen Sinne) *mêlée*.	Die Oboen sind bei (68) zu nahe am Mikrophon, und die Podiumsmitte wird somit von einem Detail okkupiert. Die rhythmische Polyphonie und die Orchesterbalance bei (70) bis (71) sind wunderbar klar.	Die Polyphonie bei (70) ist recht klar, aber die Balance ist viel besser bei der Aufnahme von Boulez.

7 Der Weise

Der Streicherakkord ist nicht ausgeglichen, da die höheren Instrumente zu nahe am Mikrophon sind.	Dies ist mehr als zweimal zu schnell: gäbe es ein Olympisches Spiel für rasendes Dirigieren ... Nein, ich hatte die Enthauptungsmusik in der *Salome* nicht gehört, als ich diese Passage komponierte.	Das Tempo ist richtig, der Streicherakkord jedoch unausgeglichen. Ich würde ihn heute *sforzando* notieren.

8 Tanz der Erde

Das freiwillig gelieferte Accelerando schwächt die Entwicklung *in* der Musik, und der Schlußakkord ist ein einziger Ruin.	Die Baßklarinette ist bei (75) zu direkt »am Mikrophon«, und bei (78) sind die Bässe und Tuben zu weit davon entfernt. Vielleicht ist	Von den drei Aufnahmen weist diese das beste und erregendste Tempo auf, und die Hauptstimme bei (75) findet sich, wie's sich

es gefährlich, den Gedanken zu äußern, aber ein schnelleres Tempo als das vorgeschriebene M.M. 168 würde nicht schaden. Es ist schließlich ein Prestissimo-Tanz, kein Allegro. Bernsteins Tempo für diesen Satz ist richtig.

gehört, bei den Bratschen. Dank der Artikulation sind die Streicher deutlicher zu hören als in den anderen zwei Aufführungen.

9 *Einleitung*

Ich meine am Anfang eine Grille zu hören: hinzugefügte Naturstimmung? Ob die Vorstellung kommender sommerlicher Ermüdungserscheinungen für das träge Tempo verantwortlich ist? Bei (84) sind die Bässe schwächer als die anderen Streicher, und bei (85) ist das Piano der Hörner ein Forte im Vergleich mit dem Piano der Trompeten bei (86). Und die Tempowechsel bei (89), (90) ...

Dies ist zu sehr gehetzt, und die zweite Trompete ist nach (84) zu diskret. Vor (91) schwebt der Solocellist herab, als sympathisiere er mit Saint-Saëns.

Hier findet sich die beste Streicherbalance für den Abschnitt, der mit (84) anfängt, und ebenso die beste Balance der zwei Trompeten, doch schlampige Celloeinsätze verstümmeln die Passage bei (85).

10 *Geheimnisvoller Kreis der Mädchen*

... und (91) sind gering, falls überhaupt vorhanden. Die Balance ist vollkommen bei (99) und (100), aber der Pegel ist zu hoch. Vermutlich ist der Dirigent das Opfer des Toningenieurs, der im

Das hinzugefügte Ritardando vor (97) zerstört das stille Pulsieren, mit dem Abschnitt (97) beginnt. Die Balance der Hörner bei (99) ist schlecht, und die Fermate vor (101) ist nicht gut abgemes-

Das Tempo ist bei (97) etwas übersteigert. Der verfrühte Ausfall des ersten Cellos bei (100) zeigt, wie wenig bekannt diese Musik in der Sowjetunion noch ist; tatsächlich hält diese Platte die zweite

Idealfall sein *alter ego* sein müßte. Das Tempo wackelt am Anfang des zweiten Aktes nach (103).	sen, doch ein schwerer wiegender Fehler ist, daß das Accelerando bei (102) zum zweiten Takt nach (103) führen sollte, statt, wie hier, darüber hinaus zu schießen, was dann eine Abbremsung auf ein langsameres Tempo nötig macht!	Aufführung eines Moskauer Orchesters seit fünfzig Jahren fest. Das Accelerando bei (102) ist gut angelegt, desgleichen der orchestrale Blutsturz bei (103).

11 *Verherrlichung der Auserwählten*

Das Tempo ist gut, doch sollten die Töne wie gestochen klingen. Das Molto allargando vor (117) wird fälschlich als fünf gleiche Schläge ausgeführt.	Die Aufführung von Karajan ist gleichmäßiger, und der Rhythmus ist hier einen Takt vor (118) schief, wo eine Art Schluckauf passiert und unbetonte Taktteile zu betonten werden.	Das Tempo ist *giusto*.

12 *Anrufung der Ahnen*

Dies ist zu langsam! Der Pulsschlag sollte derselbe wie im vorigen Stück sein, die alten Achtel sollten den neuen Vierteln wie ineinandergreifende Zahnräder gleichen.	Das Tempo ist vollkommen richtig, ebenso die Artikulation . . .	Weil das E der Bässe undeutlich ist, nicht nur hier, sondern in der Regel, änderte ich die Stimme für diese Aufführung ab, indem ich aus dem Fis (Aufstrich), E (Abstrich) und D eine Triole machte. In Zukunft würde ich die Pauke nur jeweils die erste Note jeder Gruppe spielen lassen. Leider ist das Ergebnis dieser Veränderungen in *dieser* Aufführung ein unberechtigtes und unglückliches Nachlassen des Tempos.

13 *Tanz der Ahnen*

Ob das Tempo metronomisch stimmt oder nicht, dieses *Tempo di strip-tease* ist zu langsam, und bei (138) ist die Musik stumpfsinniger als Walt Disneys sterbende Dinosaurier. Beim zweiten Takt nach (136) müßten die Triolentöne getrennt, nicht aneinandergeklebt werden. Bei (139) ist die Baßtrompete zu schwach und das Englischhorn zu stark. Bei (140) ist die Intonation der Klarinette schlecht. Das Rubato drei Takte vor (142) ist unnötig und entkräftend.

. . . doch *dies* ist zu schnell, und die Abtakte des Ostinatos sind zu laut, insbesondere beim ersten Horn und den ersten Violinen. Die Trompeten fangen bei (132) so unbestimmt an und schrauben ihre Zuversicht so langsam hoch, daß man meint, sie sind nicht sicher, ob sie noch an der richtigen Stelle sind. Nebenbei mag ich diese Passage nicht, wenn man sie *legato* spielt, auch wenn sie so gedruckt steht.

Ich höre merkwürdige »Happenings« des Schlagzeugs bei (131); hat jemand etwas fallen lassen? Probt irgend jemand ein anderes Stück? Die Artikulation der Trompete bei (132) ist lobenswert, doch sind die Trompeten und Posaunen bei (134) im Verhältnis zu den Hörnern zu laut. Die Balance zwischen der Baßtrompete und der G-Flöte ist gut; dieser kleine Dialog, zusammen mit den folgenden Klarinettenmelismen, ist nebenbei die beste Musik in diesem Satz. Der Rest, seit langem ein Modell für Filmmusik zu Safarisequenzen, hat sich am schlechtesten gehalten. Es wäre ein Trost zu wissen, daß der Fehler darin liegt, daß die Stelle sich leicht nachahmen läßt.

14 *Opfertanz der Auserwählten*

Das träge Tempo gibt irgendwelcher Spannung, die bis zu diesem Punkt noch bestanden hat, den Gnadenstoß. Bei (189) ist die Balance schief, weil die erste

Das Tempo zu Beginn ist zwar schnell, aber gut. Dann bei (157) und (159) scheint es unangemessen schnell, und die Spannung wird dadurch genauso ver-

Der Pauker verzählt sich irgendwo in der Nähe von (148) und beendet diesen Abschnitt in völliger Unabhängigkeit von seinen Kollegen des Or-

Trompete, neben anderen Missetätern, im Verhältnis zur D-Trompete zu laut ist.

schwendet wie durch Karajans Tempo. Nebenbei schenkt keine dieser Aufführungen dem Iktusakzent die geringste Aufmerksamkeit:

Das Accelerando bei (165) fängt zu früh an, das Tempo schleppt drei Takte vor (190), und das Orchester ist nicht immer zusammen, beispielsweise zwei Takte vor (154).

chesters, eine Art von Fehler, die abermals beweist, wie ungewohnt diese Partitur für Musiker der Sowjetunion ist. Das Tempo ist gut, und trotz der Schlampigkeit ist die Nebennierenerregung viel größer als bei den anderen Aufnahmen. Der zweite Takt nach (197), der Angelpunkt des letzten Abschnitts und des Rhythmuswechsels, fühlt sich in *dieser* Aufführung tatsächlich wie der Wendepunkt an.

Resümee: Die Aufnahme ist im allgemeinen gut, die Aufführung im allgemeinen seltsam, wenn auch auf ihre eigene Weise verfeinert – in der Tat verfeinert: ein domestizierter Wilder, kein wirklicher. Der Hauptfehler liegt im Hang zum *sostenuto;* hier sind die Längen der Töne eigentlich dieselben, wie sie bei Wagner oder Brahms wären: das dämpft die Energie der Musik und läßt das, was an rhythmischer Artikulation vorhanden ist, mühsam erklingen. Aber vielleicht hätte ich damit beginnen müssen, daß die Musik der Kultur ihrer Ausführenden

Resümee: Erstens die Aufnahme: Die immense dynamische Breite von *Sacre* wird auf das übliche Aufnahmestudio-Mezzoforte reduziert; neben der Verpackung allen Klangs in Hallraumflanell ist dies eine der schlimmsten Verfälschungen der Schallplattenindustrie. Lärm selber ist eine Art von Sprache und Lautstärke ein Element; und während die Nivellierung der Klangpegel bei einigen Musikstükken nur geringfügigen Schaden anrichtet, raubt sie der Partitur von *Le Sacre* eine ihrer wesentlichen Dimensionen; das ist zum Teil der Grund, weswegen sogar heute eine Kon-

Resümee: Da es sich hier bloß um die Aufnahme eines öffentlichen Konzertes handelt, können weder Aufführung noch Aufnahmetechnik dem Vergleich mit den zwei anderen im Studio zurechtgeschnittenen Aufnahmen standhalten. Doch während die Musik bei der französischen Aufnahme französisch und bei der deutschen deutsch klingt, gelingt es den Russen, sie russisch klingen zu lassen, was genau richtig ist. (Mir fehlt hier der Raum, verständlich zu machen, was ich mir, auf die Musik angewandt, unter diesen Nationalbezeichnungen vorstelle.) Außerdem, fremd ist. Schönberg erkannte sie als einen Angriff auf die mitteleuropäische Tradition, als er sagte, es erinnere ihn an »die wilden Negerpotentaten, die nichts weiter anhaben als Krawatte und Zylinderhut«. (Als ihm 1925 berichtet wurde, ich hätte erklärt, sein Zwölftonsystem sei eine Sackgasse, antwortete er: »Es gibt keine sackere Gasse als ›Sacre‹.«) Aber ich zweifele, ob *Le Sacre* befriedigend im Rahmen der Tradition des Herrn von Karajan aufgeführt werden könnte. Ich möchte nicht unterstellen, daß er nun dabei nicht in seinen Tiefen sei, sondern daß er in meinen Untiefen ist – beziehungsweise meinen einfachen Massenbildungen und Vergegenständlichungen. Es gibt im *Sacre du printemps* einfach keine Bereiche der Seelenforschung.

zertaufführung für jeden einen Schock bedeutet, der das Werk durch Schallplattenaufnahmen kennengelernt hat. Zweitens die Aufführung: Sie ist weniger gut, als ich mir erhofft hatte, da die Ansprüche im Falle von Maître Boulez sehr hoch sind. Man hätte vermutet, daß diese Musik sein Bier wäre, zumal die Tatsache, daß ihm Herrn von Karajans Art von *Kultur** völlig abgeht, hier von Vorteil ist. Von einigen schlampigen Stellen abgesehen, in dieser Aufführung überraschend, doch nicht von Wichtigkeit, gibt es einige sehr schlechte Tempi. Die Artikulation ist im allgemeinen ausgezeichnet und sehr erholsam gegenüber der Aufnahme der Deutschen Grammophon Gesellschaft.

wenn *Sacre* für das russische Orchester neu ist, für die konservativen sozialistischen Zuhörer muß es wie der Schlachtruf der Sansculotten geklungen haben. Zumindest wird dadurch die Luft prickelnd, im Gegensatz zu der smogverseuchten Atmosphäre unserer Großstädte, in denen *Sacre* zum Schaustück der Dirigenten degradiert wurde, für das, wenn man Glück hat, eine einzige Probe angesetzt wird.

Keine von den drei Aufführungen ist so gut, daß man sie aufbewahren müßte.

* Deutsch im Original.

*Ein Reich der Wahrheit**

Kerman ist ein hochgesinnter Führer. Ich empfehle ihn hochgesinnten Lesern wie auch Scheine sammelnden Studenten, die eine Eselsbrücke brauchen, falls in diesen Tagen der Studentenherrschaft irgend jemand so etwas noch braucht. Auch würde ich aufs nachdrücklichste Musikern empfehlen, es mit dem Buch zu versuchen, insbesondere denjenigen, die Hilfsbücher verachten und dazu tendieren, sich vor harmonischer Algebra und den anderen Bezügen, die Herr Kerman eingehend darstellt, zu drükken. Aber auch gewöhnliche Leser sollten es mit dem Buch versuchen. Sie werden sich über die Benennung von Tonarten und das Aufzeichnen harmonischer Bahnen beschweren. Dennoch läßt Kerman den großen Plan eines jeden Quartetts nie aus dem Auge, und man kann ihm auf dieser Ebene folgen, indem man dem Dickicht der technischen Darlegung ausweicht. Auf alle Fälle ist Musik der Gegenstand des Buches, nicht Beethovens Illustrationen von des Autors kritischen Prinzipien und nicht Funktionsanalyse oder die anderen Sorten, die heutzutage wimmeln wie Lösungen auf der Suche nach Problemen.

Die Besprechung der späten Quartette, auf die ich meine Anmerkungen beschränken muß, wird stückweise unter den Rubriken »Stimme«, »Kontrast«, »Fuge« sowie »Dissoziation und Integration« geliefert. Die Verschiedenheit der Standpunkte ist nützlich, wenn man sich mit Beethovens eigener Mannigfaltigkeit befaßt, nicht jedoch für diejenigen, die es vorziehen würden, sämtliche Akten über jedes Quartett an einer Stelle zu finden, und die, wie sie glauben, sich weniger für Gruppenkennzeichen als für Unterscheidungsmerkmale interessieren. Das Buch bleibt nichtsdestoweniger reich an Einsichten, gleich, wie sie subsumiert werden. Kerman hat die Gewalt eines spezifischen Werkzeugs von Beethoven, der Tonalität, klar begrif-

* *The Beethoven Quartets* von Joseph Kerman (Alfred A. Knopf, New York, Oxford University Press, London 1967). Rezension erschienen in *The New York Review of Books*, 28. September 1968.

fen; beispielsweise von den quasi optischen Mitteln der Konzentration, mit denen er sowohl Vorwegnahme – indem er ferne Bestimmungsorte groß erscheinen läßt – wie auch Überraschung schafft. Auch ist Kermans Untersuchung der anderen Aspekte der Quartette, und Beethovens überhaupt, nicht weniger scharfsinnig. Wertvolle Beobachtungen zu solchen Tatsachen wie den Eigentümlichkeiten der Gattungen und der quantitativen Seltenheit von Verwandtschaften, die auf dem übermäßigen Dreiklang beruhen, finden sich auf nahezu jeder Seite.

Frühere Kritik wird behandelt, aber wenig davon scheint intelligent genug gewesen zu sein, um irreparablen Schaden verursacht zu haben. (Ich hätte meinerseits die Sache mit einer kürzeren Beichte abgehandelt, und es will mir nicht einleuchten, warum Daniel Gregory Mason von solcher Bedeutung sein sollte, wenn überhaupt.) Ich bewundere Herrn Kermans ... nun sagen wir, Tapferkeit – ja, es verschlug mir sogar die Sprache, als ich in seiner Darstellung las, wie Beethoven das »weitschweifige« erste Thema im Finale seines Es-Dur-Quartetts hätte stutzen können. Auch bewundere ich die Schreibkunst des Autors, abgesehen von solchen Lieblingsausdrücken wie »contrasty« und »doublet«, worunter mir regelmäßig an erster Stelle ein Wams einfallen wollte. Ausrutscher sind so selten, daß, wenn er nun einmal hinfällt (»Fast denkt man an den Heiligen Dankgesang«: daran kann man nicht *fast* denken), der Grund nur darin liegen kann, daß er so überfeinert ist. Seine Argumente sind die entscheidenden, und sie werden klar und zwingend vorgelegt. Schließlich sind sie doch Argumente zu den höchsten Werten in unserer Kunst.

Eine Beschränkung auf die späten Quartette – und darin wiederum auf einige Punkte, bei denen ich eine konträre Meinung zur allgemeinen üblichen vertrete – ist unfair gegenüber den drei Meisterwerken, die für den russischen Botschafter in Wien, den Grafen Rasumowsky, komponiert wurden. (Es ist unfair außerdem gegenüber *La Malinconia,* jenem Versuchsballon, nicht nur, was den späteren Beethoven, sondern auch, was den Wagner vom ersten Aufzug der *Walküre* betrifft; die Quartette dazwischen sind jedoch meiner Ansicht nach nicht auf gleicher Höhe.) Wären die Rasumowsky-Quartette die letzten der Reihe, würden wir sie als das *Non plus ultra* der Gattung vorlegen, dabei zweifellos solche Passagen wie den Anfang des C-Dur-Quartetts als zukunftsträchtig deuten und in seiner atemberaubenden, starken harmonischen Bewegung das Vibrieren einer neuen Epoche entdecken.

Tatsächlich können die Rasumowsky-Quartette sich zum Teil behaupten – *nur* zum Teil, weil sie mit dem späten Schub nicht konkurrieren, weil sie in Wahrheit so verschieden sind, daß sie wenige Vergleichsmöglichkeiten bieten. Keine Musik sonst ist so voller Hochstimmung (das opernhafte Finale des ebengenannten Quartetts) und voller Eleganz (die Melodie mit den hüpfenden Appoggiaturen im Andante). Doch sind dies kaum die ersten Eigenschaften, die einem in Verbindung mit den späten Quartetten einfallen. Da wären, nach dem Rasumowsky-Standard gemessen, eher die Anomalien und Unebenheiten zu nennen, genau wie umgekehrt die Rasumowsky-Quartette den Hörer unvermeidlich an die Entwicklung zur Tiefe und Verdichtung hin, an Verwandlung der Form zur Erlangung neuer Ausdrucksziele, an stilistische Verfeinerungen gemahnen, die noch kommen sollten. Aber Vergleiche sind widerlich. Wir können uns nicht in ein Liebesverhältnis mit der Zukunft einlassen oder den Rasumowsky-Adagios mit dem Gedanken zuhören, daß die späteren Quartette »noch bessere« Musik enthalten.

Rasumowsky selber verdient ein Wort der Erwähnung. (Mehr als das, in dieser Wahlzeit: sagen wir eher eine Ehrensalve von einundzwanzig Schüssen, möglichst noch rechtzeitig, um einen weiteren Widerhall von lähmenden Plattheiten zu ersticken, wie ihn jene unsäglich schwachsinnigen Delegierten verursachen, die Kandidaten zur Wahl vorschlagen und deren Geblödel in Miami unter anderem eine »Wiedergabe« der »Mondschein-

Sonate« auf mittelgroßen Öltrommeln enthielt.) Seine Pflichten als Vertreter des russischen Reichs beim österreichischen Hof in jenem Jahr von Austerlitz müssen mindestens so anspruchsvoll gewesen sein wie die der Genossen Gromyko, Dobrynin und anderer, die den sowjetischen Imperialismus beim amerikanischen Imperialismus vertreten. Graf Rasumowsky gab jedoch nicht nur den Auftrag für diese Quartette, sondern erwarb auch und behielt die Fingerfertigkeit, die man brauchte, um darin eine Violinstimme zu spielen. Ich möchte wissen, wie viele Botschafter, Amtsträger, Wortführer der Wahrheitsministerien oder sonstige andere hohe Beamte der Großmächte heute sie überhaupt kennen.

> *Quartette werden überall verlangt; es scheint, daß unser Zeitalter tatsächlich einen Schritt vorwärts macht.* BEETHOVEN, April 1826

Das Streichquartett war der klarste Träger musikalischer Ideen, der je geschaffen wurde, und außerdem der kantabelste, d. h. menschlichste im Bereich der instrumentalen Mittel; besser gesagt: Wenn es nicht von Natur aus und notwendig so war, hat Beethoven es dazu gemacht. Was seine angeborenen Möglichkeiten betrifft, konnte es ein schnelleres Maß von Harmoniewechsel registrieren als das zu Beethovens Zeit noch nicht völlig chromatische Orchester, das außerdem durch Probleme des Gewichts und der Balance gehindert war. Ferner ist es, teilweise aus denselben Gründen, ein intimeres Medium; und ein gefälligeres, auf lange Frist, was Farbe betrifft: für mich jedenfalls, und deswegen, weil ich mir darin des Farbelements am wenigsten bewußt bin. Seine Fähigkeit, Töne auszuhalten, geht über die von Bläserensembles hinaus, und die Bandbreite seiner Geschwindigkeits- sowie seiner Abstufungsmöglichkeiten im Piano ist größer. Mit dem Klavier verglichen, hat es Vorteile, was die Zeichnung der Polyphonie und die größere Mannigfaltigkeit der dynamischen Artikulation und der Nuancen betrifft.

Es-Dur

> *[...] der Unglückliche war damals schon so taub, daß er die himmlischen Klänge seiner Compositionen nicht mehr vernahm [...] Mit gespannter Aufmerksamkeit folgten seine Augen dem Bogen, und darnach wußte er die kleinsten Schwankungen im Tempo oder Rhythmus zu beurteilen.*
>
> JOSEPH BÖHM über die Proben zur Uraufführung im März 1825

Das Es-Dur-Werk und das größere und neuerungsträchtigere in cis-Moll sind die einheitlichsten, folgerichtigsten und befriedigendsten der späten Quartette. Doch, vom Erfolg abgesehen, scheinen mir die Ähnlichkeiten – in der Hauptsache »morphologische« und »architektonische« Ähnlichkeiten der Variationssätze – künstlich zu sein. Was die zwei Quartette unbestreitbar verbindet, ist ihr Einfluß auf Wagner. »Der nach ihm kommt, wird nicht fortsetzen, er wird anfangen müssen, denn sein Vorgänger hörte nur auf, wo die Kunst aufhört.« So lautet Grillparzers Grabrede auf Beethoven, und wenn es scheint, als habe der Dichter beim Schreiben Wagner im Sinne gehabt, so gilt das ebenfalls für Beethoven selber in den *Adagio molto espressivo*-Variationen dieses Es-Dur-Quartetts. Auf alle Fälle ist es klar, daß die Botschaft der Musik für Wagner *»Bonjour, Tristan«* geheißen hat.

Die Pizzicato-Figur am Anfang des Scherzando leitet sich vom vorausgegangenen Satz her (bei Takt 120 und, in gestrichener Spielart, bei Takt 95); genaugenommen ist das vielleicht keine fundierte Feststellung: trotzdem ist die Verwandtschaft interessant, weil sie ohne weiteres zu hören ist, sogar bei Intervallumkehrung. Ein ähnliches und nicht weniger ohrenfälliges Bindeglied bildet die Wiederkehr jenes Merkmals des Scherzando, der betonten zweiten Zählzeit (wie auch der stummen ersten und dritten Zählzeit) in den letzten Takten vom Finale. Nebenbei ziehe ich dieses Finale allen anderen in den Quartetten vor, und zwar samt und sonders, das aufbrausende, orchestrale zweite Thema nicht weniger als die Koda mit ihrem wunderbaren Wechsel von Stimmung und Taktart. Zugegeben, ich neige dazu, mich gegen Zigeuner- und ungarische Finales zu sträuben, und der Schluß des Quartetts in cis-Moll kommt einem Magyarenaufstand gleich.

a-Moll

Beethoven beschreibt sich in der Überschrift des dritten Satzes als »einen Genesenen«, aber das fortdauernde Trauma der Krankheit bleibt in der Musik leichter erkennbar. »Hysterisch«, das Wort, mit dem Kerman den Violinenausbruch am Anfang des Allegros beschreibt, gilt nach meiner Meinung auch für die Stimmungsumschwünge durch das ganze Quartett hindurch.
Während der Kopfsatz erst langsam in Gang kommt und über große Strecken hinweg zerstückelt, verkrampft wirkt, hört der zweite nicht rechtzeitig auf; so scheint es jedenfalls, wahrscheinlich, weil das Material erstens nicht von packendem Interesse und einen Augenblick lang (T 63–68) sogar wirklich langweilig ist. Und doch läßt die erhabene Ruhe des Trios den Satz ahnen, durch den (oder durch einen Teil dessen: jene Hymne im Weiße-Tasten-Kontrapunkt, nicht die eingestreuten Menuettabschnitte*) einem das Quartett im Gedächtnis bleibt. Zwei Scheiben »Menuett« und drei der Hymne schaffen einen Riesenkuchen, bloß daß keine Integration, ja nicht einmal eine Rückwirkung stattfindet. Folglich vergißt der Hörer das »Menuett« und die Tatsache, daß Beethoven je irgendwelche »neue Kraft« fühlte.

* Wie der $^{3}/_{8}$-Abschnitt in meiner Schallplattenaufnahme gespielt wird, einer Aufführung, die sonst durch eine große Menge Herumrutschen à la Xenakis sich auszeichnet, vermutlich unter dem Druck der Gefühlserregung und der Unfähigkeit, gleichmäßig von eins bis zwei zu zählen sowie zwei aufeinanderfolgende richtig intonierte Töne zu produzieren. Schnabels Ausspruch, »große Musik ist besser, als sie aufgeführt werden kann«, wurde allzu leichtfertig aufgefaßt.

Der letzte Satz ist äußerst seltsam: ein Marsch, der dreißig Jahre früher hätte komponiert und beiseite gelegt werden können; ein bombastisches Rezitativ, das eine Variation jenes Violinenparoxysmus im ersten Satz enthält; ein Tanz, dessen spätere frenetischen Abenteuer nach dem Anfang als *Valse noble et sentimentale* nicht vorhersehbar sind.

B-Dur

Dies ist das radikalste der Quartette und auch das modernste, auf gewisse Stellen bezogen: jenes ausgeschriebene Glissando der Violine im Presto würde beispielsweise als Beitrag von Beethoven in einer Collage der Premieren von vergangener Woche unbemerkt passieren. Aber beinahe alles an diesem Quartett ist kontrovers, bemerke ich, einschließlich meiner Annahme, daß die große Auswahl an Satztypen den Wunsch bekunde, die Form zu vergrößern und die Mannigfaltigkeit der Inhalte zu bereichern: Die Anfechtbarkeit dieser Annahme wird schon aus der Tatsache ersichtlich, daß eine erweiterte Form in dem folgenden Quartett nochmals angestrebt wird; verwirklicht wird sie jedoch nicht durch Mannigfaltigkeit, sondern durch Kontinuität. Die Substanz des ersten Satzes ist reich, aber die Exposition gerät ins Wanken. Es gibt Augenblicke, etwa das Stocken zwischen T. 192 und T. 197 oder aber die vorzeitige Wiederkehr der Des-Dur-Episode in der Reprise – ich bin noch keineswegs bereit, sie wieder willkommen zu heißen –, in denen alles zusammenhanglos ist. Doch rettet bis zu einem gewissen Grad jene offene Allegro-Strecke zu Beginn der Durchführung den Satz. Also eine gemilderte Katastrophe.

In seiner Besprechung der Cavatina stellt Kerman mit Recht eine Bemerkung aus einer Anthologie meiner eigenen Excathedra-Äußerungen zur Debatte, von der ich gehofft hatte, sie sei längst vergessen. Aber ich glaube nicht – es bildet einen Teil seines Arguments –, daß die Liebe und Sorgfalt, die Beethoven in das Stück investierte (kein Auge blieb später trocken, wenn man daran dachte), und die darin sichtbaren Beweise von seelischen Narben Anspruch auf irgendwelche Nachsicht seitens der Hörer erheben können. An anderer Stelle räumt Kerman die Unmöglichkeit ein, technische Analysen mit ästhetischen Ergebnissen ins Joch zu spannen, und am Schluß seiner Studie stellt er beredt die Wirksamkeit all dessen in Frage, was er in der Tat so ausgezeichnet verrichtet hat. Jedenfalls besteht kein unmittelbarer Zusammenhang zwischen dem Ausmaß der Mühe und dem Wert des Ergebnisses, weswegen die Mühe einzig und allein Sache des Künstlers ist. Der Geist schlägt ein, wo er will: auf jeden Fall, sogar im Falle Beethovens.

Meiner Ansicht nach schlug er nicht sehr tief ein bei der Cavatina, von der mit »beklemmt« bezeichneten Episode abgesehen. (Was nicht bedeutet, daß ich recht habe und Kerman nicht. Aber, ob ich nun bei Kerman überempfindlich bin oder nicht: als Komponist muß ich es jedenfalls bei Beethoven sein.) Ich finde ihre melodisch-harmonische Substanz nicht sonderlich hervorragend, und sie wird weiter abgeschwächt durch die Art ihrer Verarbeitung. Doch ist das Stück von Anfang an belastet, indem es einen zu starken Kontrast zum vorausgegangenen Andante bildet. Wenn die Cavatina der qualvollste Satz in den späten Quartetten ist, dann muß das Andante einer der sorglosesten sein (nach Art des Allegrettos der 8. Sinfonie, wie Kerman im Hinblick auf den Schluß bemerkt, und wie ich hinzufügen würde: bei T. 18–19 ebenso). Während aber das Andante so leicht wie ein Tragflügelprofil auf der Oberfläche von des Komponisten »persönlichen Gefühlen« dahinzugleiten scheint – d. h. im Vergleich zum Tiefensturz der Cavatina –, ist das musikalische Gefühl hier, was auch immer es den Komponisten gekostet und welche Empfindungen auch immer er später darüber gehegt haben mag, das weniger oberflächliche der zwei Sätze.

Die Große Fuge

Und warum hat man die Fuge nicht nochmals verlangt? Die allein hätte wiederholt werden müssen! Rindviecher! Esel!

BEETHOVEN, März 1826

Die Große Fuge erweitert Beethovens Bedeutung mehr als irgendein anderes Werk (was nicht bedeutet, daß ich sie als ein Stück für sich betrachte und nicht bloß als einen Quartettsatz). Auch sprengt sie all unsere Maße, die menschlichen nicht weniger als die musikalischen, insbesondere durch ihre plötzliche, ununterbrochene, kaum glaubhafte Energie, die aus einer Portion musikalischen Tigers im Tank zu kommen scheint. Wir können die anderen Quartette kennen, uns an ihnen sogar versündigen, indem wir uns das, was wir lieben, nach unseren Wünschen vorstellen. Die Fuge aber kann man auf diese Weise nicht kennen. Man muß Vorurteile hinsichtlich ihrer Dimensionen und Elemente überwinden. Wenn man das erreicht hat, falls es erreicht werden kann, entdeckt man, daß keine Kette von Erwartungen in uns entsteht, daß die Musik der Vertrautheit trotzt: jedesmal neu, jedesmal anders.

Unwägbar, ob die wesentlichen Schwierigkeiten ihrer Isolierung zuzuschreiben sind – die Fuge entbehrt sowohl der Ahnen wie der Erben – oder umgekehrt; unwägbar auch die Frage, ob die Möglichkeit des Meisterwerks eine Folge geschichtlicher Schnittpunkte ist oder ob die Schnittpunkte rückwirkend durch das Ereignis des Meisterwerks entstehen. Was »stilistische Umgebungen« jedenfalls angeht sowie Kunstwerke als »Verkörperung ihres Zeitalters«, hätten Teile der Fuge auf einem Satelliten im Weltraum ausgebrütet worden sein können. Und was die Einflußlosigkeit des Stückes auf spätere Werke betrifft, so war der Grund für sie vielleicht einfach der, daß keiner mit ihm hätte mithalten, geschweige denn es übertreffen können. Aber wenn die Musik in das Bewußtsein ihres Zeitalters eingedrungen *wäre*, so hätte die Neue Musik zu einem viel früheren Zeitpunkt etwas von ihrer Schärfe verloren, und wo wären wir dann heute? (Wo sind wir eigentlich?)

Die Fuge hat immer noch eine schlechte Presse, gilt immer noch als abstrus, unbändig, dissonant und unbarmherzig laut; was nur beweist, wie wenig bekannt sie ist. Weder hat die Kritik, mangels Vergleichsmöglichkeiten – ihres wichtigsten Werkzeugs, vom Seziermesser abgesehen –, ihr neue Liebe abgewinnen können, noch hat sie, während sie das Stück zerpflückt, seine Ausdrucksbreite bemerkt, beispielsweise die Annektierung eines Gebiets, das für Debussy reserviert war (ab T. 581), oder die spielerische Verzögerung der Kadenz am Schluß des Ges-Dur-Teils*. Aber der Kritiker muß die Unvermeidbarkeit neuer Maßstäbe spüren und errät bestenfalls etwas, was der Künstler schon weiß.

Die *Overtura*, sagt Kerman, »schleudert dem Hörer sämtliche Gestalten des Themas wie eine Handvoll Steine an den Kopf«. Dieser Bildbezug auf den kleinen David scheint jedoch Verfolgungsgefühle hinsichtlich der Musik zu verraten, um so mehr, da die mit *piano* und *pianissimo* gekennzeichneten Versionen auffallend wenig Ähnlichkeit mit Steinen zeigen. (Habichtgleichnisse sind für das erste Fugenthema am passendsten, glaube ich; tatsächlich wollte ich es mit einer interkontinentalen Rakete vergleichen, als Beispiel einer musikalischen Eskalation der »Mannheimer Rakete« in der Sonate op. 2, No. 1.) Ist das tatsächlich der Fall, dann ist Kermans Auffassung davon um so bemerkenswerter, wie auch von dem Hauptstreitpunkt, nämlich der Verlagerung des Interesses von kontrapunktischen Kunstgriffen auf Themenverwandlung.

Die Wichtigkeit der Konstruktion in dieser neuen Perspektive offenbart sich in der *Overtura*, wo ein Themenverzeichnis sowohl die verschiedenen Gestalten des Themas als auch die grö-

* Was die Oktaven unmittelbar davor betrifft, so frage ich mich, ob der strategische Effekt des gleichen Kunstgriffes in Bachs zweistimmiger e-Moll-Fuge (die Strawinsky am 3. April 1969 für Orchester setzte – R. C.) sich schon früher in Beethovens Phantasie eingenistet haben könnte.

ßeren Formkomponenten vorhersagt und vorbereitet. Jede Themengestalt wird mit deutlichen Sekundärattributen ausgestattet (zu den primären zählen Tonhöhe und Rhythmus): beispielsweise mit Triller und Vorschlag bei der Version, der die komplexeste Behandlung bestimmt ist, und langsamem Tempo und leiser Dynamik bei derjenigen, die eine Episode mit ähnlicher Geschwindigkeit und Lautstärke ankündigt. Diese Sekundärmerkmale bilden eine zusätzliche Gruppe von Bezugspunkten, mit deren Hilfe man thematisches Material in entlegenen Verwandlungen erkennen wie auch Alternativansichten aufzeichnen kann: zum Beispiel Silhouetten, analog der Vorstellung, daß die Frontalansicht sich nur in den Tonhöhen und fragmentarische kontrapunktische Brechungen sich in dem doppelten Spiegel zeigen, mit dem, rhythmisch gesprochen, die As-Dur-Fuge beginnt.

Der rhythmische Aspekt der Fuge ist der radikalste, aber zugleich der am wenigsten isolierbare: die rhythmischen Einheiten und Muster werden tatsächlich so konsequent mit den thematischen Gestalten identifiziert, daß der des Rechnens gerade eben fähige Komponist (multiplizieren konnte er nicht) vielleicht das verwendet hat, was jetzt (von mathematischen Komponisten, die Große Fugen nicht schreiben können) ein Parameter rhythmischer Gebilde genannt wird. Das Vokabular selbst ist neu, geformt zum Teil durch einen beispiellosen Gebrauch von Synkopen, durch einen neuen Grad der Unterteilung* und durch unregelmäßige Dauer. Aber hier, und vor allem in der As-Dur-Fuge, dem Höhepunkt dieser gigantischen Schöpfung, durchforscht Beethoven einen Bereich, der jenseits der anderen späten Quartette liegt. Wer von denen, die heute sich dorthin versetzen lassen, bildet sich ein, er selber hätte weniger blöd reagiert, damals im Jahre 1826, als die »Rindviecher« und »Esel«?

* Die notierten gebundenen Achtel – statt Vierteln – »bringen« laut Kerman »das packende Drängen des Themas« mit sich, und so ist es, zumindest für Partiturleser, doch vor allem drücken sie die bevorstehende rhythmische Unterteilung aus. Möglicherweise deuten sie auch einen Bogenwechsel mit wenig oder gar keiner Trennung an.

cis-Moll

An Phantasie fehlt's, gottlob, weniger als je zuvor. BEETHOVEN, Sommer 1826

Alles an diesem Meisterwerk ist vollkommen, unausweichlich, unveränderlich. Auch liegt es jenseits der Vermessenheit des Lobes (zum Teil wegen Wortschatzschwierigkeiten bei solchem Unterfangen), wenngleich nicht ganz jenseits aller Kritik, die man indessen nur übertreiben könnte und die in diesem Zusammenhang von vornherein zum Verschwinden verurteilt ist. So könnte man möglicherweise das Presto, für sich genommen, als voller Wiederholungen sehen; offensichtlich falsch ist dieser Einwand aber, wenn man die Lage des Satzes im Quartett betrachtet, wo weniger keineswegs mehr wäre und Kürzung sowieso undenkbar. So wäre es auch möglich, daß die Allegretto-Variationen des Finales, die logischerweise auf eine Musik von erhabensten Gefühlen und unaussprechlicher Leuchtkraft folgen, »für sich« fast trivial erschienen. Das Presto erinnert an die Pastorale: durch den Charakter des zweiten Themas und dessen Begleitung, den begrenzten harmonischen Plan, die wiederholten Hallorufe und die Pausen gleich der Ruhe vor dem Sturm in der Sinfonie.

Zu sagen, daß sich jedes Quartett durch seine ihm eigene Klangqualität von den anderen unterscheidet, heißt wahrscheinlich nicht mehr sagen, als daß die Quartette in sich verschieden sind. Und doch ist der Glanz der Instrumente in diesen Variationen einzigartig. (»Wie Maurer singend goldene Dächer bauen«, sagt der Erzbischof von Canterbury in *Heinrich V.*) Während dieser Musik ist es einem, als ginge die Seele auf Wanderung – was gar keine große Überraschung ist, da die früheren Sätze diesen kaum definierbaren Zustand heimlich ausgebildet und verbreitet haben. Auch wird das Ätherische nicht durch die Pizzicati der $^{6}/_{8}$-Variationen zerstört, obwohl dieser Effekt nunmehr mit den Pirouetten schlagenden Nilpferden oder sonstiger unwahr-

scheinlicher Akrobatik anderer Bewohner von Herrn Disneys Trickfilmzoo in Verbindung gebracht worden ist.
Von der ganzen Musik finde ich den Anfang der Andante-moderato-Variation am ergreifendsten. Seine Stimmung ist keiner anderen ähnlich (»unempfindlich« wurde sie von einem Kommentator genannt, aber er meinte »unergründlich«), und die Intensität, sollte sie nur einen Takt länger dauern, wäre unerträglich.

F-Dur

Es wird das letzte sein und hat mir große Schwierigkeiten bereitet ...
BEETHOVEN, Oktober 1826

Die Schwächen sind offensichtlich: die Kurzatmigkeit, das Unvermögen, dem kompositorischen Vorwurf zur Geltung zu verhelfen, der stilistische Schock, den einem der letzte Satz und seine Spieldosenmelodie versetzen. Sie werden aber überwogen und an Zahl übertroffen von den Stärken. Es heißt, das Quartett bringe wenig Neues, und doch ist die wiederholte Figur im Vivace die neueste und erstaunlichste Idee, die Beethoven je gehabt hat. Auch sind die Modulationen in den Ecksätzen neu und unverbraucht; sie sind außerdem abrupt, wenigstens einige davon, als ob die Ruhelosigkeit des Komponisten sich in eine Abneigung gegen das Eingesperrtsein in irgendeiner Tonalität auf längere Zeit verwandelt hätte. Überdies läßt sich zur Verteidigung der Spieldosen sagen, daß die heutzutage allzu hübschniedliche Wirkung der Pizzicati auf der letzten Seite im Grunde auf das Schuldkonto Tschaikowskys zu buchen ist, der sie über Gebühr verwendet.
Beethoven beschrieb den langsamen Satz in einem vorläufigen Stadium als einen »süßen Ruhegesang oder Friedensgesang«; für mich aber ist er eine Trauermusik – was nicht unbedingt

einen Widerspruch bedeutet. Die zweite Variation ist auf alle Fälle ein Grabgesang, und die Ahnung des Todes in der elegischen vierten Variation ist unverkennbar.

Diese Quartette bilden die wichtigsten Artikel in meinem musikalischen Glaubensbekenntnis (was schließlich auch ein längeres Wort für Liebe ist, was denn sonst) und sind so unentbehrlich für die Kunst – so wie sie der Musiker meiner Zeit auffaßt und zu erlernen versucht hat – wie die Wärme für das Leben. Sie stellen auch einen Triumph über das Zeitliche dar, vielleicht sogar, wie die Ereignisse zu beweisen drohen, einen von längerer Dauer als andere Triumphe in anderen Künsten, denn sie können zumindest nicht ausgebombt, eingeschmolzen oder durch den Fortschritt aus dem Weg geräumt werden. Diese »Unsterblichkeit« der Musik scheint sogar von Beethovens Zeitgenossen erkannt worden zu sein. »So wird er leben für alle Zeiten!« Diese Worte Grillparzers wurden auf dem Friedhof gesprochen, als man den sterblichen Teil des Menschen in die Erde legte, der mehr Anteil an der musikalischen Schöpferkraft hatte als irgend jemand vor oder nach ihm. Der Dichter bat dann die sich verabschiedenden Trauergäste: »Und wenn euch je im Leben, wie der kommende Sturm, die Gewalt seiner Schöpfungen übermannt, . . . so erinnert euch dieser Stunde.«

ZWEITER TEIL

Aus den Tagebüchern von Robert Craft 1948–1968

1948

31. März

Washington, D. C. Als ich heute morgen im Hotel Raleigh zu meiner Verabredung mit Strawinsky eintreffe, geht Auden auf und ab in der Halle. »Der Nachtzug aus Pittsburgh hatte Verspätung«, sagt er, »und die Straws empfangen noch nicht.« Ob er dann nicht, frage ich ihn, ein zweites Frühstück haben möchte? Aber nein, das möchte er nicht: »Es gibt keine knusprigen Brötchen in Amerika.« Statt dessen zappelt er umher, raucht kettenweise und liefert eine Laienanalyse »des alten Knaben, für den offensichtlich Geld die Mutterfigur darstellt«. Plötzlich fällt ihm *The Rake's Progress* ein: er gräbt in einem ramponierten Diplomatenkoffer und holt das Typoskript hervor, das in ein Exemplar der *New York Times* eingewickelt ist. Weil er vielleicht bloß mit einer kurzen Wartezeit rechnet, schlägt er das Libretto gleich bei der letzten Szene auf, reicht es mir und sagt: »Dies könnte Sie vielleicht interessieren.« Dann, während ich mich der Lektüre widme, schlägt er in der *Times* die Todesanzeigen auf, zeigt seine Enttäuschung, wendet sich daraufhin der Bücherseite zu, stöhnt und beobachtet mich danach aus dem Augenwinkel. Ich erkläre ihm, daß ich die Szene in Bedlam für die schönste Poesie halte, die je für eine Oper bestimmt war, und er reagiert darauf, indem er mir zusätzliche zehn Minuten zubilligt, den restlichen Text zu lesen, d. h. etwa die Zeit, die *er* gebraucht hätte, ihn zu lesen. Tatsächlich habe ich kaum die erste Szene beendet, als er aufspringt und verkündet: »Gewiß muß der alte Knabe jetzt soweit sein«; worauf er im Eilschritt sich zum Empfang begibt, um anzuläuten.

»Die Lily-Pons-Suite«: so verkündet das Türschild; aber uns wird Einlaß gewährt von der hochgewachsenen, königlich schönen Frau S. im blauen Turban und weißen Morgenrock aus Pikee. Herr S. wartet hinter ihr in einem Schlafrock; während der ganzen Unterhaltung versteckt er sich hinter ihr und bleibt in ihrem Schatten, eine kleine, zahme Maus bei einer großen, freundlichen Katze. Sie begrüßen mich herzlich und ersticken Auden, den sie seit den Besprechungen über das Libretto vergangenen November in Hollywood nicht gesehen haben, mit Küssen à la russe. Auden jedoch, so liebens-, ja küssenswert er auch ist, bleibt schließlich doch ein Produkt der englischen Privatschulen und ist von solch offenen Gefühlsbezeugungen einfach schockiert. Er zuckt zusammen und stellt schnell zur Ablenkung eine Reihe von Fragen nach der Gesundheit des Ehepaars S., dem Haus und den Sperlingspapageien, nach anderen Vögeln und Katzen. Dann auch – ja, meine Güte: wir haben die Oper vergessen. Und wieder gräbt er nach dem Manuskript, das diesmal wie ein Schulaufsatz überreicht wird. Herr S. nimmt es feierlich, sogar abergläubisch entgegen und bittet Frau S. (»Veruschka« diesmal, bei anderen Gelegenheiten »Vjerotschka«) Whisky zu bringen: sonst nicht Audens Getränk, aber diesmal schluckt er es. Vier Zahnputzgläser werden schnell auf das Glück der Oper geleert, wonach ich mich weniger nervös fühle, wenn auch ein bißchen zu gut geschmiert. Aber warum war ich von Anfang an nicht sogar noch nervöser? Hat das seinen Grund darin, daß Herr. S., sowohl von seiner Musik her, wie auch von den Proben und Konzerten, bei denen ich ihm zugehört und zugeschaut hatte – zuweilen deswegen per Anhalter nach Washington, Philadelphia und Boston fahrend –, mir schon so gut bekannt vorkommt?

Herr S. erzählt von seinem neuen Konzert für Streicher, dem »Basiliensis«, und der Aufführung unter seiner Leitung vor ein paar Wochen in Mexiko-City. Während alle Zwiesprache mit Frau S. sich auf Russisch abspielt (ich habe das Gefühl, sehr viel Zeit wird darauf verwendet, mich in die Sitzordnung fürs

Mittagessen einzubauen), erzählt er in einem Gemisch von handlichen Redewendungen französischer, deutscher und englischer Sprache. Aber sein Streben nach wortwörtlicher Genauigkeit und seine Selbstunterbrechungen, um englische Äquivalente für fremdsprachliche Ausdrücke zu verlangen, können ärgerlich sein. Einmal verlangt er Aufklärung über den Unterschied zwischen einem »cad« und einem »bounder« – Wörter, die ihm in einer Detektivgeschichte begegnet sind. Doch außer der Unterscheidung, daß einer dieser Termini sich hauptsächlich auf moralisches, der andere hauptsächlich auf gesellschaftliches Benehmen bezieht, entgeht mir Audens Antwort, die sonst hätte unsterblich werden können: just in diesem Augenblick muß ich nämlich dem Kellner die Tür aufmachen.

Nach den volkstümlichen Vorstellungen vom Wandel des menschlichen Körperbaus bedeutet S. einen gewissen Rückschlag. Er ist so außergewöhnlich, zumindest in physischer Hinsicht, daß nichts weniger als eine lebensgroße Statue (nicht bloß ein Kopf oder eine Büste) oder eine ebensolche Zeichnung (das Porträt des Sitzenden von Picasso ist irreführend) seine Einmaligkeit vermitteln könnte: die zwerghafte Gestalt, die kurzen Beine, die Fleischlosigkeit, die Fußballerschultern, die großen Hände und breiten Handknöchel, der kleine Kopf mit zurückweichendem Stirnknochen, das sandfarbene Haar (auf Fotos schwarz), der glatte, rote Nacken und der hohe Haaransatz. Tatsächlich ist er so faszinierend anzuschauen, daß es eine Anstrengung bedeutet, sich auf das zu konzentrieren, was er sagt. Und wenn man aus dieser mißlichen Lage herausgefunden hat, bleibt immer noch das größere Problem, wie man reagieren soll. Viele seiner Bemerkungen sind so verblüffend, absolut und ausschließlich wie übertrieben und *parti-pris,* daß der Hörer nicht sicher sein kann, ob er hochgenommen werden soll oder nicht. Zu dieser Schwierigkeit kommt hinzu, daß offensichtlich Zustimmung erwartet wird, egal, was er sagt, und daß der Komponist *in persona* häufig das Gegenteil zu sagen scheint von dem, was er in der Autobiographie sagt, zumindest, was einige seiner Kollegen angeht. Eine Erwähnung der Sinfonischen Stücke für Blasinstrumente – Gegenstand unseres heutigen Gesprächs ist meine bevorstehende Aufführung dieses Opus in New York – ruft einen Wortschwall gegen Ansermet und dessen kürzlich gesendete Rundfunkaufführung des Werks mit dem NBC-Sinfonie-Orchester hervor.

Doch erwidern muß man. Ich mache es mir leicht mit einem Witz über »Hollywood-Komponisten, die ihre Orchestrierungen in Auftrag geben, und deren Partituren mit der Aufschrift ›Farbstoffe verwendet‹ versehen werden sollten wie die Etiketten von Lebensmittelbüchsen«. Aber ich weiß überhaupt nicht, wie ich auf seine Verdammung des Violinkonzerts von Beethoven reagieren sollte, auf seine Behauptung: »Jenes Dis im ersten Satz ist ein so häßlicher Ton.« Oder auf das Nietzschesche Argument, das der deutschen Musik ihr Deutschsein absprechen möchte: »Denn, Sie verstehen doch: Bach war Sachse, Beethoven Flame, Haydn Kroate, Mozart Österreicher, Mendelssohn Jude.« Ich streite mich nicht wegen dieser volkskundlichen Zuschreibungen, noch schlage ich andere Kandidaten vor; Auden tut es aber auch nicht, und sie werden ihm nicht weniger albern vorgekommen sein als mir.

Für eine Weile gruppieren wir uns paarweise. S. und Auden schauen sich das Libretto an, während Frau S. und ich über Bücher plaudern. Ihr Englisch ist so bezaubernd wie alles andere an ihr. Jedoch ist ihr Akzent eigentlich mehr französisch als russisch. »Sagen Sie mir bitte: was bedeutet ›Doktrin‹?«, fragt sie, aber das Wort hört sich so französisch an, daß ich nicht umhin kann zu antworten: »Eine Ärztin.« Ihre langen Wimpern flattern langsam und verführerisch über ihren großen blauen Augen, während sie fragt, ob ich auch ihrer Meinung sei, daß »Frauen mehr Verständnis für Blumen haben als Männer und daß intellektuelle Männer Blumen, außer Nelken oder Rosen, kaum je bemerken und unfähig sind, sie zu unterscheiden? Nicht nur hat Wystan unsere Sträuße nicht gerochen, sondern er hat tatsächlich seinen Mantel auf ein Büschel Gardenien gelegt, das noch in der Schachtel war. ›Igerr‹ liebt Blumen«, fährt sie fort, und läßt mir keine Zeit, über das Verhältnis zwischen Gleichgültigkeit gegen Blumen und männlichem Intellekt nachzudenken, »und hat immer Blumen in seinem Arbeitszimmer. Er pflegt und gießt sie auch selber, ja arbeitet jeden Tag im Garten, wenn er Zeit hat.« Jedoch ist »Igerrs« Ergötzung an den Blumen weniger auffallend als sein zwanghaftes Falten und sorgfältiges Wegstecken der Einwickelpapiere und Bänder.

Das Mittagessen ist einem eher zur Erholung von S.'s massiver Aufmerksamkeit unter vier Augen willkommen als in kulinarischer Hinsicht. Nun werden wir aber blau: ich jedenfalls. Und mein Kopf fängt an, sich wie ein Feuerrad zu drehen, als wir halbwegs durch die dritte Flasche Bordeaux durch sind, worauf Auden bei unversehrtem Verstand über die Linguistik als Schlüssel zur Gedankenstruktur zu plaudern anfängt und über die »britische Amme als wahren Quell aller Philosophie auf den empirischen Inseln des Empire«. Er wertet die Philosophie weiter ab mit der Behauptung, daß »sie sowieso nichts anderes als ein Spiel sein kann«, nach dem Wort des Paulus, daß »wir ein Teil dessen sind, was wir wissen«. Abgesehen davon kann ich mich nur an das Getue von S. wegen eines wackligen Tisches erinnern, an den Verdruß, den ihm ein ungeschickt hantierender Kellner verursacht, an die Besessenheit, mit der er Brotkrümchen zusammenscharrt, und an die entschuldigende Geste, mit der er zwei Flecken an der Tischdecke wegreibt (wofür möchte er nur um Verzeihung bitten?). Er macht auch eine wunderbare Bemerkung, etwa des Inhalts, daß »Musik das beste Mittel ist, das wir haben, die Zeit zu verdauen«. Und er redet ziemlich ausführlich über Wörter, was recht langsames und langwieriges Übersetzen mit sich bringt und wovon ich, wahrscheinlich wegen ihrer Unlogik, nur die Auskunft im Gedächtnis behalte, daß der russische Ausdruck für Marienkäfer »Gottes Kühlein« ist. Nach einigen Mokkatassen Espresso zieht sich S. auf ein Nickerchen zurück, wie er sagt; Frau S. jedoch prophezeit, es werde bis zum Abendessen dauern.

1949

4. Februar

New York. Abendessen mit dem Ehepaar Evelyn Waugh, das – für eine Spätparty bei den Astors, wie die beiden erklären – in Abendkleidung erscheint, deren krasse Perfektion die Falten unserer eigenen Alltagskluft noch zerknitterter erscheinen läßt. Frau W. ist schön und liebenswürdig, Herr W. dicklich, von roter Gesichtsfarbe, glatter Haut und der Haltung eines Ladestocks. Er lobt die Zimmertemperatur in unserem Hotel (dem Ambassador); in seinen Räumen im Plaza-Hotel, so beschwert er sich, müsse er alle Fenster ganz öffnen, wenn er nicht ersticken wolle: ein Geständnis, das vielleicht sowohl sein eisiges Äußeres als auch seine innere Hitze erklären könnte. I. S. erwidert auf Französisch und versucht den Wechsel der Sprache mit einem Kompliment auf den französischen Dialog in *Scott-King's Modern Europe* zu entschuldigen; aber Herr W. unterbricht und leugnet jegliche Beherrschung der Sprache in der Konversation. Als Frau W. ihm widerspricht: »Das ist Unsinn, Liebling, dein Französisch ist sehr gut«, wird sie in beleidigtem Tonfall getadelt.
Wir erwähnen Herrn W.'s Vortrag über *Das Herz aller Dinge* letzte Woche in der Town Hall, die kühlste derartige Darstellung, die ich je gesehen habe, wie sehr auch immer er sie herabsetzen möchte. Ungehindert von einem Text oder Notizen, konnte der Romanschreiber das Publikum studieren (sagt er) und den Spieß sogar gegen es kehren (sage ich). Dies folgerte ich aus den unbarmherzig beobachteten Einzelheiten in seiner Beschreibung von drei Menschen, die den Saal verlassen hatten.

Herr W. zieht es jedoch vor, über die Bestattungsindustrie zu reden und über das Verbot, ihn zu beerdigen, sollte er, wie diese Industrie wohl sehnlichst hoffe, während seines Aufenthaltes in den Vereinigten Staaten sein Leben aushauchen. Er ist auch eifrig daran interessiert, unsere eigenen Begräbnispläne zu erfahren, und ob wir – d. h. unsere *beaux restes* – für Familiengrüfte bestimmt seien. Solch erdgebundenes Gerede behagt I. S. überhaupt nicht.

Eine Krise entsteht, als die W.'s den Whisky und Kaviar der S.'s ablehnen: nicht wegen der Ablehnung, sondern weil die S.'s gedankenlos einige Worte auf russisch wechseln, was für sie in vielen Fällen eine verzeihliche Zuflucht wäre, nicht aber in diesem Fall. Die W.'s lassen sich nicht durch V.'s Scheinerklärung täuschen, als sie von den Zigaretten spricht, nach denen sie in ihrer Handtasche wühlt. Sie folgern daraus selbstverständlich – und richtig, daß sie selber Gegenstand dieses Wortwechsels waren. Endlich schlägt I. S. vor, wir sollten zum Abendessen ausgehen, und setzt dieser unergiebigen und unbehaglichen halben Stunde ein Ende.

W.'s Stimmung nimmt einen Aufschwung während des eisigen Spaziergangs von anderthalb Häuserblocks zum Restaurant »Maria's«, den er noch dazu ohne Mantel zurücklegt. Der Anblick des Bestattungsinstituts an der Ecke der Lexington Avenue und der 52. Straße stellt seine *joie de vivre* in solch hohem Maß wieder her, daß wir einen Augenblick lang befürchten, er könnte uns verlassen und den Betriebseingang erforschen. »Maria's«, klein, dunkel und übervoll, ist nicht das richtige Restaurant: hier sind die W.'s zu protzig angezogen. Dennoch verschwinden die Steifheit und das defensive Wortgeplänkel, die die S.'s für die normale englische Art halten, Bekanntschaft zu machen, mit dem Valpolicella, den der temperaturempfindliche Herr W. anwärmt. Auch scheint mir, der eminente Autor verfällt V.'s Charme. Er hat immerhin begonnen, sich ihr gegenüber galant zu benehmen, und der Argwohn in den finsteren Blicken, die in Abständen auf I. S. gerichtet werden, hat etwas nachgelassen.

Mit den *fettucine* wendet sich das Gespräch – ohne erkennbaren Zusammenhang – der Kirche zu. Hier glänzt I. S., der sich als mindestens so ultramontan wie Herr W. zeigt, genauso belesen bei Chesterton und Péguy, und genauso geneigt, an die wunderbare, lindernde Kraft von des Heiligen Januarius Blut zu glauben. Aus den Bemerkungen des Romanciers möchte ich folgern, er meine, der Komponist sei einer von Maritains jüdischen Konvertiten: eine allgemeine und, was den Einfluß Maritains angeht, zum Teil richtige Vermutung.

Eine weitere Krise zeichnet sich ab, nachdem V. die bevorstehende New Yorker Premiere der *Messe* ihres Mannes erwähnt und die W.'s dazu einlädt. Frau W. ergreift das Wort und bedauert, daß sie schon »die Heimreise gebucht« haben. Damit aber das Gespräch sich nicht in diese gefährliche Richtung fortsetzt, fügt *ihr* Mann hinzu, mit einer Plumpheit, die zu beweisen scheint, daß ihn den ganzen Abend die schon bedrohliche Vorstellung der kakophonischen Kunst von I. S. zerfleischt: »Alle Musik ist mir absolut schmerzhaft.« Diese Feststellung kann man nur ignorieren, und das tut V. auf herrliche Weise, sie macht Herrn W. ein Kompliment für *seine* Kunst und zieht einen Vergleich zwischen seinem *Decline and Fall* und Sades *Justine*. Als Herr W. schließlich begreift, daß die S.'s alles, was er geschrieben hat, gelesen haben, kommt in ihm ein neuer Charakter zum Vorschein, so großmütig und amüsant, wie der alte unbeugsam und pedantisch war. Verträgt er auch das Literatengerede von Literatentypen nicht, so scheint er es doch zu genießen, wenn es von Außenseitern kommt, wie den S.'s (obwohl sie es gar nicht sind) und sogar von Halbeingeweihten wie mir (davon gibt es viele), denn auch ich bewundere Herrn W.'s Romane und hege nicht mehr den Vorbehalt wie einst, daß Zufall und Willkür darin eine zu wichtige Rolle spielen.

Wir versuchen, etwas von ihm über andere Schriftsteller zu erfahren, werden aber mit einem einzigen, säuerlichen Hinweis auf Landsleute belohnt, die sich ebenfalls auf Vortragsreisen befinden und mit einem Lob Christopher Isherwoods. Dabei

sind die letzten zwei Adjektive ziemlich boshaft betont: »ein guter junger amerikanischer Romanschreiber«.
Als das Essen vorbei ist, bittet Herr W. um Erlaubnis, eine Zigarre zu rauchen. Er wählt eine aus einem Etui, das er in seiner Brusttasche trägt, hält sie unter seine Nase (wo sie aussieht wie der Schnurrbart eines Grenadiers), nimmt am Saugende mit einem kleinen Messer die Beschneidung vor, fährt mit der Flamme eines Streichholzes unter das andere Ende, als wärme er mit einer Kerze ein Gläschen kostbaren Cognacs an, zieht gierig an ihr und konsumiert sie. Du heiliges Rauchopfer!

10. August

Hollywood. Lunch im Farmer's Market mit Christopher Isherwood und den Huxleys; die girren miteinander wie Neuvermählte, oder wie Altvermählte, die nach einer Zänkerei sich versöhnen. Wegen seiner umfassenden Auswahl an Salaten, Samen (Aldous ißt wegen seiner Augen große Mengen von Sonnenblumensamen), Nüssen, Gesundheitskost und exotischen Früchten ist das Restaurant ein Stammlokal der Huxleys. Die anderen Tische sind in der Hauptsache besetzt von Müßiggängern, Filmstars, Flüchtlingen aus Mitteleuropa und – nach den ehrfurchtsvollen Blicken in unsere Richtung zu urteilen – Jüngern von Aldous und Igor. Für den Augenblick sind sie alle Vegetarier, und alle knabbern an ihrem Grünzeug wie die Kühe auf der Weide.
Trefflich ist Virginia Woolfs Vergleich von Isherwood mit einem Jockey. Das gilt natürlich nicht für die Kleidung, die ja weniger auffallend der Hollywood-Mode angepaßt ist, als die von Aldous und I. S. (beide protzen mit viel zu grellen Krawatten, als ob ihr Sinn fürs Schicke in solcher Entfernung von den Zentren der feinen Herrenmode heruntergekommen sei). Gemeint sind die Körpergestalt, Zwerggesicht, etwas zu kurze Beine und unproportioniert, ja affenartig lange Arme: ein Vergleich, der

sich der Aufmerksamkeit aufdrängt, da sie häufig für Meßzwecke verwendet werden. Aber man kann sich Isherwood leicht vorstellen oder sich vorstellen, wie Frau Woolf ihn sich vorstellte, ob am Wettschalter oder am Start: als ein Ornament der Rennbahn.

Seine Art ist lässig, vagabundenhaft, liebeverlassen. Man kann sich ihn nicht ohne weiteres im Zornesausbruch vorstellen, auch nicht, daß er kopfüber handeln oder längere Perioden großer Erregung ertragen würde. In gewissen Augenblicken könnten seine Gedanken auf ganz, ganz Fernes gerichtet sein, bis das Gespräch ihn brüsk zur Erde zurückruft. Er ist aber eher ein Zuhörer und ein Beobachter – er hat den starrenden Blick des Beobachters – als ein Antragsteller oder Ausleger, und seine wie in Trance fixierten Augen werden uns viel tiefer durchschauen und mehr Aspekte unseres Wesens registrieren, als hier mein Wortschwall über ihn aussagt. Zugleich ist sein Sinn für Humor sehr wach. Er behält ein chronisches oder halbpermanentes Lächeln bei (ein Netz von Fältchen um den Mund), das durch Kichern und ein gelegentliches herzhaftes Lachen mit heraushängender Zunge ergänzt wird. (Dies geschieht, als er erzählt, warum er nicht mehr zu Chaplins eingeladen wird: »Jemand hatte gesagt, ich hätte dort eines Abends, als ich blau war, auf das Sofa gepinkelt.«) Aber behaglich ist er trotz der Drolligkeit nicht. Unterhalb – denn er ist so vielschichtig wie eine *mille feuille* (die in Wirklichkeit selten mehr ist als eine *huit* oder eine *dix*) – sind Befürchtungen, deren oberste wohl die Furcht vor einem Gespräch über Musik oder vor einem erhaben-umfassenden Gespräch über »die Künste« sein könnte. Nun könnte ich mich aber gewaltig irren. Vielleicht leidet er bloß unter dem Alkoholverbot im Farmer's Market, und in diesem Fall wird der Inhalt von I. S.'s Thermosflaschen ihm eine angenehme Überraschung bereiten.

Isherwood bringt Grüße für Oll-Djuhs, wie er ihn ausspricht, von einem Swami. Sowohl Tonhöhe wie Lautstärke seiner Stimme sind etwas zu hoch, und seine Worte sind wohlgesetzt.

In seiner Antwort schweift Aldous ab, um eine unflätige Geschichte zu erzählen, die Isherwood verfolgt wie ein begieriger Schüler, »Oh, prima!« ausrufend und seine Knie reibend in Erwartung der Pointe. Auch andere Begeisterungsausdrücke wohlerzogener Jungen kommen über seine Lippen.
Was halten die beiden Männer voneinander, wenn man von ihrer sehr deutlichen gegenseitigen Zuneigung absieht? Isherwood kann es nicht mit Huxleys leisem, förmlichem Redestil aufnehmen oder mit Huxleys intellektueller Munition (einer verblüffenden Nebenbemerkung über die späteren persischen Mystiker«, einem passenden Zitat aus dem *Biathanatos*, und Mitteilungen über Aminosäuren und Zellendifferenzierung). Andrerseits hat sich der jüngere Mann zum Teil gerade dadurch einen Namen gemacht, daß er auf himmlisch intellektuellen Höhen Redefluß mied. Will er vielleicht den Weisen leise reizen, ihm die Nase sanft zwicken mit der übertrieben leichtgläubigen Art, in der er weitere Fragen über das Wunderbare, Horrende, kaum Glaubhafte stellt, das eine so bedeutende Rolle in der Rede des Älteren einnimmt? Betrachtet er ihn als ein ganz klein wenig aus dem Gleichgewicht geraten durch zu viel Buchwissen? Nicht wirklich geistig gestört natürlich, wie Don Quijote, aber ein bißchen merkwürdig immerhin?
Und habe ich unrecht, wenn ich auf Huxleys Seite gerade eine leise Spur des Zweifels entdecke gegenüber der hundertprozentigen Unbeirrbarkeit der geistigen Hingabe des Jüngeren und seiner endgültigen Trennung von der Welt sowie den Schatten eines Verdachts, daß ein letztes, noch nicht verbranntes Boot vielleicht doch noch irgendwo im Schilf versteckt ist? Wir nehmen auf alle Fälle an – das ist sowohl mein Eindruck, wie auch der der Strawinskys –, daß der Jüngere es nötig hat, sich jener geistigen Übungen zu befleißigen, die der Ältere auf Anhieb beherrscht. Während aber das Huxleysche Universum das größere von den beiden ist, sitzt dessen Autor nicht auffallender im Zentrum als der Autor Isherwood im Zentrum des Isherwoodschen Universums. Das ist ein Grund, warum es eine grö-

ßere Begegnung bedeutet, mit Isherwood zusammenzutreffen als mit Aldous; ein anderer Grund ist einfach, daß die meisten von uns kaum mehr als entzückte Zuhörer von Aldous sind: nicht, weil das sein Wille wäre, sondern weil wir keine Wahl haben. Aber schließlich, ob irgendwas an diesen Spekulationen wahr ist oder nicht: Was bilden diese zwei für ein unwahrscheinliches Team, um Wedanta im Wilden Westen zu vertreten!

Wie ich I. S. kenne, fühlt er sich noch weniger behaglich als Isherwood. Er steht nicht gern einer zahlenmäßigen Übermacht von Engländern gegenüber, die ihre Sprache sprechen, und diese sehr besonderen Engländer sind ihm wahrscheinlich mit zu freier, zu reicher Wortgewalt gesegnet. Nach der Lebensregel von I. S. müssen, ja können die wichtigsten Dinge nicht gesagt werden. I. S. bildet aber auch auf andere Arten einen fast übertriebenen Kontrast: beispielsweise sein tiefes Baßorgan (gegenüber ihrem Duett von Flötenregistern); durch seine Vorliebe für das Konkrete (das Gerede dieser Engländer über Religion muß ihm abstrakt vorkommen, da er ja an die Leibhaftigkeit des Teufels glaubt, wie die Menschen einmal an Zentauren und Meerjungfern glaubten); nicht zuletzt durch das Autokratische und Unumschränkte seiner Ansichten, obwohl diese wegen seiner unvollkommenen Beherrschung des syntaktisch-einschränkenden Zubehörs in der Sprache der Flötenzungen extremer scheinen können, als sie es sind.

Ich würde einen Teil, aber nicht so viel wie die Hälfte meines Königreiches tauschen für einen flüchtigen Blick auf das Bild, das diese zwei Beobachter von I. S. zeichnen werden. Werden sie entdecken, daß die Barrikade aus Epigrammen, Paradoxen und Bonmots überhaupt nichts verbirgt, was in ihr Fach fällt, das Fach des »Intellekts«? Oder werden sie schließen, daß aus Verschwiegenheit die Schätze tiefversteckt gehalten wurden, damit man sie an anderen, günstigeren Tagen an die Oberfläche ziehen könne? Was nun die Antwort sein mag, und beide Schlußfolgerungen könnten falsch sein: die höfliche Seite von

I. S., dieser Willenspanzer der Bellona an dem Menschen und diese Stilwaffe bei dem Musiker (»Musik kann etwas symbolisieren, aber sie kann nicht Ausdruck sein«), ist die einzige Seite, die man – ausgenommen V. – zu sehen bekommt.
Warum also haben so viele Menschen fälschlich in I. S. einen »Intellektuellen« gesehen? In erster Linie, meine ich, weil er sich selber am liebsten so sehen wollte. Er ist sehr stolz auf sein »Tatsachenwissen« und möchte als ein Inbegriff der Gelehrsamkeit angesehen werden, als der höchste Richter in Angelegenheiten des Geistes. Er duldet auch nicht, daß man Begriffe wie Instinkt und Genie in bezug auf seine Person anwendet, und gibt statt dessen vor, daß »Verstand« und Technik, d. h. die Beherrschung der Mittel und die Vollkommenheit des Gehörs, die volle Ausrüstung eines Komponisten seien. »Gefühle«, das brauche ich kaum hinzuzufügen, werden als Ingrediens kaum zugelassen. Außerdem scheint er zu meinen, die Affektfunktionen seien in physiologische Zonen eingeteilt, ähnlich der Trennung von Gefühl und Intelligenz in Comtes *tableau cérébral*.
Nebenbei wurde I. S.'s intellektuelles Weltbild, abgesehen von der Musik, in ungewöhnlichem Maß von seinen Vertrauten geformt. Er ist tatsächlich äußerst empfänglich für persönlichen Einfluß; das behaupte ich, weil ich Rückwirkungen feststellen kann, die ich selber in ihm ausgelöst habe. (V. sagte, ich sei der einzige Freund in seinen Erwachsenenjahren, der eine offene Meinungsverschiedenheit mit ihm gehabt und überlebt habe: eine zweifelhafte Auszeichnung, was das Benehmen wie auch die Folgen betrifft.) Ich für meinen Teil, das brauche ich wohl nicht zu sagen, hege nur wenige bestimmte Ansichten, die »strenger intellektueller Untersuchung« widerstehen könnten (ich bin selber viel eher ein »Fühlender« als ein »Denkender«), und möchte es gewiß nicht verantworten, daß einige davon, musikalische oder andere, einen solchen Mann prägen. Aber wichtig ist die Empfänglichkeit von I. S., nicht, *wessen* Ansichten im Spiel sind.
Die Haupteinflüsse waren Diaghilew (V. führt gewisse ästheti-

sche Attitüden an, die einfach übernommen wurden, und sie betont, daß, »bevor das Alter und Amerika Strawinskys Charakter veränderten, er nur Diaghilew sein Herz geöffnet hat, und Diaghilews Kritik war die einzige, auf die er achtete«); Arthur Lourié (der für Maritain Proselyten machte); Suwtschinskij (eine Philosophie, zusammengetragen von Herzen, Roschanow, Schestow und Berdjajew); C. F. Ramuz und C. A. Cinfria (eine *Homo-faber*-Philosophie und das Ideal der Dorftugenden, was die moralische Überlegenheit der einfachen Dinge heißen will: *les vins honnêtes*, zum Beispiel – leider häufig gleichbedeutend mit Qualitätsklasse B). Gewiß müssen diese Männer, und die wenigen anderen, die I. S. intim kannten, bemerkt haben, daß – so unheimlich seine künstlerische Intelligenz ist und so fein und vielfältig die Palette seiner sinnlichen Wahrnehmung – seine kritische Reichweite außerhalb der Musik eigentümlich begrenzt ist. Was er bietet, sind Urteile ohne Prüfung in einem Niemandsland der Neigungen und Abneigungen; und in einer Zeit, in der die Niemandsländer schnell mit Pfaden ausgetreten werden, braucht die Gefahr für ihn selbst kaum noch beschrieben zu werden. Geschmack, wenn wir älter werden, wird leicht zu einengender Tyrannei.

Ich hätte natürlich diesen illustren Älteren gern viele Fragen gestellt, doch ich muß mir selber einige Vorfragen stellen. Wie verhält es sich, zum Beispiel, mit Chamforts Warnung, daß »ein Philosoph im Gefolge eines großen Mannes es nötig hat, seine wahren Gefühle zu verbergen«?

1951

28. Februar

Unterwegs von Miami nach Havanna in einem kubanischen Flugzeug. Von oben gesehen ist das südliche Florida ein Brokat aus sumpfigen Inseln, glänzenden Teichen und einem indigoblauen Seerand. Die Farben der Karibischen See flimmern wie schillernde Seide, und die Sand- und Korallenböden, die von den flachen Inseln abfallen, scheinen, aus der Luft betrachtet, kaum mehr als eine dünne Scheibe aquamarinfarbenen Glases zu sein. Die Keys, die Koralleninseln nahe Key West, das einer Festung auf einer alten Landkarte ähnelt, sehen aus wie der Skelettschwanz eines Mammuts aus der Eiszeit. Auf dem Flughafen in Havanna verkündet unsere Stewardeß, eine dumme Soubrette mit einer Stupsnase: »Dies ist Kuba.« I. S., zu mir: »Das will ich ja hoffen.«

Die Zollbeamten bieten uns gefrorene Daiquiris an, was sehr nett ist, nur haben sie leider in der Zwischenzeit unser Gepäck verloren. Havanna ist eine geruchreiche Stadt: Bratöl und Kaffee überwiegen, und letzterer scheint fast so dick, daß man ihn aus der Luft herausfiltern könnte. Wir gehen sofort zu einer Pressekonferenz in der Bar des Hotel Nacional, wo wir mit mehr Daiquiris und *entusiasmo* begrüßt werden. Lunch in La Zaragozaña (zweimal lispeln) folgt, eingehüllt in Havanna-Havanna-Rauch, und ein Besuch bei Wilfredo Lam, der uns eine private Vorführung seiner Gemälde gewährt, begleitet von viel Gerede über seine Götter, Strawinsky und Picasso.

Die Hacienda von Fifi Tarafa, wo wir zum Abendessen hingehen – diesmal eine Karaffe voll Daiquiris – enthält Fotos und viele Schallplatten von *ihrem* Gott, Toscanini. Möglicherweise ist das einer der Gründe, weshalb I. S. es vorzieht, auf dem Patio zu sitzen, der mit Terracotta-Bierflaschen (auf den Kopf gestellt) aus dem 18. Jahrhundert gepflastert ist und sich zu einem Garten hin öffnet, in dem ein Standbild von Benjamin Franklin zu sehen ist. I.S. sagt mir im Vertrauen, er sei begierig, nach Hause zu fahren und den *Rake* zu beenden*.

20. *August*

Neapel. Das Boot nach Ischia, ein Kleindampfer mit absurder Klasseneinteilung, ist überbesetzt und stinkt entsetzlich. Ich muß die ganze Strecke bis Casamicciola stehen, wo ich endlich einen Sitzplatz neben einem Mann finde, der Goldoni liest und offensichtlich versucht, eine Stelle auswendig zu lernen, die er für äußerst komisch hält. In Forio steige ich in ein armseliges Fischerboot um und werde zum Ufer hingerudert.

Wystan holt mich am Hafendamm ab, barfuß und »mit aufgerollten Hosenbeinen«; er trägt meinen Koffer (der Welt intellektuellster Gepäckträger) durch diese spielzeugartige Stadt zu seinem Haus an der Via Santa Lucia. Dieses besteht im Parterre aus einem leeren Pferdestall und einem Kutschenabstellraum, aber die oberen Zimmer sind geräumig, hell und sauber, mit Ausnahme der Brandopfer in den ungeleerten Aschenbechern, die vielleicht einen Protest gegen die Sterilität amerikanischer Reinlichkeit darstellen könnten. Auf alle Fälle sind nicht Amerikaner verantwortlich, sondern ein hübscher neapolitanischer Ganymed mit einer Wesensart, die seinem nicht ganz glaubhaften Namen, Giocondo, entspricht. Während Giocondo den Lunch ausbreitet, begeben wir uns zum Patio hin, der Domäne einer zotteligen Katze und eines Hundes, Moshé, dem

* Der *Epilog* wurde am 7. April vollendet. Eine Tagebuchnotiz erinnert mich daran, daß wir ihn an jenem Abend zusammen vierhändig spielten. Das *Vorspiel* wurde drei Tage später komponiert.

Wystan einen Ball zuwirft, das eifrig apportierende Tier mit derselben Finte immer wieder hereinlegend. Doch einmal schlägt er den armen Köter, weil er gebellt hat, was die Beschaffenheit des Geräusches verändert, so daß es dem eines Käuzchens ähnelt.

Giocondo scheint von Wystans Italienisch wenig zu verstehen; es muß ihm wohl eine Erleichterung sein, für mich ist es das jedenfalls, wenn der Dichter zur Sprache seiner Muse zurückkehrt. Was, fragt er, wird aus dem versprochenen Besuch von I. S. auf Ischia? Ich antworte, daß dieser nur stattfinden kann, wenn die Ärzte ihn billigen und wenn I. S. bereit ist, jenen Spießruten von Journalisten zu trotzen, die jetzt rund um die Uhr in der Hotelhalle Wache halten. »Ach«, meint Wystan, »in Italien wird man Journalisten los, wenn man vorgibt, an die Kirche zu glauben. Daraufhin schauen sie dich so an, als ob du die Batistärmel der Bischöfe trägst und schwärmen auseinander, wie wenn du Nachricht von der Pest gebracht hättest.« In diesem Augenblick kommt ein Kurier mit einer anderen Art von Nachricht an, in einem Expreßbrief, den Wystan an mich weiter gibt, mit der Bitte um eine gedrängte Zusammenfassung des Inhalts, ohne auch nur einen Blick darauf zu werfen. Es ist eine Einladung vom Intendanten der Scala, dem *Rake* in Venedig auf Kosten seines Hauses beizuwohnen, und Wystan kann seine Freude nicht verbergen.

Das Gespräch wendet sich automatisch dem *Rake* zu, und Wystan erzählt noch einmal seine Geschichte von Benjamin Britten, der die Oper sehr gern hat: »Alles außer der Musik« (eine Geschichte, die I. S. nicht im geringsten amüsant fand). Wegen der Partitur macht sich Wystan aber Sorgen. Ich glaube, wegen einiger der offensichtlichen Ähnlichkeiten, wie beispielsweise zwischen der ersten Bedlam-Arie und einer Arie in *Semele;* zwischen dem Fandango in der Kirchhofszene und, nun gut, einem Fandango; und zwischen »Liebe, verraten viel zu oft«, »Hört, Vater Trulove, dem Hurenchor und drei Nummern in *Così:* »*Un aura amorosa*«, »*Vorrei dir*« und »*Di scrivermi ogni giorno*«. Kurz, was ist, wenn der große Alk (der weiße Flecken um die Augen hatte und von den Neufundländer Indianern Penguin genannt wurde) sich im Sinne der Umgangssprache als eine Ente erweisen sollte?

Nachmittags gehen wir am Strand spazieren, Wystan gar mit hoher Geschwindigkeit (er trägt nun Badeschuhe), trotz der Hitze und, ihn selber ausgenommen, der allgemeinen Trägheit. Das Wasser ist jedoch badewannenwarm, und nur Moshé, der noch immer mit jedem falschen Wurf startet, zeigt eine aquatische Neigung. Nach Forio zurückgekehrt, begegnen wir Chester Kallman, der selber soeben von einem Besuch auf einem anderen Teil der Insel zurückgekehrt ist. Wystan ist immer glücklicher im Gespann mit Chester, und seine schon vorher prächtige Stimmung kommt einem jetzt im Vergleich wie Niedergeschlagenheit vor. Tatsächlich ist er in den jüngeren Dichter vernarrt, hört seiner Rede bewundernd zu, macht sogar auf besonders geschliffene Stellen darin aufmerksam und liefert hilfreiche Interpretationen bei den rauheren. Wenn Chester für einen Augenblick in die Küche geht, sagt Wystan in der Regel: »Er ist ein sehr guter Dichter und ein viel gescheiterer Mensch als ich.« Was an diesen Einschätzungen nur immer wahr sein mag, Chester ist ohne Zweifel ein *sehr* guter Koch. Durch irgendein Versehen jedoch wurde der Spinat heute abend nicht gewaschen, und nach etwas, das sich wie ein schmerzhaft kerniger Zubiß anhört, meldet Wystan beträchtliche Mengen von Sand; dann aber, damit wir ihn nicht für etepetete halten, fügt er schnell hinzu, daß es ihm überhaupt nichts ausmache, und er bringt es sogar fertig, uns zu suggerieren, daß er es nun schon gerne so habe.

Ansonsten fließt seine Rede von Verallgemeinerungen über, von denen nicht alle so ohne weiteres selbstverständlich sind. »Juden sind komplizierter als Nichtjuden«, behauptet er, was in diesem Augenblick eine angreifbare These zu sein scheint. Sein manichäischer Verstand ist fast ständig mit der Polarisierung von moralischen Unterscheidungen beschäftigt, aber diese

Aussortierung des Guten und des Bösen wird wie ein Spiel durchgeführt, ohne jegliche Annahme von Rechtschaffenheit seinerseits. Die Sprache ist eine merkwürdige Mischung aus Diözesanjargon und Sonntagsschule, beispielsweise wenn er mit heftigen, rotierenden Bewegungen der rechten Hand, den Kopf bei aufrecht gehaltenem Gesicht noch weiter zurückgelehnt, erklärt, er sei »sehr ärgerlich auf Stalin«, denn das Monstrum sei »unartig« gewesen. (Stalins Ikonen gedeihen an den Mauern von Forio Seite an Seite mit denen der Madonna.)
Als es Zeit für die *passeggiata* ist, gehen wir in ein Café auf der Piazza. Dort erheben die Librettisten ihre Gläser auf die *Rake*-Premiere. Von Wystan kommt ein *Prosit!*, da seine natürliche Fremdsprache, sogar auf Ischia, Deutsch ist. Aber die Musik, die der große Mann beim Wiedereintreffen in die Via Santa Lucia singt, stammt aus Frickas Dauerrede in der *Walküre*. Sie klingt recht sonderbar (die ganze Stadt liegt um zehn Uhr schon im Schlaf) in dieser verlassenen Mascagni-Szenerie.

21. August

Um sechs Uhr früh begleitet mich Wystan, barfuß trotz der kalten Steinfliesen, zu einem Bus, der in Laccoameno Anschluß an das Boot aus Neapel hat. Wir schaffen es gerade noch, da wir an jeder Kreuzung halten, um noch mehr Passagiere aufzunehmen und noch mehr Bündel und Pappkoffer auf das Dach zu schnüren. Weil das Boot außerdem überbesetzt ist, gehe ich in Pozzuoli an Land und kehre mit einem Taxi nach Neapel zurück. Der Fahrer ist eine reizbare Type, mit Flüchen sehr freigiebig. Seine Lieblinge sind, bei hoher Geschwindigkeit, »*Cretino!*« und bei niedriger »*Mezzo-culiliello!*«, wobei letzterer hauptsächlich auf unaufmerksame Fußgänger und Tiere Anwendung findet: Einmal stießen wir beinahe mit einem Gemüsekarren zusammen, der von einer armen alten Rosinante gezogen wird.

Als ich im Hotel ankomme, macht Dottore Musella seine Runde. Soeben hat er verkündet, I. S. sei von seiner Lungenentzündung geheilt, doch er verordnet für den Rest der Woche Bettruhe und verbietet den Ausflug nach Ischia. (I. S., sehr mager und raubvogelhaft, die Knie unter das Kinn gekrümmt und eine Packung heißer Kompressen auf dem Kopf, sieht einem Adler merkwürdig ähnlich.) Dottore Musella, wie viele von I. S.'s Ärzten in aller Welt, ist auf ein Kunstgespräch mit seinem Patienten erpicht, aber als er den Namen von Eleonora Duse erwähnt, nimmt V. das Wort und beschreibt eine Vorstellung von *Nora*, die sie als Kind in Moskau sah, in der die Duse die Titelrolle auf italienisch spielte, »sekundiert« von einer russisch sprechenden Besetzung.

Als der Dottore sich verabschiedet hat, versucht V., I. S. davon abzuraten, den *Rake* zu dirigieren, selbst wenn er seine Kräfte völlig wiedererlangt habe. Sein Wunsch, das Stück überhaupt dirigieren zu wollen, schreibt sie seiner Eitelkeit zu. Grollend antwortet I. S., daß er schließlich ein Ausführender sei, also ein Schauspieler, aber *nicht* ein eitler. »Schauspielern«, fährt er fort, »ist ein wichtiges Element meines Charakters. Mein Vater war berühmter wegen seines darstellerischen Talents als wegen seiner Stimme. Und überdies spiele ich *gern.*«

Nach dieser Abkanzelung begleite ich V. zur *farmacia*, um die Medikamente für I. S. zu holen. Wir schließen uns dort einer Schlange von amerikanischen Touristen an, die alle mit Kampfer versetzte Opiumtinktur kaufen und alle äußerst unbehaglich dreinschauen, als V., nun an der Reihe, Magnesiummilch verlangt.

5. September

Venedig. Wystan hat entdeckt, daß seine von der Scala finanzierte Unterkunft im Hotel Bauer ohne Bad und Ausblick ist, flieht zu der überdekorierten und luxuriös unbequemen Königlichen Suite der I. S.'s und bricht in Tränen aus. V. ruft daraufhin die *Direzione* an und erklärt, daß Maestro Auden nicht nur der Mitautor der *Carriere dello Libertino* ist, sondern »eine Art von Guglielmo Shakespeare, der im Buckingham Palace vom König empfangen wurde«. Selbstverständlich wird ein besseres Zimmer prompt gefunden, aber Wystans Tränen, die so viel Frustration und verletzten Stolz bekunden, haben uns alle bewegt: nicht, weil er über das passendste Alter für sie hinaus ist, sondern wegen seines weit überlegenen Verstandes.

1952

10. Mai

Paris. Die Leute, mit denen wir zu Mittag essen, widmen den größeren Teil ihres Gesprächs dem Klatsch über die Leute, mit denen wir zu Abend essen, und umgekehrt. Dies ist unangenehm, denn, wie I. S. sagt: »Leute, die *mit* dir so reden, werden genauso *über* dich reden. ›Das Urteil von Paris‹ ist kein schönes Gemälde, aber du kannst daraus lernen, daß Haß und Gier die Motive sind, die die Welt bewegen.«

Am Abend gehen wir zu den Deux Magots mit Balthus, der schlank, blaß, schön, bittersüß, dandyhaft und feminin kleiderbewußt ist. Seine Kleidung soll ihn offensichtlich als einen schottischen Edelmann ausweisen oder zumindest verbergen, daß er irgend etwas mit der Malerei zu tun haben könnte. Auf keinen Fall möchte er über Kunst sprechen. Eine Ausnahme macht nur die Verachtung, mit der er sich über die letzten Schmierereien von Chagall ergeht. Dagegen ist es schwierig, ihn von der Musik abzubringen, vor allem Schuberts Musik. Das Gespräch konzentriert sich auf Hochwürden James McLane, einen der bahnbrechenden Balthus-Sammler und Freund von I. S. in Los Angeles. Tatsächlich fungiert I. S. bald als Missionar und Botschafter in gleicher Weise für den Künstler und für den Sammler, da der Maler genauso neugierig auf seinen klerikalen Sammler ist wie umgekehrt. Doch gilt unzweifelhaft die erste Frage, die beiden in den Sinn kommt, den erotischen *sensibilia* des anderen, eine Frage, die Balthus nur sehr indirekt anschneidet.

Wie ist es mit Balthus' Porträt des Eros? Ob seine spiegelfixierten, in der Pubertät begriffenen, breitbeinigen Mädchen die fröhliche Unschuld darstellen, wie Camus und Artaud meinen, oder etwa einen lesbischen Appetit projizieren (einen Sturm hinter dem Deich), wie ich meine, denn mir scheint, daß die Mädchen ganz offen davon träumen, von einer älteren Frau betastet zu werden – was in der *Gitarrenstunde* wirklich geschieht – und daß sie alle entweder von Begierde errötet oder nach Befriedigung erblichen sind (oder umgekehrt). Sie sind bestimmt keine kleinen Mädchen, die kleine Jungen befriedigen werden (große aber auch nicht): diese kaum aufkeimenden Busen und vor Gehemmtheit juckende Schamgegend, diese Mädchenkörper mit akromegalischen Knabenköpfen, diese stummelhaften Beine – ödematöse Waden, speckrunde Knöchel, winzige Füße – sind jedenfalls weit weg von *meinen* Visionen des Wollüstigen.

Aber von dem Menschen Balthus kann ich keinen Einblick in andere Seltsamkeiten seines künstlerischen Formkanons bekommen.

Warum, zum Beispiel, macht er, ohne Zweifel ein Meister der Technik, gelegentlich den Eindruck, als ob er kaum wüßte, wie man zeichnet? Und warum, von den jugendlichen Möchtegern-Delinquenten abgesehen, gibt es in seinem Werk keinen Bezug zur Gegenwart? Tatsächlich würde eine Liste der Einflüsse auf dieses Werk wie ein Katalog von Leihgaben aus dem Louvre aussehen: Piero della Francesca, Carpaccio, Caravaggio, Velázquez (die Zwerge, Dueñas, Spiegel, Katzen, Goldfischbassins), das französische Siebzehnte Jahrhundert und Courbet, Corot, David, Ingres, Seurat, Cézanne. Welche Antworten auch immer es auf diese Fragen gibt: Balthus ist unter den lebenden Porträtisten unvergleichlich – siehe seinen »Miro« und seinen »Derain« –, und dasselbe gilt, in ihrem Genre, von seinen Landschaften, insbesondere von denen mit Bäumen in der frühen Manier von Mondrian. Nicht weniger allein steht er auch auf einem anderen Gebiet, nämlich der Darstellung des Bösen. Ich denke an *La Chambre*, in dem sicherlich die sexuell ambivalente satanische Zwerg-Hexe nicht unbeachtet bleiben darf, da das Bild mehr bedeutet als – wie I. S. sagen würde – räumliche Architektur und Helldunkel.

19. Mai

Wir erreichen das wilde und heilige Rocamadour am hohen Nachmittag und beginnen sofort, die große Klippe zu besteigen, zunächst über die einhundertdreiundvierzig Steinstufen, die von den Knien der Büßenden eines Jahrtausends abgenutzt und eingefurcht wurden, unter ihnen der Mörder Thomas à Beckets, Heinrich II. Eine Kapelle klebt wie eine Klematis über dem Abgrund. Im Inneren sind die Gebeine des Heiligen Amadour und der Altar einer Schwarzen Madonna, einer wurmstichigen Puppe mit Krone und fließendem Tüll; aber sie ist auch ein hypnotisierendes Totem, dessen Augen, fixiert auf einen Punkt im Jenseits, der Welt entsagen, dessen Lächeln eine höhere, gnostische Weisheit ausstrahlt. Daß dieser Schnitzerei wunderbare Kräfte zugeschrieben werden, wäre vor wenigen Jahrhunderten nichts Überraschendes gewesen, und tatsächlich ist es das auch heute nicht, wie eine Gruppe von Pilgern, einige hingestreckt, einige fromm ihren Rosenkranz betend, bezeugt.

Noch ein anderer Weg führt den Felsen hinauf, eine Via crucis, und über diesen Pfad setzen wir unseren Aufstieg fort, nachdem wir die Kapelle verlassen haben. An jeder Station steht eine uralte Steinbank, auf der wir wellenartige Trilobiteneinprägungen entdecken, und wir fragen uns, ob die mittelalterlichen Steinmetze diese Steine wegen der Fossilienmuster auswählten, und wenn ja, wofür sie sie wohl hielten? So hat Xenophanes seine zyklische Theorie der Erdgeschichte aus Fossilienabdrucken von Fischen in den Marmorsteinbrüchen von Syrakus abgeleitet.

Die Aussicht vom Gipfel lohnt die Anstrengungen trotz der Souvenirverkäufer. Ins Dorf Rocamadour kehren wir über eine

Autostraße zurück, die zum Haupttor, aus dem 12. Jahrhundert, hinführt. Es ist jetzt Spätnachmittag, der Fels liegt im Schatten, und die Kamine der fensterlosen, grabartigen Steingebäude fangen an, Rauch auszuströmen – ein makabrer Effekt mangels anderer Lebenszeichen. Die Behauptung des *Guide Bleu*, daß diese Wohnhäuser nie restauriert wurden, ist nur allzu wahr; schwerer fällt es zu glauben, daß darin noch Menschen leben.

Unser Hotel, das Notre Dame de Rocamadour, wurde durch nachmittelalterliche Entwicklungen der Installationstechnik nicht entstellt, doch das Restaurant ist ziemlich neuen Datums und wegen seiner Trüffeln nachdrücklich empfohlen. Wir essen auf der Terrasse, da wir den Kellner nicht enttäuschen möchten, der an unserem Tisch einige Lampions angebracht hat. Von dort beobachten wir die Frauen des Orts, die ihre Wäsche an den nahen Ufern der Alzou ausbreiten; das Klatschen der nassen Kleider auf Stein hallt durch das Tal lange nach Einbruch der Dunkelheit. Das Essen besteht aus einer *paté maison*, die allein schon eine Mahlzeit ist, einem Omelett und Kalbsbraten, alles *truffé*.

20. *Mai*

Höhleneingänge, einige davon zum Teil oder ganz mit Brettern vernagelt, sind von Zeit zu Zeit während der Fahrt von fünfundsechzig Kilometern nach Lascaux zu sehen, und viele der Namen auf den Straßenschildern – Les Eyzies, Les Combarelles und Font-de-Gaume, bekannt wegen seiner Mastodonten-Gemälde, sind berühmt in der Archäologie. (Ich könnte hinzufügen, daß die Straße selber mit diesen Hauptattraktionen der Gegend konkurriert; sie stürzt unseren Studebaker, Baujahr 1932, das beste Mietauto in Souillac, bis auf die Kotflügel in Löcher.) Der Name Lascaux erscheint jedoch erst ab Montignac-sur-Vézère, der Stadt, die der berühmtesten der ausgemalten

Magdalénienschen Höhlen am nächsten gelegen ist. Einige Kilometer nach Montignac fahren wir ein Stück bergauf und erreichen eine Lichtung, von der ein Fußweg durch Kiefernwälder zum Eingang führt. Dort, auf einem Baum angeschlagen, findet sich, wie in Krankenhäusern, eine Bekanntgabe der Besuchstage und -stunden. Da diese äußerst rar sind, wundern wir uns, warum diese möglicherweise fatale Information nicht schon in Paris zu haben war, und staunen über unser Glück, daß unsere Ankunft mit einer der seltenen Einlaßzeiten zusammentrifft.

Der Führer ist einer der Entdecker der Höhle, ein ehemaliges Mitglied jener Gruppe von Schülern, die vor zwölf Jahren auf sie gestoßen sind, als sie einen Ball suchten, der in ein golfballgroßes Loch verschwunden war. Nachdem sie mit Stöcken sondiert und den Weg hinein schließlich freigeschaufelt hatten, waren diese Jungen die ersten, die die große, verborgene Sixtinische Kapelle der Steinzeitkunst sahen. Den eigentlichen Eingang hat man nie gefunden, wahrscheinlich wurde er infolge einer vulkanischen Verwerfung zugeschüttet. Wir treten durch eine Luftsperrkammer ein, ein Doppelpaar von Eisentüren, die erst vor kurzem installiert wurden.

Durchsickerndes Wasser von der Felsendecke hat den Boden diesseits und jenseits der ersten Tür überflutet, aber ich würde die feuchte Kälte und das gruselige Kribbeln, das sie verursacht, jederzeit den Stichen der Klaustrophobie vorziehen, die mich quälen, sobald wir aus den Luftkammerpropyläen in die eigentliche Höhle eintreten. All diese Empfindungen sind verscheucht oder vergessen, sobald unsere Augen sich an das trübe Glühen eines Dutzends schwacher Scheinwerfer gewöhnt haben – unheimlich, weil sie an die Fettlampen der Troglodytenkünstler denken lassen –, und als wir mit Hilfe der Laterne unseres Führers lebhafte rote und gelbe Flecken und glitzernde schwarze Linien an den Wänden und Decken vor und über uns erkennen.

Als meine Augen aus diesem System von Linien und Farben

einen Stier formen, vermute ich eine optische Täuschung. Dann beginnen die Schönheit und die Kraft des Tieres, sein Rhythmus an der rauhen Oberfläche, Zauberkraft auszuüben, und eine Ehrfurcht ergreift mich, wie ich sie bei keinem Tempel *auf* der Erde erlebt habe. Sie wirkt ohne Zweifel um so stärker, weil der Steinzeitmensch, wenn ich überhaupt an ihn gedacht habe, bisher in mir nur einen vagen Abscheu hervorgerufen hat. Aber ich glaube, kein Zuschauer kann sich der Überwältigung durch ein Schauspiel so prangenden Lebens entziehen – nach einem Augenblick des Unglaubens, versteht sich, der dem unermeßlichen und unbegreiflichen Abgrund von so vielen Tausenden Jahren zuzuschreiben ist.

Die Höhle hat die Form eines Zahns, nicht nur, weil die zwei Hauptkammern sich von der Hauptwölbung wie Zahnwurzeln abzweigen, sondern weil die rechte Wurzel ein Loch hat, das sich ins Erdzahnfleisch bis zu einer Tiefe von etwa zweieinhalb Metern hineinbohrt. In diesem Loch findet sich die einzige Darstellung eines Menschen in der Höhle, und unser Besuch dort ist der Wendepunkt der Reise, denn unsere Erlebnisse waren bisher in erster Linie ästhetische, während uns nach diesem Anblick Sinn und Bedeutung interessieren. Die menschliche Figur ist schematisch hingekratzt wie ein Stabmensch. Im übrigen hat sie einen Vogelkopf, aber das Merkmal, das ansonsten am meisten auffällt, ist das halbaufgerichtete und aufgeblähte Geschlechtsteil. Was auch immer die Figur darstellen soll: einen Schamanen, Jäger oder Gott, der Kontrast zwischen den naturalistisch vollkommenen Tierschilderungen und der Unreife dieses Piktographs impliziert eine komplexe Beziehung zwischen Mensch und Tier, die ein System von Naturgöttern und göttlichen Attributen (Zoomorphismus) in sich schließt; und von rituellem, sympathischem Zauber, denn ein dazupassender Zauberstab mit Vogelkopf ist in der Nähe des Vogelmenschen eingeritzt, wie auch eine Keule und ein Pfeil. Kurz, wir werden mit Symbolen und symbolschaffender Macht konfrontiert, daher mit dem Beweis für das Vorhandensein eines dualistischen Glaubenssystems vor zwei- bis dreihundert Jahrhunderten.

Dennoch ist diese Entdeckung eines metaphysischen Höhlenmenschen nicht eindrucksvoller als die Entdeckung seiner verfeinerten künstlerischen Technik und der Zartheit seines künstlerischen Gefühls. Schließlich muß er ganz ähnlich wie die Tiere gelebt haben, die er erlegte, doch ist seine Kunst, sogar nach akademischem Maßstab betrachtet, so wenig primitiv, wie man sie sich nur denken kann. Die Gefühlseinheit des Künstlers, die zum Teil erklärt, warum die Tiere so real und fast lebendig wie von gestern wirken, ist mit einer Meisterschaft der Proportion, einer Gewalt der Linie, einer intelligenten Fähigkeit des Abkürzens verbunden, die mir alle so gekonnt erscheinen wie die Bildschöpfungen irgendeiner historischen Periode seitdem.

Um uns zu Beginn des Rundgangs mit dem erstaunlichen Überfluß an Malereien bekanntzumachen, läßt der Führer seine Laterne panoramahaft über sämtliche ausgeschmückten Flächen des ovalförmigen Hauptraums spielen. Das Übermalen von Tier auf Tier, vermutlich durch aufeinanderfolgende Künstlergenerationen, ist zuerst verwirrend, und trotzdem hebt sich die Gestalt des Umrisses, den man mit dem Auge gerade verfolgen will, deutlich ab. Dies, wie ich meine – als ob ich irgend etwas über den Bewußtseinszustand eines prälogischen Verstandes von vor dreißig Jahrtausenden »meinen« könnte –, ist möglich, weil jeder Künstler seine eigene Ansicht einer gemalten Fläche gebildet und sein eigenes Bild nach seinem eigenen neuen und unterschiedlichen Maßstab komponiert haben muß. In jedem einzelnen Fall scheinen die Umrisse und Oberflächenbeschaffenheit der Kalzitwände die bestimmenden Faktoren der Komposition zu sein. So überlappt eine Wirbellinie einen Riß im Felsen oder läuft kongruent mit ihm, und eine Augenhöhle erweist sich als ein natürliches Loch oder eine Einkerbung, von welcher Stelle aus das ganze Tier entworfen worden ist. Kein Tier wurde in ein rechteckiges Feld gesetzt, und keines scheint nach irgendeiner Visierlinie oder nach dem Auge irgendeines

Betrachters, außer dem des Künstlers, komponiert worden zu sein, was einen daran erinnert, daß, trotz aller gerahmten Farbvierecke in viereckigen Räumen überall in der Welt, weder die Natur noch das menschliche Auge schachtelförmig sind.

Demgemäß können einen weder Fotografien noch Zeichnungen auf die dreidimensionalen Wirkungen der Wölbungen und Höhlungen der Oberflächen vorbereiten, und sämtliche Fotografien haben uns vollkommen irregeleitet, was Farbe und Maßstab betrifft, so verschieden groß sind die Tiere und so prächtig die Farben – man erwartet matte, abgeblätterte Linien zu sehen, in der Dunkelheit kaum sichtbar, und Gestalten, die mindestens so verblaßt sind wie Uccellos Noah-Fresken. Tatsächlich funkeln das Rot, das Gelb und das Schwarz, als ob sie frisch lackiert und noch gar nicht trocken wären; Leonardos Abendmahl ist in viel schlechterem Zustand. Diese Lebendigkeit und dieser ungewöhnliche Erhaltungszustand – die jenen ersten Augenblick des Zweifels zum Teil erklären – werden uns als purer glücklicher geologischer Zufall erklärt. Die Höhle muß während der meisten der schätzungsweise zwanzig- bis dreißigtausend Jahre seit ihrer Bemalung wie ein Einmachglas abgedichtet gewesen sein.

Die rechte Mauer der rechten Wurzel ist vom Hauptraum bis hin zur Gruft des Vogelmenschen mit Zeichnungen bedeckt. Dahinter finden sich auf der hervorquellenden und zurückweichenden Oberfläche – uns überrascht, daß sie nie künstlich geglättet oder eingeebnet wurde – Pferde und Rinder, ehe die Kammer sich nabelartig in die Erde windet. Und die linke Wurzel dreht sich noch plötzlicher und noch tiefer weg und ist sogar noch reicher ausgeschmückt. Pfeile sind hier außerdem noch zahlreicher abgebildet als anderswo in der Höhle, sowohl *in* ihren Zielen, den Huftieren, wie auf dem Boden – falls es der Boden *ist*: denn des Betrachters Befangenheit in der Perspektive legt *ihm* Schranken auf.

Unsere Besichtigung endet, als der Führer uns darauf aufmerksam macht, daß der Luftvorrat nur gering ist und deshalb die

Besuchszeit auf eine Stunde begrenzt sein muß. Eine längere Zeit würde die Malereien verderben, aber sie würde auch eine visuelle Verdauungsstörung verursachen, in mir auf jeden Fall, denn wieder draußen, in der Morgensonne, schreibe ich mein eigenes Gefühl des Erstickens und der Vergiftung weniger der anämischen Luft der Höhle als dem wimmelnden chthonischen Leben zu. Auch hallt die Stille der Höhle noch in mir nach, und ich scheine an einer Art von Luft- oder besser Zeitembolie zu leiden, in Ermangelung eines Zeitdekompressors oder einer Wellsschen Zeitmaschine, die mich in die Gegenwart zurückschleudern könnte.

Wir besteigen den Hügel über der Höhle und tauchen aus den Wäldern in ein Feld von Kornblumen und wildem Mohn. Doch die Höhle verfolgt uns auch dort weiter. Mich wird sie wohl mein Leben lang verfolgen.

26. Dezember

New York. Ein Weihnachtsmahl bei Auden. Er küßt uns, als wir eintreten. Dazu hat er sich das Vorrecht durch einen Mistelzweig gesichert, der über der Barrikade von Bücherkisten bei der Tür baumelt (die nicht fest schließt und die Wohnung Räubern zugänglich macht). In Pantoffeln herumschlurfend (eigentlich *babouches,* zur Schonung seiner entzündeten Ballen), verteilt er einen Haufen von reizend eingewickelten und verschnürten Weihnachtsgeschenken: für mich ein Exemplar seines Essays über Sydney Smith, *Portrait of a Whig,* und sein neues Gedicht, *The Woods.*

Das Appartement ist für die Weihnachtszeit phantasievoll dekoriert: mit leeren Flaschen, gebrauchten Martinigläsern, Büchern, Papieren, Schallplatten – alles realistisch verstreut, um einen wunderbar lebendigen Eindruck der Zufälligkeit zu erzeugen. Und die Dekorateure haben außerdem andere, subtile malerische Züge zustandegebracht, indem sie etwa, an Stelle von

Weihrauch, die Wohnung mit verbrauchter Schnapsluft füllten. Wir bemühen uns um die Stühle, die als letzte benützt und daher abgestaubt wurden – die Möbel machen den Eindruck, als ob sie mit Rabattmarken gekauft wären – und wählen dann unsere Getränke. Zuvor kippen wir Zigarettenstummel und Asche, den Satz früherer Getränke und andere Überbleibsel aus den Gläsern weg, in denen die Erfrischungen unserer Wahl aller Wahrscheinlichkeit nach serviert werden dürften. Doch kurz vor Beginn des Essens bringt die feine Trennungslinie zwischen Dekor und Realität V. für einen Augenblick in Verwirrung. Beim Betreten des Badezimmers findet sie Rasierutensilien und anderes im Waschbecken, ein Glas, in dem ein billiges Gebiß ruht, einen Spiegel, in dem man sich unmöglich überhaupt *erkennen* könnte, ein Handtuch, das den Benutzer dazu zwingen würde, noch einmal anzufangen, und auf dem Fußboden eine Schüssel mit einer schmutzigen Flüssigkeit, die sie gedankenlos ausleert und durch frisches Wasser ersetzt. Erst als der Nachtisch an die Reihe kommt, entdecken wir mit gemischten Gefühlen, daß sie Chesters Schokoladenpudding hinuntergespült hat.

Wystan amüsiert uns beim Essen mit Geschichten von einer Maus, die mit ihm die Wohnung teilt, zweifellos auch hier geboren und großgezogen, und die er sehr gern zu haben beteuert. »Es liegen gewöhnlich genug Brocken zu essen für das arme liebe Ding herum«, sagt er, und fordert somit zu Spekulationen über anderes Getier heraus, das hier vielleicht Kostgänger sein könnte. Und es liegen nicht nur Brocken herum: die Teller und das Besteck sind schmierig und, so kurzsichtig ist nun einmal der Tellerspülcr, nicht ganz frei von angetrockneten Resten früherer Mahlzeiten. Das Essen – geräucherte Muscheln, Steak, Dillkartoffeln – ist ausgezeichnet, und Wystan stopft es in sich hinein, wie Oliver Twist es vielleicht getan hätte, was auch seinen beuteltierartigen Wanst erklärt. Binnen kurzem sieht sein Teller aus wie nach einem Heuschreckenangriff. Fünf Flaschen Pommard aus einer Kiste, die auf dem Fußboden am

Ende des Tisches steht, werden dazu geleert. Ich habe nachher schwere Augenlider, aber Wystan ist ein Scheinwerfer von Intelligenz, ohne daß er seinen akademischen Hut aufsetzen müßte. Ja, die weihnachtliche Belustigung wird nur durch einen Telefonanruf von einer Bewunderin gestört (derselben, die ihn in Venedig zur Zeit des *Rake* verfolgte und der er immer wieder entkam, wie Casanova, aber aus dem entgegengesetzten Grund, indem er in vorbeifahrende Gondeln sprang und einmal fast kopfüber in den Kanal gefallen wäre).
Nach Tisch legt er Schallplatten mit Auszügen aus *Dido, Nabucco* und *Walküre* auf. I. S. weiß, daß bei ihm für Wagner geworben werden soll, ist aber nicht zu Gefälligkeit gestimmt und tut diese Musik, nachdem er sich etwa zwanzig Minuten gewunden hat, als »Improvisation« ab, was Wystan sichtlich enttäuscht.

27. Dezember

Ein Besuch von Wystan mit Edith und Osbert Sitwell. »Also, wohlgemerkt«, sagt Wystan, als er uns eine Stunde vorher instruiert, »Edith säuft wie ein Fisch.« Auf diese Empfehlung hin gibt V. eine Dauerbestellung für doppelte Martinis und doppelte Scotchs auf, die in regelmäßigen Abständen heraufgeschickt werden sollen. Doch die Dichterin nippt bloß an ihrem Trunk, und ihres Bruders Hände zittern so unkontrollierbar, daß sie unmöglich etwas halten könnten. Während unseres Zusammenseins sitzt er tatsächlich die meiste Zeit auf ihnen. Das Saufen besorgen I. S. und Wystan allein. Sie saugen zu zweit alles auf, was auf dem Tablett steht.
Zu Dr. Ediths Ausrüstung gehören ein Persianermantel, dicke röhrenförmige goldene Armbänder, ein Spazierstock aus Rosenholz und eine kräftige Portion eines nicht identifizierbaren Parfüms. Doch nach dem ersten Blick bleibt unsere Aufmerksamkeit auf ihren Kopf gerichtet. Er ist in schwarze Seide gewickelt (was Wystans Behauptung, daß sie »kahl wie ein Wasser-

huhn« sei, nicht nachprüfen läßt), die, in Verbindung mit ihrer überaus achtungswerten Nase, im Profil die Ähnlichkeit mit einem Specht heraufbeschwört. Das gespenstische, kreideweiße Gesicht könnte von einem Wandteppich stammen oder aus den wirbelnden Initialien eines illuminierten Manuskripts. Doch bleiben die Augen das Bemerkenswerteste in ihrem Gesicht. Sie sind dick unterstrichen mit blauer Farbe, wie die Waidfarbe eines Kriegers im alten Britannien, und sie blicken so schmal wie aus den Augenschlitzen in einem Helm.

Dr. Edith streift beim Betreten des Zimmers ihre langen schwarzen Handschuhe ab und bemerkt, daß ein Gorilla des Ringling-Zirkus in Sarasota ihr einmal zuschaute, wie sie dies tat, es mit seinen Händen nachzuahmen versuchte und, als dies fehlschlug, die ihrigen küßte. Diese Huldigung scheint sie weder überrascht noch verschreckt zu haben, wohingegen sie zu berichten weiß, daß der Dompteur des Tieres noch immer im Krankenhaus Wiederherstellung von dem Schock sucht. Und wer, der dieser einschüchternden Frau begegnet ist, würde sich erdreisten, die Geschichte anzuzweifeln?

Als das Gespräch auf Hollywood kommt, fragt Dr. Edith I. S. nach seiner Meinung, »inwieweit Aldous wirklich an *Tantra* glaubt«. Doch was auch I. S. von Huxleys Glauben halten mag (den er ohne Zweifel als ausschließlich Aldous' Sache betrachtet), sein Sinn wendet sich wie eine Kompaßnadel einem ihm eigenen Zentrum zu: »Opfer ist die Grundlage der Religion, und auf Nagelbetten schlafen und sich von Gras nähren sind nicht Opfer, sondern Experimente.« Später am Abend beschließt er trotzdem, »die Upanischaden zu büffeln«.

Kurz nach dem Weggang dieser literarischen Fürstlichkeiten erzählt uns die Witwe von George Orwell, die über uns im Gladstone wohnt, daß sie zur selben Zeit wie wir in ihren Räumen eine Party gegeben habe, daß aber die Barbedienung sehr langsam gewesen sei. »Als ich mich beim Kellner beschwerte«, sagte sie, »gab er mir den Rat: ›Machen Sie es wie die Russen da im siebenten Stock; bestellen Sie Doppelte.‹«

1953

21. Januar

Abendessen in »Maria's« mit Auden. Sein Gesicht ist molkenweiß und zeigt Spuren der Erschütterung von den letzten Nöten mit seiner Bewunderin, die schließlich eingesperrt werden mußte. »Sie rief alle paar Minuten an, klopfte an der Türe mitten in der Nacht und hat sogar den Hausmeister bestochen, sie in meine Wohnung einzulassen. Als sie jedoch drin war, hat sie nichts getan, außer die Maße meines alten Anzugs zu nehmen, damit sie mir einen neuen kaufen könnte. Dann schließlich fing sie an, in der Öffentlichkeit zu schreien, daß wir geschlechtlich verkehrt hätten, obwohl – weiß Gott, und sie selber *in petto* – ich ihr nur einmal begegnet bin, und das auf Wunsch *ihres* Psychiaters. Und dennoch ist es unangenehm, jemand einweisen zu müssen: der Krankenwagen, die Männer in den weißen Mänteln, die Zwangsjacke und solche Sachen.«
Er spricht von der Publikationsreihe der Yale Younger Poets und seiner Aufgabe, eine Garbe von Gedichten des geworfelten Endkandidaten einzuleiten. »Heutzutage schreibt jeder Fragmente, aber ich bin noch auf der Suche nach guten ganzen Zeilen, und ›Originalität‹ und ›eindrucksvolle Bilder‹ sind die letzten Ingredienzien, die mich interessieren könnten.« Dann hält er einen Vortrag über Whisky-Kulturen gegenüber Wein-Kulturen. Er teilt ganz Europa nach diesem Maß auf, wie einst Feuerbach es in bohnenessende und kartoffelessende Kulturen aufteilte. Schließlich läßt er sich weitläufig über die Texte in I. S.'s *Cantata* aus und erklärt, daß »Whinny-Muir das Stechginstermoor ist, wo Seelen unaufhörlich mit Nesseln gebrannt

werden, eine ehemals vertraute Landschaft«, und daß »die Brig o'dred die schmale Brücke ins Fegefeuer ist, von der die bösen Menschen in die Hölle hinunterkippen«. I. S. sagt, er habe das *Lyke-Wake Dirge* nicht für schottisch gehalten, aber mir scheint, daß die Begleitung einen schottischen Bordun aufweist.

Nach dem Abendessen besuchen wir das Musical *Pal Joey;* Wystan aber verabscheut es, und die Unflätigkeit schockiert ihn. In einer Nummer stoßen die Tanzmädchen ihre nackten Hintern in die Richtung des Publikums und zeigen dabei Veilchenbuketts, die da wie Schwanzfedern befestigt sind. Darauf stürzt er aus dem Theater und erscheint nicht wieder.

1956

10. Juli

An Bord der S. S. *Vulcania,* irgendwo in der südlichen Adria. Vom periodischen Stöhnen des Nebelhorns geweckt, schaue ich aus der Luke, aber die See selber ist unsichtbar und das Pulsieren unserer Motoren so schwach, daß wir uns kaum bewegen dürften. Am späteren Vormittag enthüllt eine schmale Bahn klarer Luft eine blaue Gebirgswand, dann werden Kephallenia und Zakynthos sichtbar, aber immer noch in dicken Nebelschwaden eingehüllt, wie zerbrechliche Gegenstände für den Versand eingewickelt.

Bei Patras warten wir einige Kilometer vom Ufer entfernt auf eine Abordnung, die uns begrüßen soll, doch als sie endlich ankommt (offensichtlich war es schwierig, sie zusammenzurufen), erweist sich, daß sie nicht so sehr Gastfreundschaft als Propaganda im Sinne hat. I. S. wird um eine Stellungnahme gegen britische Greueltaten auf Zypern gebeten. Dieser Bitte weicht er jedoch aus, indem er sämtliche Greueltaten überall und zu jeder Zeit verurteilt. Als wir schließlich die für die Landung nötigen Stempel und Karten haben, steigen wir in eine Pinasse um, deren lederner alter Charon die Ruderpinne mit den bloßen Füßen lenkt und von seinen lästigen Passagieren nur mit mehreren verachtungsvollen Expektorationen in ihre (unsere) Richtung Notiz nimmt.

An den Wänden des Zollschuppens sind viele Fotografien der Greueltaten auf Zypern aufgehängt, aber es ist verwirrend, wenn man solche zeigt, auf denen Soldaten Priester einer Leibesvisitation unterwerfen, da klerikales Transvestitentum den

Gedanken nahelegt, daß ein Sittlichkeitsvergehen der wahre Anlaß zur Beschwerde sein könnte. Verlorene Söhne, von Brooklyn oder Chicago zurückgekehrt, besitzen offensichtlich nicht das Vertrauen der stets bestechlichen Zollbehörde; daher spricht keiner der Beamten, die uns durch diese Mühlen von Fragen, Dokumenten und Inspektionen schleusen, auch nur ein Wort in irgendeiner Sprache außer Griechisch. Zu dem kommt noch die Verwirrung, die ein Formular verursacht, auf dem man völlig verschiedene Waren unter einer Rubrik aufzählen soll. So müßte ein Tourist mit einer Kamera, einer Uhr, einem Pelzmantel und hundert Zigaretten die Summe von 103 deklarieren.

Wir werden von diesem Pandämonium durch die staubaufwirbelnde Ankunft eines Taxis erlöst, dessen Fahrer auf seiner Mütze den Namen unseres Hotels ankündigt: Cecil. Die gebieterische Art des Mannes im Verkehr mit den Beamten und bei der Bezahlung von ein oder zwei Leuten aus einem plötzlich aufgestellten Regiment von Gepäckträgern hätten ihn sonst als den Satrapen der Provinz oder zumindest als den Bürgermeister oder Polizeichef ausgewiesen. Daß dieser uns so gelegen kommende Mensch tatsächlich mehr ist, als er zunächst zu sein scheint, erfahren wir bei der Ankunft im Cecil. Dort nimmt er die Mütze ab und tauscht seine Zivilkleider gegen eine Uniform mit Achselschnüren. In schneller Reihenfolge entpuppt er sich als Empfangschef, Kellner, einziger Etagendiener und alleiniger Pilot eines widerwilligen und stark zitternden Fahrstuhls. Er vertritt in der Tat das gesamte Personal, wie wir schließlich erfahren, doch jetzt, wo wir in eine Halle eintreten, die von anderen nach seinen vielseitigen Funktionen schreienden Gästen wimmelt, haben wir noch nicht begriffen, daß sie vielleicht während seiner ganzen Expedition zu unserem Schiff nach ihm geschrien haben könnten.

Patras ist eine elende Stadt, eine Gefährdung unseres günstigen Vorurteils, die durch mehrere Runden von Mastika – einem griechischen Fusel – nicht ausgeglichen wird. In der Dämmerstunde gehen wir in ein Restaurant am Golfufer. Es liegt an einer Straße, deren Verkehr hauptsächlich aus überfüllten Omnibussen, aus Frauen mit Gepäck auf dem Kopf und bärtigen Priestern mit zylinderartigen Hüten besteht. Einige dieser Herren lenken trotz ihrer Röcke ihre Fahrräder sehr geschickt. Wir sitzen direkt am Wasser, die Berge Ätoliens vor uns, Kalydon hinter uns und Mesolongion im Westen. Leider ist die Aussicht besser als die Nahrung, mit Ausnahme der Oliven und eines achäischen Weins ohne Harz, aber so dick wie Malvasier; das ist jedenfalls meine Meinung, obwohl in meinem Fall der bloße Gedanke an Tintenfische, wie auch an Ragout aus Schafseingeweiden und an Kutteln genügt, eine Fastenzeit auszuhalten. I. S. hingegen ißt so viel davon, daß er später klagt, er habe »zu viele Spinnen verschluckt«. Beim Einbruch der Nacht beginnen Lichter wie Leuchtkäfer auf dem anderen Ufer zu flimmern; wir nehmen an, sie sind Zeichen einer vorher unsichtbaren Stadt, ehe sie sich zum Meerbusen hin bewegen und als Fischerboote erkennbar werden. Tatsächlich wurde die Methode, lichtempfindliche Fische wie Motten zu blenden und dann mit einem Knüppel zu schlagen, schon von antiken Schriftstellern beschrieben – »der feuererzeugende Stein der Nachtruderer« ist ja des Satyrios etwas periphrastische Definition des Kieselsteins – mit dem Unterschied, daß die Kiefernfackeln durch elektrische und Kerosinlaternen ersetzt worden sind. Unser Vergnügen an diesem Schauspiel wird indessen bald von einem Haufen Touristen unterbrochen, die aus einem Omnibus abgeladen werden und an einem Nachbartisch ein al fresco-Festessen vorgesetzt bekommen. Wir ziehen uns nach Patras in ein Café zurück und balsamieren uns dort mit weiteren Mastikas ein, obwohl man schon nach einem Gläschen schwerlich unterscheiden kann, ob das Sternenfirmament sich innerhalb oder außerhalb des Kopfes befindet.

11. Juli

Der Blick aus meinem Fenster um sechs Uhr ist wie ein Bild von Chirico: ein verlassener Platz und ein leerer Bahnhof mit einer großen neuen Uhr über dem Eingang, die die Leere in Stunden und Bruchteile von Stunden teilt. Direkt unter mir trinken Männer an kleinen Tischen auf der Straße Kaffee, lesen Zeitungen und strecken ihre Füße Schuhputzern entgegen. Jenseits des Bahnhofs sichern Fischer am Kai ihre Boote, und schon leuchtet das Ionische Meer in der Morgensonne.

Nachdem wir unsere Rechnungen bezahlt haben, packen wir uns in eine »Limousine«. Sie wird von Herrn Spyrakis gelenkt, einem erfahrenen Chauffeur, »sofort Entschlossenen« wie der Auktionator im *Rake*, informierten Cicerone (wie Eliots Mr. Eugenides spricht er demotisches Französisch) und tüchtigen Finanzminister, dessen Sporteln im richtigen Verhältnis stehen: so deutet er es jedenfalls an, aber die Betroffenen sind nicht immer der Meinung. Tatsächlich ist Herrn Spyrakis' einziger offensichtlicher Fehler ein nationaler: der allzu häufige Gebrauch der allzu stark tönenden Hupe seines Autos. Er fährt uns östlich von Patras zur Anlegestelle einer Fähre. Daher sind wir so früh aufgestanden, denn Überfahrten sind selten, und nur die erste erfolgt nach festem Fahrplan. Das Schiff, ein größeres Landungsboot aus Kriegsbeständen, ist nicht vertrauenerweckend, aber wir gehen an Bord zusammen mit einigen uralten Eselskarren, einer Ziegenherde und den *polloi* zu Fuß, unter ihnen ein barfüßiger, zerlumpter Junge, der ein Tablett voll grotesk alt ausschauender Kuchen loszuschlagen versucht. Die Fähre verkehrt zwischen den Burgen von Morea und Rumeli, venezianischen Zwillingsfestungen auf gegenüberliegenden Bergen.

Die Straße auf dem Nordufer wird bald von einer Zigeunerkarawane blockiert, die gerade dabei ist, ein schmutziges Biwak am Straßenrand zu verlassen. Die Männer treiben Esel, Hunde, Ziegen und Hühner zusammen, während die Frauen, in Decken eingewickelt und mit einer Kopfbedeckung wie die Bäuerinnen in *Les Très Riches Heures du Duc de Berry*, neben den Wagen in der Sonne bei vierzig Grad Hitze warten. Die I. S.'s sind von dieser Begegnung genauso beeindruckt wie ich, der ich ehemals dem englischen Zigeunerforscher George Henry Borrow ergeben war, enttäuscht bin. Sie glauben noch halbwegs an Kinderraub durch Zigeuner, an Zigeunerzauberei und hegen auch andere heillose Aberglauben, wie den von der Fähigkeit der Zigeuner, Warzen wegzuzaubern. Einmal rief in der Rue Passy ein Zigeuner V. auf Russisch(!) zu: »Kommen Sie her, und ich werde Ihnen Interessantes über Ihre Zukunft erzählen.« Und V. konsultiert regelmäßig eine Zigeunerin in Los Angeles, eine Chiromantin, Prophetin und Hellseherin, die von den Huxleys entdeckt und protegiert worden ist. Auch I. S. ist von den Prophezeiungen dieser Azucena beeinflußt worden, trotz seiner Beteuerungen, daß Kenntnis der Zukunft die Gegenwart unerträglich machen würde.

Lepanto (Navpaktos), die erste Stadt auf unserer Route, hat wenig oder gar keinen Wiederaufbau seit der Seeschlacht gleichen Namens erlitten (die südlich von Oxia stattfand, achtzig Kilometer westlich von hier). Es ist ein Haufen abbröckelnder Befestigungsanlagen, eine Beschreibung, die auch für die hummerförmigen Seedeiche und das Seetor des Hafens zutrifft. Nach Lepanto steigt die Straße steil an, und sie steigt und fällt steil und jäh den ganzen Weg nach Delphi. Sie ist außerdem schmal, uneben und unbefestigt, und eine dicke Staubwolke zieht sich hinter dem Wagen her. Zwei Strecken sind in Schotter eingebettet, und diese sind die allergefährlichsten. Wir rutschen, bleiben in einer davon stecken, müssen einem Schäferhund trotzen und einen Hirten um Hilfe bitten. Während der ganzen Fahrt von sieben Stunden sehen wir kein anderes Auto und überhaupt kein Fuhrwerk, nur die Maultiere und alten Frauen, die offenbar für den ganzen Gütertransport auf der Straße verantwortlich sind.

Der Boden ist größtenteils unfruchtbar, trotz dem Bau und Wiederumbau von Terrassen an jedem pflügbaren Hang, dem

Sammeln und Wiedersammeln von Steinen zu Mäuerchen. Wir sehen nur einen Überrest einer älteren Kultur: eine schmale byzantinische Bogenbrücke, die über eine Gebirgsschlucht führt. In der Nähe zerschlägt ein Frauentrupp Steine zu Kies; die Gesichter sind teilweise verschleiert: nicht zum Schutz, sondern auf orientalische Weise, denn die Augen sind immer noch fliegenden Steinsplittern ausgesetzt. Etwa drei Stunden von Lepanto entfernt, in einem Gebirgsdorf, das immer noch im Schutt aus dem Krieg erstickt, halten wir an einer Locanda an, trinken Ouzo und kaltes Brunnenwasser und essen Rahat Lukum. An einem anderen Tisch sitzen drei Männer mit den Quastenmützen, Fustanellen, Büschelpantoffeln und Knebelbärten der Hochländer. Sie sehen trotz der Kostüme wie ehemalige Briganten aus, und sollte ich zu Hause ihre gräulichen Gesichter durch mein Fenster spähend erblicken, würde ich die Polizei anrufen oder eine Pille schlucken oder ein Gebet sagen oder Abstinenzler werden. Doch sie nehmen uns nur von der Seite und ungern zur Kenntnis, da ihr Augenmerk gänzlich auf Herrn Spyrakis' »Limousine« gerichtet ist.

Nachher steigt die Straße wieder zu einem Punkt an, von dem der Golf fast bis zurück nach Patras sichtbar wird, eine so kurze Entfernung aus der Vogelperspektive, verglichen mit den gewundenen Kilometern auf der Straße. Von hier nach Amfissa ist die Landschaft weniger öde, und die ewigen Olivenbäume werden von Eukalyptus und Pfeffer abgelöst, von Oleander und Distel, die jetzt blühen. Die Einwohner benehmen sich auch weniger roh und verschlossen: Jedermann, vom zahnenden Taps bis zur zahnlosen Hexe, bettelt uns kreischend um Zigaretten an.

Das Hotel in Delphi ist noch unfertig, und unser Balkon, von dem aus man das Tal des Flusses Pleistos überblickt, hat noch keine Einfassung. Da die Sonne zu stark ist, als daß wir über Ruinen klettern könnten, wagen wir uns erst um sechs Uhr nachmittags ins Freie, aber es herrscht immer noch eine grimmige Hitze, und nur die Phädriaden liegen im Schatten. Die

Ruinen – zerborstene Säulen, zertrümmerte Mauern, verkrüppelte Tempel und Schatzkammern – sind eine Enttäuschung; aber auch die abergläubische, opportunistische und grausame Religion, deren Denkmäler sie sind, kann in mir keine Ehrfurcht erwecken. Das Orakel schmeichelte den Begünstigten, sagte den Mächtigen das, was sie hören wollten, und verkaufte das Äquivalent von Börsentips an Kapitalkräftige*.

12. Juli

Nach Athen, über Hosios Lukas, Lebadeia, Theben. I. S. ist wegen der intensiven Hitze sehr quengelig und tut die Bestände des Museums von Delphi als »Bruch« ab. Als die Sonne steigt und wir in immer heißere Täler hinabfahren, versucht er seinen Kopf zu schützen, indem er die Ecken eines Taschentuchs verknotet und es wie die Haube eines englischen Hausmädchens trägt. Ungefähr eine Stunde hinter Parnassos, als Strohdächer und Holz die Steinhütten der Hirten abgelöst haben, erblicken wir aus großer Höhe den Triodos, die Kreuzung der Straßen von Delphi nach Theben und von Daulis nach Ambrysos. I. S. sagt, er habe sich diese Landschaft nicht szenisch vorgestellt, als er seine »Trivium«-Musik komponierte, habe aber angenommen, das Gebiet sei sehr klein, während auf diesen breiten und nunmehr bewaldeten Hängen Laios und sein unerkannter Sohn einander wohl kaum bemerkt, geschweige denn sich gegenseitig den Weg streitig gemacht hätten. Plötzlich geht eine Sprengladung fünfzig Meter vor uns hoch, füllt die Straße mit Steinen und Erde, und fegt uns beinahe über den geländerlosen Rand. Als die Trümmer sich gelegt haben und wir sicher sind, springt ein Arbeiter aus einem Unterstand am darüberliegenden Hang herab, macht uns ein Zeichen zu halten (schon lange geschehen) und gibt Herrn Spyrakis zu verstehen – so deute ich

* Siehe *Greek Oracles* von H. W. Parke (Hutchinson University Library, 1968): Sein Wort zu dieser meiner Unverschämtheit. (R. C.)

nur seine Gesten in Richtung des Abgrunds –, daß wir hätten getötet werden können. Und wenn unsere Abfahrt heute morgen etwas weniger unpünktlich gewesen wäre?
Die Straße nach Hosios Lukas ist holperiger, und die Städtchen sind noch trostloser als alle anderen, die wir gesehen haben. Außer ein paar alten Frauen, die auf den Feldern hacken (»... alten Weibern gleich / Die Zundern sammeln in den Häuserlücken«), ist das Land fast ausgestorben. Herr Spyrakis erklärt diesen Umstand mit einem grauenvollen Bericht von der Ermordung der gesamten männlichen Bevölkerung im Krieg als Vergeltung für die Erschießung des *Gauleiters**. In Hosios Lukas halten wir bei einem Gartenrestaurant, aber der Gedanke an die ermordeten Dorfbewohner hat uns den Appetit genommen. In den Kirchen von Lukas Stiriotos zeigen die Wände und Decken Risse und Quetschungen, während die Kuppelfresken störend neu sind, verdorben durch zu viel Restauration. Die Klostergebäude sind synthetisch, zusammengesetzt aus Teilen von römischen und byzantinischen Mauern und modernen Backsteinen und Zement, und ihr reizvollstes Merkmal, das Dach aus Steinschindeln mit einem runden, weißgetünchten Kamin, findet man auf fast jedem Gebäude dieser Gegend, ob kirchlich oder weltlich.
Die Straße nach Athen steigt spiralartig hinab; zwar wird die Gegend mit jeder Schleife abwärts üppiger, aber die Hitze ebenso. In Lebadeia, dem Wohnsitz des Orakels von Triphonios, tauchen wir unsere Arme in die eisigen Quellgewässer und waten, bis wir von der Kälte blau werden, was dazu führt, daß wir die Hitze nachher noch mehr spüren. Wir sind kaum in der Lage, unsere Köpfe in die Richtung der Thermopylen, von Theben oder Marathon zu drehen. Letzteres hält zumindest das Versprechen einer Brise: »Der Berg blickt auf Marathon, und Marathon blickt auf die See«, und, mit den Gebirgsdörfern verglichen, macht Theben, dessen antike Überreste mit ein paar Lastwagen weggefahren werden könnten, einen fast hoffnungs-

* Deutsch im Original.

vollen Eindruck. Erfrischt schließlich durch die Kiefernwälder von Attika und die Seeluft bei Eleusis, ziehen wir von oben in Athen ein. Als erstes wird der Berg Lykabettos sichtbar, dann das Parthenon und die ausufernde, staubweiße Stadt darunter. Unser Hotel, ehemals das Grande Bretagne, heißt jetzt einfach das Grande, und gegenüber an der Statue von Byron hängt ein Schild mit der Aufschrift: »Schämst Du Dich nicht, ein Engländer zu sein?«

13. Juli

In einem Strandrestaurant südlich von Athen – auf dem Weg dorthin passieren wir einige Kilometer lang vernachlässigte Häuschen – wählen wir unsere Fische von einer Auslage, die in der durch einen Glasperlenvorhang abgetrennten Küche auf Platten wie vom Leichenhaus ausgebreitet ist, so als ob ihre ästhetischen Reize einen Hinweis auf ihre kulinarischen geben könnten. Außer den Flossenfischen gibt es Kübel voll der verschiedensten Arten von Tintenfischen. William James: »Solch flexible Intensität des Lebens, in einer unserer Sympathie so unzugänglichen Form.« Nach Athen zurückgekehrt, schleppen wir uns über steile Pfade und steigen hohe Treppen hinauf zur Akropolis, wo sonnenverbrannte und schwitzende Teutonen (in Dirndlkleidern und Lederhosen) sich gegenseitig fotografieren und laut aus dem Baedeker vorlesen. Das Innere des Parthenons ist weißer, weniger weizenfarbig, als ich erwartet hätte, da man mir als Kind sagte, es sei beige.

16. Juli

Mykene. Außerhalb der Mauern sind Ausgrabungen im Gange, doch in der Zitadelle sind wir allein, von den Geistern abgesehen: »Dies Haus, hätte es eine Stimme . . .« Der Aufstieg ist mühsam und der Weg ein Kessel; auf dem Gipfel dann nicht mehr, unter dem Berg des Propheten Elias – er wird von Winden aus Argos gekühlt und blickt über die Oliven- und Zypressenhänge nach Tiryns und Arkadien hin. Das Grab Agamemnons unterhalb der Zitadelle hat die Form eines Bienenkorbs, aber die Steinarbeit, zur Zeit des Erbauers unsichtbar unter der Ladung von Bronze, Gold und Juwelen, ist so glatt ausgekehlt wie eine Inkamauer. Das eigentliche Grab war in einer zweiten Kammer, die wie ein siamesischer Zwilling an die erste angegliedert war, doch ohne einen eigenen Eingang von außen und daher völlig dunkel. Herr Spyrakis setzt ein Stück Zeitungspapier in Brand und stößt es durch die verbindende Öffnung: nicht, damit wir etwas sehen, sagt er, sondern um etwa vorhandener Reptilien willen; denn eine Frau sei erst vor wenigen Tagen hier von einer Schlange gebissen worden. Eine passende Vergeltung an jemandem, der Agamemnons Grab berauben wollte, denke ich, aber diese Geschichte setzt meiner eigenen Erforschung des Ortes ein Ende.

Die Imkereien und Kiefernwälder von Epidaurus sind eine wunderbare Erholung, und das Amphitheater hat ein angenehm menschliches Format, nach all den Fotos, die daraus die Hollywood Bowl machen wollen. Als wir Nauplia erreichen, sind die Berge schon purpurfarben, und die Bucht ist voller Boote. Wir besteigen den Palomedes-Felsen, aber die Löwen des Heiligen Markus an den Mauern dort sind ein schwaches Sinnbild nach dem großen Löwentor von Mykene. Nach Anbruch der Dunkelheit wird der Kai für die ganze Bevölkerung zum Korso, auch für uns, bis einige kleine Jungen uns mit ihrem »Hände hoch« und »Bäng-bäng« aufschrecken, gefolgt von einem griechischen Wortschwall, der den Cowboys in unseren Filmen nicht geläufig ist.

17. Juli

Die Berge sind wieder braun und öde, als wir morgens nach Nemea fahren. Grün und von Bergen umgürtet, der Zeustempel eingestürzt in einem tiefen Feld, daneben die Höhle von Herkules und dem Löwen – eine Höhle für Zarathustra oder Hieronymus in anderen Mythologien –, wird Nemea künftig meine Vision vom Tal der Gesegneten bleiben.

18. Juli

Sunion. Hier an dem windigen Kap, wo Daidalos den Ikaros zeugte, liegt das Griechenland meiner Vorurteile und, was dasselbe bedeutet, der Bilderbuchphantasie meiner Kindheit. Der Poseidontempel ist unbestreitbar weiß, verhältnismäßig intakt – obwohl zahlreiche Besucher ihre Namen und Daten in die Flächen eingeritzt haben, auch viele aus alten Bostoner Patriziergeschlechtern – und blickt über blaue Meere.

4. November

Paris. Ein grauer Sonntag. Es ist Briefmarkentausch- und -kauftag, und der Gehsteig auf der gegenüberliegenden Straßenseite vor meinem Zimmer auf dem Rond Point füllt sich mit einem Gewirr von Philatelisten. In mein Zimmer dringen auch der Beifall, die Buhrufe, das Stampfen und das Geschrei von »*Oui!*« und »*Non!*« der Kinder, die im Park dem *guignol* zuschauen.

Um Mittag kommt Boulez und bringt seine Schallplattenaufnahme des *Marteau.* Wir essen unten im Berkeley. Boulez ist kahler, kürzer, stämmiger und in der Gegend des Sonnengeflechts kräftiger, als ich ihn in Erinnerung hatte, gleichzeitig aber so geschmeidig und federnd wie ein Boxer. Schnell, präzis, sehr selbstbewußt (als ob er unfehlbare Eroberungspläne in der Tasche hätte, sagen die Pariser), scheint er mir ein primär geistiges Geschöpf zu sein, im Gegensatz zu I. S., der in erster Linie ein physisches Geschöpf ist, ein seltener Ausbrecher aus jener »gewaltsamen Abtrennung von der tierischen Vergangenheit« des Menschen, die Nietzsche quälte. In I. S. zeigen sich physische Gelüste und körperliche Gesten lange, ehe der Intellekt sich aus dem Versteck traut, was zum Teil erklärt, warum die Selbstidentifizierung und das Persönliche der physischen Gesten in der Musik so unmittelbar sind. Oder, um es anders auszudrücken: I. S.'s abstraktes Denken, das er in hohem Maß besitzt, gleichviel wie verächtlich er es betrachtet, ist nie dissoziiert (abgesondert) vom physischen Instinkt, während Boulez' physische Instinkte sowohl subtiler als auch geschlechtsloser sind. Boulez ist charmant, ausgeglichen, zum Lachen geneigt, nicht schwankend, nicht neurotisch – trotz eines schnellen nervösen Blinzelns – und beneidenswert intelligent. Mir kommt der Gedanke – vielleicht, weil er über *Un coup de dès* spricht (»Schriftsteller haben es schlechter als Komponisten, da Mallarmé und Joyce schon alles gemacht haben«) –, daß er nur einen Augenschirm brauchte, um wie ein Croupier auszusehen.

Jeder von uns spricht seine eigene Sprache, da die willkürliche Zuteilung des Geschlechts eines jeden Hauptworts in der seinen mir ein unüberwindbares Hindernis ist, von solchen Problemen der Aussprache wie der richtigen Wiedergabe der Vordergaumenlaute ganz abgesehen. Wir können einander anscheinend im gleichen Maß folgen, nur daß die Weine, die ihm nichts ausmachen, mich so sehr aufregen wie berauschen.

Da seine musikalischen Anschauungen ihm vorausgegangen sind, reden wir über meine Aufführung von *Polyphonie X* vor vier Jahren in Los Angeles; und wir sprechen über seine Herkunft. Er behauptet, gegen religiöses Gefühl gefeit zu sein, erklärt, daß die Kirche ihm sogar in frühester Kindheit nichts bedeutet habe, was zu dem Eingeständnis stimmt, daß ihn

orientalische Kulturen schon immer mehr interessiert haben als lateinische. Das geht so weit, daß er eine Abneigung gegen fast alles Italienische außer dem Essen zeigt.
Als wir mit unserem eigenen Essen fertig sind, gehen wir in eine Straße nahe dem Place de la Bastille und in ein Mietshaus nahe einem Gebäude, in dem Cézanne als junger Mann wohnte. Wir steigen vier Steintreppen und zwei aus Holz in Boulez' Dachstube hoch. Jeder Gegenstand, jedes Einrichtungsstück in diesem kleinen Lager paßt sich der Größe seiner Schrift und seiner musikalischen Detailschilderung an: das kleine Bett, der Schreibtisch, die Reproduktion von Klees Porträt von I. S., der kleine Dauerbrandofen, das Pianino, auf dem er eine komische Brahmsische Begleitung des Anfangs vom zweiten Satz des Violinkonzerts von Schönberg improvisiert. Seine eigenen Manuskripte sind wie Diplome zusammengerollt und auf dem Fußboden aufgehäuft wie Holzklötze.

7. November

Abendessen mit Boulez und Suwtschinskij in einem Restaurant zwei Métrostationen vor dem Pont de Neuilly: Steinbutt und Sancerre, Hammelkeule und Richebourg, Kuchen St.-Honoré und Himbeerschnaps. Suwtschinskijs Haar ist winterlich, sein Händeschütteln, an dem die letzten zwei Finger nicht teilnehmen, schlaff, und seine fast albinoartige Gesichtsfarbe ist von marzipan- und rosafarbigen Flecken gesprenkelt wie von einer tropischen Krankheit. Doch diese Aspekte täuschen, denn er ist in Wirklichkeit starkknochig und »*robuste*« (ein Lieblingswort, ganz oben auf der Liste nach »*con*« und »*salaud*«), hat den Appetit eines Pferdes und spricht mit einer kräftigen (eines Boanerges'), gleichzeitig aber musikalischen (einer *viola pomposa*) Stimme. Als ob er das weiche Händeschütteln ausgleichen müßte, erdrückt er mich mit russischen Bärenumarmungen und Küssen à la russe auf beide Wangen.

Trotz seiner vierzig Jahre in Paris und seiner pariserischen Kritikergewohnheiten, die sogar früher geformt wurden – er gehört der Schule der neuen Semiologie sowie der Sprachanalyse à la Roman Jakobson an –, ist Suwtschinskij mehr russisch als französisch gesinnt. Tatsächlich erinnert er mich in vielem mehr an I. S., ähnelt er in Wahrheit mehr I. S., als irgend jemand, den ich je gekannt habe. Dieses Russentum, wie ich es mir denke (denn die Qualitäten, die ich im Sinne habe, sind in erster Linie persönliche und individuelle, erst in zweiter Linie russische), wird durch eine Offenheit und Redegewandtheit charakterisiert, wie auch durch eine Wärme und Großzügigkeit, die früher in dem schwerbelasteten Wort »aristokratisch« verbunden waren.

Suwtschinskij ist berühmt für sein Talent, Talent zu entdecken, und für seine selbstlosen Bemühungen, Unterstützung dafür anzuwerben, Bemühungen, die in seinem Fall besondere Schwierigkeiten zur Folge hatten, da er selber so mittellos wie stolz ist. Er ist der Freund, Verteidiger und schonungslose Kritiker sowohl von I. S. wie von Boulez gewesen. Sein Gespräch heute abend konzentriert sich völlig auf I. S., und die Tatsache, daß der Komponist im Münchener Rotkreuzkrankenhaus liegt, kann weder Suwtschinskijs Schroffheit glätten noch seine kritischen Schläge entkräften. I. S. und Suwtschinskij, Busenfreunde zwischen den Kriegen, sind sich seit 1939 wegen Suwtschinskijs angeblicher (es stimmt, wie das Gespräch beweist) Herabwürdigung der sogenannten neoklassizistischen Musik aus I. S.'s amerikanischer Periode nicht wieder begegnet. Als ich erstmals Suwtschinskij 1952 anläßlich einer Pariser Aufführung von *Erwartung* traf, nahm I. S. meinen Bericht von der Begegnung mit Schweigen entgegen.

Suwtschinskij macht den Anfang mit Fragen nach Strawinskys Kindern. Er hat sie offensichtlich sehr gern und besitzt viel Mitgefühl für die Probleme des Lebens mit einem Vater, der Tyrann und Genie zugleich ist. Er behauptet: »Die gleichmäßige Geschicklichkeit beider Hände bei Théodore und Milène ist eine umgekehrte oder übriggebliebene Manifestation der Gaben ihres Vaters; vielleicht sind die Gehirnzonen selber sogar vertauscht; denn die Sprachkontrolle bei Rechtshändern findet sich in der linken Gehirnhälfte, und die Gewandtheit hängt mit Sprache zusammen, wie jeder zu erzählen weiß, der die Verwirrung der Sprache und Gedanken bei ambidextren Kindern beobachtet hat. Um aber gerecht zu sein: das bloße Wissen, das man *jene* Gene besitzt, bedeutet eine Last.«

Er äußert dann die Theorie, daß Geld im Falle von Strawinsky jedem Kompromiß zugrunde liegt. »Geld war ihm immer zu wichtig. Es hat ihn immer vom Komponieren weg und zum Dirigieren hin gelockt, und sich davon zu trennen, bereitete ihm solchen Schmerz, daß er bei der Bezahlung der kleinsten Handwerkerrechnung reagierte, als sei er unter die Räuber geraten.«

»Können Sie mir aber sagen, was mit Strawinsky nach *Les Noces* geschehen ist: dieser Abstieg in *Mawra*, die Pergolesi-Umarbeitungen, die Tschaikowsky-Anthologie, die herausgeputzten Anklänge an Operettenkompositionen in *Jeu de Cartes* und den anderen *gaietés parisiennes?* Gewiß verbirgt sich eine tiefere Erklärung als Geld hinter solch einer *›bizarre métamorphose‹*? War nicht die wahre Ursache, daß er nicht die allgemeinen Ideen (im Taineschen Sinne) seiner Zeit verstand? Die allgemeinen Ideen waren die Ideen Schönbergs, und Strawinsky war es, was auch immer er jetzt sagt, der die junge Generation gegen Schönberg aufbrachte. Erst neulich sagte mir Poulenc, als er beschrieb, in welchem Umfang er und seine Gruppe von Strawinsky dominiert wurden, allein die Andeutung, daß Schönberg oder Berg einer Untersuchung wert sein könnten, hätte sie in Strawinskys Augen automatisch zu Verrätern gestempelt. ›Damals tat Strawinsky *Wozzeck*, den er noch nicht gehört hatte, als *une musique boche* ab, und Mahler, von dem er nichts kannte, als Malheur.‹«

Hier mische ich mich ein und protestiere; wenn Poulencs Version stimmt, dann war er genauso sehr auf falscher Fährte wie I. S. Er sollte nicht versuchen, dem Älteren die Schuld zuzuschieben. Und ich füge hinzu, da Poulenc jetzt überall I. S. als zu alt für die neuen Hüte verunglimpft, die er im *Canticum sacrum* anprobiert, daß der französische Komponist nichts dagegen haben dürfte, wenn man ihm sage, diese neuen Hüte erklären zum Teil, warum I. S. I. S. und Poulenc nur Poulenc ist. Meine Unterbrechung lenkt die Anklage jedoch nicht ab, und Suwtschinskij fährt in seiner mitreißenden Analyse mit der Anklage fort, daß »Strawinsky unfähig ist, eine begründete und entwickelte Beweisführung aufrecht zu halten, da er nie über eine doktrinäre Ästhetik hinauskommen kann, über *le goût, plaisanteries* und Paradoxien: wie liebt er doch intellektuelle Paradoxien!« Dies verleitet mich einzuwerfen, daß ich der Meinung bin, *Les Noces* sei eine wohldurchdachte und entwickelte Beweisführung, aber Suwtschinskij stimmt dem nicht zu, denn was er meint, sind gewisse Gewohnheiten der mündlichen Unterhaltung, die unter Professoren mehr gepflegt werden als unter schöpferischen Künstlern.

Er sagt dann, daß »Arthur Lourié, Olga Sudeikins Liebhaber, Strawinsky in den zwanziger und dreißiger Jahren näher war als sonst jemand. Tatsächlich war Louriés Einfluß zwischen 1920 und 1926 beinahe umfassend und beinahe katastrophal. Doch Lourié sollte seine Memoiren veröffentlichen. Er war immerhin für Strawinsky eine Art *valet de chambre*, und keiner weiß mehr über einen Mann als sein Diener«, obwohl natürlich der Menschentyp, der ein Kämmerling oder sogar ein musikalisches Faktotum für I. S. sein könnte, kaum sehr viel über ihn wissen könnte. »Als er entdeckte, daß Strawinsky ein genialer Wilder war (›*eine wilde Musik*‹ nannte Berg *Petruschka*), ging Lourié daran, ihn zu zähmen. Durch die Person von Maritain machte er ihn mit der Philosophie, durch andere erhabene Personen mit der Welt der Literatur bekannt. Ich entsinne mich, 1926 in Strawinskys Studio *Ulysses* gesehen zu haben; es war natürlich Lourié, der das Buch dorthin gebracht hat.« (Das muß nicht notwendigerweise der Fall gewesen sein: I. S. und Joyce hatten viele gemeinsame Pariser Bekannte. Auch George Antheil hätte das Buch ihm schenken können, oder Henrietta Hirschman, die Schwester Paul Léons, des Sekretärs von Joyce, und seit vierzig Jahren eine Freundin von I. S.) »Es war die alte Geschichte des Erklärenden, der sich an den Tuenden hängt. Glücklicherweise wurde in diesem Fall das Geniale nicht zusammen mit dem Wilden weggezähmt. Doch es gab schon unheilvolle Zeichen, wie etwa *Mawra*. Was ich nicht verstehe, ist, wie Strawinsky in Sachen Musik Lourié schätzen konnte. Aber so war es; ja, er war der erste, dem er jedes neue Werk, bis zur *Perséphone*, zeigte. Wie wenig Fortschritt in der Ecole de Lourié gemacht wurde, ist indessen eine andere, beinahe unbekannte Sache, und es ist eine tiefgründige Ironie zeitgenössischer Musik, daß der geniale Wilde, der Mann, der ganz ›schöpferischen Instinkts‹, ganz ›natürlichen Talents‹ war, schließlich als ein bloßer Schiedsrichter in Geschmacksfragen betrachtet wurde, als ein Musikpapst, der über die Herrlichkeiten Gounods dozierte.«

Arthur Lourié war es, hätte Suwtschinskij hinzufügen können, der gegen V. intrigierte, kurz vor ihrer Eheschließung mit I. S. Das ist der Grund, warum der Name in ihrem Haus nie erwähnt wird, und warum ich selber hierzu keine Information beizutragen habe.

»Wäre Strawinsky 1939 nicht nach Amerika gegangen«, fährt Suwtschinskij fort, »hätte er sich politisch kompromittieren können. Er war immerhin häufig und gern gesehen auf Besuch im Italien der Schwarzhemden während der äthiopischen und spanischen Kriege und dirigierte beim Maggio Fiorentino noch 1939, als das Fest längst laut in den Dienst der Achsenpropaganda gestellt worden war. Er hat sogar ein Exemplar seiner *Chroniques de ma Vie* Mussolini zugeeignet. Geschah das aus profaschistischen Gefühlen oder weil unter Mussolini die Züge pünktlich fuhren? Gewiß kommt die erste Alternative nicht in Frage, denn er hatte große Angst vor dem Faschismus, allerdings mehr vor der deutschen als vor der italienischen Version. Und doch hat diese Angst ihn nicht davon abgehalten, 1938 in Berlin mit Furtwänglers Orchester *Jeu de cartes* aufzunehmen. Damals war das Orchester schon von seinen Juden und außerdem von der meisten guten zeitgenössischen Musik gesäubert worden, einschließlich Strawinskys. Damals schon protestierten außerdem alle seine Kollegen, die auch nur ein bißchen politischen, wenn schon nicht moralischen Verstand hatten (und I. S. gehörte dazu), gegen den Nazismus.«

»Von der unmittelbaren Entschuldigung abgesehen – daß er das Geld brauchte –, liegt die Erklärung in seiner noch tieferen Furcht vor Stalin, und es ist der Vortrag über Musik in der UdSSR in seiner *Poètique musicale,* der mich überzeugt, daß die Angst vor dem Kommunismus ihn am Ende in die Arme der Besatzungsmacht hätte treiben können. Schließlich war er ein Weißrusse, und zu seinen französischen Freunden, wie auch zu den französischen Freunden T. S. Eliots, zählten Maurras und andere Schriftsteller, die ehemals in der *Action française* waren, sowie Drieu la Rochelle und Lucien Daudet.« (In Wirklichkeit waren I. S. und Daudet nur während der Entstehungszeit von *Petruschka* befreundet; Daudet war es, der den Komponisten zur Ex-Kaiserin Eugénie in ihre Riviera-Villa auf Besuch mitnahm.) »Die politische Tendenz dieser Verbindungen notierte übrigens Klaus Mann im *Wendepunkt,* und Manns guter Freund Gide war sich dessen ebenfalls bewußt. In Wahrheit war die Spannung zwischen den Autoren der *Perséphone* mehr politischer als künstlerischer Natur. In Strawinskys Augen war Gide ein KOMMUNIST – es war die Zeit der ersten Vernarrtheit Gides in die UdSSR – und daher, *ni plus ni moins,* nicht nur verächtlich, sondern auch gefährlich. Nun, das allein genügt, um zu begreifen, daß Strawinsky kein politisches Geschöpf war. Und wahrhaftig hatte er nicht die geringste Ahnung von politischen Tatsachen, nicht eine Spur von Verständnis für soziale Probleme. Was zum Teil der Grund dafür ist, warum er sich dem Dogma zuwandte, obwohl er auch davon herzlich wenig verstand. ›Ich habe keine eigene Erklärung‹, pflegte er zu sagen, ›solche Fragen soll die Kirche entscheiden‹, und dann zitierte er mit

Vorliebe Bossuet: ›Ein Häretiker ist jemand, der eine Meinung hat.‹ Und was beschloß die Kirche im Falle Hitlers zu machen? Sich sehr ruhig zu verhalten, während er Kommunisten und Juden ermordete.«
Es ist ein leidenschaftlicher, aber auch gut geprobter Vortrag, und gewiß nicht mehr jungfräulich. Sicher betrachtet er mich ebenso als einen Bevollmächtigten (und nicht als einen Famulus, was häufig eher der Fall ist, oder als einen Satelliten oder Spaßmacher) wie als eine graue Eminenz, die Strawinsky »betreibt« und zu verantworten hat, daß er ins »Zwölftonsystem« schanghait wurde (als ob irgend jemand *dieses* Pferd zur Tränke führen könnte, wenn es nicht wollte, geschweige denn, es zum Trinken zwingen). Die Wortwahl ist auch für meinen Gebrauch, aber dies überrascht mich kaum, denn jeder, der auch nur zwei Minuten im selben Zimmer mit I. S. verbracht hat, besitzt eine Theorie über ihn und eine Story mit Einbeziehung der eigenen Person, die er einem potentiellen Biographen zur Verfügung stellen möchte. Doch sogar in meiner nichtdramatischen und kurzgefaßten, nicht vollständigen Übersetzung müßte es klar herauskommen, daß Suwtschinskijs Vortrag das Ergebnis lang aufgestauten Druckes ist. Die Freundschaft mit I. S. war das zentrale Ereignis seines Lebens. Dessen beraubt, nahm er natürlich eine entgegengesetzte, kritische Position ein, nämlich, wie es sich ergab, die Position von Boulez, dem *enfant terrible* der späten vierziger Jahre.
Und zum Inhalt? Die meisten Dolche sind aus Gummi, wie mir scheint, obwohl ich keinen Kommentar zur Suwtschinskij-Version von Louriés Einfluß geben, sondern nur bei meiner Vermutung bleiben kann, die sich auf Beobachtungen von Lourié in Tanglewood vor einem Jahrzehnt bezieht, und bei dem Urteil, das ich mir aufgrund seiner Musik und seiner Schriften gemacht habe: all das läuft darauf hin, daß dieser Einfluß sehr übertrieben eingeschätzt wurde. Was den angeblichen steilen Abfall von I. S.'s Musik nach der russischen Periode betrifft, so ist dies die offizielle französische Nachkriegsversion; und *Oedi-*

pus Rex und die *Psalmensinfonie* werden aus der französischen Quarantäne erst entlassen, wenn ein gar verwegener Antiquar der siebziger Jahre entdeckt, daß es völlig nebensächlich ist, ob diese Meisterwerke neoklassizistisch sind oder nicht.
Die Geldfrage ist leicht abgetan. Gewiß kann I. S. merkwürdig, ja abwegig sparsam sein, und zweifelsohne *mußten* irgendwann Handwerker ihn zur Zahlung mahnen. Aber er kann auch so extravagant wie ein Großherzog sein, und er ist so unbedacht, daß sein Bankkonto regelmäßig überzogen wird. (Seine Besitzgier ist allmächtig, wie jedes Foto seines Arbeitszimmers deutlich zeigt, aber das, was er am meisten besitzen möchte, sind Menschen, und er hat selten Erfolg in seinen Freundschaften gehabt, da er zu große Opfer und zu strikte Loyalität verlangt.) V. erklärt den Geldtrieb als ein Echo auf das Trauma der Kriegsjahre, als die Kasse wirklich leer war und er gezwungen wurde, nach Futter zu suchen, aber gewiß ist die Antwort älter und analer als das. Was nun die Erklärung sein mag, und wie auch immer man sie formuliert – heutzutage werden »Akte der Nächstenliebe« unter Besitzgier klassifiziert: I. S. hat eine ganze Wohlfahrtsabteilung von Verwandten fast ihr ganzes Leben lang unterstützt und einige notleidende Emigrantenfreunde mit Geld versorgt, jedenfalls so lange, wie ich ihn kenne.
Die politischen Neigungen zur Rechten, die ihm zur Last gelegt werden, bilden eine stärker umstrittene Frage, als der Bericht Suwtschinskijs einzuräumen bereit ist, denn sie setzt einige religiöse Fragen voraus, die derart der Entwirrung und Differenzierung bedürfen, daß ich mich, da ich selber wenig von dieser Seite I. S.'s verstehe, nicht dazu für fähig halte. Ich würde zustimmen, daß er politische Philosophie und das politische Medium nicht versteht und daß seine sozio-politischen Fähigkeiten nicht in dem Maße heranreiften wie seine genialen; andrerseits scheint mir, daß sein autoritäres Denken nur wenig mit Politik zu tun hat. Wozu es eine Beziehung hat, das ist die Kirche, und alles, was ich positiv auch über diesen einen Aspekt seiner viel größeren Religiösität berichten kann, ist, daß er institutionelle

Religion mit seiner ersten Frau und mit seinen sie betreffenden Schuldgefühlen assoziiert und daß der kirchliche Einfluß offensichtlich dann durch den »liberalen« und »demokratischen« ausgeglichen wurde, den weitgehend die Frau kultivierte, um die sich sein Leben seit 1921 dreht; denn I. S. *wird* von den Menschen beeinflußt, die er liebt, und seine Fähigkeit, sich zu verwandeln und zu wachsen, ist einer seiner eindrucksvollsten Charakterzüge, ungeachtet der Behauptung Suwtschinskijs, zusammen mit einer unerschöpflichen intellektuellen Neugier.

Schließlich die Diagnose auf »Verständnislosigkeit«, der Kern der Beschuldigung, I. S. habe es versäumt, die »allgemeinen Ideen« Schönbergs zu verstehen: das spielt meiner Meinung nach überhaupt keine Rolle. In diesem Zusammenhang stimmt der Gegensatz zu Schönberg auch nicht ganz, obwohl I. S. natürlich nicht zu den ersten Zwölftonkämpen gehörte. Die wahren Gründe waren solche der Umstände: die musikalische Isolierung von I. S. und – was sowohl Ursache wie Wirkung jener Isolierung ist – seine mangelnde Verbindung zu anderen Komponisten. Aber die Mittel selber waren und sind in der Lage, mit jeder Verständigungsaufgabe fertig zu werden, da der Geist, der *Sacre* und *Psalmensinfonie* ersann, ganz gewiß zu subtil für solche Messungen ist. Auch leugne ich, daß die Neigung zum Paradoxen bei I. S. intellektuelle Beschränktheit ist. Tatsächlich ist sie kaum mehr als ein Manierismus, eine Sache des gesellschaftlichen, nicht des intellektuellen Verhaltens. Doch das, was Suwtschinskij mit Verstand in diesem Fall meint, ist eine rhetorische Disziplin, und was ich meine, kommt Eliots Beschreibung des Verstandes von Henry James nahe: er sei so fein, daß keine Idee ihn verletzen könnte.

Trotzdem bleibt dies das Zeugnis eines Mannes, der eine Zeitlang I. S. so nahegestanden hat, wie ich ihm jetzt nahestehe. In der Projektion kann ich alles erkennen und vieles bestätigen an Suwtschinskijs Porträt. Doch dies ist ein anderer I. S. So würde auch der I. S., den *ich* kenne, Suwtschinskij stark verwandelt erscheinen, der durch einen Blick nach vorwärts, wie ich durch einen Blick nach rückwärts, die »Kontinuität der Persönlichkeit« erkennen könnte. Aber die Unterschiede lassen mich bezweifeln, ob je irgend jemand mehr als den einen oder anderen Aspekt von I. S. gekannt hat. Sogar V., die diese Ansichten vergleichen kann, wird zumindest für die Dauer eines jeden neuen Werks von seinen tiefsten Gefühlen ferngehalten.

1958

22. Mai

Hollywood. Ernst Krenek kommt zum Abendessen, von der Sonne brauner gebrannt denn je. Ich weiß nicht, ein wie guter Katholik er ist, aber seine Heliolatrie praktiziert er sehr gewissenhaft. Wir trinken zwei Flaschen Aigle-les-Murailles, und danach wird er zum fesselnden Memoirenerzähler: es geht um Webern, Berg, Karl Kraus, Loos und vor allem um Busoni. Krenek beschreibt Busonis Soireen in seiner Berliner Wohnung kurz nach dem ersten Weltkrieg, erzählt, wie der Komponist zwischen einem wahrsagenden Mystiker und, damit es wie bei Verdis Herzog von Mantua Glück bringe, einem Buckligen saß, und daß diese sonderbare Dreieinigkeit durch eine Reihe leerer Stühle von den Gästen getrennt war. »Busoni redete ohne Unterbrechung und war stets brillant. Er hatte eine immense Phantasie und große prophetische Kräfte, die seine kompositorischen Fähigkeiten weit übertrafen. In der Regel wurde Kaffee serviert, aber einmal bot er uns Sekt, der noch nicht bezahlt war. Schon während wir ihn tranken, klopfte der Kaufmann heftig an die Tür und verlangte sein Geld.«
Krenek selber ist ein Mann von großen intellektuellen Fähigkeiten, und einige davon finden Verwendung heute abend, als er I. S. erklärt, wie er die Zeit- und Dichteparameter in seiner *Sestina* von der ursprünglichen Zwölftonstruktur abgeleitet hat, indem er die Zahl der Halbtöne in den Intervallen multiplizierte und dividierte. Es macht auch wirklich keinen Unterschied, daß alles weit weg von der Musik ausgearbeitet wurde.

7. Dezember

London. Abendessen bei Stephan Spender mit Graham Greene, der so viel größer als I. S. ist, daß ein Zuschauer, der von der winzigen Statur des einen nichts wußte, aus der Entfernung den anderen für einen ehemaligen Basketballspieler halten könnte. Greene sagt, man habe ihm erzählt, daß I. S. in einer der New Yorker Vorpremieren seines Stücks *The Potting Shed* war, und bedauert, daß sie damals einander nicht begegnet sind. Doch das Gespräch geht schwer vonstatten, und Pausen sind häufig. Greene spricht über Lokales, was nicht unerwartet ist, aber die I. S.'s haben nie von der Wolfenden-Debatte gehört; in diesem Zusammenhang schlägt Greene vor, daß T. S. Eliot und John Hayward veranlaßt werden sollten, einen Brief an die *Times* zu verfassen, der das Zusammenleben zweier Männer als ehrbar erkläre. Er ist interessanter, wenn er über die Schwierigkeiten spricht, die es bereitet, Tantiemen in den Ländern hinter dem Bambusvorhang locker zu bekommen, wo *Der stille Amerikaner* ungeheuer beliebt ist: »Es sieht so aus, als ob ich den Rest meines Lebens in China werde verbringen müssen.« Aber er schüchtert die I. S.'s ein. Sie haben alle seine Bücher gelesen, angefangen – weil sie von Mexiko fasziniert sind – mit *Die Kraft und die Herrlichkeit*, und sie sind im voraus von deren Autor angezogen, wenn auch nicht von seiner Besessenheit von Mitleid, Angst, Selbstzerstörung, Versagen, dem Bedürfnis, wegzulaufen, der Hohlheit körperlicher Liebe und dem Problem der Pelagianischen Streitfragen. Sie wissen nicht, auf welche Weise man ihm *»Bonjour!«* zurufen könnte, damit er zu reden beginne, und, obwohl sie in der Regel nicht schüchtern sind, können sie die Schüchternheit des anderen zusammen mit ihrer eigenen nicht überbrücken. Und Greene *ist* schüchtern: Wenn er wüßte, wie sehr die I. S.'s sein Werk bewundern, würde er ganz und gar erstarren. Aber auch so unterstützt er in keiner Weise die seltenen Momente jedenfalls nie umwerfender allgemeiner Lustigkeit, noch zeigt er so recht, wie er unsere eigene Beteiligung an ihnen einschätzt. Statt dessen runzelt er die Stirn, seine Backen wiegen schwer, und das abgesackte Gesicht sackt noch ein bißchen mehr ab. Wenn seine unerbittlichen blauen Augen sich auf einen von uns konzentrieren, sehen sie übrigens durch uns hindurch und auf etwas anderes hin. Es ist ein trauriges, weises, fanatisches Gesicht, die Maske eines Mannes, der eine Menge gesehen hat und das Schlimmste weiß.

8. Dezember

Abendessen mit den T. S. Eliots in ihrer Parterrewohnung in Kensington Gardens. Auf dem Schildchen am Eingang ist ihr Name nicht zu finden, aber sie erwarten uns im Flur, Hand in Hand. Ihre Wände sind leer, ausgenommen die Bücherregale, und diese befinden sich hauptsächlich im Eßzimmer, »wo die Streitgespräche entstehen«, sagt Eliot, »und weswegen Lexika und Nachschlagewerke dort aufbewahrt werden sollten«. Wie wenn er die Behauptung illustrieren wollte, und als Antwort auf einige Grübeleien von I. S. über das Wort »Paraklet«, holt er das abgegriffene Exemplar eines Standardwerkes – Liddell und Scott – hinter seinem eigenen Stuhl hervor und bietet die identische Information selber, ehe er es aufschlägt. Außerdem liefert er passende und genaue Übersetzungen der fremdsprachigen Ausdrücke, die im Gespräch von I. S. vorkommen, und leugnet dabei, daß er ein Sprachenkenner sei: »Ich habe nur angegeben, einer zu sein, um eine Stelle in einer Bank zu bekommen.« Er ist jedoch ein stiller Mensch, der langsam seine Bemerkungen formuliert, die dann in einem Diminuendo wegsterben. Das Lebendige an ihm liegt nicht in der Stimme, sondern in den klaren, durchdringend intelligenten grauen Augen. Er atmet schwer und räuspert sich: »Hm«, »Hmm«, »Hmmm«, die Bedeutung vertiefend, wie mir scheint, mit jedem dehnenden »m«. Seine langen, unruhigen Finger falten und entfalten sich, oder ihre Spitzen berühren sich, wodurch mir plötzlich bewußt wird, daß I. S.'s Hände, ansonsten durch die große Spreizung zwischen den Knöcheln bemerkenswert, die am wenigsten nervösen sind, die ich je gesehen habe.

Das Tischgespräch geht um Steuern – I. S. bekennt Schuldgefühle, als er erfährt, daß das heutige Abendessen nicht abzugsfähig ist – und Schriftsteller. »Cocteau war sehr brillant, als ich ihn zuletzt sah«, bemerkt Eliot, »aber ich hatte den Eindruck, er habe für eine wichtigere Gelegenheit geprobt.« Dem fügt I. S. hinzu, daß Cocteau »ein aufrichtiger Lügner« sei. Sonst gehen Eliots Anekdoten alle auf seine eigenen Kosten. Eine davon dreht sich um eine junge Dame, die »während der Zwischenlandung in Gander, auf meinem letzten Flug nach New York, näher und näher schwebte, bis ich sie schließlich zu einer Tasse Kaffee einlud; ich wurde dann mit der Unbarmherzigkeit des Verfassers einer Dissertation nach meinen Erinnerungen an Virginia Woolf gefragt.« Laut einer anderen Geschichte befand sich Eliot eines Tages in einem New Yorker Taxi zusammen mit Djuna Barnes, als er bemerkte, »daß der Fahrer von unserem Gespräch gefesselt war. Nachdem Frau Barnes ausgestiegen war, fragte mich der Chauffeur, ob ›jene *Frau* Schriftstellerin sei‹«. Eliot sagt, daß ihn in einem unserer Bücher die Bemerkungen von I. S. über Dylan Thomas interessierten und fügt hinzu: »Thomas hatte die reichste Begabung für Humor von allen zeitgenössischen Dichtern. Er hätte vielleicht ein großes Lustspiel geschrieben; ob er aber ein Libretto hätte anfertigen können, kann ich nicht sagen.« Eliot gesteht dann, daß er sich nicht an seine eigenen Verse erinnern kann, »denn sie wurden so oft umgeschrieben, daß ich vergesse, welche die endgültige Version war.« Wir trinken Sherry vor und Whisky nach Tisch, roten Bordeaux während des Abendessens. Eliot tranchiert und serviert das Fleisch selber und geht wie ein Weinkellner um den Tisch herum, um unsere Gläser nachzufüllen.

Nach dem Essen bringt er ein Sammelalbum, aus dem Fotos und Zeitungsausschnitte hervorquellen; er fordert I. S. auf, etwas dafür zu komponieren, und sagt, daß er selber jeden Abend dort etwas einträgt.

Eine Zeit für den Abend unterm Lampenlicht
(Der Abend mit dem Fotoalbum)

Fast den ganzen Abend lang enthält sich I. S. des Gesprächs über ärztliche Angelegenheiten, doch einmal erwähnt er, daß sein Blut zu dick ist, was Eliot daran erinnert, daß ihm 1911 in München ein Arzt erzählte, daß *sein* Blut zu dünn sei.

I. S. im Wagen, auf dem Weg zurück nach Claridge's: »Er ist nicht der überschwenglichste Mensch, den ich je gekannt habe, aber ich habe das Gefühl, mit jemandem sehr reinen zusammen gewesen zu sein.«

1959

6. September

London. Abendessen mit den Eliots in Claridge's. T. S. E. sieht jünger und lebendiger aus als letztes Jahr, aber er betrachtet sich offensichtlich als einen weißhaarigen Greis, dem nur noch wenig Zeit verbleibt. Gesellschaftliche Verpflichtungen, sagt er, seien das Unheil seines Lebens. »Ich kann keine Vorträge mehr übernehmen, weil die Leute, die dafür bezahlen, erwarten, daß ich Cocktailparties besuche; dort gerate ich dann unvermeidlich zwischen jemand, der mich fragt, was ich von Existentialismus halte, und jemand, der wissen will, was ich *wirklich* mit der und der Zeile meinte.« Ein prominenter Kritiker wird erwähnt, und Eliot beschreibt ihn als einen Gehirnpflücker. »Das weiß ich, weil er einmal versuchte, mich betrunken zu machen und meines zu zerpflücken. Er ist wahnsinnig eifersüchtig auf alle schöpferischen Schriftsteller, und seine einzige gute Zeile ist ihm wohl entweder aus Versehen passiert, oder sie wurde ihm von jemand anderem eingegeben. Sie kommt in einem seiner Romane vor, als ein Mann den Rücken einer Frau streichelt und dabei erstaunt ausruft, wie weich er sei. Und sie gibt ihm zurück: ›Was, zum Teufel, hast du erwartet, etwa Fischschuppen?‹«
Zu Pounds neuen *Cantos* bemerkt Eliot: »Es gibt darin mehr chinesische Schriftzeichen denn je. Ezra entwickelt sich zum besten chinesischen Dichter in englischer Sprache.« Als I. S. von seinen Eindrücken vom japanischen Theater erzählt, sagt Eliot, er habe einmal einem No-Tänzer in einem Stück von Yeats zugeschaut und sei von der Aufführung sehr beeindruckt gewesen: »Man hätte wirklich glauben können, der Tänzer habe

sich in einen Vogel verwandelt.« Er fragt I. S. nach den Vorlieben der Japaner auf dem Gebiet der abendländischen Dramatik: »Ionesco, nehme ich an, und Tennessee Williams?« Zu Büchner und Berg äußert er: »*Wozzeck* ist für ein Schauspiel zu einfach, aber für eine Oper gerade einfach genug.«

Er trinkt Gin und Tonicwasser vor Tisch, Bordeaux während des Essens und Whisky danach. Das Essen beschränkt sich in seinem Fall auf ein Rebhuhn; denn, obwohl er genießerisch die Käseplatte beschnuppert, nimmt er nach einiger Überlegung und einem letzten Augenblick der Unentschlossenheit dann doch nichts von ihr. Er blickt jeden von uns in der Runde aufmerksam an und strahlt jedesmal Zuneigung in die Richtung seiner Frau. Als der Name Huxley erwähnt wird, sagt er: »Ich lese Aldous' Arbeiten nicht; dafür habe ich ihn viel zu lieb. Er war sehr pessimistisch, als wir ihn das letzte Mal sahen. Zu viele Menschen auf der Welt schon, und mit der Zeit immer mehr. So ist es, in der Tat, in der Tat.« Und weil man in allem, was er sagt, nach besonderen Wendungen und Ironien sucht, klingen die wiederholten Worte besonders bedeutungsträchtig. Nach seinen Abschiedsworten über das Wetter zu urteilen – »Ist es nicht ungewöhnlich? Ja, letztes Jahr um diese Zeit . . .« – möchte ich meinen, daß ihm ein Geplauder hierüber Spaß gemacht hätte. Er spricht von dem Vorhaben, seinen Geburtsort in der Nähe von St. Louis zu besuchen und sagt, das Haus existiere nicht mehr. »Sollte je ein Schild angebracht werden, müßte es einem der Nachbarn zuteil werden.«

1960

1. Dezember

Paris. »Lunch« im Boule d'Or mit Suwtschinskij und François Michel, einem brillanten Schriftsteller, der eine Zeitlang Boulez' Partner beim Vierhändigspielen war, und der Latein so fließend wie Französisch spricht. An den anderen Tischen sitzen Nordamerikaner mit Kindergesichtern, Südamerikaner mit öligen Gesichtern, Gallier mit einer Bierbrauerblume im Gesicht. François Michel läßt mich meilenweit hinter sich: einmal, weil seine Redegeschwindigkeit zu schnell ist, und dann auch, weil ich, mit Ausnahme meiner Beiträge zu seiner *Encyclopédie*, so wenig von dem weiß, wovon er spricht (lokales literarisches Geplänkel, Saussures Unterscheidung zwischen *langue* und *parole* und Claudel, den I. S. als einen *»cochon incontestable«* beschreibt). Sein Gourmetgespräch aber, zumindest das, was ich davon verdauen kann, enthält brauchbare Kenntnisse solcher Dinge wie das Beträufeln von Rebhühnern, der Weisheit, die weniger beanspruchte linke Keule der Poularde zu verlangen, den Gruyère von der Nähe der Kruste auszusuchen und natürlich bei dem geringsten Hauch von Ammoniak jeden Käse überhaupt abzulehnen. Er beschwert sich, daß unsere erste, im Korbgeflecht gebettete Flasche Wein nicht genügend gelüftet wurde, obwohl die Gläser so groß wie Goldfischbecken sind, und dies führt zu einer Diskussion über Vor-Reblaus-Bordeaux-Sorten, wonach jedermann anfängt zu schnüffeln, zu nippen, über die Vorzüge des Körpers und der Blume zu debattieren und über deren Aufnahme auf dem Gaumen zu berichten, als ob jenes mißbrauchte Organ nach einer großen Flasche Wodka noch zwischen Lafite

Rothschild und Schlamm unterscheiden könnte. Aber vielleicht ist das Geschmacksorgan von François Michel tatsächlich dazu in der Lage.

Insgesamt saugen wir ein, oder aus: zwei Flaschen Wodka, drei Flaschen Bordeaux, zwei Dom Perignon und einige Gläschen Calvados – und sind infolgedessen völlig betäubt. Das Schlimmste ist, daß wir um fünf eine Verabredung mit Chagall haben, der eigens deswegen von Rouen hierher gekommen ist. Glücklicherweise begreift V., die mit den Südamerikanern am Nachbartisch ins Gespräch kommt, rechtzeitig, daß sie nahe an der Kippe ist; sie verzichtet auf mehr und kann somit ihr verderbtes und taumelndes Männervolk nach Hause führen. (Als ich zunächst das eine, dann das andere Bein prüfe, sucht mich der Gedanke heim, daß ich vielleicht versteinern könnte, analog dem Prozeß, wonach gewisse chemische Elemente sich hin- und zurückverwandeln, bis sie Festigkeit erreichen und somit Blei werden.) Es ist jedoch schon vier Uhr nachmittags, ehe wir ankommen und I. S. zu seinem Bett steuern. Auf V.'s Frage, »Bist du betrunken?«, antwortet er: »Und wie!« und ist weg wie nichts. (»Ich habe auch Sterne gesehen«, erinnert er sich später, »und hatte einen Farbfernsehtraum.«) Bei ihrem Versuch, mich für die Begegnung mit Chagall zu ernüchtern, bearbeiten mich Suwtschinskij und V. auf einem anderen Bett so, als ob ich ein Boxer nach dem k. o. wäre. Suwtschinskij drückt mir eisgefüllte Kompressen auf die Stirn, obwohl ich wegen meiner Stirnhöhlen protestiere und darauf bestehe, daß die wirkliche Schwierigkeit in der *medulla oblongata* zu finden ist.

Es ist schon nach siebzehn Uhr, als ich, da mit I. S. keine Verbindung herzustellen ist, mich mit V. allein fortwage. Und, obwohl ich es bis zu Nicolas Nabokovs Wohnung schaffe, wo wir uns treffen sollen, ist mir doch zu übel. Statt hineinzugehen, kann ich nur beschämt und mit einem schwimmenden Kopf zum Hotel zurücktorkeln. Eine Stunde später, als die tapfere V. zurückkehrt, erfahren wir, daß Rolf Liebermann, der eigens wegen dieser Begegnung aus Hamburg herbeigeflogen war, die ganze Geschichte als einen riesigen Scherz aufgenommen hat – »wofür ich ihn ewig lieben werde«, sagt V. und fügt mit katzenhaftem Kratzen hinzu: »Chagall hätte sich nicht pompöser aufspielen können. Und seine Frau schaute mich an, als ob ich eine Sittlichkeitsverbrecherin oder von einer römischen Orgie hergekommen wäre.« »War denn *ihr* Mann nie betrunken?« wollte ich sie fragen, und »was ist mit all den Hähnen, die kopfstehen?«

1961

16. Oktober

London. Abendessen mit den Eliots im Savoy. Der Dichter geht gekrümmter als vor zwei Jahren. Beim Stehen neigt er sich nach vorwärts, als ob er ein Joch tragen müßte. Auch sind die Furchen seines Gesichts magerer und schärfer und erinnern uns an die Keramikvögel der Hittiten, die wir letzte Woche in der Zürcher Ausstellung sahen. Seine Lippen und große Ohren haben die Farbe von Damaszenerpflaumen.

Er beschwert sich über das Ärgernis, zahllose Einladungen zur Tagore-Zentenar-Feier ablehnen zu müssen. »Ich habe einen Band von Tagore aus der Bibliothek ausgeliehen, nur um mich zu vergewissern, daß ich keinen Fehler gemacht hatte, aber ich konnte damit nichts anfangen. Es ist jedoch schwierig, das den Indern beizubringen oder sogar zu gestehen, daß man ihren Mann nicht neben Dante oder Shakespeare stellt. Ich kann mich erinnern, daß Bill Yeats behauptete, Tagore zu mögen, aber damals hat er sich für den Osten sehr stark eingesetzt . . . Ich bekomme regelmäßig die Werke der neuen indischen Dichter zugesandt, noch dazu mit Briefen, die mich zur Stellungnahme auffordern. Einmal bin ich darauf eingegangen und habe die Sachen verrissen; später entdeckte ich Teile meines keineswegs lobenden Briefes als Vorwort zu den gedruckten Gedichten! Als Lohn für diese Kritik erhielt ich einen Kaschmirschal, den ich zurückschickte, woraufhin ich einen anderen und viel besseren bekam, zusammen mit einem Briefchen, das mir recht gab, daß der erste meiner nicht würdig war.«

Das heutige Abendessen wurde verabredet, um einen Vorschlag

zu diskutieren, daß I. S. »zwei lyrische Strophen«, wie Eliot sie nennt, aus *Little Gidding* vertonen möge, obwohl Eliot selber »im Zweifel ist, ob sie in Musik gesetzt werden können«. Kein weiteres Wort aber wird hierüber verloren, und statt dessen sprechen der Dichter und der Musiker über Detektivromane, die sie lieben, und über Schauspiele von Voltaire, die keiner von beiden gelesen hat. »Kurz nach meiner Ankunft in England habe ich in einer Auktion einen kompletten Voltaire zugeschlagen bekommen«, gesteht Eliot, »aber ich habe ihn nie abgeholt. Das habe ich seitdem auf dem Gewissen.« Beide Männer sind den Büchern Simenons verfallen: I. S. gesteht, daß er mindestens sechzig davon gelesen hat, und Eliot bekennt: »Ich kann über Maigret lesen, wenn ich sonst nichts lesen kann.« Ein anderer Lieblingsdetektiv ist Perry Mason. »Gardner kennt das kalifornische Gesetz«, sagt der Autor von *Prufrock*, »aber Chandler ist ein besserer Schriftsteller.« Als das Gespräch sich der Debatte über falsche Übersetzungen in der *New English Bible* zuwendet, die neulich im *Times Literary Supplement* stattfand, bekennt Eliot, so etwas zu genießen, »wenn ich weiß, wie in diesem Fall, daß ich das Recht auf meiner Seite habe«.
Plötzlich taucht Pounds Name auf, und Eliot sagt im Vertrauen, »Ezra war immer ein schlechter Menschenkenner, ja ein schlechter Kenner von fast allem außer Dichtung. Tatsächlich glaubte er aber, seine Ideen über das Geldwesen könnten die Welt verändern, aber haben wir nicht alle in dieser Beziehung etwas Dreck am Stecken? Trotzdem hatte er große Gaben, und ihm schulde ich mehr als irgend jemand sonst. Das erinnert mich daran, daß ich ihm auch einen Brief schulde; hm, hm, schwer zu wissen, was man sagen soll.« Eliot hat die Gewohnheit, »Ja?« während jeder Phase der Konversation auszurufen, doch einmal, nachdem V. einige unserer jüngsten jugoslawischen Abenteuer erzählt und gleichzeitig einige kritische Bemerkungen über die Schweiz geäußert hat, wirft er einen ganzen Satz ein: »Ja, ich verstehe, was Sie meinen, aber ich habe dieses Land sehr gerne, weil es mehr als jedes andere dem ähnelt, was es früher war.«

1965

5. Juni

Paris. In der Opéra sehen wir uns das SPECTACLE IGOR STRAWINSKY an, das aus *Le Sacre du printemps, Les Noces* und *Renard* besteht, alle drei in Béjarts Choreographie und von Boulez dirigiert. Die Musiker in *Les Noces* sind im Orchestergraben, der Chor ist auf der Mitte der Bühne postiert, in braune Talare mit Kapuzen gekleidet. Der zur Hälfte herabgelassene Vorhang im Bühnenhintergrund, auf dem so etwas wie die Darstellung einer Stadt aus Tausendundeiner Nacht zu sehen ist und daher um einige tausend Werst zu orientalisch, ist dem Vorhang der Gontscharowa bei der Wiederaufnahme von *Feuervogel* im Jahre 1929 sehr verpflichtet. Nicht weniger verfehlt sind die Dorfhochzeiten des Titels, ja, der ganze Charakter des Werks. Die Brautjungfern mit ihren Kleidern aus Taft und ihren Hermelinmuffs könnten Hofdamen der Zarin sein. V., die bei der Uraufführung die Braut hätte spielen sollen und die die Rolle in Monaco geprobt hatte, sagt, daß sie in der Mitte der Bühne stand, während das meterlange Haar gekämmt und geflochten wurde.

Auch die zweite Szene ist nicht näher am geographischen Ziel. Die Kostüme der Brautführer sind eine Kreuzung von Gauchos und Music-Hall-Kosaken, und ihr Tanz ist halb sibirische, halb argentinische Folklore. Von dem Beginn dieser Szene bis zum Schluß des Stücks wird die Aufmerksamkeit des Zuschauers durch einen choreographischen Kniff geteilt. Braut und Bräutigam, aufgetakelt wie die Königskinder im Märchen, werden zweigeteilt oder, besser, verdoppelt, wie Goethes Zauberlehrling, nur, daß die Doubles nackt sind, vermutlich, um die verkörperten Visionen (schmutzige Gedanken?) des Brautpaars darzustellen; (tatsächlich steckt der Text voller verschlüsselter sexualbezogener Bedeutung, wie der eines Blues.) Doch während dies beispielsweise in einer Satire auf ein viktorianisches Milieustück amüsant sein könnte, ist es völlig fehl am Platze in *Les Noces*. Wie Schatten an der Seite ihrer zu sehr angezogenen Projektoren tanzend, deuten die Visionen eine Tiefe an, der, wie seicht sie auch immer sein mag, von einer harten musikalischen Oberfläche widersprochen wird, die ausdrücklich ein gewundenes psychologisches Innenleben verbietet. Die willkürliche psychologische Dimension verwässert, oder verkauft zu billig, die Strenge der musikalischen Emotion, die, jedenfalls am Schluß, tragische Emotion von verfeinerter Art ist. Im Gegensatz hierzu liegt die Gefühlsebene dieser Inszenierung auf der Höhe eines exotischen Musical.

Les Noces ist musikalisch mechanisiertes Ritual. Da er den Forderungen der Partitur als solcher nicht gerecht werden konnte, schlägt der Choreograph den einfachsten Weg ein und inszeniert das Stück als ein Album von Dorfhochzeitsszenen.

Daraus folgt, daß die Gedanken, Gefühle und Visionen von Menschen, die von Anfang an keine Individuen sind, sondern Typen, noch weniger ins Gewicht fallen als sonst. Die Visionen sind optisch verwirrend, da das Auge es natürlich vorzieht, sich nach den nackten Doppelgängern zu orientieren, nicht nach den überangezogenen Originalen. Schließlich drängen sich die nackten Gedanken zu sehr auf und stellen sich ihren Denkern in den Weg, um dann völlig von ihnen Besitz zu ergreifen.

Nach den Kostümen zu urteilen, liegt die Geographie des dritten Bildes noch weiter entfernt. Die Sahnetortenhüte hätten von einem kambodschanischen Konditor ausgeheckt sein können, die Nerze der Brautmutter von einem Pariser Kürschner, dem an einer Erwähnung im Programmheft gelegen war. Aber die große Szene mit den zwei weinenden Müttern wird weniger durch die Kostüme als durch das exzessiv langsame Tempo zugrunde gerichtet, obwohl in Wirklichkeit überhaupt kein Wechsel gerechtfertigt ist.

Die Schlußszene ist die schlimmste. Der Bühnenvorhang ist mit Ikonen bedeckt, die einer Kirche wie der Hagia Sophia würdig wären; die Braut ist wie eine Muselmanin verschleiert, und der Bräutigam sieht mit seinem Hut aus wie ein tibetanischer Jak, vielleicht, weil er fünf nicht weniger seltsam gekleideten Clowns – Heiratsvermittlern? – Gesellschaft leisten soll, die plötzlich auf der Bühne auftauchen, um Pelegai zu »spielen«. Doch den vulgären Höhepunkt hat man sinnigerweise für den allerletzten Schluß aufgespart. Nach I. S.'s Vorstellung betritt das frisch vermählte Paar das Brautgemach, während die Verwandten und Gäste auf einer Bank vor der Türe Platz nehmen. Es ist eine Schöpfung der Unbeweglichkeit, die ihresgleichen in der Welt des Theaters sucht: in der Musik erstarrt, auf der Bühne erstarrt, und in ihren anderthalb Minuten von ewiger Dauer. Aber statt daß man dergestalt eine der einfachsten und schönsten Partiturseiten der modernen Musik (das Wort »modern« kann man ruhig streichen) realisiert, werden die Visionen hinten auf der Bühne vereinigt, damit sie mit den Klavierakkorden synchron kopulieren. Nachher bemerkt I. S. darüber, daß »die Kompromißler der Kunst die zweitrangigen Genies sind: Bühnenregisseure, Filmregisseure, Fernsehregisseure, Orchesterregisseure, will sagen, Dirigenten.«

Die Inszenierung von *Renard* ist weniger anstößig, weil sowohl der Spielraum für anzurichtenden Schaden soviel kleiner als auch, weil in diesem Fall ein gewisses Experimentieren gerechtfertigt ist. Der Prospekt, zur Hälfte heruntergelassen, zeigt eine Collage von Fotos, auf der am prominentesten Diaghilew, Astruc, Groucho, Marx und Picassos I. S. in Erscheinung treten. Orchester und Sänger thronen auf einem Haufen Autoreifen, ungefähr zwanzig *pneus* hoch, auf der Hinterbühne. (Die schreienden Sänger – man verstehe es, wie man will – sind, nebenbei, übernatürlich schlecht, und die Stimme des Tenors, der den Part des Gockels kräht, ist zerfetzter als das Tier selbst, nachdem der Fuchs es gerissen hat, und das, obwohl es vor wenigen Minuten als ein Kunststück ohnegleichen erschienen wäre, ein noch schlechteres Vokalquartett als das von *Les Noces* zu finden.) In dieser Version sind die Zuschauer Strawinskys *dramatis personae*, und ihnen wird eine vorteilhafte Stellung seitlich und hinten auf der Bühne eingeräumt, eine Art Bühnenarena. Die Handlung, mir ein vollkommenes Rätsel, wird von den menschlichen Stellvertretern der Tiere gespielt – schon wieder Visionen, glaube ich –, die nach der Bademode der zwanziger Jahre gekleidet sind. Diese aquatische Truppe wird von einem Hispano-Suiza während des einleitenden Marsches auf die Bühne hin- und während des abschließenden wieder weggefahren. Da die Ballettwelt nun einmal so ist, wird der Bösewicht Renard – der fabelhaft schleichen kann und viel Arglist besitzt – von einer Frau gespielt.

Nach dem »*Spectacle*« erzählt uns Boulez, der das ganze Programm ohne sichtbare Anstrengung dirigiert hat, daß ein Teil seiner Erfolgsformel lautet: »Sei ein Robespierre während der Proben, aber ein Danton während des Konzerts.« Doch *er* ist napoleonisch.

1966

12. Mai

Unterwegs von New York nach Paris. Gespräche im Flugzeug zwischen Fremden scheinen nach einer bestimmten Regel zu verlaufen. Gewöhnlich fängt das erste Stadium mit einem Suchen nach gemeinsamen Bekannten, nach gemeinsamen Meinungen, nach gemeinsamen Reiseeindrücken an. Das gemeinsame Wissen sogar um ein Restaurant oder ein Hotel kann Menschen vereinen, ihnen beweisen, daß »die Welt sehr klein ist«, obwohl es in Wirklichkeit nur beweist, daß Menschen aus derselben Einkommensgruppe dazu neigen, dieselben Stätten zu besuchen; daher befinden sie sich auf denselben Landstraßen, die zu den besagten Stätten hinführen.
Zweites Stadium, vom ersten durch die einsickernde Wirkung der Cocktails unterschieden: man tauscht kleine vertrauliche Mitteilungen persönlicher Natur aus. Und manchmal nicht nur kleine. Mein bemerkenswert unverschwiegener Nachbar, ganz und gar ein Mann von heute – Vertreter einer großen Stiftung, glaube ich, oder Politologe, oder Mathematiker im Dienste der Rand Corporation, die Art von Mensch, die mit einem über Quines Satztheorie oder Bohrs Komplementärprinzip plaudern würde, falls man überhaupt etwas davon verstünde –, bringt es fertig, sich von einem gehörigen Teil Autobiographie zu befreien, zwischen etwa zwanzig Gängen über meine Füße hin zur Toilette. (Als sich herausstellt, daß er unterwegs zu einem wichtigen Mittagessen morgen im Kongo ist, gestehe ich, daß ich selber etwas »Kontakt« mit dem Kongo gehabt habe, verschweige aber, daß sich dieser darauf beschränkt hatte, auf

einem Flug nach Rhodesien über dem Kongo die Spülung der Toilette zu betätigen.)
Das zweite Stadium hängt von der Menge und der Wirkung der absorbierten Libationen ab. Infolge der Spannung beim Fliegen und eines vorhöllenpsychologischen Zustands, der nicht nur das Pflichtgefühl, sondern sogar das Zeitgefühl aufhebt, ist die Establishment-Narkose eine besonders starke Geständnisdroge in Flugzeugen (von seinen biochemischen Wirkungen ganz abgesehen, beispielsweise auf den Blutzucker oder auf den Salzgehalt des Zwischenhirnbodens). Alkohol in großer Höhe scheint Zusammenhänge, an die man sich plötzlich erinnert, Geschichten und Kommentare in den Vordergrund zu rücken; sie sind für einen Augenblick von größter Wichtigkeit und wollen alle zur Sprache kommen. Dann wenden sie sich so bestimmt wie eine Katze vom Freßnapf weg, und im nächsten Augenblick kann man sich nicht mehr an sie erinnern. Wenn wir unsere Gedanken schon unter gewöhnlichen Umständen nur lose beherrschen, um wie viel weniger können wir das unter Alkoholeinfluß und in einer Höhe von 13 000 Metern?
Das dritte Stadium, der Flirt, hängt von den einzelnen ab, aber eine Menge dergleichen passiert in Flugzeugen. Die Gründe sind abermals die der ersten zwei Stadien, wozu noch der Umstand kommt, daß das Fliegen selbst sexuell anregend ist, sowohl auf geistiger Ebene – alle Träume, in denen man fliegt, sind sexueller Natur – als auch auf physischer, wenn nicht schon durch die prickelnden Gefühle, die durch die Berührung der Räder mit dem Boden verursacht werden, oder durch den Druck des Bremsens, gewiß aber in dem Verlangen, das Leben wieder zu umarmen, da jede Landung eine Geburt ist. Das zentrale sexuelle Ingrediens im Luftverkehr ist jedoch keines von diesen, sondern die Stewardeß, nach welcher der männliche Passagier das glühendste Verlangen empfindet.
Die Stewardeß ist nicht bloß eine neue Mischung aus Empfangsdame, Gastgeberin, Geisha, Kellnerin, Mutter, Geliebter, Krankenschwester (die alle paar Minuten Servietten bringt, als

wechsele sie symbolisch unsere Windeln), sondern ein vollkommen neuer oder ein bisher nicht ausgenutzter Aspekt der Frau. So wie die Landschaftsmalerei vor Giotto nicht existierte, obwohl es offenbar Landschaften gab, so wie es auch den Kult der literarischen Tränen vor *Manon Lescaut* nicht gab, obwohl der Fluß der wirklichen ziemlich konstant gewesen sein muß, so war auch die kommerziell unschätzbare Kombination von Schönheit und Tapferkeit vor dem Zeitalter des Flugverkehrs unbekannt. Ein hübsches Mädchen, sowieso schon die wünschenswerteste Reisebegleiterin, ist nunmehr die vorbildlichste außerdem, deren Mut oder Gleichgültigkeit den Passagier beschämen, um ihm zu helfen, seine Feigheit zu überwinden.

Der Vortrag unserer Stewardeß über Schwimmkissen und das Aufblasen von Rettungsbooten, über das Anlegen von Schwimmwesten und die Handhabung von Taljereepen hört sich wie eine unterhaltsame Modenschau an. Doch ihre ewige Heiterkeit weicht für einen Augenblick, als wir auf die französische Küste zufliegen und das Flugzeug anfängt, wie ein junges Pferd zu stampfen, zu schaukeln und zu schütteln. Tatsächlich steht die Strenge ihres Befehls, die Sitzgurte anzuschnallen und das Rauchen einzustellen, in solch starkem Gegensatz zu ihrer sonstigen Art, daß ich plötzlich der Heiligen Schrift auf dem Zeitungsständer gewahr werde, neben *Playboy* und *Time*.

I. S. nimmt Anstoß am Klang der Stimme, dem Nonstop-Lächeln und den Verkaufsmethoden der Stewardeß (»Ihre persönliche Fluggesellschaft«, sagt sie, und wiederholt somit die Legende dieser riesigen, total unpersönlichen Fluggesellschaft) sowie an den endlosen Übersetzungen: »Captain Smith hopes you have enjoyed your flight. ›'Bye now.‹« »*Le capitaine* Smeet . . .« Ich könnte hinzufügen, daß die häufigen Gänge der Stewardeß zur Pilotenkanzel, mit Tabletts voll Wodka, Wein, Cognac, Champagner und sogar Pernod, *meinen* Vertrauensvorrat in *Kapitän Schmidt* nicht sehr stark haben wachsen lassen.

I. S., der den eigenen Durst mit verschiedenen Sorten von Gefrierschutzmitteln gelöscht hat, spricht mit mir über Tschechow, dessen Werke er nochmals systematisch liest und mit dem er sich so sehr identifiziert, daß er *Iwanow* gegen die Besetzung verteidigt, die wir gestern abend in einer Broadway-Aufführung sahen: die Ehefrau, die ihren Text von einem Papierstreifen hinter einer imaginären Fernsehkamera abzulesen schien; den Onkel, der, nach der Art, in der er jeden mehr als altersschwachen Schritt ansetzte, aussah, als befinde er sich auf einer Hindernisbahn; und den Iwanow selber (John Gielgud), dessen Hauptmethode, Bitterkeit und Leiden auszudrücken, im Kräuseln seiner schnurrbartdekorierten Oberlippe zu finden war. In der Tat vermittelte dies jedoch bloß den Eindruck, als hätte irgend jemand in seiner Nähe einen üblen Geruch verursacht. »Russische Provinzler, die nach Moskau gehen möchten, fesseln uns nicht mehr«, behauptet I. S. und kann damit bei mir keine abweichende Meinung provozieren. »Trotzdem bringt Tschechow es fertig, uns dafür zu interessieren, ob sie gehen oder nicht, und das bringt er fertig wie er alles andere fertigbringt, nämlich mit größtem Feingefühl.«

Außer auf Tschechow beschränkt sich I. S.'s Bordlektüre auf Michel Phillopots Monographie über ihn. Auf jeder Seite korrigiert, kommentiert er, formuliert er um und schreibt er ganze Passagen neu, streicht er Wörter aus und ersetzt sie durch bessere seiner Wahl, polemisiert er mit dem Autor und mit der Nachwelt. Nicht einmal Beethovens Randglossen – »Ach, Du Erzesel!« und »doppelter Esel!« – waren vehementer als diese nie abgeschickten Liebesgrüße von I. S.

Im Anflug auf Paris sinken wir aus lichtscheuem Sonnenschein durch das Schillern eines Regenbogens und gegen eine Wolkenbank, auf der der Schatten des Flugzeugs wie ein kreisender Vogel flüchtig zu sehen ist. Dann, in einer noch tieferen Wetterschicht, tauchen wir durch den Sturm selber – was einer Reise rückwärts durch die Zeit ähnelt. Das uns umgebende Element verschafft einem einen Eindruck von der Geschwindigkeit des Flugzeugs und stellt seine Relativität wieder her, was ernüchternd ist, nicht zuletzt in dem spezifischen Sinn einer Zerstäubung alkoholischer Dünste. Infolgedessen scheinen die schon aufgeblähten Gesichter der Passagiere noch aufgeblähter und geräumiger für zurückkehrende Ängste zu werden.

Auf dem Flughafen Orly beobachte ich eine alte Frau, die wie hypnotisiert vor den durch einen Lichtstrahl betätigten Glastüren steht; mir fällt jedoch auf, daß die meisten älteren Menschen, d. h. diejenigen mit einem erworbenen, statt angeborenen Vertrauen zur Technik, mit ihren Händen eine Abwehrbewegung vollführen, wenn sie sich diesem Wunder nähern.

Paris hat die Farbe weißer Haut, von der man soeben schwarze Schminke entfernt hat.

22. *Mai*

I. S. klagt heute über eine *crise de foie*, womit man nach so vielen trinkerfüllten Mahlzeiten hätte rechnen können, auch will er keinen in Unwissenheit über seine fäkalischen Ängste lassen. Sein Gespräch beim Mittagessen enthält eine fesselnde skatologische Abhandlung mit Abschweifungen über Abführmittel und Hämorrhoiden. Doch um wie viel mehr fühlt er sich in Paris zu Hause als in Los Angeles! Zum einen zieht er die französische Sprache mit ihren grammatikalischen Geschlechtsunterschieden vor, und zum anderen findet er die französische Gesellschaft, während er über sie spottet, zugleich höchst amüsant, insbesondere ihre Intrigenatmosphäre, mit der verglichen die smogverfinsterte Atmosphäre von Los Angeles rein und sauber erscheint. Vor allem wurde in Paris das Gespräch noch nicht vom Fernsehen verdrängt, obwohl es ohnehin unvorstellbar wäre, daß jene orale Libido, die nationale Mundbefriedigung, ganz unterdrückt werden könnte. Gleichzeitig frage ich mich, ob nicht sein Russentum hier mindestens so sichtbar ist wie sein Europäertum in Amerika, da die französische Gesellschaftsstruktur so sehr viel geschlossener ist als die amerikanische?

Nachmittags fahren wir nach Chartres, finden aber jeden Zugang zur Kathedrale von den Buden einer Landwirtschaftsausstellung blockiert. Auf der Rückreise fahren wir über Maintenon, essen Camembert-Sandwiches Chez Loulou und gehen dann weiter nach Paris 2, der französischen Vorstellung von amerikanischem *luxe intégrale:* Termitenarchitektur, Swimmingpools, Riesenkaufhäuser und andere Zeichen von *le bonheur* – zum Unterschied zu *la culture,* die Amerikaner natürlich nicht zu verstehen, geschweige denn zu besitzen hoffen können. In Paris 2, im Gegensatz zu Paris (*tout simple*), gibt es nicht weit mehr Bidets als Badezimmer, die Aufzüge hoppeln nicht, und die Hörmuscheln der Telefonapparate hallen nicht wie Seemuscheln – *»Ne quittez pas, monsieur.«* Diese horrende Utopie grenzt an das Spielzeugdorf von Marie-Antoinette.

24. Mai

Athen. Lunch im muffigen Speisesaal des Hotels; unsere zwei kleinen Schnitzel werden auf einem eiförmigen Silberteller von der Größe einer Eisernen Lunge hereingefahren. Während des Essens nähert sich eine ältliche Frau unserem Tisch; sie schwenkt eine Fotografie von sich und I. S.'s Bruder Gury und erinnert I. S. daran, daß sie sich 1900 in Petersburg gekannt haben. Ob er überhaupt neugierig ist, möge dahingestellt bleiben: heute ist I. S. schlecht aufgelegt und keineswegs geneigt, mit unvorhergesehenen Erinnerungen an die zartesten Jahre seiner Vergangenheit konfrontiert zu werden. Er beschimpft die Frau, weil sie ihn gestört habe, und schickt sie weg, was zur Folge hat, daß sie V. leid tut, die – obwohl an der Geschichte überhaupt nicht interessiert – ihr in die Hotelhalle folgt, um sie bis zum bittersüßen Ende anzuhören. I. S.'s Benehmen in solchen Fällen scheint launenhaft und ist wirklich unberechenbar. Morgen hätte er die Zudringliche vielleicht zu einem Festmahl eingeladen.
Am Nachmittag fahren wir nach Korinth, 1956 eine Strapaze

von fünf Stunden auf einer nichtexistenten Straße, heute eine Fahrt von neunzig Minuten auf einer modernen Autobahn. Es gibt hundertmal so viele Autos wie vor einem Jahrzehnt, und die dahintrottenden Eselskarren jener entfernten Epoche sind im gleichen Verhältnis seltener geworden. Tatsächlich ist ganz Griechenland als Gegenstand der Touristik so verwandelt, daß man heute vom Anblick des Hilton, gesehen von der Akropolis, genauso häufig spricht wie umgekehrt. Es wird sogar erzählt, daß Warnschilder auf Flößen in den beliebtesten Urlaubsgewässern errichtet werden mußten, damit Anker nicht auf die Amateurtaucher ausgeworfen werden.

Einige kleine Kapellen entlang der Straße haben trotz allem überlebt, und in der Nähe von Athen ein paar rührend häßliche Kirchen mit zypressenbeschatteten Friedhöfen. Alle anderen Gebäude sind auf ihrer Straßenseite mit Plakaten beklebt. Nur die breitausgestreckten Hänge scheinen dieselben zu sein wie vor zehn Jahren, d. h. steinig und ohne Ackerland. In Megara wird der Kieferngeruch, den wir von Erinnerungen des Jahres 1956 her erwartet haben, falls noch vorhanden, vom Gestank einer Ölraffinierie unterdrückt, dann von Schaumwolken verdeckt, die über kleine Inseln hinwegfegen, die wiederum aussehen wie vom Festlandkuchen abgefallene Krümel.

An Neros Kanal lehnen sich Touristen über Brückengeländer wie seekranke Dampfschiffpassagiere am Heckbord, und das Verhältnis von Touristen zu Einwohnern in Korinth muß, grob geschätzt, dem von Persern zu Griechen bei den Thermopylen gleichen. Wo ich vor einem Jahrzehnt neben einer Säule der damals verlassenen Ruinen mich in Positur stellte – für einen aufgeregten Fotografen in einem Malerkittel, mit einer Lavallière-Krawatte und einem Taras-Bulba-Schnurrbart (er steckte seinen Kopf unter ein schwarzes Tuch, um das Bild zu machen), stellen sich jetzt Touristen zu Hunderten in Positur und knipsen sich gegenseitig. Auf der Rückreise nach Athen werden wir an einem Bahnübergang von dem spielzeuggroßen, doch lärmenden und schwarzwollig rußenden Sparta-Expreß (?) aufgehalten.

26. Mai

Unser Konzert im Amphitheater von Herodes Atticus verläuft sehr schön, gesegnet von einer ambrosischen Nacht und dem Umstand, daß ich nicht, wie so oft, durch das Bewußtsein meiner selbst abgelenkt werde, so als wäre es von einem anderen Flugzeug aus oder von einem anderen Körper, oder vom Hubschrauber meines Über-Ichs, der zuweilen einen betäubenden »Lärm« machen kann. Der Fehler eines Sängers läßt I. S. leider wütend werden. Er schwingt seinen Spazierstock als Antwort auf die dringende Bitte eines Managers, sich noch einige Male vor dem Publikum zu zeigen, um den Beifall anzufachen. Nach dem Konzert fahre ich nach Piräus, um Buzukimusik zu hören.

2. Juni

Von Lissabon nach Paris. Suwtschinskij holt uns in Orly ab, und wir fahren direkt zur Boule d'Or. Suwtschinskijs Gespräch neigt sich rasch Boulez zu. »Heutzutage redet er nur über *les problèmes de la direction*«, sagt Suwtschinskij, »und obwohl er fraglos viele davon gemeistert hat: wie kann ein Mann mit schöpferischem Talent und Intelligenz Orchesterdirigent werden wollen?«
B. macht eine »*crise de colère* oder *crise de* César-Napoléon« durch – Suwtschinskij zufolge, der hierin die Ursache für die Gürtelrose sieht, unter der B. zur Zeit leidet*. Suwtschinskij hat mehrmals B. in seiner Baden-Badener Bastion angerufen und versucht, ihn davon abzuhalten, einen offenen Brief abzuschikken, der Malraux und den am wenigsten verdammenswerten Menschen, nämlich Milhaud, verdammen sollte. Aber Suwtschinskij sorgt sich weniger wegen wechselnder Geschicke beim Karrieremachen (sagt er), als wegen der Ablehnung, auf die B.'s

* Es ist in Wirklichkeit eine Viruskrankheit, wie wir im Dezember 1968 erfuhren, als I. S. von ihr befallen wurde.

Musik bei der jüngeren Generation stößt. »›*Bien décoratif*‹, sagen sie und vergleichen den Schluß von *Pli selon pli* mit Ravel und den *Improvisations* von Reynaldo Hahn.«
Dies Gerede sagt jedoch mehr über eine zeitgenössische Erfolgsgeschichte aus, über einen Julien Sorel unserer Tage, als über B., der natürlich die Dornen auf sich zieht, die früher für S., Q. und M. reserviert waren. Gegen Ende des Essens erinnert sich Suwtschinskij plötzlich, zweifellos weil er Schuldgefühle hat, derartigen Klatsch verbreitet zu haben, wie sehr wir alle B. lieben; er ruft die Zeiten in uns wach, da B. während des Taxistreiks im November 1956 I. S. am Gare de Lyon in einem Wagen abholte, und wie er im August 1957 ein Klavierstück von Stockhausen in dem Kämmerchen in der rue Beautreillis I. S. vorspielte.

11. Juni

Wie ich heute morgen in der rue St.-Honoré spazierengehe, fallen mir einige im Schaufenster ausgestellte Schönberg-Schallplatten auf. Im nächsten Augenblick erkenne ich, daß es *meine* Schallplattenaufnahmen sind, und im Augenblick danach fühle ich mich krank. Warum regt mich der Anblick meines Namens in Druck oder ein Foto von mir oder irgendeine Art von Publicity über mich, oder sogar der Klang meiner eigenen Stimme beim Abhören eines Tonbands oder in einer Echokammer während eines Ferngesprächs so auf? Später stelle ich diese Frage I. S., doch anstatt diese Neurose zu erklären, fügt er ihrer Dokumentation noch etwas hinzu, indem er sagt, ich hätte vergessen, den ersten Brief, den er von mir bekam, zu unterschreiben. Daher habe er mich dann mit der Hilfe von Nicolas Nabokov aufspüren müssen.
Zusammen mit I. S., Xenakis und Béjart gehe ich zu einer Vorführung des CBS-Dokumentarfilms über Strawinsky, die für französische Kritiker stattfindet; diese verdammen den Streifen

einstimmig als eine Titelgeschichte amerikanischer Art mit eingestreuten Leckerbissen für Minderheitsgruppen, ausgenommen Musikkritiker. Ihre Einwände scheinen sich vor allem gegen die Volkstümlichkeit suchenden, nur der Unterhaltung dienenden Gags zu richten: den Empfang durch die Cowboys aus Texas, die Kutschenfahrt durch Central Park, das Ballett der kleinen Mädchen – immerhin bilden I. S.'s Abschiedsworte an sie – »wachst schön heran, kleine *demoiselles*« – einen der reizendsten Momente des Films. Aber auch das unablässige Hochloben im Kommentartext können sie nicht gutheißen, den ach, so berühmten Herrn Balanchine, den großen, großen. Mr. Benny Goodman, und nun guck mal, wen wir hier haben, ja, es ist tatsächlich der Papst selber. Sehr erfreut war Seine Heiligkeit übrigens, im amerikanischen Fernsehen aufzutreten, doch das vatikanische Konzert ehrte nicht nur I. S., sondern Malipiero und Milhaud auch, die beide kurzerhand auf Wunsch der CBS-Kameraleute von der ihnen gefälligen päpstlichen PR-Abteilung in eine hintere Reihe abgeschoben wurden. Was die französische Kritik jedoch als das Amerikanischste von allem betrachtet, ist die McLuhansche Botschaft der Fernsehscheibe selbst: große Künstler werden mit Reichtümern, mit der Gesellschaft der Berühmten, mit Fernsehbiographien belohnt.

Die Kritiker sparen ihr Lob ganz für die Giacometti-Episode auf; das tun sie, vermute ich, einerseits, weil sie sich in ihrer Sprache abspielt, andrerseits, weil sie Erholung bringt von dem aufgeregten Getue, daß die Fernsehreklame drum herum macht. Giacometti spricht nur von seinem Versagen, bemerkt die Kamera nie, taucht nie aus der Vertiefung in seine Arbeit auf. Doch keiner der heutigen Zuschauer bemerkt, daß in I. S.'s Zeichnung von Giacometti die Augen des Künstlers geschlossen sind, als ob er ein Toter wäre, was tatsächlich I. S. an jenem Maitag des Jahres 1965, sechs Monate vor dem traurigen Ereignis, geahnt hat.

»Ist der Film ein wahres Porträt von I. S.?«, fragt mich einer der verdrossenen Kritiker nachher, und ich verstehe seine Frage so, daß I. S zwar all das gesagt und getan hat, was man ihn sagen und tun sah – daß die Zusammensetzung, das Schneiden und die Gegenüberstellung der einzelnen Teile aber das daraus sich ergebende Bild verzerrt haben könnten. Ich antworte, die Bezogenheiten seiner Angriffe auf die Kritik seien unwesentlich und das Abbeten von ein paar weiteren Rosenkranzperlen mit dem Blick auf Richard Strauss bedürfe keiner den Zusammenhang erläuternden Vorbereitung (»Strauss war ein großartiger Dirigent«). I. S. hatte die Frage eines Studenten, »was im besonderen« ihm an der Musik von Strauss nicht gefalle, mit »ich mag die großen Werke nicht, und ich mag die kleinen Werke nicht« beantwortet, und fügte abseits der Kamera hinzu: »Ich mag die überhomogenisierten Süßigkeiten von Strauss nicht.«

Unvermeidlich zeigt der Film viele interessante Aspekte von I. S.'s Denken. Einer davon ist die Behauptung, daß er »den schlimmsten Kommunismus« der Anarchie vorziehen würde. Ein anderer ist sein falsches Zitieren von Tertullians »*Credo quia absurdum*«. (»Ich gebe es Ihnen im lateinischen (!) Original vom heiligen Paulus: ›Credo in absurdum‹.«) Letzteres kann man als ein Zeichen seiner dogmatischen Tendenzen verstehen, wie auch der Achtung, die er angeblich für vorgefertigte Formeln hegt, für Ideen, die von der Zeit geweiht sind, für das, was Tradition zu sein scheint. Die allgemein übliche Vorstellung von I. S. als einem Komponisten, dem Regeln wichtiger sind als Gefühle, und für den Rahmen vor Bilder kommen, ist in Paris immer noch weitverbreitet. Aber schließlich ist oder war es eine Meinung, die er selber unterstützt hat, eine Art Selbstschutz gegen wuchernde Gefühle.

Der Film ist jedoch nicht durch irgendeine zusammenhanglose oder zu stark lokal gebundene Bemerkung irreführend, sondern durch die Unterstellung, daß Polen in I. S.'s Leben wichtig und seine Rückkehr dorthin eine Art Pilgerfahrt war und durch die stillschweigenden Folgerungen aus der Vatikan-Episode. Der Heilige Stuhl entschloß sich, in einer plötzlichen, schlecht beratenen Geste der Anerkennung der Künste, drei Komponisten aus drei Glaubensbekenntnissen zu ehren: Milhaud als Vertreter des hebräischen, I. S. als Vertreter der orthodoxen Kirche und Malipiero als Vertreter der römischen. Doch I. S. hat seit mehr als einem Dutzend Jahren *kein* Glaubensbekenntnis praktiziert, und wenn sich religiöse Zugehörigkeit nach Gefühlen statt durch Erklärungen und Beteiligungen an Gottesdiensten klassifizieren ließe, würde man ihn vielleicht als einen abgefallenen Jansenisten bezeichnen. In Wirklichkeit sind seine Glaubensartikel geheim und trotzen der Etikettierung. Gleichwohl sind sie heute mehr römisch als griechisch.

Ein Bild aus der vatikanischen Sequenz im Film verdient Erläuterung. Nach der Aufführung der *Psalmensinfonie* kniet I. S., um den Ring des Fischers zu küssen, rutscht aber aus und verliert für einen Augenblick das Gleichgewicht. Ein alter Herr mit Zwicker sieht ihn wanken und erhebt sich von einem Notsitz, um helfen zu können, wobei er die mittlere Kamera für einen Augenblick blockiert. Es ist Gioacchino Forzano, der Librettist von *Gianni Schicchi*.

Wenn man bedenkt, wieviel Filmmeter anderswo verschwendet werden, ist es schade, daß das Abendessen nach dem Konzert, das Puccinis Neffe, Giulio Razzi, im Hilton gab, nicht gefilmt wurde. I. S., von überschwenglichen und ausschließlich italienisch sprechenden, ihm zudem völlig unbekannten Damen flankiert, war bald sehr betrunken, und als die Tischreden fällig wurden, lag sein Kopf auf seinem Arm und sein Arm auf dem Tisch. Als V. die Situation erkannte, ging sie von hinten auf ihn zu und flüsterte ihm ins Ohr, er müsse sich unbedingt für die Glückwünsche des Gastgebers erkenntlich zeigen. Diese Einsicht brauchte ihre Zeit, um einzudringen, aber als das geschehen war, erhob I. S. tapfer sein Haupt, formte langsam aber deutlich die Silben »*Gra-zi-e*« und sank dann wieder auf die Leeseite.

30. Juni

New York. Die Dämpfe, die sich aus den Kanalisationslöchern und den Luftschächten der U-Bahn erheben, erinnern an Dorés *Inferno;* und das Pfeifen der Pförtner nach Taxis, dem Gekreisch Beelzebubs gleich, macht das Bild lebensecht oder nachlebensecht. Im Gegensatz zu Dantes Florenz oder Ravenna aber, die eine ganze Weile unverrückt geblieben sind, ist New York eine Stadt, die nie fertig wird. »Wie wird es in fünf Jahren sein?«: so denke ich laut zu meinem Fahrer, während wir in einem Verkehrsgewirr warten müssen. Seine Antwort: »Mister, ich möchte wissen, wie es in fünf Minuten sein wird.«

Den Nachmittag verbringe ich mit Marianne Moore bei dem gemeinsamen Versuch, Archaismen aus dem Text des Erzählers in der Oper *Die Sinflut* zu streichen.

Die Dichterin ist so dünn wie Twiggy und so gekrümmt wie eine schwer beladene Frau auf einem Blatt von Hiroshige, aber sie jagt in hoher Geschwindigkeit durch die Wohnung und arbeitet mit großer Energie und Konzentration. Die von Büchern bedeckten Wände sind überdies mit Bildern von Vögeln und anderen Tieren geschmückt, und es gibt auch ein paar Fotos, von denen eines einen jungen, ungewohnt fleischigen und lächelnden T. S. Eliot zeigt.

Frau Moore hat die Versrhythmen bezeichnet und Wörter umkringelt, die, wie sie behauptet, »gelesen, aber nicht erzählt werden sollen«. Ihr eigenes Erzählen ist nicht leicht zu verstehen; die am Zahndamm artikulierten Laute dringen nicht durch, die Lautstärke ist gering und der Vortrag schwach moduliert, wenn auch erfrischend unemphatisch. Auch versäumt sie, mit dem Mund die T-Striche zu ziehen (»cree-a(t)-ure«), so daß die unscharfen Vokale, die um die nicht ausgesprochenen Konsonanten wogen, so breit und konturenlos sind wie der Fluß zur Frühlingszeit, dessen Name ihren Akzent klassifiziert – der Mississippi.

Die Verschwommenheit der Aussprache kontrastiert aber stark

mit der sachlichen Aussage, denn ihr Denken ist wunderbar klar und ihre intellektuelle Wachsamkeit unermüdlich. Allgemein empfiehlt sie fürs Libretto, die Bibelworte dem Erzähler und die Mysterienspielzeilen Schauspielern zu geben. Sie erklärt: »Die stilistische Fusion aus *Genesis*, Anonymus und dem *Verlorenen Paradies* ist natürlich.« Sie ist auch die erste Kritikerin dieses Opus, die den Zusammenhang mit *Timon* in der »Salzflut« und die See selber als ein Symbol des Chaos begreift. Der Ablösung von Worten, die sie als zu obskur für ein Publikum ohne Textbuch verwirft, stimme ich in jedem Fall zu, und sei es nur aus Dankbarkeit für die Freude und das Privileg, ihr bei der Arbeit zuschauen zu dürfen.

Sie holt einige Wörterbücher (»Bollwerke«) heran – jeweils nur eines, zu meiner Erleichterung; diese unsicheren, spindeldürren Arme und Beine! – einschließlich eines deutschen, denn sie hat außerdem auch Teile der deutschen Übersetzung revidiert. Doch nur einer dieser Bände wird benützt, ein welkes und vergilbtes Reimdiktionär, das sie systematisch durchwühlt, einen langen Finger wie einen Zeigestock verwendend, um die Stelle festzuhalten, während wir die Kandidatur eines jeden Wortes diskutieren.

Nach ihrer Methode behält man die Reimworte bei, wo nur möglich, und tauscht den Hauptteil einer Zeile aus, was *bouts-rimés* ähnelt; nur wenn das schiefgeht, ordnet sie die Reime selber neu. Quantitäten werden bei diesen Umstellungen nicht berücksichtigt, und alle rein musikalischen Ornamente und Muster werden restlos gestrichen. Ihr Ziel ist es, Zweideutigkeit und Dunkelheit auszumerzen, und um das zu erreichen, dürfen stilistische Fragen über Bord geworfen werden, und sogar ein oder zwei Anachronismen sind erlaubt. Kurz, ihre Regeln sind Regeln des Daumens und des Ohrs: ihres Daumens, ihres Ohrs.

»Ich kann ein Wort nicht verwenden, das ich verachte«, stellt sie fest und ändert *Hares hopping gaily can go* in *And hopping briskly hares can go* mit der Erklärung, daß »*briskly* mehr

Würde« hat. Sie verbessert *Here cats can make it full carouse* in *Here cats make full carouse* und bessert *And here are bears, wolves set / Apes, owls, marmoset* aus zu: *And here are bears, wolves, leveret, / Ape, owl, and marmoset* – was die Frage hervorrufen könnte, ob nicht die Einzahl zu raffiniert für Mysterienspiele des fünfzehnten Jahrhunderts sei, da Paarung der eigentliche Sinn der Arche war. Sie ändert *Here are lions, leopards in* auch in *Here come lions . . .*, und aus der *briskly*-statt *gaily*-Strophe wird schließlich: *Both cats and dogs also / Otter, fox, fulmart, too, / And, hopping briskly, hares can go.* Die drastischsten Revisionen sind der letzten Rede Noahs vorbehalten, bei der sie schließlich *And multiply your seed shall ye* als *And so shall your lives be saved* wiedergibt (was musikalisch eine Silbe zu wenig hat), und *Sons, with your wives shall ye be stead* als *Sons, with your wives gain new estate.* Sie erhebt Einspruch gegen *bairns*, das der Dichter Basil Bunting in Umlauf zu behalten versucht, und korrigiert *Your bairns shall then each other wed* zu *The youths and maids shall then be wed.* Zum Schluß ändert sie *And worship God in good degree* in *And thus your God be served* und *Shall forth be bred* in *Shall thus be bred* um.

Als sie mich auf die Straße hinunterbegleitet, bietet Frau Moore, so möchte ich annehmen, den Nachbarn einen seltenen Anblick, zumindest den Verehrern ihres außerordentlichen Hutschmucks: *La dame au tricorne* ist barhäuptig!

15. September

Louisville. Der Leacock-Liebermann-Film über I. S., der uns nach der Probe heute abend vorgeführt wurde, ist die natürlichste Ansicht von ihm, vor allem von seiner genialen Seite, die wohl je gemacht werden könnte, doch wie alle Ein-Mann-Dokumentarstreifen ist es im wesentlichen ein Nachruf. Es ist auch das am wenigsten vom Drehbuch fixierte, am wenigsten von Technikern, Werbung oder eigennütziger Betriebsamkeit manipulierte aller Filmporträts von I. S. Tatsächlich besteht seine einzige ernsthafte Verdrehung darin, daß die ursprüngliche Zeitfolge nicht beibehalten wurde. Schon um gewisser fünf Bemerkungen willen ist er sehenswert. Die erste ist die entwaffnende Erklärung von I. S., als er eine Frage über seinen Antiwagnerismus beantwortet, daß »jeder schöpferische Mensch irgend etwas beschädigt«. Die zweite wird durch eine Frage ausgelöst, die während einer Teestunde mit Christopher Isherwood und Gerald Heard gestellt wird, einer Frage nach dem schöpferischen Prozeß. »Für mich gibt es keinen schöpferischen Prozeß, nur Freude«, sagt er, und ich kann mich erinnern, daß er abseits der Mikrophone hinzufügte: »Schöpferische Prozesse haben ihre Gesetze, aber wenn ich sie formulieren könnte, würden sie vielleicht aufhören, für mich brauchbar zu sein.« Dann, als Reaktion auf die Frage, inwieweit es ihn interessiere, ob seine Musik aufgeführt werde, antwortete er: »Aber natürlich interessiert es mich zu hören, ob ich recht hatte oder nicht.« Die zwei wertvollsten Bemerkungen in dem Film aber kommen (in der montierten Reihenfolge) zum Schluß. »Ich bin immer glücklich, wenn ich geweckt werde«, sagt er, »und es ist dasselbe beim Komponieren.« Schließlich sagt der vierundachtzigjährige Komponist: »Am Morgen denken wir anders als am Abend. Wenn ich auf eine Schwierigkeit stoße, warte ich bis zum Morgen. Ich kann warten, wie ein Insekt warten kann.«

14. November

Honolulu. I. S. beschreibt die Prozedur des Stimmens, bevor das Orchester anfängt zu spielen, als »das große A-Ritual, das, sobald es absolviert ist, erlaubt, daß jeder Akkord danach verstimmt sein darf«. Doch wie Itzhak Perlman in der heutigen Probe das Violinkonzert von I. S. spielt, befriedigt den Komponisten so, wie sonst kaum eine Aufführung seiner Musik seit langer Zeit. Da Perlman im Zusammenhang mit seinem Studium des Konzerts Isaac Stern erwähnt, sagt mir I. S. später, er halte Stern rein körperlich für »einen noch embryonalen, eine Art ungeborenen Beethoven«.

13. Dezember

Hollywood. Ein Besuch von Jewgenij Jewtuschenko, über den die I. S.'s sich sehr freuen. Mich erstaunt wieder einmal, wieviel familiäre Herzlichkeit Russen bei der ersten Bekanntschaft entwickeln können, sogar Russen, die so hoffnungslos verschiedene Ansichten wie die I. S.'s und J. J. vertreten. Jewgenij Alexandrowitsch (das Gespräch wird gleich auf der Basis von Vornamen geführt) kommt mit Dolmetscher und Publicity-Mannschaft im Schlepptau an, aber sobald man ihn fotografiert hat, wie er seine Jacke unter der tropischen Hitze der Lampen seiner Fotografen abstreift, zieht sich die Begleitung in ein anderes Zimmer zurück. V. plaudert mit ihm über Gorodetskiy, Kuzmin, Vladimir Nabokov* und andere Schriftsteller, die sie auf der Krim zur Zeit der Revolution gekannt und an die, wie sie später erzählt, Jew. Alex. sie erinnert habe. Er lauscht aufmerksam ihrer Beschreibung von Ossip Mandelstam auf der Krim im Jahre 1918. »Mandelstam war immer feurig und immer hungrig. Da nun aber damals jeder Hunger hatte, hätte ich sagen müssen: hungriger als andere Leute. Da er sehr wenig Kleidungsstücke hatte, hütete er sparsam die noch präsentabelsten. Dazu gehörten ein Nothemd, wie er es nannte, und ein Paar Schuhe mit noch fast ganzen Sohlen. Einmal besuchte er uns, nur mit einem Regenmantel bekleidet; er ging die ganze Zeit auf und ab vor unserem Speiseschrank wie ein peripatetischer Philosoph: nicht etwa, um warm zu bleiben, sondern um herauszubekommen (er schnüffelte wie ein platonischer Philosoph), ob

* Ihr Englischlehrer in Paris war Sergej Nabokov, der Bruder des Romanciers.

es bei uns etwas zu essen gäbe. Ich kann mich auch an eine Bahnfahrt mit ihm nach Simferopol erinnern. Die Waggons waren mit Soldaten und Flüchtlingen so überfüllt, daß man den auf dem Fußboden schlafenden Kleinkindern Eimer als Helme verpaßte, damit sie nicht aus Versehen von den Leuten zerquetscht würden, die sich durch die Menge zu drängen versuchten. Ich saß zwischen Mandelstam und Sudeikin, der mich wegen der Soldaten wie eine Moslemfrau angezogen hatte.« Jewtuschenko übertrifft diese Geschichte mit einem Bericht von Mandelstams Tod, »durch Brot ertrunken, wörtlich daran erstickt; die letzte Bitte des Sterbenden war um *russisches* Brot«. (J. J.'s Worte, von mir die Kursivierung.)

Von all den Kulturbotschaftern aus der UdSSR, die die I. S.'s besucht haben, ist Jewtuschenko der erste, der den Inhalt des Hauses wahrnimmt. Er schaut wirklich alles an, hebt Gegenstände auf und inspiziert sie, wie er es vielleicht auf einem Flohmarkt tun würde, und bewundert die Gemälde, insbesondere eines, das V. gemalt hat. Auf der Stelle wird es ihm geschenkt: das nennt man russische Gastfreundschaft. Gegen Ende des Besuchs muß er einen Rückschlag erleiden, als sich das Gespräch der Musik zuwendet, und I. S. Schostakowitsch rundweg ablehnt. Doch er erholt sich rechtzeitig genug, um selber einige seiner Lieblingswerke von I. S. zu erwähnen.

Warum zeichne ich diese nicht sehr bedeutsame Begegnung auf? Ich hatte es jedenfalls nicht vor, noch war ich sehr aufmerksam, bis ich sah, wie angeregt die I. S.'s werden, wenn sie einmal zur Abwechslung ihre *lingua materna* nicht mit anderen *émigrés* sprechen, sondern mit einem offiziellen Vertreter des russischen Staates. Mir scheint, daß sie mit Jew. Alex. natürlicher waren als mit ihren engsten amerikanischen Freunden.

1967

9. Januar

New York. Eine atembenebelnde Nacht. Abendessen mit Marcel Duchamp, der wortkarg und *sec* ist, aber nur im Aussehen. Und was für einem Aussehen! Das Profil hätte man für ein Porträt auf einem Renaissance-Medaillon gebrauchen können, und die Haltung, das Zurückneigen des Hauptes, ist charakteristisch für Reiterhelden wie Pisanellos Leonello d'Este; ein weithergeholter Vergleich, den ich teilweise etwas Pferdeartigem an Duchamp selber zuschreiben würde, teilweise seinem Tischgespräch über den Panzer von Skorpionen. Er ist gepflegt, gut rasiert, straff sitzt der Maßanzug. Er protzt auch mit einem grellrosa Hemd und blauer Krawatte; jedoch, wenn man ihm ein Kompliment zu der schmucken Kombination macht, tut er sie als Weihnachtsgeschenk ab. Eine Gelegenheit, das Gespräch zu eröffnen, bietet die Erwähnung von Giacometti, aber als jemand bemerkt, dieser gemeinsam betrauerte Freund müsse »eine *triste* Person« gewesen sein, hat Duchamp etwas gegen dieses Wort einzuwenden: »Nicht *triste,* gequält.« Gewiß hätte keine dieser Beschreibungen je auf die Raubtierintelligenz von Duchamp selber angewendet werden können.

Doch was sind die Gefühle eines Menschen, der, als das Gespräch auf Flugzeugabstürze kommt – morgen werde ich fliegen –, diesen Gedanken beisteuert: »Tod in der Luft ist ein schöner Tod, weil man explodiert«? (Im Gegensatz zum Tod im Bett durch Herzanfall, etwa, weil man implodiert?) Es sind gewiß nicht morbide Gefühle, weil der Gedanke für ihn rein logischen Charakter hat, und nicht mehr emotionell gefärbt als

irgendeiner seiner Schachzüge. Was einem kristallisierenden Intellekt wie dem seinen nicht arteigen scheinen mag, ist die willige Empfänglichkeit für äußerliche Vergnügungen. Er erzählt, daß die englische Königin eine Ausstellung seiner Werke in der Tate Gallery besuchte und einen verlegenen Kurator über einen Gegenstand fragte, der, was Majestät nicht zu sehen schien, ithyphallisch war. Auf diese Drolligkeit folgt aber rasch die Beobachtung: »Eine Freiheit, die wir alle gegenwärtig sehr nötig haben, ist die Freiheit von schlechten Witzen.«
Als er nach dem Essen mit einem großen Eispfriem einen Kamin durch eine Zigarre bohrt, hantiert er mit der unhandlichen Ahle so geschickt, daß wir ihm zuschauen, als meißele er ein neues Anti-Meisterstück. Das tut er auch, doch so wie er einmal die Mona Lisa durch Aufmalen eines Schnurrbarts zerstörte, so zerstört jetzt die Zigarre sein Pisanello-Profil.

17. Mai

Toronto. Ein Konzert der CBC in der Massey Hall. I. S. dirigiert die Suite aus *Pulcinella,* und ich dirigiere danach *Oedipus Rex.* Als er das Hotel verläßt, muß I. S. zufällig an einer Menge vorbei, die gekommen ist, Prinzessin Alexandra anzustaunen. Was die Ironie erhöht, ist, daß keiner in der Menge wissen kann, daß die außerplanmäßige Parade des kleinen alten Mannes ein viel seltenerer Anblick ist, als der, auf den sie warten, da man viel schwerer an künstlerische Genies herankommt als an Damen, die aus guter Familie sind und nichts weiter.
Im Saal fragt einer der Sänger I. S. nach seiner »Hölzerner-Indianer-Regievorstellung von *Oedipus*«; doch I. S. bestreitet, daß dies so verschieden von seinen früheren Theaterwerken mit Stimmen sei. »Auch in *Renard, Les Noces* und *Pulcinella* sind die Sänger im Graben und die Tänzer auf der Bühne, und die Titelpartie in der *Nachtigall* soll auch auf diese Weise ausgeführt werden. Die Musik ist wichtiger als die Handlung, so wie

auch bei Shakespeare die Worte wichtiger waren als die Handlung.« Für die Vorstellung heute abend bittet er uns, das Gloria vor dem Auftreten des Sprechers zu wiederholen, wie in der Originalpartitur, und er möchte, daß der erste Ton von Oedipus' »Invidia fortunam odit« beim letzten Ton des Tiresias beginnt, obwohl die Originalpartitur überhaupt keine Überlappung vorsieht. Die Aufführung von heute abend überzeugt mich, daß die Wiederholung in Iokastes Arie und die in dem Duett mit Oedipus, beide 1949 hinzugekommen, Fehlkalkulationen sind. Doch warum wurden so viele nützliche Hinweise in der Originalpartitur nicht in der Ausgabe von 1949 beibehalten? Beispielsweise, daß man in der 4/4-Episode desselben Duetts 2/2 schlagen und den Takt von Oedipus' 2 gegen die 6 des Orchesters (einen Takt vor Ziffer 58) in 6 schlagen soll, da es in 3 oder 2 schlaff und unrhythmisch ist. In vokaler Hinsicht ist die Vorstellung von heute abend die befriedigendste, die ich je gehört habe, vom Chor angefangen, bis zu Ernst Haefligers Oedipus, *langsam* und *sehr ausdrucksvoll**, wie er ist, dem Sprecher Jean-Louis Barraults und Marilyn Hornes Iokaste, die nicht nur klangvoll, sondern feierlich getragen in ihrem erhabenen, metronomischen Tempo ist.

Zum erstenmal in seinem Leben dirigiert I. S. im Sitzen, was ihm wahrscheinlich mehr Schwierigkeiten verursacht, als wenn er stehen würde. Er *ist* ja sehr unsicher auf den Füßen und hält sich trotz des Stuhls während des Hauptteils der Vorstellung am Geländer des Podiums fest. V. ist beunruhigt, als sie ihm zuschaut, denn sie erinnert sich, wie energisch er vor knapp fünf Monaten in Chicago dirigiert hat. Noch schlimmer, was sie ohne weiteres sehen kann: das Orchester folgt in Wirklichkeit nicht ihm, sondern den Tempi, die ich heute früh beim Durchspielen des Stücks genommen habe. Zu Beginn der *Tarantella* versteht etwa die Hälfte der Spieler seine erste Geste ganztaktig, die andere halbtaktig. Das Ergebnis: etwa zehn Takte

* Deutsch im Original.

qualvoller »Augmentation«, wonach das Spiel sich lichtet fast zum völligen Stillstand.

Als die Aufführung vorbei ist, begibt sich I. S. zu einem Stuhl vorne auf der Bühne, wendet seine Augen ab von der dreizackigen TV-Beleuchtung, hört sich Akkoladen, in französischer und englischer Sprache, zweier Würdenträger an und wird mit einem Orden geschmückt. Ganz offensichtlich berührt ihn die Zeremonie auf eine Weise, wie es vor einem Jahr nicht der Fall gewesen wäre; tatsächlich hätte er sie damals verachtet. Es ist auch nicht bloß die Zeremonie, sondern die besondere Wärme des Publikums, dessen Beifall und Zögern, ihn abtreten zu lassen, eindeutig besagen: »Dies ist das letztemal, das wir je Igor Strawinsky sehen werden.« Wie ich ihn kenne, ist sich dessen keiner so sehr bewußt wie I. S. selbst.

Während der Pause erzählt er einem der Ordensverleiher, daß er vor zwei Monaten einen »Verschluß« hatte, und fügt hinzu, sein Blut sei »wie Püree«. Die Bemerkung erschreckt uns, da bis zu diesem Augenblick nicht das leiseste Zeichen eines Verdachtes aus ihm herauszulocken war, daß das, was ihm zugestoßen ist, ein Schlaganfall gewesen sein könnte.

Ich kann nach dem Konzert nicht schlafen und sehe wie auf der einen Hälfte einer geteilten Kinoleinwand den I. S. der Vergangenheit, wie er über das Podium zum Dirigentenpult hinhüpft – seine Bewegungen dabei sind zweimal so schnell wie die von anderen; so auch bei allem, was er sonst tat, wobei seine Energie, die physische und die geistige, alle in seinem Umkreis weit hinter sich läßt. Auf der anderen Seite steht der I. S. von heute abend: alt, zerbrechlich, zögernd und, wie ich fürchte, zum letztenmal in seinem Leben ein öffentliches Konzert dirigierend. Was uns in seinem Fall noch besonders beunruhigt, ist die erschreckende Einsicht I. S.'s in den eigenen Zustand. Ein langsames Verfallen und Vergehen würden für ihn eine unermeßliche Grausamkeit bedeuten.

24. Mai

New York. Der Befund eines Elektroenzephalogramms und anderer Untersuchungen, die gestern an I. S. durchgeführt worden sind, ist verblüffend, wie uns sein Arzt, Dr. Lewithin, berichtet. Es gibt kein Anzeichen von Senilität, von Gehirnerweichung, die für einen Mann in seinem Alter zum Normalen gehören würde, aber auch kein Anzeichen einer beginnenden Cerebralsklerose. I. S. lebt ja auch völlig in seinem Verstand. Die Empfänglichkeitsuntersuchungen beweisen gar, daß seine Reaktionen so schnell wie die eines Dreißigjährigen sind. I. S. interessiert sich sehr für das Enzephalogramm; er vergleicht es mit »einer auf Sechsliniensystemen und in unleserlicher Avantgarde-Notation geschriebenen elektronischen Partitur«. Er fügt hinzu, daß er mit den an seinem Kopf befestigten achtzehn Elektroden ausgesehen habe »wie eine kahle Frau, die versucht, eine Haarmähne hervorzuzaubern«.

Zugleich, sagt der Arzt, ist der Körper des Komponisten eine Ruine. Zwei Aderlässe und drei Behandlungen mit Röntgenstrahlen werden für die kommende Woche verordnet, und es geht um Leben oder Tod, wie I. S. weiß – er ist ja schon mit der Verarbeitung und Bewältigung dieser Kenntnis durch seinen imponierenden psychologischen Mechanismus beschäftigt. Mit Verständnis für faßliche biochemische Fakten bewaffnet, wird er also anfangen, »positiv zu denken«, seinen »esemplastischen Willen«, um Coleridge zu zitieren, vor alle günstigen Faktoren zu spannen und die ungünstigen zu ignorieren. Aber der Feind, der sich am schwierigsten bändigen läßt, ist ein anderer Teil desselben Verstandes: jene mächtige Intelligenz, die nicht mit dem Körper alt geworden ist und die sich dessen unbarmherzig bewußt bleibt.

25. Mai

Ich muß mich um ein eigenes Gesundheitsproblem kümmern und lasse mir heute Vormittag die Nieren röntgen. Die Prozedur beginnt mit zwei Stunden Aufenthalt in einem Zimmer, das ständig mit sehr lauter Popmusik berieselt wird. Endlich, dem fotografierenden Auge halbnackt auf einer eiskalten Platte serviert, werde ich über meine Empfindlichkeit bei Natriumspritzen ausgefragt; jetzt, wo es zu spät für einen Rückzug ist, klärt man mich auf, daß »manche Menschen daran heftig erkranken«. In diesem Fall folgen auf die Spritze – in die *arteria cerebri media* – Krämpfe, Schwellungen, Hitzewallungen, ein brennendes Gefühl in der Blase und eine Flutwelle von Übelkeit. (Psychologen würden mich eher als einen »Vergrößerer« denn als einen »Verkleinerer« klassifizieren, aber ich verstehe nicht, was das helfen soll.) In diesem Augenblick warnt »mich« (in Wirklichkeit den Kadaver Nr. soundso) der Radiologe, daß die geringste Bewegung während der nächsten dreißig Minuten den Test zerstören und mich nötigen könnte, an einem anderen Tag noch einmal, mit neunzig Gramm Rhizinusöl, anzufangen. Natürlich »ertrage« ich es, doch eine halbe Stunde später erfahre ich, daß ich an Steinen in der Prostata leide und mich einer Kur von *Eau de Vitell* unterziehen muß.

18. Juni

Hotel del Coronado, Coronado Beach. »Sind Sie Herr Stokowski, der Dirigent?«, fragt der Empfangsherr, und I. S. nickt bejahend. Es macht ihm später weniger Spaß, als er seinen richtigen Namen in einem Brief der PR-Abteilung liest, die anfragt, ob er sich fotografieren lassen würde.

Das Hotel ist alt, aber nicht so sehr, wie lokale Verehrung es wahrhaben möchte, die es etwa in das Zeitalter des Bauherrn Cheops stellen möchte. In Wirklichkeit ist es genau zehn Jahre jünger als I. S. Es hätte außerdem aus einem anderen Lande stammen können; nur fällt es einem schwer, sich für eines zu entscheiden. Es nimmt einen Ansatz, tropisch zu sein, und treibt dies zu weit. Dann versucht es das Kolonial-Orientalische; ich bin allerdings voreingenommen, da ich weiß, daß die ursprüngliche Baukolonne zum großen Teil aus chinesischen Kulis bestand, und so betone ich vielleicht die orientalische Seite zu sehr. Die Querbalken, Fensterventilatoren, Veranden, Balkone, Korbmöbel, Laubsägearbeiten und das leicht Entzündbare des Ganzen erinnern uns auf jeden Fall an das Repulse Bay Hotel in Hongkong, und es fehlen nur die Deckenventilatoren, die wie Flugzeugpropeller aussehen. Hingegen erinnert der Pavillonturm in der allgemeinen Gestalt und mit seinen dunkelroten Schindeln zwar an eine norwegische Stabkirche, in der Kuppelzone jedoch an eine russische. Die Religion, die der Gemeinde darin aufgedrängt wird, stammt indessen aus Utah, da jeder Frisiertisch mit einer Kopie des *Book of Mormon* ausgestattet ist.

Und was ist das für eine Gemeinde? »Ehemalige Passagiere von der ›Queen Mary‹«, sagt I. S., und das Coronado *ist* ja altjüngferlich, prüde, tot wie Lugano und so traurig wie alle altmodischen Erholungsorte. Wir folgen einem knarrenden, in dunkler Eiche und Mahagoni gehaltenen Korridor zum Aufzugskäfig, gehen dann weiter zu einer Art Kristall-Palast-Speisesaal, in dem etwa ein Dutzend besetzte Tische sich an einem Ende gegen die Düsterkeit von etwa zweihundert unbesetzten zusammendrängen. Riesige Kronleuchter baumeln von der hohen Decke aus Korbgeflecht, verbreiten aber herzlich wenig Licht. Wegen der hemmenden Leere des Raums und der ärgerlichen Nüchternheit der anderen Gäste trinken wir zuviel und werden selber zu aufgekratzt.

Henry James schrieb vom Coronado aus im April des Jahres 1905, daß er durch die »lau krängende Brandung des Pazifiks« wach gehalten wurde. Doch es ist ein lautes Grollen, insbesondere von den Wellen, die gegen den Felsen vor meinem Fenster kurbettieren. Der Strand ist so breit wie der von Copacabana, und der Sand fein, weich und anscheinend weiß, obwohl unsere Fußsohlen nach wenigen Schritten Teerspuren aufweisen. Bei Ebbe ist das Ufer ein Gemengsel von Schutt aus »dem Schlamm und dem Boden des Meeres«: Lassos aus Blatt-Tang, Haufen von bernsteinfarbenen Algen, Ketten aus Seetang mit stacheligen, flossenförmigen Blättern und eine Pflanze aus irgendeinem phantastischen Unterwassergarten mit einem langen Rüssel wie dem einer Mücke oder wie der Tülle einer Ölkanne.

Quallen zittern noch auf dem Sand; einige sind glyzerinartig, mit purpurnen Adern, während andere die Gestalt der menschlichen Bauchspeicheldrüse oder der *tête de veau* haben. Amputierte Quallenfangarme sehen aus wie weiche Eiszapfen und sind häufig anzutreffen. Wir decken eine tote Möwe auf, deren Krallen aufgerichtet sind, als ob sie einen Feind abwehren müßte, und einen toten Rochen, dessen keilförmige Flossen teilweise im Sand begraben sind. Als hätte sie Angst vor den Geistern dieser Tiere, hält V. ihre Kamera über sie wie einen Geiger-Zähler. Lebendig, allzu lebendig sind die käfergroßen Strandkrabben, die japanische Fischer zu Köderzwecken fangen, während sie in der Zwischenzeit ihre hohen Angelstangen und Kübel voll nach Luft schnappender Barsche unbeaufsichtigt in den Dünen lassen. Ich erinnere mich, wie Auden einmal sich mit der Strandkrabbe (Talitrus) verglich; er sagte, er wisse wie diese, wann es Essenszeit sei: nicht durch Hunger, sondern dadurch, daß er die Tageszeit erfühle.

Mengenweise tauchen nachmittags zeltartige Segel auf, kippend und kielholend im Wind. Auch fängt ein Flugzeug am Himmel zu schreiben an, auf der blauen Fläche wie ein Eiskunstläufer eine weiße Bahn kratzend. Doch der Wind erstarkt, die Luftkreide wird verwischt, und die dahintreibenden Teile des Alphabets sind bald nicht mehr von natürlichen Wolken zu unterscheiden.

I. S.'s Geburtstagsfeier wird mit einigen Gläschen Stolitschnaja-Wodka vom Stapel gelassen und mit einem Kuchen ins Dock gebracht, den Milène gebacken hat und den sie ins Zimmer trägt, gefolgt von V. mit einem Tablett, auf dem fünfundachtzig Kerzen brennen. Wir singen »Happy Birthday«, und I. S. sagt, das sei nun »*Son et lumière*«. Aber er sagt sonst kaum etwas, und es ist schwer, seine Gefühle zu erraten.

Nachdem I. S. den Kuchen angeschnitten hat, öffnen wir einige der vierhundert Telegramme und Fernschreiben, die seit einer Woche aus der ganzen Welt sich aufhäufen. Während aber, um nur ein Beispiel zu nennen, der deutsche Bundespräsident eine zwei Seiten lange Huldigung geschickt hat, ist kein Wort von irgendeinem Amtsträger aus Amerika gekommen, wo nach Shakespeare »die arme Prozession sich ohne Musik fortbewegt«. Auch ist natürlich keine Botschaft aus jener Stätte der Wüstenausplünderung gekommen, in der I. S. seit siebenundzwanzig Jahren lebt. In Wirklichkeit war die einzige Würdigung des Jubiläums, die aus der eigenen Gemeinde gekommen ist, ein Konzert des »Beverly Hills Symphony Orchestra«, das er selber für ein stark reduziertes und bis heute noch nicht ausgezahltes Honorar dirigierte. Man halte fest: Während der fünfundachtzigste Geburtstag des größten lebenden Komponisten in allen Ländern der Welt mit ganzen Festspielen und mit zahllosen einzelnen Konzerten und Aufführungen gefeiert wird, hat keine Organisation in dem Tal der (durch Smog verursachten) Tränen, das er als Einwohner so lang geehrt hat, auch nur daran gedacht, dem Ereignis ein Programm zu widmen. Nicht die lokalen – überaus lokalen – Philharmoniker, das braucht nicht gesagt zu werden, aber auch nicht das Ojai-Festival, das so froh war, ihn für ein Drittel seines normalen Honorars zu haben, als es seinen Namen gebrauchen konnte; dieses Jahr aber sind sie durch das grelle Licht von momentan teureren, doch auf die Dauer gesehen billigeren Attraktionen abgelenkt. Tatsächlich hat einzig und allein der *Kunst*kritiker der *Los Angeles Times* erkannt, daß man unbedingt ein Konzert veranstalten müsse, um der Stadt Los Angeles willen; als man aber die Erlaubnis einholen wollte, daß die Musiker ihre Dienste unentgeltlich beisteuerten, lehnte die Musikergewerkschaft dies mit der Begründung ab, es würde »einen Präzedenzfall setzen«. Einen Präzedenzfall für wen? Steht uns eine Flut von Strawinskys bevor? Und gar in Los Angeles?

V. wickelt einige der Geschenke aus, die sich während der letzten Wochen angehäuft haben, und identifiziert jeden Absender für I. S. Wie völlig verloren wäre er ohne sie! Sie übersetzt für ihn Gesprächsfetzen, die er nicht auffaßt, und liefert komisch klingende russische Zusammenfassungen von amerikanischen Witzen. Um ein paar Minuten mit ihr zu verbringen, nimmt er den langen Weg zu ihrem Atelier in Kauf und trotzt sogar den Terpentindünsten dort. Und sie ist mit jedem noch schwierigeren Tag noch gütiger und geduldiger zu ihm. Sie nimmt ihn jetzt beispielsweise zum Supermarkt mit, weil er sich an dem Wagen – statt an einem Gehstock – festhalten und ihn sogar schieben kann; so hat er das Gefühl, ihr nützlich zu sein.

Die emotionelle Belastung des Geburtstags muß sehr groß gewesen sein, und zumindest einige der Mitteilungen von alten Freunden, die aus ihrer Reserviertheit herausgingen und das sagten, was Freunde immer sagen wollen, aber selten sagen, müssen ihn gerührt haben. Zum Beispiel handelte Nadia Boulangers Brief ganz offen vom Tod. Nun ist I. S. zwar nie jemand gewesen, der über die Gewißheiten der Versicherungsgesellschaften nachgedacht hat, noch hat er heute irgendein Zeichen von kindisch-greisenhafter Empfindung hinsichtlich seines Alters verraten. Trotzdem wird es mich freuen, ihn wieder streitsüchtiger zu erleben, und daher ist seine Antwort auf die Frage eines Wohlmeinenden, ob er so alt wie sein Urgroßvater werden möchte (111), beruhigend: »Nein, die Steuersätze sind heute zu hoch.« Daher ist es uns auch eine große Erleichterung, als er nach der Feier sagt, er habe es eilig, den Geburtstag hinter sich zu bringen und das Komponieren wieder aufzunehmen.

15. Juli

Hollywood. Nurejew und die Fonteyn kommen zu Aperitifs, und zwar direkt von einer Probe, was Nurejews Aufmachung zum Teil entschuldigt: weiße Tennis-Shorts, weißen Pullover, weiße Sandalen. Von vorne betrachtet, mag er vielleicht »faunartig« sein, wie man sagt, aber wenn man ihn zuerst von der Rückseite sieht, mit seinem langen, zotteligen Haar à la Beardsley-Zeit, könnte man ihn für eine zerzauste Frau halten. Nichtsdestoweniger zeigt er keine Ähnlichkeit mit dem großsprecherischen Exhibitionisten, den die Zeitungsleute beschreiben; ja, ich habe selten jemanden erlebt, der im Umgang mit I. S. so artig und sanft war. Seine ersten Worte an den Komponisten sind: »Dies ist für mich eine sehr große Ehre; ich hoffe bloß, daß ich Ihnen die Zeit nicht stehle.«

Er erzählt von Bronislawa Nijinskas Neuinszenierung von *Les Noces* und sagt, er habe selber sehr viel daraus gelernt. Die I. S.'s erzählen dann, wie großzügig sie in der UdSSR empfangen wurden, was in ihm Unbehagen auslöst. Als V. Nancy Mitford zitiert – »das saubere Gefühl in der Sowjetunion, daß es auf Geld nicht ankommt« –, kann er nicht umhin, sie zu unterbrechen. »Natürlich spielt es keine Rolle. Es gibt nichts zu kaufen: keine Autos, keine Häuser, nicht einmal Lebensmittel.« Doch er spricht voll Dankbarkeit von Frau Furtzewa, der Kultusministerin, die ihn während des Gastspiels des Bolschoi-Balletts in Paris entdeckte. »Eines Nachmittags bei einem Empfang für die Tänzer zeigte sie auf mich und sagte einem ihrer Günstlinge: ›Das nächste Mal wird der da das Solo tanzen.‹ Das hat genügt.« Als er seinen Abfall kurz danach erklärt, sagt er: »Die sowjetischen Tänzer wurden in einem sehr schlechten Hotel nahe der Place de la Bastille untergebracht, wo wir nie etwas von Paris zu sehen bekamen. Dann lernte ich eines Tages die Métro benutzen und fuhr damit zur Avenue des Champs-Élysées. Auf dem Spazierweg von dort zur Seine beschloß ich, nie wieder von hier wegzugehen; Paris schien mir der wunderbarste Ort auf Erden zu sein. Aber sagen Sie mir, warum russische Emigranten in Paris, in Kalifornien und überall sonst ein solches Heimweh nach einem Rußland empfinden, das die meisten von ihnen nie gesehen haben?« V. meint, dies könne man zum Teil mit der russischen Literatur erklären, und wirklich existieren viele von den Flüchtlingen, die sie kennt, in einer Welt russischer Bücher und haben nie eine andere Sprache gelernt. Nurejew erwidert: »Ein Flüchtling soll sich der Lebensweise seiner Wahlheimat anpassen.« So wie *er* es tut?

Neben I. S., der so dürr und geschrumpft wie Mahatma Gandhi ist, sieht Nurejew unverschämt gesund aus. Beim Betreten des Zimmers identifiziert er ein postkartengroßes Klimt-Bild, und er fährt fort, die Kunstobjekte an den Tischen und Wänden zu studieren. Sein Blick wandert hin und her zwischen ihnen und I. S., als ob er die »Objektesprache« des Hauses enträtseln möchte, da der Mensch an dem zu erkennen sein soll, was er besitzt, während es hier bloß um I. S.'s Besessenheit für das Kleine geht. Dame Margot, sehr geschmeidig und entzückend, beschreibt ihre Verhaftung vor einigen Tagen in San Franzisko. Man verdächtigte sie, Marijuana zu besitzen, und sie sagt, sie wurde bis auf die Haut von einer Polizistin untersucht, die behauptete, Dame Margot sei ihr »Idol«.

Zuerst wollte I. S. diesem Besuch ausweichen, doch dann wurde er besonders lebendig, zum Teil, weil er von V. einen Wink erhalten hatte, daß heutzutage öffentlich über seinen Gesundheitszustand berichtet wird, eine Überlegung, die ihm früher wohl nie eingefallen war.

Am Abend hören wir Aufnahmen von Fischer-Dieskau: Teile von *Winterreise, Dichterliebe* und den *Liederkreis* op 39, dazu noch einige Lieder von Brahms und das *Spanische Liederbuch.* I. S.'s Finger spielen mit dem Klavier zusammen bei den Schumann-Liedern, und *Am leuchtenden Sommermorgen* verlangt er dreimal zu hören. Er gibt auch Zeichen für die Einsätze des Sängers, blättert zurück auf der Suche nach einer Einzelheit oder einem Vergleich, und blättert zwei- oder dreimal weiter ungeduldig zum nächsten Lied. Seine Reaktion auf irgend etwas, das ihn als außerordentlich schön berührt, ist ein Stakkatogrunzen, doch eine verwandte Geräuschart schlägt in ein Stöhnen um, wenn ihm etwas mißfällt oder *zu* schön ist. (»Schön, aber nichts für mich«: das ist eine charakteristische Bemerkung, die übliche beispielsweise in bezug auf Chopin.) In dem Klavierzyklus *Waldszenen* entzückt ihn zum Beispiel *Vogel als Prophet* und wird mit einigen billigenden Stakkati belohnt, aber *Herberge* ist für ihn gar zu sehr Schumann: »Neben der Tür steht das Empfehlungsschildchen des Automobilclubs.« Und Brahms findet er, alles in allem, ermüdend: »Zu viele Regenlieder, und mit Schumann verglichen ist er ein Formalist. Was ich bei Brahms am meisten bewundere, ist sein Wissen, und das ist nun nicht gerade das richtige.« Aber er mag *Herbstgefühl* und läßt *Du sprichst* und den dritten der *Ernsten Gesänge* gelten. Bei den Wolf-Liedern vernarrt er sich in *Herr, was trägt der Boden hier**.

27. Juli

Um 1 Uhr morgens gehe ich von einer Party für das *Cardillac*-Ensemble** weg und, da ich nicht einschlafen kann, schreibe ich ungeduldig folgende Meinungen auf: Ich denke, ich werde die Oper sehr schnell vergessen, aber wenn ich ihr wiederbegegnen sollte, möchte ich alte und neue Eindrücke vergleichen. Dann

* Im Mai des Jahres 1968 bearbeitete er den Klavierpart dieses Lieds, zusammen mit dem von *Wunden trägst du, mein Geliebter,* für drei Klarinetten, zwei Hörner und Streichquintett. Einen seiner Beweggründe nannte er damals: »Wolf gebrauchte Oktaven, bloß um das Klangvolumen zu erhöhen ... Er hatte ein fabelhaftes Gehör und eine fabelhafte Erfindungsgabe, aber sehr wenig Technik.«

** Robert Craft dirigierte am 26. Juli in Santa Fe die amerikanische Erstaufführung der Urfassung der Oper *Cardillac* von Paul Hindemith. [Anmerkung der Übersetzer.]

während des Frühstücks kommt die entsetzliche Nachricht eines nicht vorgesehenen Wagner-Finales: Ein Feuer, das offenbar etwa um 3 Uhr morgens ausbrach, hat Bühne und Zuschauerraum bis auf die Grundmauern zerstört; verbrannt sind die Bühnenbilder für *Cardillac*, die Kostüme und das Orchestermaterial, außerdem noch Bratschen, Celli, Bässe, Harfen und tatsächlich alles Brennbare im Theater, das jetzt einen abscheulichen Anblick von Asche und verkohlten Resten bietet. Da unsere zweite Aufführung ausfällt, fahre ich nach Albuquerque und fliege weiter nach Los Angeles.

Die I. S.'s nach auch nur kurzer Trennung wiederzusehen, rührt mich heutzutage fast mehr, als ich ertragen kann. Sie sind die zwei wunderbarsten Menschen auf der Welt, die letzten Überlebenden einer reicheren und besseren Menschheit, sie sind für sich genommen ein ganzer Erdteil. Doch jetzt sind sie alt und knarrend und zerbrechlich, und so furchtbar einsam. Sie wissen genau, wann mein Flugzeug startet und wann sie mich zu erwarten haben. Sollte ich mich verspäten, werden sie immer wieder ans Fenster gehen und ihre Patiencen noch besorgter legen. Als ich dann schließlich ankomme, beunruhigt mich ihr Anblick an der Haustüre, zu der sie hingehen, sobald sie mein Taxi hören. Mir erscheinen sie, besonders nach dieser Fahrt durch das Gerümpel und den *Dreck** von Los Angeles, so verzweifelt fehl am Platz und unzeitgemäß, denn ich neige dazu, wenn ich verreist bin, sie mir so vorzustellen, wie sie in der Vergangenheit waren. Sie nach einer Zwischenzeit wiederzusehen, ist daher eine plötzliche, scharfe Mahnung an ihr Alter, eine Mahnung voll vom Schmerz drohenden Verlustes. Ich kann ihr Hinscheiden einfach nicht als natürlich hinnehmen, was mir keine unüberwindliche Schwierigkeit in anderen Fällen verursacht hat, aber I. S. ist für mich eben selbst ein Teil der natürlichen Ordnung. Das Abendessen mit ihnen heute ist traurig, um so trauriger, weil sie sich so freuen, mich wiederzusehen.

* Deutsch im Original.

21. August

New York. Während meiner Schallplattenaufnahme kommt ein beunruhigender Anruf von V.: Man hat entdeckt, daß I.S. ein blutendes Geschwür hat. Er wurde ins Krankenhaus Cedars of Lebanon gebracht und hat mehr als die Hälfte seines Blutes verloren. Ich disponiere um, damit ich sofort zurückfliegen kann.

13. September

Hollywood. Die vierzehn Tage im Krankenhaus und neun Tage anschließend im Bett zu Hause haben I. S. äußerst geschwächt. Er hat etwas mehr als acht Kilo verloren. Man fragt sich, wo, da er ohnehin so winzig war, und mit seiner gegenwärtigen sparsamen Diät läßt sich kaum etwas wiedergewinnen. Sein abgemagerter Leib erinnert uns an Fotos von Buchenwald, und er klagt, jedes Nervenende in seinem nur aus Haut und Knochen bestehenden Körper sei wund und schmerzhaft. Das Hämatokrit steht immer noch bei nur 35 000, während die Zahl der Thrombozyten auf über 1 200 000 angestiegen ist. Mit anderen Worten ist der eine Bestandteil des Blutes zu anämisch und der andere zu reich; und, was die Sache noch weiter kompliziert: die angezeigte Behandlung eines jeden Teils ist Gegenindikation beim anderen. Außerdem ist der Harnsäurespiegel hoch, und jeder Finger der linken Hand pulsiert wie bei Zahnweh; die Ursache wurde inzwischen als Gicht diagnostiziert. Am schlimmsten, und unaussprechlich deprimierend zu beobachten, ist die Niederlage (wenn auch, wie ich hoffe, nur vorübergehend) jenes mächtigen Willens. Heute liest er nicht einmal, und als ich das Fernsehgerät einschalte, damit er seine liebste afrikanische Tiersendung anschauen kann, weigert er sich, in die Richtung des Bildschirms zu blicken, und sagt: »Ich mag sie nur in Veras Zimmer anschauen.« Er erzählt V., er

habe letzte Nacht in einem Traum seine Geburtsurkunde gesehen, und sie sei »sehr gelb gewesen«.
V. hat ein Handtuch mit einer darauf gedruckten Katze über die Couch in seinem Zimmer drapiert, als ob es sie *in absentia* vertreten sollte (obwohl sie jetzt selten abwesend ist), und dies scheint tatsächlich seine Stimmung zu erhöhen, wenn sie nicht im Zimmer ist. Wie passend, daß seine letzte Schöpfung, wenn das Schicksal sie nun dazu bestimmt haben sollte, einen Beweis religiösen Glaubens darstellt, und noch dazu ein Requiem, und dann noch ein persönliches Stück für den Menschen, der ihm im Leben am meisten bedeutet hat.

25. September

Ein merklicher Aufschwung heute. Bezeichnend dafür ist ein alter Rappel gegen den Inhalt eines Teils der Post: einen widerlichen Brief von einem Bewunderer; ein Wer-ist-Wer-Formular, das man selber bezahlen muß; die Bitte, einen Fragebogen über Sexualverhalten auszufüllen (I. S. erhält regelmäßig solche Briefe); ein Tonband mit einer »Ballade, komponiert auf einer Mundharmonika von einem Piloten während eines Fluges«, das hiermit eingereicht wird, mit der Bitte um Stellungnahme von I. S. Sie lautet: »Ich werde Angst haben, je wieder zu fliegen.« Als er nach einem Papiertaschentuch greift und feststellt, daß es das letzte in dem Behälter ist, wirft er die leere Schachtel auf den Boden. V. ermahnt ihn sanft, wie man es bei einem kleinen Kind tun würde, und sagt ihm, die Schachtel müsse wohl dort bleiben, wo sie ist, bis ein Haufen sich angesammelt habe, »dann wird vielleicht derjenige, der sie hinwirft, begreifen, daß wir niemanden haben, der uns solche Sachen aufhebt«.
Der Nachtkasten neben dem Bett beherbergt eine stattliche Reihe von Federhaltern, Notenpapierblöcken, Zangen, eine Rosenschere sowie die goldene Uhr von Fabergé, die Zar Alexander II. mit einer Gravierung dem Vater von I. S. geschenkt hat,

dazu noch das kleine Goldkreuz und das Silbermedaillon der Jungfrau; beide trägt I. S. seit seiner Taufe um den Hals. Bücher, Wörterbücher, Schachteln von Man Size Kleenex sind auf dem Fußboden um das Bett gestapelt. Um ihn an die Notwendigkeit zu erinnern, Wasser zu trinken, sind Papierbogen mit der Aufschrift »Wasser« oder »H_2O« in V.'s Handschrift mit Klebestreifen an Wänden und Möbeln angebracht, an den Abfallkorb mit Tschaikowskys Bild darauf geheftet und überall sonst verteilt und aufgestellt. V.'s russische Übersetzungen der medizinischen Zeitpläne werden sowohl am Kopf des Bettes wie auch an einem Toilettentisch angebracht, der ansonsten randvoll gefüllt ist mit Tabletts, Thermosflaschen, Gläsern und Milchkartons, in denen Mickey-Mouse-Strohhalme stecken, Päckchen von Salzgebäck, Papierbechern für Viertelstundendosen von Gelusil, Kunststoff- und Glasfläschchen mit Medizin. I. S. führt seine eigene pharmazeutische Inventur durch und registriert selber die eingenommenen Medikamente. Er trägt diese Information in ein rotes Tagebuch ein und notiert in dieser außergewöhnlichen Chronik manchmal sogar ein Niesen oder einen Husten. An besseren Tagen werden Verschreibungen im vollen Wortlaut ausgeschrieben und Reaktionen bis ins einzelne sorgfältig ausgearbeitet, doch an schlimmeren sind die Identifizierungen knapp: »Nahm eine dunkelfarbene Kapsel um halb drei, zwei weiße um 3.45 Uhr.«

Heute bleibt er fast den ganzen Nachmittag im Bett aufrecht sitzen und erzählt mir mit etwas von seiner alten Verve, daß Hideki, unser Koch, ihn das japanische Ideogramm für Lärm gelehrt habe, und dies habe sich als das dreimal wiederholte Ideogramm für Frau herausgestellt. Auch über *Die Mutter* von Gorkij, die er jetzt liest, spricht er. »Ich las sie, als sie erstmals veröffentlicht wurde, und versuche es jetzt wieder mit ihr, wahrscheinlich, weil ich zu mir selber zurückkehren möchte. Es ist aber kein guter Roman. Gorkij ist gewiß nicht der ›große‹ Schriftsteller, den ich mir erhofft hatte, der Schriftsteller, der Tolstoij sogar in seinen schwächsten Momenten ist. Gorkijs

Indifferenz gegen ›Stil‹ ist selbstverständlich legitim, aber er erfindet nichts Neues, um das zu ersetzen, was ihm mißfällt, und es ist wichtiger zu zeigen, was einem gefällt, als was einem mißfällt.« Der Vergleich mit Tolstoij erinnert mich an Gorkijs berühmte Bemerkung über seinen großen Vorgänger, und diese, wie ich plötzlich erkenne, beschreibt genau meine eigenen Gefühle I. S. gegenüber: »Ich bin auf dieser Erde nicht verwaist, solange dieser Mensch hier lebt.«

George Balanchine kommt zum Essen, schnaubend und schnüffelnd, wie wenn er Heuschnupfen hätte, zuckend, als ob er den *tic douloureux* kriegen würde. Mit seinen karierten Hosen, seinen Schuhen mit Silberschnallen, seiner zweireihigen blauen Jacke mit Goldknöpfen, seinen Koteletten bis zu den Ohrläppchen schaut er abenteuerlich aus, doch nach seiner Ankunft legt er eine halbe Stunde sehr konservativer Klavierübung ein. Er beschreibt das *Salome*-Ballett, das jetzt für Suzanne Farrell geplant wird, mit den Bewegungen des indischen Mudra-Tanzes und bittet mich, hierfür Musik von Berg vorzuschlagen. Doch *Reigen*, das Einzige, was mir möglich erscheint, verlangt ein zu großes Orchester und ist, ebenso wie auch die Variationen und das Adagio aus *Lulu*, die auch er in Betracht gezogen hat, im Charakter zu brütend und in dramatischer Hinsicht zu deutlich. Ich hege den Verdacht, daß Balanchines Vorstellung zweifellos sich um den Umstand dreht, daß der Sieben-Schleier-Striptease, wie jener der Astarte-Ischtar, heutzutage mit einer vollständigen Entkleidung enden würde und daß der Tanz zeigen könnte, daß Salome, wie die Königin in *Alice* (»Kopf ab mit ihm!«), in Wirklichkeit einen anderen Teil des Opfers wollte als den, den sie bekommt. Auch Herodes ließe sich als das Urbild von Humbert Humbert entlarven, der die Mutter heiratet, um die Tochter zu bekommen (man könnte auch Baron de Charlus nennen, der Mme. de Surgis ihrer Söhne wegen schmeichelt), und dies ist vielleicht das Vorbild für ein Problem in Herrn B.'s eigener Lebensgeschichte.

Herr B. fragt nach dem neuen Stück von I. S. und erwidert auf

dessen entmutigende Feststellung, sehr wenig davon sei beendet, daß er sich mit zwei Minuten Musik abfinden würde, da »sie zwangsläufig eine Atompille sein müssen«. I. S. zeigt ihm die Partitur von *The Owl and the Pussy-Cat* und erklärt, das Lied »soll personifiziert werden: ein bißchen Geschrei, ein bißchen Miau und etwas Grunzen für das Schwein«. Dann stellt Herr B. eine Reihe Fragen zu *Russlan*, den er in Hamburg inszenieren will. Er erwartet immer noch Anregungen von I. S.: durchaus verständlich, wenn man bedenkt, daß einige seiner erfolgreichsten Ballette, etwa das zur C-Dur-Sinfonie von Bizet, sich aus Vorschlägen von I. S. entwickelt haben.
Als Herr B. zuerst das Schlafzimmer von I. S. betritt, sagt I. S., der sich seines Gewichtsverlustes sehr bewußt ist: »Wie du siehst, nehme ich ab wie alle Amerikaner.«

8. Oktober

Ungefähr um 16 Uhr beklagt sich I. S. über ein Frösteln; seine Zähne »klappern«*, wie er sich ausdrückt. Bis 17 Uhr hat er schon 38,3 Grad Fieber, was in Anbetracht seines geschwächten Zustands sehr beunruhigend ist. Er kann jetzt kaum noch das Zimmer durchschreiten, und Schultern und Rumpf sind mager wie ein Kleiderbügel: Lungenentzündung oder auch nur Grippe könnte ihn töten. Seine Lunge scheint jedoch noch frei zu sein, und die aufblitzenden Schmerzen, über die er klagt, sind offensichtlich im Unterleib. Als ich ihn jedoch bitte, sie zu beschreiben, richtet er sich kerzengerade auf und sagt: »ANGST«. Bald danach beginnt er alle paar Minuten einen Drang zum Harnen zu spüren, was eine Entzündung durch Blasensteine anzeigen könnte, die durch den hohen Harnsäurespiegel gebildet werden.
Als ich um 19 Uhr das Zimmer wieder betrete, höre ich ihn immer wieder »*Gospodi, Gospodi*« beten, sein Haupt zur Wand

* Deutsch im Original.

hingewendet. Endlich kommt ein Arzt und verschreibt Gantrisin. Als der Arzt mit seiner Untersuchung anfängt, schlägt der Puls des Komponisten schnell, doch sobald I. S. sich davon überzeugt hat, daß er in Wirklichkeit an einer Blasenentzündung leidet, wird sein Pulsschlag wieder normal, und seine Körpertemperatur sinkt etwas; er hat einen Todesschreck erfahren und hatte genausoviel Angst vor Grippe oder Lungenentzündung wie wir. Die ganze Nacht hindurch, berichtet V., die auf einer Couch am Fußende seines Bettes wacht, windet er sich, dreht sich um und zieht an den Bettlaken in dem Versuch, ein Nest zu bauen, aber er kann das Gespenst nicht vergessen.

Ein Mann ist keineswegs leichter bereit, Abschied vom Leben zu nehmen, wenn dieses reich, lang und vollkommen erfüllt war, im Gegenteil. Und dies trifft im Falle von I. S. um so eher zu, da er weiß (wie wir), daß in ihm noch mehr Leben steckt. Aber auch »Natürlichkeit« und »Gerechtigkeit« kommen nicht in Betracht, oder nur entfernt; etwa, daß die Beendigung eines Lebens nach fünfundsechzig Jahren fortwährender schöpferischer Tätigkeit gewiß gerechter erscheint als die brutale Auslöschung gänzlich unerfüllter junger Leben in einem sinnlosen Krieg. Was jedoch aus der Distanz betrachtet als das natürlichste Ereignis erscheinen mag, kann aus der Nähe das unnatürlichste sein. In jedem Alter und unter allen Umständen ist der Tod ein unermeßlicher Verlust; oder, wenn ich auch nur *versuche*, den Verlust von I. S. zu ermessen, will es mir vorkommen, als wäre es das Leben selbst, das man an ihm verliert. Und – dies Sonderplädoyer sei erlaubt – die Folgen seines Daseins werden zukünftigen Millionen von Menschen Freude bringen, während es vielen, wenn nicht gar den meisten anderen Existenzen nur gelingt, das Elend zu vergrößern. Doch seltsamerweise empfinde ich bei diesem Gedanken weder Ausgleich noch Trost.

... blown husk that is finished
But the light sings eternal ...

sagt Pound, doch das ewige Licht bedeutet mir jetzt nichts,

sondern nur dieses Leben, das, wie ich inständig bitte, in jener Schale, obwohl I. S. noch weit davon entfernt ist, eine geworden zu sein, fortbestehen möge.

Jetzt wird mir klar, daß ich sehr oft während der letzten Jahre meine wahren Gefühle für ihn nur aus Furcht vor diesem Augenblick verheimlicht habe. Gestern abend überfluteten mich diese Gefühle unbezähmbar als Folge einer außergewöhnlich klaren Stunde mit ihm, während der er mit mir redete und mit mir seine Ideen in der Weise diskutierte, wie es vor Jahren zwischen uns der Brauch war. Dann verstehe ich, daß er nicht daran denkt, *nicht* weiterzumachen. Und weitermachen kann er natürlich mit seinem unbeschädigten und unverzagten Verstand, aber nur damit, und das ist das Tragische.

Seit ich sie kenne, haben I. S. und V. sich beim ersten Gewahrwerden eines jeden Neumondes geküßt, was für sie das Versprechen einer Erneuerung war. Heute abend ist Neumond, aber sie sehen es nicht, und eine Zukunft scheint es nicht zu geben.

28. Oktober

I. S. ist sehr hell und wach beim Abendessen mit Suwtschinskij, wie überhaupt seit der gestrigen Ankunft seines alten Freundes. Wir hören uns zusammen *Les Noces* und später, nachdem I. S. zu Bett geht, die *Requiem Canticles* an. Dieses Werk, meint Suwtschinskij, »ist auf eine alte, atavistische Art vom Ritual geprägt; es ist dabei weder heidnisch noch christlich, ohne bewußt diesen Richtungen ausweichen zu wollen, und unterscheidet sich hierin von *König Lear*. Das Nachspiel ist einer jener Schlüsse, wie der von *Les Noces*, die nicht oder erst im Unendlichen enden und mit denen Strawinsky die abendländische Musik über den Kanon der klassischen Komponisten hinaus um eine Dimension bereichert hat. Man denke zum Vergleich an den Schluß einer Sinfonie von Beethoven oder Brahms, der bei jeder Wiederholung einfach etwas lauter bumst.«

Suwtschinskij behauptet, eine Neurose sei die Wurzel von I. S.'s Ordnungsliebe, und wir diskutieren eine relevante neue Studie über »Religiöse Ordnung und Geistesstörung in einer südwalisischen Landgemeinde« (in *Social Anthropology of Complex Societies*). Weiter führt er aus, und für ihn bedeutet dies einen Umschwung größeren Ausmaßes, die russische Herkunft von I. S. habe für seine Entwicklung als Komponist ein größeres Handicap bedeutet als die Verständnislosigkeit und Opposition, die Schönbergs Los waren. »Hätten Sie gesehen, woher er in Rußland stammte, sowohl in familiärer wie in musikalischer Hinsicht, würden Sie an das Genie glauben.« (Das tue ich schon.) »Strawinskys schöpferische Psychologie war nichtsdestoweniger schon zur Zeit des *Feuervogel* vollkommen ausgebildet und wich nie im wesentlichen danach vom eingeschlagenen Kurs ab. Er war ein ›eingemauerter‹ Künstler von Anfang an ... Selbstverständlich hat er nie eine neoklassizistische Lehre formuliert, sondern einfach Musik aus allem gemacht, was er zur Hand hatte. Das war alles, was er tun *konnte*, wenn man die Grenzen der Musik bedenkt, der seine Kunst entsprang ... Doch es ist höchste Zeit, den Diaghilew-Mythos zu sprengen. Weit davon entfernt, Strawinsky entdeckt zu haben, hat Diaghilew ihn sich geschehen lassen, er hat nie wirklich verstanden, wie groß Strawinskys Genie war.« Und danach wiederholt Suwtschinskij I. S.'s Anekdote von Diaghilews Reaktion auf den Schluß der *Petruschka:* »›Aber du schließt mit einer Frage?‹ ›Nun‹, pflegte I. S. dazu zu sagen, ›soviel hat er immerhin verstanden.‹«

2. *November*

I. S.'s »gichtige« linke Hand ist plötzlich schwarz geworden. Eine neue Ärztemannschaft führt nach einer Konsultation heute früh die Verfärbung auf eine Kreislaufblockierung zurück, verursacht durch einen wahren Matsch von Thrombozyten, deren

Anteil bei letzter Zählung mit 2 000 000 gemessen wird, gegen eine Normalzahl von 200 000. Die Schmerzen in den Fingern während der letzten acht Wochen wurden mit anderen Worten nicht durch Gicht verursacht, sondern durch ein Kreislaufversagen, und die Mittel gegen Gicht waren nicht nur wirkungslos gegen die Schmerzen in seiner Hand, sondern gefährlich im Hinblick auf sein Geschwür. Die Entdeckung macht uns nicht nur wütend, sondern läßt uns mit einem Gefühl der Frustration zurück. Warum hat man nicht vor zwei Monaten einen Gichtspezialisten gerufen und einen kompetenten Herzgefäßspezialisten? Und wenn nicht schon vor zwei Monaten, dann zumindest in dem Augenblick, als man feststellte, Kolchizin und die Wunderdrogen gegen Gicht konnten den Schmerz nicht lindern? Ist überdies ein plötzlicher Gichtanfall für einen Mann von I. S.'s Statur, Temperament und lebenslangen strengen Gewohnheiten eine auch nur entfernt vernünftige Prognose? Und schließlich, wie konnten die vier erfahrenen Ärzte, denen ich jetzt nicht einmal einen abgerissenen Fingernagel anvertrauen würde, die Gichttheorie akzeptieren und die Möglichkeit einer Kreislaufblockierung bei einem Mann übersehen, der seit zwölf Jahren unter Polyzythämie leidet und dessen Thrombozyten auf zwei Millionen angestiegen sind? Das ist wahrlich ein Wunder der modernen Wissenschaft.

Man beschließt den Versuch, die thrombotischen Kapillaren auszudehnen, indem man den Nerv durch Novocain-Spritzen blockiert. Da dies für jemand in I. S.'s Alter ein Risiko bedeutet, kann die Operation nur im Krankenhaus durchgeführt werden. Tränen und Befürchtungen erwürgen mich, als ich sein Köfferchen packe und ihn am frühen Nachmittag dorthin fahre, wobei ich ihn von seinem Zimmer zum Wagen hin praktisch tragen muß, denn er steht unter starken Drogen und kann kaum gehen.

Die Spritze wird erst um 19 Uhr verabreicht, nach einem zweiten Consilium mit einem zweiten Herzgefäßspezialisten, doch als wir gegen 23 Uhr zum Krankenhaus zurückkehren, sind die

Finger noch entsetzlich viel schwärzer geworden. Die Chirurgen nennen es jetzt Brand und erwähnen die grausame Möglichkeit einer Amputation. Weiterhin sprechen sie jetzt warnend von der großen Gefahr einer Lungenentzündung, da I. S. so lange bettlägerig gewesen ist. Ich bringe V. nach Hause und gehe dann selber heim; kann aber nicht an I. S.'s Arbeitszimmer und Schlafzimmer vorbeigehen oder von meinem Zimmer aus zu seinem dunklen Fenster hinblicken, und auch selbstverständlich nicht schlafen. Als ich zu Bett gehe, fallen mir sämtliche Gebete meiner Kindheit ein, und ich bete sie.

3. November

Die Farbe der Finger verbessert sich etwas nach der dritten Novocain-Spritze, doch die Hand ist immer noch brandig. Trotz seiner Krankheit und der Umnebelung durch schmerzlindernde Mittel strahlt I. S. wie ein Leuchtturm und antwortet präzis, ironisch, originell, kurz I. S.-artig auf die forensische Inquisition seiner Ärzte. Ihnen antwortet er übrigens auf Englisch und Deutsch, mir und V. auf Französisch und Russisch, ohne auch nur einmal die Sprachen zu mischen oder zu verwechseln oder nach einem Wort zu suchen. Einem der neuen Neurochirurgen, der fragt, ob er unter Drogeneinfluß träume, antwortet er zu unserer großen Erleichterung, daß er das tue (I. S. ist ein überaktiver Träumer) und daß die Träume »meistens gute« seien. Als die Ärzte das Zimmer verlassen, um untereinander zu beraten, fragt er V., ob sie heute gemalt habe, und läßt seine Stimme dabei in ein Flüstern herabsinken. Offensichtlich nimmt er das eigene Klangvolumen nicht wahr, obwohl er *unser* Flüstern erlauscht, sogar durch den Drogenmantel hindurch.
Sein penibles Wesen bereitet ihm Schwierigkeiten ohne Ende. Er besteht darauf, ganz allein auf die Toilette zu gehen, will sogar beim Zähneputzen nicht beobachtet werden und beauftragt mich, der Krankenschwester zu erklären, er wolle nicht

grob sein, doch er könne sich mit ihr nicht unterhalten. Zu mir sagt er: »Nichts als *ennuis* kann ich dir hier bieten.« Als wir ihn verlassen, bemerkt die Krankenschwester meine Besorgnis; sie hat wahrscheinlich beobachtet, wie ich meine Gefühle zu ersticken versuche. Sie folgt mir auf den Gang mit dem Rat: »Es ist ein Fehler, sich so sehr mitnehmen zu lassen«, als ob »sich mitnehmen lassen« eine Sache wäre, worüber man entscheiden könne, und als ob ein Leben ohne solch »Sich-mitnehmen-Lassen«, wenn es das gäbe, lebenswert wäre.

5. November

Der Zeigefinger ist heute morgen etwas weniger schwarz und die Handfläche ein bißchen rosiger; man wird den Nerv heute nicht blockieren. Da man die Besserung bis zu einem gewissen Grad einem Tropfen Alkohol in der intravenösen Flüssigkeit zuschreibt, wird weiterhin beschlossen, I. S. solle die Erlaubnis bekommen, das Zeug zu schmecken, wenn man es überhaupt schmecken *kann* durch die Milch, die er davor und danach würde schlucken müssen. Folglich soll er drei halbe Schnapsgläschen Scotch in großen Abständen bekommen, jedes jedoch bis zur Unkenntlichkeit mit Milch verschnitten. Die Verschreibung verursacht große Aufregung bei den Etagenschwestern, die berichten, es sei das erste Mal in der Geschichte des Krankenhauses, daß man in beinahe gesellschaftlichem Stil einen »drink« verabreichte.

Doch I. S. ist mißtrauisch und will mir auch meine Auskunft über den Inhalt der Flasche nicht glauben. Wir müssen sie aufmachen und ihm unter die Nase halten, wonach wir fast sehen können, wie sein Geruchsmechanismus zu funktionieren beginnt. Was folgt, ist eine Art »Finnigans Wake«. Er richtet sich auf, als ob man ihm nach einer tiefen Ohnmacht Riechsalze hingehalten hätte, und seine Augen öffnen sich mit jedem Zug weiter. Als Beweis, daß wir ihn nicht durch irgendeine List mit

Geschmacksstoff oder Parfüm irreleiten, spiele ich Petronius und probiere etwas von dieser Flüssigkeit vor seinen Augen. Danach füllt die Oberin einen Papierbecher zur Hälfte, steckt einen Strohhalm hinein und hält ihn an seinen Mund. I. S., obwohl bis ins Mark hinein unter dem Drogeneinfluß von Kodein, Darvon, Demerol, protestiert wegen des erbärmlich kleinen Schlucks: »Halb?«. Dann findet er sich damit ab, wirft den Strohhalm weg, und mit unnachahmlicher I. S'scher Theatralik berührt er mit seinem Papierbecher den meinigen, und im Unterschied zu dem quälenden Nippen an Milch und Medikamenten während der letzten drei Monate kippt er den Whisky in einem Schluck hinunter. Ein Lächeln breitet sich auf seinem Gesicht aus, zum erstenmal seit einem Menschenalter, wie es uns scheint, und wir sagen ihm, ein neues Zeitalter habe begonnen, wobei wir zitieren, was Goethe am Anfang der *Belagerung von Mainz* sagt: »Von hier und heute geht eine neue Epoche der Weltgeschichte aus . . .« Tatsächlich aber ist der Whisky, gegen den der Magen- und Darmspezialist stark opponiert hatte, ein verzweifelter Notbehelf, fast der letzte Trumpf in jenen weißen Ärmeln der Ärzteschaft.

Der linke Zeigefinger ist heute blau-schwarz oberhalb des letzten Gelenks, doch die anderen Finger sind fast normal, und die perlmutterartigen, todesfarbenen Streifen auf der Handfläche sind verschwunden. Er betont, daß alle Finger noch schmerzen, und fügt auf charakteristische Weise hinzu: »Jeder Schmerz hat seine Eigenart.« Nicht weniger charakteristisch ist die Antwort an einen Arzt, der fragt, ob er die Schmerzen für weitere drei bis fünf Minuten länger ohne mehr Kodein ertragen könne. Aus tiefer Betäubung – seine Augen rollen wie Kugellager, als er versucht, sie aufzumachen –, aber auch aus einer unergründlichen Vitalität wird die Herausforderung angenommen: »*Fünf* Minuten.«

Nachmittags komme ich zurück ins Krankenhaus, füttere I. S. mit einem Löffel und halte seine kranke Hand: Er sagt, die Wärme vermindere den Schmerz. Dieser Mann war schon immer von Natur aus zärtlich, aber auch sehr einsam, und in diesem Augenblick entströmt ihm Gefühl. Und nicht wenig davon strömt in mich hinein, denn wir sind uns jetzt sehr nahe, so wie es in unseren ersten gemeinsamen Jahren war. Ich soll die ganze Zeit neben ihm sitzen, und er erlaubt mir nur wegzugehen, wenn ich verspreche, sofort zurückzukehren. Diese Unmittelbarkeit des Gefühls, wovor wir beide unter anderen Umständen fliehen würden, macht es schwierig, meine Augen unter Kontrolle zu halten, die sonst nicht zum Überlaufen neigen. Meine heutige Betroffenheit versuche ich mit der Erklärung zu entschuldigen, daß der Tod in diesem Falle etwas anderes ist, weil I. S. noch schöpferisch arbeiten kann, was die Skizzen auf seinem Klavier und sogar jetzt seine Worte über seine musikalischen Ideen bezeugen. Wahrhaftig ist es diese Schöpferkraft in ihm, die mich schon immer fasziniert hat, eine Faszination, die wohl alle schöpferischen Menschen auf nichtschöpferische ausüben. Doch dies ist nicht der Hauptgrund, warum ich es nicht ertragen kann, daß das Licht dieses lebendigsten Menschen, den ich je gekannt habe, ausgelöscht werden könnte, dem mein eigenes Leben näher gewesen ist als irgend jemandem sonst seit meiner Kindheit, und der seit zwanzig Jahren die wichtigste Person in ihm gewesen ist. Meine stärksten Gefühle sind einfach Liebe zu meinem besten Freund und Bewunderung für die Kampflust und die Willensstärke und den Mut und die Lebenskraft des alten Mannes.

Ich habe keine Ahnung, welche Rolle der Tod in seinen Gedanken spielt; das wird sich später zeigen, sollte er weiterleben. Doch es ist klar, sein seelisches Leiden in den letzten Jahren wurde zum großen Teil dadurch verursacht, daß er selber seines Alters nicht recht inne wurde. In seiner eigenen Vorstellung ist er nicht fünfundachtzig Jahre alt.

Zwischen unserem zweiten und dritten Besuch heute abend ist eine Wiederauferstehung geschehen, und als größte Ironie der Vorsehung war es vielleicht der Whisky, der die Wende brachte.

Sein Gesicht hat mehr Farbe, der Zugriff seiner Hand ist stärker, er redet lebhafter, und seine kritischen Bemerkungen über die Krankenschwestern sind genauso scharf, wie sie vor einem Jahr gewesen wären. Er will das heutige Datum wissen, und als er es erfährt, scheint er genauso überrascht, wie Rip van Winkle es war, als er hörte, wie lange *er* geschlafen hatte; erst gestern war I. S. unsicher, ob er überhaupt im Krankenhaus sei, und einmal fragte er nach dem Namen des Hotels und der Stadt. Heute abend sieht der Finger besser aus, und da die Ärzte übereinstimmend zumindest ein gut Teil Besserung dem Whisky zuschreiben, zechen wir noch einmal. Er hat auch Appetit beim Essen, schiebt aber eine Tasse des warmen Malzgetränks Postum mit der Bemerkung weg, es sei ein »*horreur indescriptible*«.

6. November

Um den Blutkreislauf anzuregen, wird I. S.'s Matratze durch elektrischen Strom zum Vibrieren gebracht. Sein linker Arm ist dick in Watte eingewickelt. Eine aus Traubenzucker, Vitaminen, Alkohol und gefäßerweiternden Mitteln zusammengesetzte Flüssigkeit fließt durch einen Schlauch, der an seinem rechten Arm intravenös angebracht ist. Dieser Arm ist an mehreren Stellen bandagiert und von Nadeln so gezeichnet wie der »goldene« Arm eines Rauschgiftsüchtigen. Seine Uhr trägt er jetzt ebenfalls am rechten Handgelenk, nach dem schweren Kampf wurde sie vom kranken Arm dorthin versetzt, aber er hat immer noch nicht erlaubt, daß man seine Ringe von den schmerzenden linken Fingern entfernt, außer bei einer Röntgen-Aufnahme, und auch dann eigentlich nur mit Gewalt.
Wir verbringen den ganzen Tag in diesem heißen, düsteren, nach Medikamenten abgestanden riechenden Zimmer und kommen noch einmal am Abend, nachdem wir ein Konzert im Museum besucht haben, um *Sacre du printemps* in der vierhändigen Version zu hören. Das Museums-Programm enthält auch

eine Gruppe Schubert-Lieder, gesungen nicht nur ohne *Schwärmerei**, sondern auch ohne Stimme; Weberns Klaviermenuett, das einem so eigenartig vorkommt und gerade lang genug ist, um einem den Gedanken durch den Kopf schießen zu lassen, daß sonst kein Komponist so schnell und so grausam so leergepickt worden ist, Stockhausens *Adieu*, das einige neuartige instrumentale Andeutungen des Weinens enthält; und I. S.'s *Pastorale*, das, mit Vierteln statt mit Achteln als Zeitmaß, fast zweimal zu schnell für den Gopak-Charakter des Stücks musiziert wird. Die Aufführung von *Sacre* ist munter, wenn auch die Klangfarbe monoton ist, die Hauptstimmen häufig untergehen oder zu sehr betont sind, und die Tempi, da Klaviere den Klang nicht aushalten können, im allgemeinen zu schnell sind. Doch die Wirkung dieses Stücks und des Konzerts insgesamt auf mich ist äußerst deprimierend. Es läßt I. S. selber noch entrückter und verwertbarer erscheinen und drängt mir die Frage auf, ob seine Musik für mich je für sich allein wird existieren können, so wie dies für das Publikum der Fall ist. Dieser Abend ist ein Vorgeschmack jener Zeit, in der sein Fehlen von keinem außer mir empfunden und schmerzlich vermißt werden wird. Das bedeutet ganz einfach, daß ich nie den Mann und seine Musik trennen konnte.

Im Krankenhaus finden wir ihn nachher betäubt, aber doch geistig klar; Suwtschinskij nennt ihn einen *»flambeau«*. Da die Luft im Zimmer erstickend wie im Treibhaus ist, bleiben wir nicht, I. S. aber bittet uns, sowohl mit flehentlichen Blicken wie auch mit Worten, ihn nicht zu verlassen, und so ist die Trennung sehr schmerzhaft.

* Deutsch im Original.

11. November

Auf der Patientenliste steht heute der Name von Jennifer Jones, die gestern abend wie Botticellis Venus eingeliefert wurde, vom Meere noch triefend. Die Krankenschwestern bekommen infolgedessen Glotzaugen, nicht etwa aus wissenschaftlicher Verblüffung über ein scheinbar amphibisches Wesen noch wegen des Phänomens der Schaumgeborenen, sondern aus dem banalen Grund, daß Miß Jones ein »Filmstar« ist.

I. S. hat heute eine neue Krankenschwester erhalten, eine zähe alte Forelle mit rauher Zunge und dem Auftreten einer Gefängnisvorsteherin. Sie behandelt ihn, als ob er ein sehr altes, wimmerndes Baby wäre, und verletzt seinen Anstand tief mit Bemerkungen wie »Benützen Sie Poly-Grip für Ihr Gebiß?« und »Ich habe zu meiner Zeit mehr Hintern gewischt . . .« Der Patient ist ein Kompensationshebel für ihr eigenes Leben; ich bin zu der Auffassung gelangt, die meisten Patienten sind das für die meisten Krankenschwestern. Über V.'s Stammplatz neben dem Bett ärgert sie sich ganz offen, und sie nimmt es V. übel, daß I. S. sie entzückt anstarrt, als ob sie eine Peri aus einer anderen Welt wäre. »Kannst du dies sehen?« fragt V. und hält ihm ein Fotoalbum zum Durchblättern hin. Und er antwortet: »Ich glaube ja, aber ich möchte lieber dich anschauen.« Und jetzt muß ich zunehmend fürchten, daß V. zusammenbrechen wird, wenn es mir nicht gelingt, ihr etwas von ihrer Bürde abzunehmen.

13. November

Ein *Dies irae*, der schlimmste seit August. Eine neue Abszission muß im Zeigefinger sich ereignet haben, der schwärzer denn je ist. Genauso beunruhigend ist das Halb-Delirium von I. S. Sein Zeit- und Entfernungsgefühl funktionieren praktisch gar nicht, und sein Gedächtnis ist nun ein totales Durcheinander. Immer wieder fragt er, wo er ist, und verwechselt Namen und Orte, teilweise wegen Wortähnlichkeiten; so bringt »Dr. Marcus« ihn in Richtung Markewitsch. Das Schlimmste ist, er sagt, er könne nicht sehen, und von Zeit zu Zeit ist er tatsächlich nicht in der Lage, Gegenstände im Zimmer zu identifizieren, sogar uns nicht. Einmal sagt er mir: »Ich habe meinen Reisepaß vergessen und kann nicht zurück.«

Ich befürchte, er hat einen Schlaganfall größeren Ausmaßes erlitten, bitte um eine Konsultation, lasse die zwei Neurochirurgen rufen und komme abends wieder ins Krankenhaus, um Zeuge ihrer Untersuchung zu sein. Das Ergebnis ist eine verblüffende Zurschaustellung eines schon immer verblüffenden und noch immer sehr intakten Verstandes. Wahr ist, daß I. S. ärztliche Befragungen immer sehr gern hatte, doch heute abend nimmt er sie zum Anlaß, einige koboldartige *mots d'esprit* loszulassen. Dr. Rothenberg: »Würden Sie ein paar blöde Fragen beantworten, Herr Strawinsky?« I. S.: »Nein.« Doch die Fragen kommen trotzdem. »Sehen Sie alles doppelt, Herr Strawinsky?« »Ja.« »Wie lang schon?« »Mein ganzes Leben, wenn ich *soûl* bin.« »Welchen Monat, welches Jahr haben wir?« Hier ist »Herbst« das Beste, das I. S. bieten kann. »Haben Sie heute irgendwann Menschen oder Tiere in dem Zimmer gesehen, und mußten Sie später erkennen, daß sie nicht wirklich da waren?« »Ja. Zwei Knaben saßen den ganzen Nachmittag auf dem Stuhl.« »Haben Sie eine schwarze Katze gesehen?« »Nein.« Doch er behauptet, sogar jetzt lebhafte Farbmischungen an dem Vorhang zu sehen, und erzählt uns gleichzeitig, er wisse, daß der Vorhang gestern von eintönig brauner Farbe gewesen sei. Dr. Rothenberg fährt fort, seine Augen mit Lichtern zu untersuchen und seine Fähigkeit zu testen, einen Absatz aus einem Buch zu lesen, doch das Lesen erweist sich als sehr mühsam, da er die Buchstaben doppelt sieht, anderthalb Zentimeter auseinander. Was ihn jedoch noch mehr quält, gesteht er, ist seine Unfähigkeit, Ereignisse miteinander in Verbindung zu bringen. »Etwas stimmt nicht mit meinem Zeitgefühl und mit meiner Denkfähigkeit«, sagt er, und beschreibt dann die Symptome dieses Geisteszustands mit einem Bewußtsein und einer Verstandeskraft, um die ihn ein Philosoph mit einem Viertel seiner Lebensjahre und voller Gesundheit beneiden dürfte. Tatsächlich stellt ihm einer der Ärzte im Interesse einer Analogie, der ich nicht folgen kann, eine Frage über die Zeit in der Musik. Doch er verwechselte dabei Begriffe, worauf I. S. ihn korrigiert, indem er »Zeit als eine Sache der Geschwindigkeit und Rhythmus als eine Sache der Form« unterscheidet.

Die Ärzte versuchen ihm zu versichern, daß seine neuen Beschwerden ganz auf die Auswirkungen der neuen Drogen zurückzuführen sind. »Ich bin *consolé*«, räumt er schließlich ein, und fügt hinzu, »Ich habe tief in mich selber nach der Ursache des Versagens geschaut und war geängstigt, weil ich die Sache nicht klar genug durchdenken konnte*. Ich möchte in meinen Gedanken exakter sein.« *Ist* er jedoch »*consolé*«? Er bittet um »eine stärkere Pille, damit ich heute nacht nicht wieder darüber nachdenken muß«. Doch stärkere Beruhigungsmittel sind wegen der Gefahr einer Lungenentzündung verboten, die auftreten könnte, wenn er sich zu wenig bewegt.

Die Untersuchung hat V.'s schlimmste Befürchtungen etwas entkräftet. Seine Phantasie ist gewiß ungeschwächt, und seine Schlagfertigkeit besagt dasselbe für sein Temperament. Doch nicht weniger gewiß ist, daß er eine neuerliche Thrombose erlitten hat. Und was bedeuten jene schwarzen Finger und die Auswirkungen von mehr Schmerzen und mehr Drogen, wenn er mit beiden schon so lange gesättigt worden ist? Wie Exeter vom König sagt: *Er wägt die Zeit jetzt auf ein Körnchen ab.*

* Intellektuelle Selbstbeschuldigung plagte ihn während seiner Rekonvaleszenz sehr, und das kleinste Versagen des Gedächtnisses provozierte ihn zu Zornesausbrüchen. Fast ein Jahr später, in Zürich, hatte er einen Alptraum, nachdem er sich an irgendeinen Vorfall während einer Diskussion bei Tisch nicht hatte erinnern können. Ich hörte, wie er aufstand, ging in sein Zimmer und fand ihn auf der Bettkante sitzend mit seinem Bruchband in der Hand, mit dem er sich gegen die Wärter verteidigen wollte, die in seinem Traum gekommen waren, um ihn ins Irrenhaus zu schaffen.

14. November

Endlich, acht Wochen zu spät, bekommt I. S. in die Pulsader radioaktiven Phosphor eingespritzt, und zwar von einem Arzt, der einen Gummianzug und eine Art Schweißerhelm trägt. Drei Krankenschwestern rollen den Patienten in ein mit Blei isoliertes Zimmer im Keller, was mich an die drei Königinnen erinnert, die Arthur nach Avalon begleiten. Anschließend beginnt man mit einer Reihe von dreimal täglich in den Unterleib und unter die Haut verabreichten Heparinspritzen.

Das Phantasieren ist schlimmer geworden seit gestern. Vor der Reise zum Röntgenzimmer bittet er uns, nach seiner Brieftasche zu schauen, die er natürlich seit Monaten nicht mehr bei sich trägt; der Irrtum verrät wahrscheinlich seine gewohnheitsmäßige Sorge um die Wertsachen in seinen Taschen, wenn er sich in der Vergangenheit zu Röntgenaufnahmen entkleiden mußte.

Als wir jedoch zu seinem Zimmer zurückkehren, fragt er, ob wir »genug *Franzuskij Geld** haben, um den Trägern ein Trinkgeld zu geben«. Dann, als das Essen kommt, besteht er darauf, vom eigenen Tablett zu essen, in der Meinung, er sei zu Hause, und als V. sagt, es sei nicht da, zeigt er auf die Stelle, wo sie es finden könne. Als wir weggehen, um selber zu essen, bittet er, mit uns ins Restaurant kommen zu dürfen. Ich sage ihm, das werde er sehr bald tun können, und, nachdem er dies einen Augenblick lang überlegt, erwidert er im herzzerbrechenden Ton: »Ich verstehe, daß ich mit euch nicht essen kann, aber ich könnte doch zuschauen.« Er bittet auch, mit dem Wagen auf eine »Promenade« geführt zu werden, und zweifelsohne durch den Fehler beunruhigt, daß er geglaubt habe, er sei zu Hause, fragt er, wie es dort jetzt zugehe. Sehr schlecht, sage ich, denn wir vermissen ihn die ganze Zeit. »Weißt du, wie du uns früher als ein *Trio con brio* beschrieben hast? Nun, bitte beeile dich, wieder gesund zu werden, damit wir das wieder werden können.«

* Original in den jeweiligen Sprachen.

Er hat eine schlimme Periode von Halluzinationen, eine Nebenwirkung des Heparins, sagen die Ärzte. Er nimmt Menschen wahr, die nicht anwesend sind, sieht aber uns oder die Krankenschwestern nicht, wenn wir auch nur Zentimeter von ihm entfernt sind. Einmal fragt er, warum er an seinem rechten Handgelenk zwei Uhren habe, und man hat ihm doch jetzt sogar die eine abgenommen. V. sagt, seine russischen Bemerkungen seien »unsinnig« und »irre«, was sie natürlich außerordentlich beunruhigt, und sie läßt sich auch nicht von meinem Argument beeindrucken, diese Unwirklichkeit sei für ihn jetzt besser als die Wahrheit. Dann plötzlich, mitten in diesem Umherschweifen, läßt er eine Bemerkung fallen, die ein so vollkommenes Erfassen der Wirklichkeit zeigt, daß wir wissen, er hat seinen Verstand fest im Griff. Er hört, wie wir einen gewissen Musikkritiker erwähnen, dessen Name seit Jahren nicht mehr aufgetaucht ist, und möchte wissen, ob besagter Kritiker tot oder lebendig ist. »Tot«, sagt V., doch I. S. hat seine Zweifel. »Nein, wahrscheinlich lebt er, und zwar in Argentinien.«

Der Verstand scheint zweigeteilt zu sein, wovon nur der Teil, der mit der äußeren Welt und der Gegenwart zu tun hat, verwirrt ist. Und dies ist gewiß natürlich, bedenkt man die Loslösung seines Zeitgefühls durch Drogen und Medikamenten-Stundenpläne, wie durch die Verwirrung infolge seines Ortsgefühls beim dauernden Anstarren von Krankenhauswänden, die nicht viel anders sind als die Wände seines Schlafzimmers zu Hause.

Der andere, der schöpferische Teil seines Verstandes ist nicht gestört. Am Abend, während eines lichten Moments, sage ich ihm, die BBC wünsche, daß er sechs bis zehn Sekunden Musik für sie komponiere, die in Verbindung mit einem vielfarbigen Auge von Picasso als Pausen- und Erkennungszeichen ihrer Farbfernsehsendungen dienen soll. Der schöpferische Geist bemächtigt sich des Gedankens sofort und führt ihn konsequent aus. »Das Zeitproblem interessiert mich, da die sechs Sekunden Akkorde oder Rhythmen in jedem konventionellen Sinn aus-

schließen, aber man kann natürlich viele Töne simultan benutzen. Ein Auge bedeutet ja auch Durchsichtigkeit, und so sollte der Klang von sehr hohen Instrumenten hervorgebracht werden, möglicherweise von Flöten, mit denen verglichen Oboen schmierig und Klarinetten ölig sind.«
Ich blättere mit ihm zusammen ein Buch mit Zeichnungen von Watteau durch, und, obwohl er wenig davon sieht, beschwert er sich, daß die Reproduktionen den Maßstab nicht erkennen lassen. Was ihn noch mehr ärgert, ist im Kommentar ein Satz über die größere Aufgeklärtheit bei der kritischen Einschätzung Watteaus heute. »Was später kommt, ist automatisch aufgeklärter«, sagt er, »woran sich die später Gekommenen erinnern sollen, wenn sie nach vorn blicken, nicht nur nach rückwärts.«

18. November

Die Verheerungen werden sichtbar; I. S. ist jetzt so schmal, daß seine Nase gewachsen zu sein scheint; der lange nicht mehr getrimmte Schnurrbart hängt über die Oberlippe und läßt an ein Walroß oder einen Foxterrier denken. Doch der Finger bleibt blauschwarz und schmerzt, wenn auch etwas weniger am Morgen, wenn der Patient durch die Beruhigungsmittel der vergangenen Nacht noch komatös ist. Was die Heftigkeit des Schmerzes betrifft, versichern uns die Ärzte, daß Strawinsky Theater spiele, um in uns Mitgefühl zu wecken – ein normales Patientenverhalten – und daß er oft eine Krankenschwester fortgeschickt habe, eilends Kodein oder Darvon zu holen, aber, ehe sie es ihm geben konnte, eingeschlafen sei. Etwas Schmerzen hat er trotzdem, und er stöhnt unter ihnen den ganzen Nachmittag. Einmal gibt ihm die Krankenschwester eine Pille, warnt ihn, sie sei sehr groß, und geht weg, um Wasser zu holen, damit er sie besser hinunterschlucken könne. Als sie aber zurückkehrt, sagt I. S.: »Schon geschehen.«
Das Ergebnis der gestrigen mitternächtlichen Konsultation, die

einen neuen Gefäßchirurgen in den medizinischen Meinungspool einführt, ist eine neue Zusammensetzung der Ingredienzien der intravenösen Einspritzung, der Beginn von Arm- und Handübungen und die Anwendung von milder Wärmetherapie auf die ganze Haut des Vorderarms und der Hand. Mit Hilfe von Computerdaten hat man ein ehemaliges Opfer desselben Leidens aufgespürt und dessen Krankengeschichte, Behandlung und Fortschritte studiert und verglichen. Der Mann war zwanzig Jahre jünger als I. S., und seine Hand war nach einer Koronarthrombose brandig geworden. Wir erfahren auch aus seiner Aussage, daß die Genesung äußerst langsam vor sich ging und daß er, was die Schmerzen anlangt, »zehn Koronarthrombosen jenem Schmerz in den Fingern vorziehen« würde.

Die Veränderung der intravenösen Flüssigkeit seit jenem mitternächtlichen Palaver der Medizinmänner wirkt sich einschläfernd aus. Die neue Strategie lautet, den Patienten »unten« zu halten, bis der radioaktive Phosphor zu wirken beginnt; das ist so, als ob man in einer schwer belagerten Festung auf Entsatz durch eine Reiterkolonne warten würde. Doch warum leide *ich* so viel? fragt eine neue Krankenschwester, jung und mit dem Jargon der Psychoanalytiker ausgerüstet. Vaterfigur? Identifizierung? Ich gebe ihr meine Antwort nicht, nämlich, daß ich ihn einfach liebe, denn dieses primitive Wort würde von ihr in ein neurotisches Symptom übersetzt werden.

Was *sind* aber die Antworten auf ihre Fragen? Um die Terminologie Ranks zu gebrauchen, gab es nicht vielleicht zu Beginn eine narzißhafte Basis für die Objektwahl von I. S., ich meine damals vor zwanzig Jahren, und um nun Freuds Terminologie zu gebrauchen, gibt es nicht doch eine gewisse Identifizierung meines Ichs mit dem verschwindenden Objekt? Vielleicht, und sicher kann ich genausogut mein Ich hinters Licht führen wie jeder andere auch. Doch der Angelpunkt von Freuds Erklärung, die Verwandlung des Objektverlustes in des Trauernden Ichverlust, läßt sich hier bestimmt nicht anwenden.

19. November

Die neue Intravenös-Formel mit dem neuen Antikoagulans, Priscol, hat keine Änderung der Fingerfarbe bewirkt, aber es macht I. S. so schläfrig, daß wir den ganzen Tag nur ein paar Worte aus ihm herausbekommen. Als wir das Zimmer betreten, sagt er: »Jetzt geben sie mir Luminal, wahrscheinlich, damit ich höflich bleibe.« Später fügt er hinzu, wie wenn er unsere Gedanken lesen könnte: »Mein Eindruck ist, die Ärzte haben keine blasse Ahnung, was sie tun sollen.« Einmal beschreibt er den Schmerz in den Fingern als »knisternd«, ein anderes Mal als »stechend«, aber wie ich vermute, könnte eine wirklich geschickte Krankenschwester ihn von schmerzstillenden Mitteln gänzlich abhalten. Er zeigt den Finger feierlich der neuen, analyseweisen, doch ansonsten ahnungslosen Schwester und sagt: »*Wir* dürfen ihn nicht berühren.« Und trotz alledem ist seine Blindheit weitaus erschreckender als der Finger. Er identifiziert uns durch unsere Stimmen, den Kopf kaum nach links oder rechts bewegend, während das, was er tatsächlich sieht (den Gegen-Heiligenschein von jemand, der am Bett vorbeigeht), nicht da ist.

20. November

»Wo bist du?« fragt er heute morgen, als er mich sein Zimmer betreten hört, und als ich das Bett erreiche, berührt er mein Gesicht mit seiner gesunden Hand, als ob er völlig blind wäre. Er ist auch so schwer betäubt, daß er nur in großen Abständen sprechen kann. Einmal wacht er auf und fragt: »Wie lange wird es dauern?«, und ein anderes Mal: »Wie lange noch?« Ich versuche, ihm glaubhaft zu machen, daß er bald zu Hause und beim Komponieren sein wird, doch er nickt mit dem Kopf schwach in Richtung seiner Hand und sagt: »Ich brauche meine Hand; meine Hand ist verstümmelt.« Trotzdem machen mir seine Augen mehr Sorgen, am meisten jedoch die Frage, wieviel Kampfkraft noch in ihm steckt. Schon jetzt gilt Albaniens Wort in *König Lear:* »Dem Ältesten war das schwerste Los gegeben.«

23. November

Es ist auf denkbar wunderbarste Weise Erntedankfest: Das Wunder, um das wir so lange gebetet haben, ist geschehen. Nicht ein einziges Mal seit zweiundsiebzig Stunden hat I. S. wegen Schmerzen geklagt oder ein schmerzstillendes Mittel eingenommen, und die Farbe des Fingers ist wieder fast normal geworden. Seine Sehkraft ist nicht normal, und er kann immer noch nicht Gesichter unterscheiden inmitten dessen, was nach seiner Beschreibung eine dioramaartige Verschwommenheit zu sein scheint. Doch seine Augen wenden sich uns viel schneller zu und stellen sich viel rascher ein als vor wenigen Tagen. Er sitzt eine Zeitlang auf einem Stuhl, was ihn viel schmaler erscheinen läßt als im Bett. Milène liest ihm auch vor, und er stürzt sich lebhaft auf Fehler in ihrer Aussprache des Russischen. Ein unglaublicher Mann! Vor drei Tagen erst lag er noch in einem halben Koma, seine linke Hand war ein halbversandeter Meeresarm von Brand, sein Körper durch monatelang anhaltende Schmerzen verbraucht. Doch wie Suwtschinskij sagte, er selber war eine Fackel. Und er hat den Weg hinaus gefunden, hat den Styx tatsächlich wieder überquert. »Wieviel kostet das hier?« fragt er mich plötzlich, und während all dieser Wochen hat kein Wort so gut geklungen. I. S. ist wieder da, in der Wirklichkeit des Dezimalsystems. Gott sei Dank.
Er ist durch Traubenzucker aufgemöbelt und nervös, spröde, ängstlich, bereit, wegen jeder Kleinigkeit vor Wut zu platzen. »Ich habe genug von medizinischer Philosophie«, sagt er einem seiner Ärzte, und einer Krankenschwester, die ihm den Rat gibt, »Entspannen Sie sich«, erwidert er: »Was? Und das Steuer *Ihnen* überlassen?« Er leidet natürlich unter Drogenentzug und unter

einem Berg von Nachwirkungen; aber die Reibung gefällt mir. V. liegt heute krank im Bett: mit Grippe, sagt sie, obwohl es mit größerer Wahrscheinlichkeit Erschöpfung nach der Schlacht ist. Die Krise vom letzten Wochenende war zu viel für sie, und sie hat ihre Angst zu lange in sich verschlossen.

28. November

Am Mittag komme ich, um I. S. nach Hause zu bringen, aber sein Aufbruch wird verzögert durch Autogrammbitten von sämtlichen Krankenschwestern im ganzen Stockwerk. Er gewährt sie alle und schmückt manche sogar mit musikalischen Aufzeichnungen. Draußen, endlich heraus aus diesem dumm machenden Krankenhaus, ist er blaß wie Quark; im Anzug sieht er furchtbar schmal, geschrumpft und zerbrechlich aus.
Als ich ihn vom Wagen ins Haus führe, sagt er, mir müsse es vorkommen, als ob ich »ein Wrack abschleppe«, aber trotz seiner Schwäche stützt er sich mühsam auf die Couch und weigert sich, ins Bett zu gehen. Er verabscheut seine Medikamente und wehrt sich gegen die verordneten Milchdosierungen. »Milch ist der Jesus Christus dieser Affäre«, sagt er, und V. erwidert auf diese Profanierung mit: »Jetzt sehen wir immerhin, wie viel besser es dir geht.« Doch davon will er nichts hören. »Nicht besser, sondern bitter«, korrigiert er. Als aber V. einige Patiencen legt, um ihn abzulenken, und ihn dabei bittet, für sie die Abrechnung im Kopf zu behalten, stimmen seine Zahlen perfekt. Er fragt nach den Zeitungen (sie melden, daß Zadkine, ein weiterer Altersgenosse, gestorben ist) und nach der Post. Hier gibt es auch ein Päckchen von André Malraux mit einem Exemplar der *Anti-Memoiren* und des Autors Widmung: »*Pour* Igor Stravinsky, *avec mon admiration fidèle*«. Darauf stürzt sich aber I. S.: »Wann war er je ›*fidèle*‹? Er sagte einmal, Musik sei eine der geringeren Künste.« Und so ist I. S. denn immer noch I. S.

Später am Tag besuchen ihn die Ärzte, um sich selber zu gratulieren, aber er bringt es auch diesmal fertig, sie zu verwirren, wie er es in jedem Stadium getan hat, indem er ihnen sagt: »Beim Finger und bei den Augen ist es dieselbe Ursache.« Dies bestätigt mir tatsächlich der Chefneurochirurg im Vertrauen. Er sagt, es waren nicht eine, sondern drei Thrombosen, und etwas von der peripheren Sehkraft des linken Auges sei für immer verloren. I. S. selber wird im Augenblick jedoch weniger von seiner schlechten Sehkraft als von Blähungen gequält, und als die Ärzte versuchen, ihn daran zu erinnern, daß nicht er allein unter ihnen gelitten habe, fährt er sie an: »Kann sein, aber *Sie* haben diese Blähungen nicht.« (Als er sie später apostrophiert, fügt er hinzu: »Es war für sie ein sehr gut bezahltes Leiden.«) Doch er fängt an, selber wie ein Arzt zu reden. »Ist dieser Schmerz nur spastisch«, fragt er einmal, »oder könnte er organisch sein?« Einer der Mediziner sagt ihm, als man sich verabschiedet: »Heilung dauert länger mit fünfundachtzig, Herr Strawinsky.« Doch I. S. wendet sich dagegen: »Verdammte fünfundachtzig.«

Heute abend schaut er *Daktari* in V.'s Zimmer an, doch nachher wirft er sich im Bett hin und her, gequält, wie er sagt, wegen der Verfassung seines Verstandes. Um 23 Uhr gehe ich zu V., um zu sehen, ob bei ihr alles in Ordnung ist, und finde ihr Zimmer dunkel und sie selber still weinend, ihr Gesicht von Tränen überströmt. Nicht *einmal* während dieser ganzen schrecklichen Prüfung hatte sie die Kontrolle verloren, und erst jetzt wird mir klar, daß sie nicht mehr so fest daran geglaubt und nurmehr inständig gebetet hatte, er möge doch irgendwann wieder zu Hause sein. Nachdem ich eine Stunde oder so versuche, ihr »Seelenfrieden« einzureden, werde ich von der Nachtschwester gerufen, ihr bei I. S. zu helfen, der trotz seiner Pillen nicht schlafen kann. Ich versuche mit ihm noch etwas künstliche Fröhlichkeit, aber er sagt, es gehe ihm »psychologisch schlecht«. Als ich ihn schließlich verlasse, antwortet er auf mein letztes albernes »Bitte höre auf, dir Sorgen zu machen!« mit:

»Ich mache mir keine Sorgen mehr, ich warte bloß«, und diese schmerzende Bemerkung durchkreuzt mir jede Möglichkeit, selber einzuschlafen. »Alte Leute hängen am Leben«, sagt Sophokles, der dies als einen Fehler verurteilt.

1. Dezember

Halleluja! Die Thrombozyten sind auf 900 000 gesunken, und die Zahl der weißen Blutkörperchen – »meine Blutpolizisten«, sagt I. S., obwohl er auch solche nichtmetaphorischen Termini wie Önosyllophyl verwendet – ist auf 17 000 gesunken gegenüber 37 000 vor wenigen Tagen. Seine Diät ist nun auch weniger streng, und von jetzt an soll der Milchgeschmack durch größere Schlucke von Scotch verschnitten werden. Diese Nachricht hebt I. S. aus der Apathie und schwarzen Melancholie, in die er am Tage nach der Heimkehr gefallen war, als er offensichtlich erwartet hatte, Seilspringen zu können. Nach dem Essen hören wir uns opus 131 und *Dichterliebe* an, die erste Musik in diesem Haus, seitdem er ins Krankenhaus mußte. Und mit dieser Musik erwacht er zum Leben, grunzt mehrere Male während des Quartetts sein Einverständnis mit Beethoven und schlägt den Takt mit seiner linken Hand, die durch einen übergroßen Fausthandschuh geschützt ist wie die Klaue eines Taschenkrebses. Er konnte bis jetzt keine Worte lesen, aber seine Augen folgen der Partitur, geführt, natürlich, von einem recht außergewöhnlichen Ohr.

6. Dezember

Es ist ein wunderbarer Tag, warm und strahlend sonnig, während die San-Bernardino-Berge von Neuschnee glitzern wie der Kilimandscharo. Doch das Abschiednehmen ist diesmal das Schlimmste, das ich je durchstehen mußte. Es wird nur für ein paar Tage sein, sage ich I. S., und mache seine Musik dafür verantwortlich, daß ich die Reise überhaupt antreten muß. Darauf sagt er: »*Je crâche sur ma musique.*«

16. Dezember

Hollywood. Als sie mich an der Haustür begrüßt, sagt V., I. S. habe seit heute früh auf mich gewartet, sei aber müde geworden und eingeschlafen. Er ist jedoch wach, als ich sein Zimmer betrete, und einige Tränen fließen gar, als er mich sieht. Er ist völlig verändert und sieht besser aus, als ich je zu hoffen gewagt hätte. V. sagt, eine verzögerte Schockwirkung habe eingesetzt, einen Schleier über das Schlimmste der Krankheit gelegt und jegliche Erinnerung an das Krankenhaus ausgelöscht. Tatsächlich weigert er sich auf einmal zu glauben, daß er überhaupt krank gewesen sei, mit der Begründung, daß er kein Fieber gehabt habe. Und obwohl er sich daran erinnern kann, daß wir uns alle große Sorgen um seine Hand machten, will er nicht mehr wissen, daß sie ihm je Schmerzen verursacht habe. Während wir miteinander sprechen, trainiert er die Muskulatur der Hand, indem er einen Miniaturfußball immer wieder fest packt und dann locker läßt.

Der größte Unterschied betrifft aber seine Mitteilsamkeit. Die Worte sprudeln jetzt aus ihm hervor, während vor knapp zwei Wochen er den Gesprächen um ihn herum bestenfalls in deprimierter Stimmung folgte, ohne selber viel beizutragen. Er berichtet mir von einem Weihnachtsbrief des Dirigenten James Sample, erinnert sich an Vorfälle im Zusammenhang mit dem Kompositionsunterricht, den er Samples Schwiegervater vor mehr als einem Vierteljahrhundert erteilte, und beschreibt, wie er große Teile der Sinfonie seines Schülers selber schrieb. Nach dem Essen hören wir den Quartettsatz an, den I. S. die *Sehr Große Fuge** nennt, sowie die Etüden von Debussy, die er (nicht

* Deutsch im Original.

zum ersten Mal) als sein Lieblings-Klavieropus in der Musik dieses Jahrhunderts identifiziert. Er sagt, er habe vor ein paar Tagen von Debussy geträumt und sich dabei an den starken Geruch seines Eau de Cologne erinnert, als sie sich das letzte Mal umarmten.

Sowohl I. S. als auch V. scheinen glücklicher zu sein und sehen besser aus als irgendwann seit August, wofür ich Gott und I. S.'s unbesiegbarem Lebensgeist danke.

25. Dezember

Man nimmt jetzt an, daß die Virusinfektion, der I. S. am 19. beinahe erlegen wäre und gegen die man ihm eine mörderische Dosis Antibiotika verpaßt hat, eine neue Thrombose war. Es ist aber schwierig, Gewißheit zu erlangen, gerade wegen der schwächenden Wirkung der Antivirusdrogen. Es geht ihm auf alle Fälle außerordentlich schlecht, schlimmstenfalls scheint er unter Aphasie zu leiden, bestenfalls kann er Worte nur mit großer Schwierigkeit formen. Ohne die Krankenschwester kann er überhaupt nicht gehen, aber er beschließt, zum Eßtisch zu kommen, weil es V.'s Geburtstag und Weihnachten ist; was letzteres betrifft, sagt er mißbilligend: »Das Christentum ist ein System, aber Christus ist kein System.« Die einzigen anderen Worte, die er während der ganzen schrecklich bedrückenden Mahlzeit äußert, sind ein *cri du cœur:* »Etwas Neues ist mit mir geschehen. Was ist es? Letzte Woche konnte ich so gut gehen.« Als er den Tisch verläßt, sagt er »*Ne bougez pas*!« und steigt dann langsam, von der Krankenschwester gestützt, die Treppe hoch und noch einmal den ganzen Weg herunter, um mir ein Weihnachtsgeschenk zu bringen: »Eine goldene Spange«, sagt er. »Sie gehörte meinem Vater und seinem Vater«; und er entschuldigt sich, weil sie nicht eingewickelt ist.

Es erscheint einem so grausam, daß, nachdem er so viel ertragen und die Schwelle der Genesung erreicht hatte – er konnte wieder ohne Hilfe gehen und war sogar dabei, seine Prüfung geistig zu verarbeiten –, dieser tapfere und wunderbare Mann noch einmal getroffen werden sollte. Was können wir jetzt tun, außer beten, daß der Faden, an dem sein Leben wieder zu hängen scheint, sich, wie schon früher, als so stark erweist, wie das Seil eines anderen? Als ich heute vormittag V. mit »Frohe Weihnachten und alles Gute zum Geburtstag« begrüße, erwidert sie: »Ich bin vor ein paar Minuten in sein Zimmer gegangen, um zu sehen, ob er noch atmete, und ich habe Gott gedankt, daß er es tat.«

1968

1. Januar

I. S. ist heute wegen seines Schlückchens Champagner um 0 Uhr 1 nicht übler dran, aber er läßt einen Donnerschlag los mit der Bemerkung, daß gewisse rechtliche Handlungen, wovon er erst jetzt erfahren hat, »notwendig waren, für den Fall, daß ich im Krankenhaus gestorben wäre.« Dieses Wort kam natürlich nie über seine Lippen, während er dort mit seinem Leiden rang. Als dann beim Mittagessen die Krankenschwester ihn anstacheln will, seinen kranken Finger zu üben, sagt er: »Ich werde den Finger erst dann benützen können, wenn ich ihn mir aus dem Sinn schlagen kann.«

Unter den Weihnachtsgeschenken für I. S. ist auch ein zwitschernder Kanarienvogel*. Als ich eine ziemlich sauere Bemerkung über das eindrucksvolle Volumen seines »Gesangs« mache, lehnt I. S. dieses Wort ab: »Es sind musikalische Elemente darin – Tonhöhe, -farbe, Intensitäten, rhythmische Modelle –, aber das alles ergibt keinen ›Gesang‹. Trotzdem zeigt es der Vogel an, ehe er zu senden aufhört.«

Am Abend hören wir uns den *Messias* an, und obwohl I. S. dazu neigt, sich Händelscher Erhabenheit zu widersetzen – »Händel, das ist der Schlager, der kommerzielle Komponist«, sagt er, »Bach der nach innen gewendete« –, kann er dieser ausgezeichneten Aufführung nicht widerstehen (von Colin Davis, dessen Tempi und Artikulation im allgemeinen gut sind, der sich aber in keiner Weise um *notes inégales* kümmert). Wir

* Den darauffolgenden September dem Freund und Nachbarn der I. S.'s, dem Schriftsteller William Inge, vermacht.

hören uns auch Teile von *Herkules* an – Dejaniras Wahnsinnsszene, Ioles Rezitativ »Forgive me, gen'rous victor« –, geben es jedoch auf, weil die Aufführung eine Qual ist.

16. Januar

Stephen Spender ruft aus London an und bittet I. S., auf den Appell von Litwinow zu antworten. I. S. willigt ein, erzählt mir, was er sagen will, und wir entwerfen zusammen eine Stellungnahme, die er und V. ins Russische übersetzen (nächste Woche wird er sie für die BBC aufnehmen):

Ich erinnere mich, wie mein Lehrer Rimskij-Korsakow unter der Drohung und der tatsächlichen Ausübung zaristischer Zensur litt. Jetzt, sechzig Jahre später, während die Welt voller Bewunderung auf so viele Errungenschaften der Revolution blickt, leben russische Schriftsteller und Leser noch immer unter der Schreckensherrschaft der Zensur.

Aber der wahre Geist der Revolution findet sich bei den verurteilten Schriftstellern, die man zu den wertvollsten Patrioten ihres Landes zählen muß, und sei es auch nur aus dem Grund, daß sie seine Sprache lieben. Doch unter der Herrschaft einer Zensur können Schriftsteller nicht leben noch können Dichtung oder Volk gedeihen.

Die Sowjetunion kann ihre Größe viel gründlicher durch die Begnadigung der verurteilten Schriftsteller beweisen, als durch die Eroberung des ganzen Weltraums.

Im Vertrauen leugnet I. S., daß sich zaristische und sowjetische Zensur überhaupt vergleichen lassen. »Unter dem alten Regime gab es Hoffnung; jetzt gibt es keine ... Doch was für eine idiotische Idee ist dieser ›Patriotismus‹. Da die Welt nun einmal so ist, wie sie ist, wie kann ein Schriftsteller oder sonst jemand patriotisch sein?«

25. Januar

Wir spielen zusammen Schuberts vierhändige Fuge in e-Moll und Teile der Fantasie in f-Moll heute nachmittag, wonach I. S. gesteht, er möchte mit seinem eigenen Klavieropus nicht fortfahren, weil er »ein größeres Stück im Sinne« habe. Keine weitere Information über diese neue Komposition wird laut, außer der Zusicherung, es werde kein Streichquartett sein. Was das aufgegebene Klavieropus betrifft, beteuert er: »Kaum hatte ich mir in dem einen Stück den Gebrauch von Oktaven verboten, da entdeckte ich, welche Fülle ich durch sie erlangen könnte, und ich gebrauchte sie im nächsten Stück fortwährend.«

V. ist beunruhigt, weil I. S. sich nicht erinnern kann, wo sie geheiratet haben. Doch warum sollte er sich an einen Aufenthalt von wenigen Stunden in New Bedford, Massachusetts, erinnern, der vor achtundzwanzig Jahren stattfand? Überdies könnte man kaum erwarten, daß nach schon neunzehn Jahren von so etwas wie Ehestand die Zeremonie das unauslöschbarste Ereignis bildet. Und dennoch *ist* der Lapsus kurios, zumal er am Tag vor den Thrombosen, im November, über sein Leben in Massachusetts 1939/40, ein selten erwähntes Thema, zu sprechen anfing, und zwar mit außergewöhnlicher Deutlichkeit. Ist dies bloß der lange Arm des Zufalls, oder befanden sich die Zellen, in denen diese besonderen Erinnerungen eingeprägt waren, in jenem besonderen Speicher der Datenbank, der kurz vor der Verfinsterung infolge der Anspannung aufgedeckt wurde?

Während wir uns nach dem Abendessen *Pelleas* anhören, sagt I. S., er mag das Stück mehr als beim letzten Anhören. »Wann war das?« frage ich. »Mit Debussy.«

10. Februar

San Franzisco. Von unseren Hotelzimmern aus blickt man auf eine elektrische Tafel, auf der die Uhrzeit und die Lufttemperatur im Namen der Equitable Life Assurance zu lesen sind; eine zweite elektrische Tafel, die Nachrichten von lokalen und Weltkatastrophen durchsetzt mit Aufrufen, man solle trinken, rauchen, wischen und desodorieren mit Erzeugnissen, die besser, größer, neuer, billiger und sexier seien; die Wolkenkratzer von morgen – schräge Kranbalken, Tragbalken, Funkenregen von Schweißern – welche einem die Wolkenkratzer von heute klein vorkommen lassen und mehr und größere Chefbüros versprechen; eine Säule, möglicherweise ein Ausschußstück bei einer mittelamerikanischen Kopie der Place Vendôme, gekrönt von einer Erdkugel, die eine schüchtern drapierte, tanzende, doch unverhältnismäßig kleine Nymphe mit Thyrsus und Dreizack trägt.

Ein Leierkasten spielt für die auf den Bänken des Union Square ausruhenden Menschen und erinnert I. S. daran, daß diese Low-Fi-, aber laute Musikmaschine – man hört sie sogar über die Abbruchtrupps hinweg – »in St. Petersburg so beliebt war, daß es nichts Ungewöhnliches war, mehr als einen Konkurrenten gleichzeitig kurbeln zu hören und zu sehen wie in *Petruschka*. Zuweilen wurden sie auch von Tänzern begleitet, und als Kind schaute ich mehr als einer Leierkastenballerina von meinem Fenster zu und warf zusammen mit meinem Bruder Guri der Künstlerin in einen Lumpen zusammengebundene Münzen zu.«

Ein anderes, lauteres Konzert läutet uns am späten Nachmittag entgegen: von verstimmten Glockenspielen irgendwo in der allzu nahen Umgebung. Dieses Angelusgeläut besteht lediglich aus dem Tschaikowsky-Hauptthema in b-Moll, und seinetwegen verlassen sogar die Tauben auf dem Fenstersims unter uns ihre Nestlinge, sei es nun Anthropomorphismus, dies zu sagen, oder nicht.

»Laut« ist nochmal das Wort für die Parade zum chinesischen Neujahrsfest heute abend, da einige der Feuerwerkskörper nicht bloß einen altmodischen vierten Juli, sondern sogar die Blunderbüchsen und Kanonaden der Revolution selbst suggerieren. Das Geheul und Getöse der chinesischen Musik verbindet sich außerdem ominös mit dem unterirdischen Rumpeln der Cable-Car-Ketten; ja, der Zug selber ist ominös, mit seinem wirklichen Gorilla (im Käfig) – dies ist »das Jahr des Affen« – und seinem gewundenen, schuppigen und häuserblocklangen Pappkartondrachen (der Konfutse weiß welche böswilligen Mächte günstig stimmen soll). Einige der Marschierenden tragen Papierhasen oder Papiertiger mit sich, und einige Zuschauer halten Ballonklumpen fest, die Modellen von Molekularstrukturen ähneln. Ja, San Franzisco selbst sieht heute abend chinesisch aus: durch die Gestalt der Hügel unter dem sich einnistenden Nebel, durch die stilisierten chinesischen Wolken und den chinesischen Mond über der Bucht.

Wir besuchen die Touristenbezirke von Haight-Ashbury und Barbary Coast North Shore. Ersterer könnte eine Filmkulisse für ein früheres Amerika sein. Die nomadischen, halb hirtenartigen Menschen tragen Rucksäcke und Gitarren, dazu noch lange Haare und Prophetenbärte, die Gamaschen der alten Pioniere, Umhänge, wie es sie im amerikanischen Bürgerkrieg gegeben hat, billiges Baumwollzeug, Streichinstrumente nach Art der indischen Ruanas und Stirnbänder (es gibt auch Berdasch, d. h. indianisches Transvestitentum oder männliche Prostitution). Ein Schild in einem Ladenfenster hier lautet: SPIEGEL ZU VERKAUFEN, NEU UND GEBRAUCHT. North Shore ist ganz anders; hier wird für ein spezifisches Privileg der Geschäftsleute gesorgt, nämlich den steuerabzugsfähigen Abend im Lokal. Es ist ein Fleischmarkt, und verkauft wird vor der Schlachtung. Es gibt Anzeigen für »bodenloses Schuhputzen« und »Hochzeiten oben ohne«, für »durchaus nackte Milly«, »Fräulein Freudsche Fehlleistung«, »nackte Waise Fanny« und »das nackte Fledermausfräulein« (welche zusätzlichen Reize *hat* ein mit Flatterfüßen versehenes?). Ein Etablissement lockt seine Kunden an mit einem spärlich bekleideten, vollbusigen, kurvenreichen Mädchen, das in einem etwa acht Meter hoch an der Fassade angebrachten Telefonhäuschen aus Glas steht. Ja, wir werden selber einen Augenblick lang hierher gelockt, eher jedoch, oder so sagen wir, um das schaulustige Publikum zu beobachten, als wegen der dargebotenen Unterhaltung, die sehr langweilig ist und bei dieser Möglichkeit der Laktation ein brauchbarerer Ort für Babys wäre.

11. Februar

Ein Düsenflugzeug, eine Ausbildungsmaschine der Marine, hat die Bay Bridge im dichten Morgennebel gestreift. Der Pilot ist ertrunken. Man findet kaum Spuren von Trümmern, und, obwohl Froschmänner eine Öllache entdecken – für sie eine Spur, wie es vergossenes Blut für die Polizei bei einem Mordfall wäre –, dauert es bis zum Einbruch der Nacht, ehe man das Flugzeug birgt.

Wir fahren nach Muir Woods über die rote Brücke, von der nach amtlicher Zählung *salto mortale* Nummer 340 oder so diese Woche registriert wurde; die Zahl der Unbekannten, die diesen Ausweg (Abweg) gewählt haben, wird auf das Drei- bis Zehnfache geschätzt. San Franzisco, von der Brücke aus gesehen, ist eine weiße, arabische Stadt und Muir Woods ein kleines Schlupfloch von Naturwiderstand.

Bei der abendlichen Probe seiner *»Requicles«* in Oakland sagt mir I. S., das *Libera me* höre sich wie eine Pöbelszene an, und er bittet den Chor, in Triolen zu sprechen, und zwar zu sprechen, nicht zu murmeln. Doch dann treten die Worte hervor wie das Jubelgeschrei von Fußballfans.

Germain Prévost, der Bratscher und Freund der I. S.'s seit fünfzig Jahren, sagt mir, er finde den Komponisten gespenstisch und von schwacher Stimme, jedoch nicht so spitz aussehend, wie man nach so einer Geschichte hätte erwarten müssen. Es ist wahr, daß I. S. seine volle Stimme nie wiedergewonnen hat (im Krankenhaus gab es Zeiten totaler Aphonie), aber wir haben uns jetzt an das neue Timbre gewöhnt und merken den Unterschied nicht mehr. Zweifellos macht er auch auf andere Menschen den Eindruck, er sei sehr mager geworden, obwohl für uns, wenn wir seine Erscheinung heute mit der von vor wenigen Wochen vergleichen, das Gesicht fast aufgedunsen wirkt, so wie auf dem Porträt von Auberjonois, der ihm ein fischartiges Aussehen gab, mit schiefen Augen und verzerrtem Kopf wie bei den Plastiken von Lepenski Vir. »Mehr essen«, rät der stattliche Prévost, und I. S. sagt, er schlucke jeden Morgen zwei rohe Eier »wie Austern« hinunter. Prévosts Autogrammalbum, das für frische Eintragungen vorgelegt wird, enthält ein handgeschriebenes Gedicht von Schönberg und die Chronik einer Konzerttournee der zwanziger Jahre, auf der I. S.'s *Concertino* eine wesentliche Rolle zukam. Was Prévost beim *Concertino* am meisten imponierte, waren die fünfhundert Francs, die I. S. für jede Aufführung verlangte und auch erhielt.

Nach der Probe spreche ich über Liebe im Pillenparadies mit K., einem Mitglied der Liga für sexuelle Freiheit. Ich äußere die aprioristische (apriapeische?) Meinung, Gruppen wie die ihrige seien Ausdruck einer Reaktion aufs Salische Gesetz und daher für Frauen wichtiger als für Männer, da sie Frauen die freie Wahl gewähren. »Offensichtlich«, sagt K., eine aufgeklärte Erforscherin von Paarungsverhalten und Verfechterin einer sexuellen Freiheit à la Fourier, »geht es den Männern darum, daß die Aussicht auf neue Weiber ihre Potenz erhöht – *brevis voluptas* –, wie es der Fall ist bei anderen männlichen Säugetieren, zum Beispiel Stieren, die neue Kühe (und Pasiphäen?) besteigen können, kurz nachdem sie von den alten absteigen, während sie die alten noch nicht wieder besteigen könnten.« Was auch immer an diesen Behauptungen wahr sein soll – und Apriorismus wird nicht von mehr Philosophie, sondern von Erfahrung überwunden –, K. glaubt, daß alle Teilnehmer an Gruppensex unter Verdrängungen à la drittes Geschlecht leiden. Sie sagt auch, die Gruppensexverbindung finde bei totalem Schweigen statt, und Namen werden nie genannt. Pot wird selten gebraucht bei Treffen (Orgien?) der Bay Area-Liga, sagt sie, aber sie rechtfertigt ihren eigenen gelegentlichen Gebrauch davon, indem sie den Laudanumgenuß von De Quincey, Coleridge und Elizabeth Barrett anführt. K.'s Gerede hat bewirkt, daß ich mir sehr veraltet vorkomme.

13. Februar

Als I. S. nach dem Konzert aufsteht, um sich für die Ovation erkenntlich zu zeigen und um nach russischem Brauch dem ihm Beifall spendenden Publikum Beifall zu spenden, steht auch das Publikum auf und macht den Komponisten, der wahrscheinlich der kleinste Mann im Saal ist, für alle außer seinen unmittelbaren Nachbarn unsichtbar. Verschiedene Gefahren gefühlsmäßiger Natur umlauern ihn heute abend, da dieses Konzert gleichzeitig sein erstes öffentliches Auftreten seit letztem Mai, seinen ersten Kontakt mit lebenden Musikern und das erste Anhören der *Requiem Canticles* seit Princeton bedeutet. Kein Wunder, daß er nachher im Wagen etwas zittert. Als wir aber wieder im Hotel sind, gibt es Anzeichen dafür, daß das Erlebnis ihm Stärkung gebracht hat und eine dringend notwendige Wiederherstellung seiner Zuversicht. V. sagt, sie sei jetzt überzeugt, er könne und werde wieder komponieren*.

Seine Kommentare zu dem Konzert beweisen, daß, wie immer, man unmöglich wissen kann, was im Maschinenraum vor sich geht, wenn die Aussicht auf das oberste Deck begrenzt ist. »Die *Sinfonie in drei Sätzen* ist im Aufbau naiv«, sagt er, was V. ermutigt zu fragen, ob er in bezug auf das *Scherzo à la Russe* eine ähnliche Meinung hege. Die Antwort ist nein. »Das *Scherzo* ist genau, was es sein soll.« Er ist sich dessen durchaus bewußt, daß nur ein kleiner Teil der Ovation von den *Canticles* erzeugt worden sein kann. »Die Leute kommen in erster Linie, um zu sehen, ob *du* noch da bist, und erst in zweiter, um zu

* Am 17. April begann er, ein zusätzliches Instrumentalvorspiel zu den *Requiem Canticles* zu komponieren, und zwar für eine Aufführung des Werks zum Gedächtnis von Dr. Martin Luther King. Er fing mit den ersten zwei Tönen des Violinsolos in den *Canticles* an, mit demselben Intervall, das in so vielen Trauerstücken Strawinskys vorkommt, denselben Tönen, die er in einem Interview (s. S. 85) als diejenigen identifiziert, die er als erste nach seiner Krankheit auf dem Klavier spielte. Das Vorspiel wurde aufgegeben, als er einsehen mußte, daß es nicht rechtzeitig zum Aufführungstermin am 2. Mai vollendet werden könnte.

sehen, ob du in der Musik noch da bist: in der Hoffnung natürlich, daß das nicht der Fall ist.« Nach dieser Bemerkung fängt er an, einen Haufen Partituren zu signieren, zum größten Teil Raubdrucke seiner frühen Ballette. Als ob Freibeuterei nicht schon Unrecht genug wäre, fügt eine der Piratenausgaben von *Sacre* eine Beleidigung hinzu, in Form eines Untertitels »Ballett-Suite«. Ich erwarte einen Zornesausbruch, aber, untreu seiner Gewohnheit, streicht der Komponist ruhig und ordentlich die beleidigende Bezeichnung durch und fragt: »Warum soll man es nicht vielleicht Gavotte nennen?« Als er aus einer Partitur von *Petruschka* singt, sagt er mir, daß eine seiner Tanten, »verheiratet mit einem Mann mit einem Schnauzbart«, sich weigerte, das Ballett anzusehen, weil sie »nicht ins Theater gehen wollte, um einen Haufen Bauern anzuschauen«.

3. März

Hollywood. »Ich habe mir Gedanken über das Picasso-Auge gemacht«, sagt I. S. aus azurblauem Himmel, und, weil das Thema seit dem Krankenhausaufenthalt nicht wieder erwähnt wurde, legt sich die Bemerkung über das Gespräch wie eine Nachrichtenzeile auf dem Fernsehschirm während einer Unterhaltungssendung. »Tausend Töne könnte man in den wenigen Sekunden verwenden, aber was zählt, ist – da die Musik schließlich anfangen und enden muß –, daß die Form den Hörer an ein Auge erinnert. Ich habe viele Arten, sie zu komponieren, und viele Messungsmöglichkeiten erwogen. Aber mein Verstand ist noch nicht klar genug, und mein Körper muß wieder erzogen werden. Als ich heute früh aufstand, dachte ich mir, daß ich wie eine Schildkröte gehe.«

Heute abend in dem Film *The Graduate* (nach Charles Webb) ist es, wie immer im Kino, unmöglich, I. S. davon abzuhalten, hörbare Kommentare abzugeben sowie laut und häufig sich an V. zu wenden, um russische Übersetzungen zu erlangen. Ein-

mal provoziert er einen Chor von Pst!-Rufen und eine Balgerei um neue Plätze. Aus Gerechtigkeit unseren fliehenden Nachbarn gegenüber muß man auch zugeben, daß seine Beobachtungen störend unbeschwert sind (wenn auch wunderbar scharfsinnig, besonders, wenn es um Fehler der Zeitdauer geht), oder es doch wahrscheinlich für jeden wären, der von dem Film ganz in Anspruch genommen ist.
Ich verlasse das Kino vor den I. S.'s, um das Auto aus dem Parkplatz zu befreien und sie am Straßenrand zu treffen. Als ich zurückkehre, sehe ich, wie sie leere Blicke von Leuten ernten, die in langer Schlange sich hineinbegeben, von Leuten, die so gesichtslos und undifferenziert sind, sogar durch die Wirkung von Zahnpasta auf ihr Grinsen, wie Eier auf einem Förderband. In dem Augenblick erscheinen mir die beiden alten Leute noch viel differenzierter als je, und der Fluß meiner eigenen beträchtlichen philoprogenitiven Neigungen wird von den Eiergesichtern weg und in ihre Richtung gelenkt. Auch will mir das Verlangen des alten Mannes, allem zum Trotz sogar ins Kino zu gehen (und er hat sich jetzt zum zweitenmal *The Graduate* angesehen), wie eine Offenbarung derselben kolossalen Lebenskraft erscheinen, die ihn einst zwang, in eben dem Alter wie die meisten dieser Eiergesichter zu Hause zu bleiben und *Le Sacre du printemps* zu komponieren.

21. März

Phoenix. Wir leiden zur Abwechslung an Euphorie, was, so glauben wir, auf klimatologische (wenn man das Wort aus dem politischen Jargon zurückborgen darf) Unterschiede zurückzuführen ist, sowie nach Los Angeles, auf das plötzliche Übermaß an chemikalienloser oder sogar orangenblütenparfümierter Luft. Eine andere Erklärung für dieses Gefühl der Gelöstheit wird unbeabsichtigt von der hübschen, stupsnasigen Fotografin dargeboten, die die I. S.'s auf dem Flughafen empfängt. Sie sagt, daß sich gewisse übersensible Teilchen ihrer Kameras während eines Fluges lockern. Was soll dann *ich* über die Auswirkungen eines Fluges auf so ein vergleichsweise sensibles Zubehör sagen wie das menschliche Nervensystem?

Wir übernachten im Casa Blanca Inn, in der Wüste, ganz nahe – mit einer Aussicht, so deutlich wie in der langen Brennweite eines Zoom-Objektivs: zwei Felsklumpen, die unvermeidlich Kamelrückenberg heißen. Das moscheenartige Hauptgebäude des Hotels, wie auch jede entlegene Moteleinheit, wird durch dornigen Saguaro, stachelige Birne, borstigen Ocotillo, hohen gurkenartigen und kleinen stachelschweinartigen Kaktus geschützt – eine Feststellung, die wahrscheinlich meine geringe Toleranz den Golfspielern gegenüber spiegelt, unseren einzigen Hausgenossen, wie es scheint. Jenseits der Schwimmbecken und der Rasenfläche des Golfgeländes ist die Wüste von Lupinen und goldenem Mohn gefärbt. In Arizona ist die Farbe des Frühlings Gold.

Wie tödlich die Wüste sein kann, wird einem durch ein Verkehrsschild klargemacht: WERDE NICHT AM ENDE EIN KLEINES WEISSES KREUZ, es sei denn, natürlich, das Schild wurde von einer Agnostiker-Gesellschaft oder vom B'nai B'rith errichtet. Wir unterlassen es auf alle Fälle, unseren Fahrer hierüber auszufragen, denn dies würde, wie sich herausstellt, eine äußerst langsam vorgetragene Abhandlung über die nicht unbedeutenden Unterschiede zwischen alleinstehenden Kuppen und Tafelbergen unterbrechen; und wir haben jetzt schon für die Generalprobe vom *Rake* Verspätung.

Sie findet in einem Auditorium statt, das, wie man sagt, von Frank Lloyd Wright für eine im Entstehen begriffene, aber dann doch nicht entstandene afrikanische Republik entworfen worden ist. Es wurde von Wrights Schülern vor drei Jahren vollendet und ist eine Art Monstrum, vielleicht deswegen, weil keine pietätlosen Änderungen der Pläne des Meisters mit Rücksicht auf die gewandelte Bestimmung des Bauwerks vorgenommen wurden. Sicherlich würde es besser in Kairo oder neben dem Casa Blanca Inn aussehen. Dann aber, auf den zweiten Blick, scheint es, was auch immer es sein mag, mehr geeignet für die hohe See als fürs Land; eine gestrandete Arche, beispielsweise: Die Seiteneingänge haben die Form von Laufplanken und die Wandleuchten die Gestalt von Luken. Für ein Gebäude, das erst vor kurzem vollendet wurde, ist es immerhin erstaunlich schäbig und veraltet (Wright, der unbezähmbare Stukkateur), und die Atmosphäre, die es liefert, eignet sich eher für eine Ziegfield-Folly als für eine Rocker-Oper.

Ehe ich mit der Probe beginne, stelle ich I. S. dem versammelten Ensemble, Chor, Orchester und den Umstehenden vor; doch der einzige, der aus Respekt vor dem Komponisten aufsteht, ist unser Freund Robert Tobin, weswegen einige der Anwesenden ohne Zweifel Herrn Tobin (der sehr vornehm ausschaut) für den Komponisten halten.

Nach der Probe gehen wir in ein Schnellrestaurant, aber das Essen – Kunststoffkrabben, Hamburger wie abgehackte Gummireifen, ein »Mürbekuchen«, der aus alten Pfannkuchen hergestellt wurde – dient als Fassade für Musikautomaten mit Fernsehschirmen, die »konservativen Striptease« zeigen. Da wir nach der Aufführung kein Restaurant offen finden, gehen wir hungrig zu Bett. Um 3 Uhr wird V. durch ein Geräusch geweckt; sie vermutet eine Ratte, es ist aber I. S., der halbverhungert an einer kleinen Waffel knabbert.

Die musikalische Interpretation der Oper ist exzellent und wäre noch besser gewesen, hätte es noch einige fünfzig Proben mehr und noch ein paar Verbesserungen einzelner Faktoren gegeben. Um einen davon zu erwähnen: Das Englisch des Rake ist unverständlich, was zum Teil auf eine Kongestion der Luftröhren zurückzuführen ist, wenn man nach den Kämpfen mit Schleim und den Ausströmungen von Wick-Vapo-Rub urteilen darf, die ungefähr bis zur dreißigsten Reihe vordringen. Vielleicht aus demselben Grund ist seine Intonation nur stellenweise *nicht* einen Viertelton zu tief, doch die unsteten Töne, die stimmen (sie werden erhalten auf Kosten eines qualvollen Fortissimo), sind noch schlimmer. Das Cembalo zeichnet sich durch eine nicht weniger schmerzvolle Diskrepanz der Tonhöhe, jedoch in der anderen Richtung, aus, und das Instrument ist auf etwa den Lautstärkenpegel der Orgel im Mormonen-Tabernakel beim dreifachen f verstärkt worden. Gleich in der ersten Szene setzt einer der Sänger einige Zählzeiten zu früh ein, und die anderen folgen ihm wie Schafe, statt sich nach dem Orchester zu richten. Folglich entwirrt sich der dramatische Knoten etwas früher auf der Bühne als im Orchestergraben. Trotzdem sagt mir I. S. in der Pause, er fühle sich »wie in einem Fauteuil«, wenn ich die Oper dirigiere. Dagegen habe *ich* heute abend oft das Gefühl, ich säße auf der Kante eines sehr wackeligen Stuhls.

I. S. gefällt die männliche Baba in vokaler Hinsicht (nach Cloten in *Cymbeline* die »Stimme eines Verschnittenen«), und der Klang *ist* gut, ausgenommen ein beunruhigend schrilles Bellen auf dem hohen A. »Immerhin«, sagt I. S., »spielt sich die Handlung der Oper im Zeitalter Farinellis ab, als Geschlechtsaustausch auf der Bühne zur Konvention gehörte.« Gewiß, aber im Zeitalter dieser Inszenierung bildet universales Transvestitentum eine überzeugendere Rechtfertigung für den Wechsel. Ob nun durch solche Überlegungen, die seine, oder ihre Weiblichkeit – oder Zweiseitigkeit – betreffen, entmutigt oder nicht, die Baba von heute abend ist vergeßlich. »Sag etwas«, wehklagt sie, und der Rake, zuverlässig zu tief singend, fragt sich »Warum«, erhält jedoch nur eine eisig lange Pause, worauf sich Baba dann den Rücken stärkt, um noch einmal jenes »Sag etwas« zu versuchen, wie wenn sie plötzlich feststellen müßte, daß sie gerade diese Zeile sehr gern habe. In diesem Augenblick, und weil ihre nächsten Zeilen *a cappella* sind, räuspere ich mich und bereite mich vor, selber dieser lyrischen Woge die Schleuse zu öffnen.

Die Frühstücksszene ist aber zu lächerlich übertrieben mit einer männlichen Baba, und die Oper – dies ein Einwand von grundlegender Bedeutung – braucht doch eine zweite Frau, und wenn's eine bärtige ist. Dann scheint auch Hermaphroditentum weniger glücklich dargestellt durch die Teilung zu beiden Seiten der Mittelachse, wie hier, als durch eine überreiche Ausstattung des Weiblichen, wie bei der Nachbildung des hellenistischen liegenden Akts in der Villa Borghese. In der Bostoner Inszenierung vom vorigen Jahr wurde die wiederauferstandene Baba – nach dem Winterschlaf unter der Perücke – mittels einer internen Fernsehschaltung auf den Vorhang projiziert. Dies suggerierte psychische Offenbarungen und ektoplasmische Transsubstantiation und war ein stärkerer Einfall als dieser hier, wo die schwatzhafte Androgyne auf einem Fernsehschirm normaler Größe wiedererscheint, genauso, als verlese sie die Abendnachrichten. Nebenbei findet sich in der Dia-Folge, die während der Frühstücksszene als laufender Kommentar projiziert wird, jetzt ein Bild der Baba, wie sie bei Leonardos *Abendmahl* ein Sit-in veranstaltet.

Die psychedelische Beleuchtung ist indessen seit Boston bedeutend verbessert worden, wie auch, aufs Ganze gesehen, die Regie, trotz kleinerer logistischer Versager beim rechtzeitigen Jagen der Statisterie auf die Bühne und ebensolchem Abzug, was zweifelsohne auf die Unerfahrenheit des örtlichen Bühnenpersonals zurückzuführen ist. Ziemlich überraschend wird zum Beispiel das halbe Bühnenbild *während* der Kabaletta weggefahren, da es sich vermutlich herumgesprochen hatte, die Pause habe schon begonnen. Das wäre tatsächlich der Fall gewesen, hätte die Ann ein paar Zentimeter weiter zur Rampe hin gestanden und somit in die Kulisse gefahren werden können. Aber derartige Pannen sind nicht nur auf Menschen beschränkt. In bester Environmental-Theater-Tradition (»die ganze Welt ist eine Bühne«) tauchen Gegenstände fortwährend auf, stürzen ein und platzen: alles offensichtlich aus eigenem Antrieb. Sogar der Rolls-Royce-Leichenwagen tritt zu schnell auf und prallt von seinen Bühnenklötzen zurück wie der Schnellzug El Capitán, der mit jähem Ruck hält, als er eine Station beinahe durchfahren hat. Zumindest fängt der Rolls nicht Feuer wie in

Boston, wo ein religiöser Fanatiker offensichtlich Shadow ausräuchern wollte und dabei vergaß, daß die Nebelgrube sein natürliches Element ist. Die Bühnenarbeiter waren daher gezwungen, in einer allzu wahren Rettungsoperation die Fenster mit Brecheisen aufzureißen.

Wie jede Aufführung Anlaß zu weiterem Nachdenken über die Oper selbst bietet, hinterläßt diese bei mir die Überzeugung, daß die mangelnde Profilierung der Rollen eine beträchtlichere Schwäche ist als irgendein Fehler der dramatischen Konstruktion. Auf alle Fälle ist der Rost oder sogar das Fehlen einiger dramatischer Angelpunkte nicht unbedingt katastrophal in einer Gattung, die so sehr von der Hinnahme des Unglaubwürdigen abhängt wie die Oper, von den Unwirklichkeiten und Märchenprämissen dieser besonderen Oper ganz zu schweigen. Die drei Wünsche des Rake sind mit den Jahren sicherlich nicht weniger albern geworden. Auch wurde die Kinderreimhandlung – »und nach Jahr und Tag erst« – nicht verträglicher mit Hogarth und Jedermann, wie gut sie auch zum Faustischen der Mischung passen mag. Was noch mehr auffällt als früher, ist die geschäftsuntüchtige Zustimmung des Rake zum Schaltjahrvertrag. Tatsächlich scheint es jetzt unbegreiflich – und man interpretiert die Oper dabei gewiß nicht zu naturalistisch –, daß der Rake Shadow Glauben schenken kann, ohne auch nur zu ahnen, mit wem er es zu tun hat, und ohne weitere Fragen nach dem längst vergessenen Onkel, jenem mysteriösen Wohltäter zu stellen, der dem Rake erst in der Friedhofszene wieder in den Sinn kommt. Das ist in einem Märchen nicht unbegreiflich, gewiß aber in einem dramatischen Spiel, das beim Publikum einiges Interesse am Schicksal der handelnden Personen erwecken will. Auf Shadows »wird die Abrechnung gemacht« folgt allzu schnell Truloves »je eher Ihr dort kommt überein«, und wenn die verfahrene Sache des Rake schließlich »abgerechnet« ist, hat man Shadows Geschenk, eine Ausnahmeklausel – »nur, was Euch selbst gerecht und billig dünkt« –, längst vergessen.

Nun, das sind bloß technische Fehler, keine Verletzung der Gattung, und die Oper kann sie aushalten.
Dank der Musik hält sie auch die Eindimensionalität der Personen aus, wiewohl die Spannung hier größer ist. Während tatsächlich keine Person in der Oper glaubhaft ist, sind dies Shadow, Baba und Sellem, die es am wenigsten nötig haben und es am wenigsten zu sein vorgeben, doch in höherem Grade als der Held und die Heldin des Stücks. Bis zu seinen letzten Abgängen von der Bühne hat dieses exotische Trio in der Tat unsere Sympathie in beträchtlichem Maß gewonnen und unser Verlangen erweckt, mehr von diesen drei zu wissen. Sie sind intelligent und fesselnd, und Sellem, der in den Händen eines anderen Komponisten ermüdend hätte sein können, ist im Gegenteil so interessant, daß wir sein Nichterscheinen im Epilog bedauern – insofern es sich überhaupt lohnt, irgend etwas an diesem Epilog zu bedauern, außer seiner Existenz. (In dieser Inszenierung kehrt Sellem als Türschließer in Bedlam wieder.) Und doch sind alle drei eindimensional, denn die vertraulichen Mitteilungen Shadows an das Publikum statten ihn kaum mit einer zusätzlichen Tiefenschicht aus, obwohl sie immerhin ein stilistisches Bindeglied zum Epilog bilden und daher einen Schlüssel zu dessen Inszenierung bieten, wenn man ihn schon inszenieren muß. Trotz seiner pfaffenschwarzen Kleidung und jener anderen wohlbekannten klerikalen Verkleidung, eines schlimmen Falls von Kanzelkrankheit, gibt der »Tränenkönig« eine flottere Figur als der Rake ab, und seine Rolle ist die bei weitem bühnenwirksamste in der Oper.
Die Teilnahme des Publikums erreicht trotzdem ihre höchste Intensität beim Tode des Rake, denn an dieser kritischen Stelle ist das Drama echt, sind Dichtung wie Musik in sich vollkommen und vollkommen verschmolzen. Aber bis zur Friedhofsszene ist unser Mitgefühl für den Rake minimal: unser Interesse beschränkt sich auf seine Musik. Seine erste Arie entlarvt ihn schließlich als einen ungebildeten, gemeinen Menschen (»Was soll ich schuften um kärglichen Sold? Fortuna gibt's umsonst

mir, ist sie nur mir hold!«), wie auch, vom dramatischen Standpunkt, als einen Störenfried, denn die Arie macht wahres »Liebesinteresse« zunichte. Sehr klug ist er auch nicht; tatsächlich scheint in der Episode mit der Brotmaschine, der Parabel der Brotvermehrung, seine Intelligenz so gefährlich gering, daß, als Shadow das Publikum anspricht – »Mein Meister ist verrückt, das sehen wir« –, dieses Publikum, gewohnt, Opernnarren wegen ihrer Musik mit Freuden zu erdulden, überzeugt ist, dieser hier werde aus natürlichen Ursachen im Irrenhaus enden.
Ann ist nicht weniger ausdruckslos. Sie trägt aber auch merkwürdige Scheuklappen, denn sie und der Rake steuern durch den Mittelteil der Oper aneinander vorbei wie Schiffe in der Nacht. Sicher ist der Rake glücklicher mit Shadow, wie es ja Don Giovanni mit Leporello ist. Jedenfalls scheint mir das Gefühllose in seiner Beschreibung seiner früheren Verlobten (»nur ein Milchmädchen«) undenkbar bei irgendeiner anderen Interpretation seines sexuellen Temperaments. Zum Teil aus diesem Grund tut sie einem nicht wirklich leid, und aus diesem, aber auch aus anderen Gründen – beispielsweise, daß sie nichts anderes über den Verrat des Rake sagen kann, als »also war ich es, die unwert war« – wünschen wir ihr eine gute Reise zurück in die Molkerei.

Ob die Wörter den Bedeutungen überlegen sind oder sein können – oder nicht: unglückliche Verbalkombinationen sind keineswegs selten*. Die Schwierigkeit scheint zum Teil mit dem Versuch zusammenzuhängen, den Tonfall eines anderen Zeit-

* Auf der anderen Seite bringen einen die meisten der einstmals unbeholfen erscheinenden musikalischen Akzentuierungen nicht mehr aus der Ruhe. Ich sollte hinzufügen, daß zur Zeit der Komposition des *Rake* Strawinsky sich in die Musik des Elisabethanischen Zeitalters versenkt hatte, die ihm eine Fülle von Präzedenzfällen für die Akzentuierung von unbetonten Silben bot: Morleys »and sweet wild ros*es*«, zum Beispiel, und Wilbyes »with smiling glan*ces*«. Seine Neigung, bei »Franglais«-Worten der französischen Aussprache den Vorzug zu geben, wie bei der Zuteilung einer einzelnen Note für »uncle«, war ein größeres Problem, als er anfing zu komponieren. Ganz im Gegensatz zu Händels deutscher Gewohnheit, *alles* auszusprechen: Händel schafft sogar ein zweisilbiges Wort aus »whole«.

alters einzufangen. Das ergibt einen Pastiche, der zuweilen gespreizt (»Nick ... you have some scheme afoot«) und ein anderes Mal zu breit klingt, etwa bei der Einbringung von Zitaten aus Heinrich IV., 2. Teil (»I am exceedingly weary«) und Drydens Version des 6. Buchs der Äneis (»Restore the age of gold«). Vom Tonfall eines anderen Zeitalters ganz abgesehen, sind einige Zeilen fürs Ohr zweideutig, etwa: »Let all who will, make their joy here (hear?) of your glad tidings.« Ein anderes Beispiel ist »Bowers of paper only seals repair«. Das beschwört eine Vision von Seehunden hervor, bis man anfängt zu überlegen, was diese Gartenlaube oder Wohnung aus Papier sein könnte (ein Bürogebäude der Wall Street, gefüllt mit Klosettpapier für eine »Konfetti-Parade«?). Zweideutig auch, in bezug auf die Mehrzahl des Pronomens, ist Truloves »While they're in mind I'll tell you of his needs«: das klingt, als wäre es zuerst in deutscher Sprache geschrieben worden. Und Shadows »Lawyers crouched like gardeners to pay« ist bemerkenswert geheimnisvoll, bedenkt man die dramatischen Geschäfte, die anstehen. In dieser Szene übrigens reagiert Shadow auf das Wort »God« in Truloves »May God bless you«, indem er das Gespräch unterbricht; aber zu Beginn der nächsten Szene nennt er sich den »godfather« des Rake, was in diesem Augenblick von ihm kaum ironisch gemeint sein kann. Aber auch zwei Szenen später ist Shadows Image (»the giddy multitude driven by the unpredictable Must of their pleasures«) keineswegs ganz wasserdicht. Ich zweifle nicht, daß dieses Schwindelgefühl vielleicht irgendwann von der ganzen grauen Mehrheit verspürt worden ist (so recht glaube ich zwar auch nicht daran), mit absoluter Sicherheit und selbstverständlich aber sind die Freuden dieser Mehrheit vorhersagbar.

Ob die Doppelbedeutungen beabsichtigt sind, kann ich nicht ermessen. Gewiß scheinen es die opheliahaften Verdrängungen zu sein, die Ann in ihrem Traum von Eheglück verrät: »The joyous fount I see that brings increase« und »the touch of his« (seines was?), wie auch Shadows Frage an den Rake: »Sah dein

Getrieb wohl ungefähr so aus?« Lange, ehe der Rake bestätigen kann, daß das natürlich der Fall ist, weiß das Publikum die Antwort, zumindest in dieser Aufführung und in diesem vorhautlosen Zeitalter (nicht wissend, daß die Vorhaut pharaonische Trophäe war, wie der Skalp bei den Sioux). Denn das Getrieb ist ein modernes phallisches Phantasiegebilde, nicht nur im Aussehen, sondern auch in der Funktion; es leuchtet bei jeder Entladung eines Brotlaibs wie ein Spielautomat auf, der einen Volltreffer registriert, und setzt somit außerdem Sex mit Geld gleich. Selbstverständlich erhält es den lautesten und spontansten Beifall unter den Mitspielenden.

Aber die Wörter, Wörter, Wörter selbst stellen einen Defekt dar, mit dem verglichen die vorhererwähnten Fälle nur kleine Schwächen sind. Dem Publikum wird regelmäßig mehr erzählt (aber auch weniger), als es zu wissen braucht. (Dem Partiturleser auch. »Die Menge murmelt«, lautet eine Randbemerkung vor der Zeile »We've never been through such a hectic day«; aber versuchen Sie einmal, »hectic« zu murmeln.) So enthält das Selbstgespräch des Rake zu Beginn des 2. Akts eine Fülle guter Zeilen, jedoch solche, die sich für eine Gedichtlesung im Christlichen Verein junger Männer eignen würden: die wenigsten zählen in dramatischer Hinsicht, und die Gestalt der Szene wird ganz und gar durch die Musik bestimmt. Auch die nächste Szene, Shadows dreiteilige Arie, hängt ausschließlich von der Musik ab, da der Textinhalt fast reine Rhetorik ist und dramatische Handlung nicht existiert. Andrerseits, wenn die Worte dramatisch und handlungsfördernd *sind*, wie im Falle der Szene im Irrenhaus, ist die Wirkung mächtig genug, um das Mißlungene aufzuheben.

Was die Inszenierung betrifft, sind nicht alle Rocker-Entsprechungen erfolgreich, aber viele passen überraschend gut, und sogar diejenigen, die nicht passen, rechtfertigen sich gewissermaßen durch ihre lebhafte Phantasie. Soviel muß gesagt werden, denn das Spiel des Rezensenten lautet, das Unorthodoxe anzugreifen und sich als einen Verteidiger des heiligen Originals hinzustellen, das er vordem verabscheut hatte. Das muß außerdem gesagt werden, weil einfach *irgendeine* Bezeugung von Phantasie in der Gattung Oper selten und der Unterstützung bedürftig ist; das amerikanische Mäzenatentum neigt dazu, der Werkstatt und der Studiengruppe statt der Sache selber zu helfen. Frau Caldwells Phantasie zeigt sich auf der ganzen Linie: von ihrer Programmgestaltung – beispielsweise folgten *I Puritani* auf ihre Bostoner *Lulu,* und in diesem Jahr grüßt sie die Olympischen Spiele in Mexiko mit *Montezuma* – bis zu ihren letzten verzweifelten Improvisationen am Premierenabend. Sie besitzt auch Autorität und großes musikalisches Können, wie sie vor wenigen Tagen bewies, als sie ohne Vorbereitung einsprang, um *Tosca* zu dirigieren, nachdem der vorgesehene Maestro sich so schwer alkoholisiert zeigte (Frau Caldwells Truppe ist theatralischer im Privatleben als auf der Bühne), daß man ihn aus dem Theater weisen mußte. Das Haus ist jedoch so schlecht akustisch isoliert, daß sein Geschrei von seinem neuen Standpunkt draußen während stillerer Augenblicke im ersten Akt deutlich zu hören war.

Der erste Akt geht bemerkenswert gut à la »mod«, also rockerhaft, wenigstens geschieht etwas während dieser steifen ersten Szene, und wenn das Hell's-Angels-Moped und der Rolls aus der Harold-Lloyd-Ära Gags sind, dann sind Gags brauchbar, um etwas Leben in eine Formelhaftigkeit hineinzulocken (»O clement love«), die an Parodie grenzt. Vati Trulove, ein Eisenbahner mit Henkelmann und Arbeiterviertelakzent, ist auch eine Verbesserung, da er eine etwas weniger absurd seltsame Schwiegervaterfigur darstellt als »Dear Father Trulove«. Diese Änderung der sozialen Stellung macht jedoch Schwierigkeiten am Schluß der Oper, weil Trulove dann in Sonntagskleidern erscheint, nachdem er zum letztenmal in der ersten Szene des ersten Akts vor zweieinhalb Stunden gesehen worden ist, dort aber im Overall. Man hört die Programmhefte im ganzen Theater rascheln, als er selber zu seiner Identität zunächst keinen

Anhaltspunkt liefert, denn die Fehlverlobung seiner Tochter hat ihn wortkarg gemacht, und zum Epilog trägt er nur vier Worte bei.

Der Anfang der zweiten Szene ist noch überzeugender »mod«, zum Teil, weil die Diskothektänze (Boogaloo, Swim, funky Broadway) zur sentimentalen Marschmusik passen und sie gleichzeitig verulken. Aber eine Episode geht fehl. Als Shadow den Conférencier spielt und, nachdem er dem Rake ein Mikrophon mit Halleffekt für seinen Ad-libitum-Song eingerichtet hat, dieser mit »Love, too quickly betrayed« anhebt (durchweg mehr als eine Spur zu tief gesungen), wirkt der »Mod«-Apparat plötzlich billig und irrelevant. Aber schließlich schaut die Bühne stets hoffnungslos aus, wenn die Musik irgendwelche Gefühlstiefe bemüht. Ich könnte hinzufügen, daß Shadow in dieser Umgebung nicht unheilvoll genug scheint; gerade am Ende dieser Szene sollte er sich erstmals ein bißchen ins Fäustchen lachen und seine Fangzähne entblößen.

Das dritte Bild ist schwerfällig. Wir brauchen weder den Großen Bären noch einen Ozean von blasser Beleuchtung, um zu wissen, daß es Nacht ist. Gute Diktion wäre Leitstern genug und könnte dem Szenenwechsel vorbeugen, denn der Umbau dauert sechs Minuten und die darauffolgende Szene bloß neun. Hier lautet die einzige Vorschrift, der man alle anderen Überlegungen opfern muß, den Übergang von Streichern zum Bläsertrio nicht zu unterbrechen. Die zwei saftigen Arien der Ann lassen sich vor dem Vorhang singen, und wenn man sich's überlegt, ist das auf jeden Fall der beste Platz dafür.

In der ersten Szene des zweiten Akts, wo sich's der Rake in seiner Londoner Bude schwer tut, wird sehr geschäftig mit Lichtern und anderen Zerstreuungen umgegangen, wobei einiges davon unbeabsichtigt ist. Das beeinträchtigt auch die Stimmung der Musik, ohne eine wortreiche und undramatische Szene aufbessern zu können. Der Straßenszene fehlt es auch nicht an visuellen Attraktionen, obwohl das Bühnenbild wirkungsvoller in Boston war, wo gefilmter Regen es noch komplexer machte.

Die Menge könnte gesichtsloser sein als hier; hier sah sie wie eine Truppe von Fellinis $8^1/_2$ aus, obwohl Protestdemonstrationen wohl kaum in die Nachbarschaft des Rake eindringen würden. Schließlich scheint mir immer noch Ingmar Bergmans Teilung in zwei Akte, die den ersten Teil mit dieser Szene schließen läßt, die beste Art, die Oper zu gestalten.

Die Versteigerung ist Frau Caldwells größter Erfolg. Sellem, mit seinem Hawaii-Hemd, seinen Hippy-Perlenketten und einer Gardenie hinterm Ohr, ist eine Kombination aus Pop-Guru, Schwindler und Autohändler in der Fernsehreklame. Er sitzt mit übereinandergeschlagenen Beinen wie Simeon auf einer Säule, die von der Bühnenfläche hochgezogen wird, und als er die Gegenstände unter dem Hammer abhaspelt, werden in der Art eines sich schnell abspielenden Lichtbilder-Vortrags Fotos von ihnen auf den Vorhang projiziert. Die Bietenden dringen im Stil der La-Mama-Theatergruppe in den Zuschauerraum ein und nähern sich mit jedem zugeschlagenen Posten dem Orchester, bis sie schließlich im Graben selbst stehen: um ihre Angebote zu begleichen und um die wiedererweckte Baba auf dem Bildschirm besser sehen zu können.

Der Friedhof, auf dem Grundstück einer aufgegebenen, von Unkraut bedrängten Kirche, ist ein Autofriedhof, und die Beleuchtung liefern ausschließlich die Scheinwerfer von Shadows Rolls-Royce-Leichenwagen. Die Idee ist brillant, doch die Ausführung wird von Shadows primitivem Herabsteigen durch eine Falltür und seiner Stellung mit dem Rücken zum Publikum verdorben, was selbst einen flüchtigen Blick auf die satanische Verwandlung verhindert. Bei einer Inszenierung, die so sehr mit Tricks herausgeputzt ist wie diese, hätte man gewiß einen Hauch von Schwefel oder ein bißchen Erdbeben an dieser Stelle anbringen können, wo es wirklich nötig ist. Der Wechsel von Friedhöfen für Menschen zu Friedhöfen für Autos macht zudem Shadows Seil nutzlos, es sei denn, er wollte einen indischen Seiltrick vollführen: das Bühnenbild enthält weder Baum noch Rahnock noch das Fallbrett des Henkers.

Die Irrenhausszene ist schwach und dünn, muß ich leider berichten, und hieran scheitert der Rockerstil das einzige Mal in der Oper. Nichts hinter dem Vorhang ist so gut wie die Montage von Projektionen davor, von grünen embryonischen Gesichtern wie denjenigen in Tschelikews *Versteckspiel* und von Hogarths* Irren.

Aber auch das Bühnenbild überzeugt nicht. Es wird von dem Motorrad Marke Harley-Davidson beherrscht, das nunmehr dick bandagiert ist, daher als Kunstobjekt surrealistisch, als dramatisches Objekt spröde, unbeholfen wie eine öffentliche Versorgungseinrichtung, zumal der mit Gaze umgebene Soziussitz ein plumper Thron für »Venus« ist.

Die ganze Szene hindurch schützen sich die Wahnsinnigen vor dem Publikum und vor einander – sogar Gruppentherapie ist zusammengebrochen –, indem sie sich hinter den Klinikbetten verstecken. Diese Bettgitter sind handliche, wenn auch zu durchsichtige Symbole für Krankheit und Vereinzelung: Grabsteine und Gefängnisschranken, aber sie sind wirkungslos aus dem einfachen Grund, daß die Patienten sich nie zeigen. Auch fehlt der visuelle Maßstab, so daß das Bild eher eine Entbindungsklinik voll Korbwiegen suggeriert. Und überhaupt ist Vereinzelung in solchem Maße eine verfehlte Idee. Die Irren bilden einen Chor, und Frau Caldwells odysseische Ur-Idee, daß alle zusammen ein Leichentuch oder einen anderen Stoff weben sollten, hätte zumindest die chorische Aufführung verfeinert. Trotzdem würde es der Szene an Bewegung mangeln. Die Chöre sind ja Tanzstücke: denn »Narrenwort ist falsch und leer«. Ob nun Balanchine-Ballett – das Menuett ist ein schneller, schnörkeliger Tanz, wie ihn Strawinsky sich vorgestellt hat – oder, nach Peter Brook, Gehüpfe und verzücktes Sich-auf-dem-Boden-Wälzen, wie Hühner, die sich am Spieß drehen: irgendeine Art von Bewegung ist unentbehrlich. Das gilt auch für den

* Keineswegs die geringste Empfehlung für die visuelle Darstellung der Oper ist die Tatsache, daß die Bühnenbilder in Schwarzweiß Kupferstiche aus dem 18. Jahrhundert nachahmen, bis hin zur Schraffierung.

Trauerchor. (Wie schön sind doch die Vorhalte in den Fagotten und dem Englisch Horn am Schluß des Stückes!) »Weint und tretet um sein Grab«, singen die Irren, doch keiner in diesem mysteriösen Asyl zeigt sich auch nur. Der Epilog ist ein Desaster. Aber ein Foto von I. S. beim Kartenspiel, das zum Schluß auf den Vorhang geworfen wird – I. S. als der Künstler, der mit seinem Werk pokert, und I. S. als Unbezähmbarer –, sticht und ist ein wahrer *coup de théâtre.*

31. März

Hollywood. Heute vor zwanzig Jahren habe ich die »Straws« zum erstenmal getroffen, an demselben Tag, an dem Auden das Libretto des *Rake* ablieferte. Als Zeichen für dieses Ereignis schenkt mir I. S. die Skizzen zu *The Owl and the Pussicat* (sic). Doch das größte Geschenk ist, daß wir zusammen feiern, was ich vor kurzer Zeit, als I. S. im Krankenhaus schon zu den Toten gerechnet wurde, kaum zu hoffen gewagt hätte.
Beim Abendessen fragt Christopher Isherwood, noch jungenhaft trotz seiner Augenbrauen, die jetzt wie Büschel aussehen, wie man solch ein Jubiläum nennen soll, und wir beschließen, es eine Vermählung von Craft and Art = Handwerk und Kunst zu nennen. Da die I. S.'s mehr als eine Ecke in Isherwoods Autobiographie einnehmen, fragt Isherwood sie nach *ihren* Eindrücken von *mir* bei unserer ersten Begegnung. Aber die I. S.'s können sich nur daran erinnern, daß ich »sehr nervös war, kaum ein Wort sagte, und offensichtlich vorher nie Alkohol angerührt hatte!« Nun, ich bin zuweilen immer noch nervös, aber ab und zu rede ich ein bißchen, und ich wehre mich nicht grundsätzlich gegen ein oder zwei Glas gewisser schmerzstillender Mittel. Zum Schluß will Isherwood wissen, »ob es Liebe auf den ersten Blick war«, und ich bin glücklich, sagen zu können, daß wir alle drei zugleich antworten: JA.

Tagebuch-Addenda (1968)

29. September. Zürich. Unser Hotel, das Dolder Grand, gehört dem Zeitalter Engelbert Humperdincks an (des *ursprünglichen* Engelbert Humperdinck), wenn man nach den Zuckerbäckertürmen urteilen darf; das Wetter aber gehört zum Naßzeitalter. Nebel und Sprühregen wechseln mit Nieseln und stechenden Dauergüssen ab, und Dämpfe brauen um die gekappten Kastanienbäume und auf den golfplatzgrünen Rasenflächen unterhalb des Hotels: ein Bild wie Rauch von erloschenen Feuern. Heute mittag, wie in Erwiderung auf das Sperrfeuer der Kirchenglocken, die den ganzen Vormittag läuten, fegt ein plötzlich aufkommender Wind über die schneebedeckten Bergspitzen und läßt Segelboote über den See schlittern. Er schickt auch mich ins Freie und in die Wälder – wieder einmal Humperdinck –, und das tanzende Laub dort versetzt mich dreißig Jahre zurück.

Das Hotel scheint prophylaktisch gegen jegliche Form von Heiterkeit isoliert zu sein, und, sei es als eine Art Versicherung gegen lecke Wasserleitungen, sei es wegen Sünden, die die Zimmer vielleicht mitangesehen hatten, werden sie tagtäglich mit wütendem Teppichscheuern und Staubsaugen bestraft. Aber auch das Zurechtmachen, das zu verschiedenen unvorhersehbaren, unpassenden Zeiten im Laufe des Tages stattfindet – die nochmals geglätteten Bettdecken, die wieder aufgelockerten Kopfkissen, die frisch geplätteten Papiertaschentücher –, hat in Wirklichkeit keinen anderen Zweck, als daß wir uns untätig und unmoralisch fühlen sollen. Das Dolder-Hotel wäre aber ein vollkommener Zufluchtsort, um darin einen Roman zu strikken, wie V. sagt, und es ist wirklich ein geeigneter Ort, um dicker zu werden, und das hat I. S. nötig. In der Tat ist das Restaurant eine Zuflucht großen Stils von schnell bereiteten, vorgekochten und halbkünstlichen Flugzeugmahlzeiten. Känguruhschwanzsuppe, geröstete Drossel, geräucherte Schwalbennester (die zu goutieren man erst lernen muß) sowie Gamssattel *poivrade* (serviert mit *pommes* Goethe, *pointes d'asperges* Eisenhower und anderen kulturellen Beigaben) werden regelmäßig angeboten, zusammen mit dem ewigen *Birchermüsli*. Aber auch einfach als Raum betrachtet, schneidet das Restaurant im Vergleich zum übrigen Hotel gut ab, da die Halle eine Galerie für Bilder à la *September Morn* und die Bar ein Mausoleum mit Pianist ist.

Zu unseren Mitgästen zählen ein libyscher Fürst, der aussieht wie Sam Jaffe in der Rolle des Gunga Din, und eine Schwester des verstorbenen Königs Faruk, und wie sie aussieht, weiß keiner, denn sie hat weder ihr Zimmer seit acht Jahren verlassen, noch von sich mehr als einen gespenstischen Arm gezeigt, ausgestreckt durch die kaum geöffnete Tür, um einen Brief in Empfang zu nehmen oder ein Trinkgeld zu verabreichen. Nach dem Bericht unseres österreichischen *Stubenmädchens** schließt sich die Prinzessin im Bad ein, während das Essen gebracht oder das Zimmer geputzt wird. Das Stubenmädchen berichtet auch von großen Büchermengen und Stangen voll nie getragener Pariser Kleider, und sie führt romantisch die *Purda*, d. h. Super-Garbosche Abgeschiedenheit, der Prinzessin auf unglückliche Liebe zurück.

Auch Schah Pahlevi ist Stammgast dieses Hotels, zum Teil, wie man sagt, wegen immenser persönlicher Vermögen, die in den Banken der Stadt deponiert sind und zu denen er wahrscheinlich mittels einer ständig zu Hause auf dem Palastflugplatz startbereiten Boeing 727 Zugang erlangt. (Die Beschreibung, die unser Zimmerdiener vom Gefolge des Schahs gibt, erinnert

* Deutsch im Original.

mich an einen saudiarabischen Fürsten und Mitgast in unserem Genfer Hotel anno 1951, zu dessen Karawane ein tragbarer Harem samt Eunuchen gehörte, die auf dem Flur kampierten, vor den Türen der königlichen Konkubinen – dort, wo monogame Gäste ihre Schuhe hinstellen. Ich erinnere mich, wie ich eines Tages vier königliche Fatimas auf dem Rücksitz eines sechstürigen Cadillacs sah, der vor dem Hôtel des Bergues geparkt war. Sie trugen lange schwarze Kleider, schwarze dreieckige Schleier und goldene Armbänder, und eine davon goß Wasser aus einem goldenen Krug – das ist, wie ich annehme, das königlich arabische Äquivalent einer Thermosflasche.)

7. Oktober. Wir hören zufällig, wie in der Bar ein Amerikaner einem Gefährten von einem der Zürcher Zwergentempel erzählt. »Du trittst durch eine Sondertür ein«, sagt er, »wo ein Wachposten dir den Reisepaß abnimmt und dich nötigt, deine Kontonummer auf ein Stück Papier zu schreiben. Wenn deine Handschrift verifiziert und dein Gesicht mit Hilfe eines Fotos identifiziert worden ist, begleitet dich ein anderer Wachposten zu einem Konferenzraum – kerkert dich dort tatsächlich ein, insofern, als er weiterhin außerhalb der Türe Wache steht: Die Bank möchte die Geheimsphäre ihrer berühmten Kunden schützen wie ihnen auch unangenehme Begegnungen ersparen, so z. B. könnte der Schah vielleicht mit General Franco zusammenstoßen oder Truman Capote mit Gore Vidal. Das Zimmer, so stellst du dir vor, muß wohl abends an Abtreiber oder Psychoanalytiker vermietet werden, wenn es nicht von den Wucherabordnungen der Schweizer Geldpolizei besetzt ist. Dann, wenn du entdeckst, daß es schalldicht ist – kein Kettengeklirr nebenan, nicht einmal ein Mord könnte gehört werden –, begreifst du, daß es nach Büroschluß irgendeinem noch finstereren Zweck dienen muß, beispielsweise als eine Beichtzelle für hochrangige Verbrecher.

Das Mobiliar ist spärlich: eine Ledercouch, ein Stuhl mit Lederrücken, ein Tisch, worauf Fotohefte von Schweizer Landschaften und Skiorten ausliegen, hektographierte Blätter mit Börsenberichten und ein Telefon, dessen Leitung ohne Zweifel unterbrochen und ans Tonband gekoppelt ist, das bekundet, ›normaler Service wird nie wieder aufgenommen‹. Irgendwann bemerkst du einen eigenartigen Geruch – offensichtlich Geld, obwohl außer jenen Aktienkursen nichts in dieser Bank auch nur leise auf so etwas Krasses hindeutet. Eines der allerletzten Merkmale, die du wahrscheinlich bemerken würdest, sind die Riegel außerhalb des Fensters, *falls* du sie bemerkst, denn sie sind die diskretesten Riegel, die du dir vorstellen kannst. Sie allein erinnern dich an die Goldbarren irgendwo tief unter dir und all jene Nester, voll glitzernder goldener Eier, der Reichen und Superreichen.

»Wenn er ankommt, dein Bankier – Augen sterlingkalt, Kleider so knusprig wie frischgedruckte Scheine –, läßt er dich gleich fühlen, du seist nur geduldet, indem er von dir verlangt, deine Kontonummer zu rezitieren, als ob sie das Losungswort beim Eingang eines illegalen Lokals der Prohibitionszeit oder die Kombination eines Safe wäre. Er ist höflich, aber unerbittlich, hat eine männliche, aber doch irgendwie geschlechtslose Stimme, und die Sekretärin im Minirock, die sich ihm nach einer Prüfung der Papiere anschließt, ist so kalt, daß sie vermutlich adiabatisch kopulieren würde. Sie bringt eine Mappe, die die numerierten, jedoch namenlosen Aufzeichnungen deiner Geldanlagen enthält. Du darfst sie studieren, aber nicht wegnehmen. Tatsächlich werden keinerlei Dokumente ausgetauscht; statt dessen bekommst du durch die Post einen Buchungsauszug, zwar unsigniert, aber mit einer gedruckten Karte: ›mit den Komplimenten des Schweizerischen Bankvereins‹. Dann, sobald das Geschäftliche vollendet ist, wirst du durch eine Hintertür hinausverfrachtet, nachdem ein Wachposten Zeichen gegeben hat, daß die Luft rein ist und daß Harold Wilson in diesem Augenblick das Haus weder betritt noch verläßt.«

10. Oktober. Auf dem Weg nach Luzern äußert I. S. heute, er brauche ein »Watjer Klosjet«: Rußland hatte offensichtlich so wenige davon, daß es sich nicht lohnte, dafür einen eigenen Namen zu erfinden. Das hält ihn nicht davon ab, eine Esso-Tankstelle abzulehnen, nachdem er entdeckt, daß ein »früherer Benützer sehr schlecht gezielt hatte«. Ähnlich könnte man sich über den von Schwänen beschmutzten Weg am Seeufer in Luzern beschweren, nur daß dies einen vorsätzlichen Eindruck macht, wie eine Tat massenhafter exkrementaler Vergeltung für den verseuchten Bootshafen, wo offenbar sogar die jüngsten Schwäne ihre Flaumenfedern beschmutzt haben.
Die Verwalterin der Wagner-Villa in Triebschen will's nicht glauben, als sie die Unterschrift von I. S. im Gästebuch liest, faßt sich aber rechtzeitig wieder und führt uns durchs Haus. Die Musikinstrumentensammlung im Obergeschoß enthält viele schöne Gegenstände von Handwerkern der Renaissance und des Barock, neben Wagner-Instrumenten wie den Tenortuben, die nicht nur im *Ring*, sondern auch im *Sacre du printemps* verwendet werden.

11. Oktober. Zürich. Heute erhält I. S. die handschriftliche Partitur des *Sacre du printemps* von seinem Sohn in Genf. Aber als er die mit Bleistift eingetragenen Änderungen sieht, die von den ersten Proben stammen, wird er an die Premiere erinnert, und dieser Gedanke irritiert ihn so sehr, daß er auf der letzten Seite ein Postskriptum hinzufügt, worin er das Publikum der Uraufführung schilt für »das Gespött, mit dem es diese Musik im Pariser Théâtre des Champs-Elysées im Frühling des Jahres 1913 begrüßte«. Die Partitur ist in rotes Maroquinleder und Leinen gebunden, und viele Seiten sind mit Transparentstreifen verstärkt. Der *Russische Musikverlag*-Stempel ist auch auf einigen Seiten zu finden, da das Manuskript an Dirigenten ausgeliehen und für Aufführungen verwendet wurde. Unter den Änderungen, die vor der Premiere mit Bleistift eingetragen wurden, finden sich folgende Ergänzungen: die Posaunenstimmen zwei Takte vor Ziffer 22; die Stimme der großen Trommel einen Takt vor Ziffer 22, und, ebenda, die Fermate auf F (von den Tuben in dieser Partitur *nicht* ausgehalten); die Stimme der hohen Trompete zu Beginn des *Jeu de rapt;* die Horn- und Trompetenstimmen in den ersten zwei Takten nach Ziffer 62.

Der Titel »Khorowod-Spiel« ist hier gestrichen und durch *Jeu de rapt* ersetzt worden, doch an das Datum der Änderung kann sich I. S. nicht mehr erinnern. Auch *Rondes de printemps* heißt einfach »Khorowod«, während die Musik bei Ziffer 64 immer noch den gesonderten Titel *Idut-Widut* trägt, und *Tanz der Erde* immer noch *Wypljassywanje Semli* heißt, ohne ergänzende Übersetzung. Schließlich lautet der Manuskripttitel der *Action rituelle* »Weihe des Ortes«, während der Titel der *Evocation* unnötigerweise genauer ist als die gedruckte Version: »Die Beschwörung der *menschlichen* Vorfahren«.

Die einzige Revision von Wichtigkeit in dem Autograph findet sich bei Ziffer 28, wo das Thema in Viertelnoten zuerst für Hörner komponiert wurde und wo, als er sie für Trompeten umschrieb, Strawinsky die ganze Seite (18 Takte) strich und sie auf einer neuen uminstrumentierte, die eingelegt wurde, jedoch falsch herum gebunden. Zu erwähnen ist auch, daß die Achtel in dem Bild *Kuß der Erde* hier in der Stimme des Solocellos sind, nicht in der des Solokontrabasses; daß die einleitende Phrase des Fagotts zur *Action rituelle* mit *forte* bezeichnet ist; daß der Spieler der großen Trommel in der *Evocation* angewiesen wird, einen Holzschlegel zu benutzen und das Trommelfell mit der Hand zu berühren, um zu versuchen, einen Ton nahe B zu erreichen; daß die Partitur vier Paukenspieler vorschreibt, da die Paukenstimmen im Hauptteil des *Danse sacrale* verdoppelt sind.

Eine Notiz auf der Titelseite des zweiten Teils läßt den Verleger wissen, daß »die Seiten 69–87, die die *Danse sacrale* enthalten, in Kürze geliefert werden« und daß die Musik zwischen Ziffer 86 und Ziffer 88 in der Reihenfolge falsch sei. Die Partitur ist unterschrieben und datiert »8 III/23 II 1913« (sic) am Ende der *Danse sacrale* und am Ende des dritten Takts nach Ziffer 85 mit »Clarens, 16/29 III 1913« signiert.

19. Oktober. Wir fahren über den See auf dem Damm bei Rapperswil nach Einsiedeln, wo V. das Kloster und das Schloß* fotografiert. Die Täler sind noch grün, aber die Weingärten werden gelb, und der Efeu hat schon die rote Farbe von Maulbeeren. Auf der Südseite des Sees wird die Straße von Lastwagen und Heeresfahrzeugen verstopft.
Das Äußere des Benediktinerklosters zu Einsiedeln – »*Coenobiu Eremitaru*« auf alten Landkarten – erinnert mich an den Escorial, die Fassade der Kirche ausgenommen, die mit ihren sopranschlüsselförmigen Voluten typisch süddeutscher Barock ist. Das Innere enttäuscht, zum Teil, weil wir das schimmernde Weiß und Gold der Kirche in der Wies und anderer bayerischer Meisterwerke erwartet hatten, doch ein Chor von Mönchen, die vor der Madonna mit Kind knien, singt einen Vespergottesdienst mit der reinsten Intonation, die ich wohl je gehört habe. Wieder draußen, in den Arkaden, die einen halbkreisförmigen Zugang zur Kirche bilden, kaufen wir Fotos von einem Mann, der es fertigbringt, in dieses Geschäft so viel Güte hineinzulegen, daß er mir für den Rest des Tages, zusammen mit den anbetenden Chorsängern, nicht aus dem Sinn kommt.

23. Oktober. Paris. Unsere Zimmer im Ritz sind nicht bloß Erhaltungsversuche gegen die »Enterotisierung des Environments« (Marcuse), sondern veritable Liebesnester, so strategisch mit Spiegeln ausgestattet wie Bordelle, im Stil aber eher Gavarnis Foyer in der Opéra ähnlich. Die Betten – Decken aus Rosaseide, am Fußende als Dekoration Bilder von Göttinnen – sind zweischläfrig. (Das gilt auch, wenn man sich zusammendrückt, für die *chaises longues*.) Darüber hinaus wäre der Raum,

* Deutsch im Original.

der den Boudoirs zugeteilt ist, undenkbar in irgendeiner Stadt außer Paris, und undenkbar *dort* seit etwa 1900. Der Erotik förderlich sind auch die offenen Kamine, die Türen in kleinen Buchten, die Lampenschirme mit Karnevalsmasken (*cache-sexe*), die Schlüssel-und-Schlüsselloch-Lichtschalter, die Fußkissen an den Schmink- und Frisiertischen, die Kette an der Badewanne, um die *femme de chambre* zu rufen, der Druckknopf neben dem Bett für *service privé* und – nicht zuletzt – der Blick vom Fenster aus auf eines der größten phallischen Denkmäler Europas auf der Place Vendôme. Weniger erotisch, gewiß, sogar wenn man Schrullen zuläßt, sind der Schirmständer, der Kronleuchter, das fünfminutenweise Würgen der Wanduhr, die nachgedunkelten vergoldeten Friese, die gestreiften Polstermöbel und der *escritoire*. Aber das einzige ernstzunehmende *An*aphrodisiakum ist der Preis.

Der Pförtner berichtet, das Hotel habe nur neunzehn Gäste während jener verflossenen Revolution vom letzten Mai gehabt, doch das Personal von vierhundert Leuten sei immer zur Stelle gewesen. Zwar mußte man vom zweiten Tag an Zucker rationieren, sagt er; während er aber über dieses Ungemach weiterdoziert, denke ich nach über die fortdauernde Provokation, die die unaufhaltsam vor dem Eingang haltenden Mercedes, Rolls-Royce und Alfa Romeo für Cohn-Bendit und Co. bedeuten.

26. Oktober. Das Konzert heute abend im Théâtre de la Musique ist der Höhepunkt einer »*journée* Xenakis«. Das andere Hauptereignis wird als »Diskussions-Debatte« angekündigt, was offenbar nicht als Hin und Her von Verbalschlägen gemeint ist, sondern nur einige sehr gewichtige »Fragen« aufs Tapet bringt, die in Wirklichkeit Statements mit eingebauten Antworten sind, viel länger als die »Erwiderungen«. Auch Popkult-Held Lévi-Strauss besucht die Debatte, und junge Leute, eher dandy- als hippiehaft, überfluten beide Veranstaltungen. Sie treiben sich einige Male während des Konzerts in Hysterie hinein wie Beatles-Fans; vielleicht befanden sie sich auch schon vorher darin, da auch nur ein beiläufiger Zusammenhang zwischen dem Charakter ihrer Reaktionen und dem Inhalt des Programms kaum zu bemerken ist. Ich sitze nicht weit von Messiaen entfernt in einer Loge, die offensichtlich für Leute ohne Knie entworfen wurde.

Wenige zeitgenössische Komponisten können die Bloßstellung durch ein Ein-Mann-Konzert überleben, geschweige denn durch einen Ein-Mann-Tag, und Xenakis gehört nicht zu ihnen. Diese Schwierigkeit wird aber nirgends behandelt oder eingestanden in den purpurfarbenen Programmheften, deren xerographierte Garben von Presseausschnitten, Biographischem, Filmstreifenfotos vom Meister bei der Arbeit ebenso wie ein Büchlein voll pataphysischen Unsinns mit dem Titel »*La pensée de Xenakis*« jedoch später am Abend sehr wirkungsvoll über das Podium verschüttet werden: die protestierende Minderheit hat sie dorthin flattern lassen.

Einer der Publicity-Texte versichert dem Leser, Xenakis' »Zeit« wird »in irgendeiner kybernetischen Zukunft« sein. Wie das Programm heute abend aber aufgenommen wurde, zeigt allzu offenkundig, daß seine Zeit gerade jetzt ist und daß die Zukunft, kybernetisch oder auch sonst wie, genau das ist, worüber er sich bald den Kopf wird zerbrechen müssen, nämlich schon, wenn die nächste Aufführung feststeht. Außerdem ist die Musik, trotz aller Vorwarnung vor der abstrusen Gedankenwelt des Komponisten und der Unzulänglichkeit seiner mathematischen Methoden, oft verheerend vorhersagbar (im modischen Jargon ausgedrückt: »Der Verstand macht wahrscheinlichkeitsgerechte Einschätzungen«) und erstaunlich naiv: letzteres ist der Fall bei einigen Paukenwirbeln von der Sorte, wie sie – so hätte man meinen können – letztmalig bei der *Symphonie fantastique* Verwendung fand.

Das Mittelstück des Programms ist eine Lawine von elektronischem Lärm, genannt *Bohor.* Als ein Experiment in Schallfolter ist es sogar lauter als *Hair,* da es von Quadrophonie heimgesucht worden ist, die von acht Lautsprechern ausgebrüllt wird; sie sehen aus wie die Trockenhauben im Friseursalon und sind wie Todesstrahlenmaschinen auf das Publikum gerichtet. Es ist, als werde einem im Inneren ein Düsenmotor eingeschaltet. Noch ein Augenblick, und man explodiert. Natürlich stopft man sich die Ohren zu; das bewirkt aber nur, daß einem die Arme müde werden. Als das Theater selber anfängt, wie eine Stimmgabel zu zittern, nehmen viele Zuhörer Kurs auf die Ausgänge – das hätte ich auch selber getan, wenn ich nicht von Sekunde zu Sekunde gemeint hätte, es könnte keine Sekunde länger dauern. Nach einer Weile scheint, da der Lärm sich so wenig ändert, offensichtlich entweder die Maschine hängengeblieben oder das Tonband entgleist zu sein. Welche Erklärung auch immer nun zutrifft: *Bohor* sollte, wenn schon, dann in einem Fußballstadion für ein Publikum gespielt oder zur Explosion gebracht werden, das sich in Luftschutzräumen einige Kilometer weit entfernt aufhält.

Eines wäre vielleicht interessant, nämlich die Eindrücke von der Dauer zu vergleichen (zehn Minuten? eine Stunde?), doch sogar das wird vereitelt. Als dieses Ohrengemetzel sich endlich gelegt hat, gleicht der Ausbruch von Buhrufen, Spottgeschrei und Pfiffen – begleitet von einem Hagelsturm von Programmheften wie der Abfall, der nach einem schlechten Stierkampf in die Arena geworfen wird – *Bohor* fast an Lautstärke. Der Gegenangriff (»*Bis*!« von der beatlemanen Mehrheit) kommt kaum in Gang, als das Streichorchester auf das Podium zurückkehrt und die Demonstration sich in ein Pfeifkonzert verwandelt, in Nachahmung der langsamen Glissandi, die den Hauptteil dessen ausmachen, was das Orchester zu spielen hat. Dann, als der Dirigent das Zeichen für den Beginn des nächsten Stücks gibt, erhebt sich ein lauter Schrei: »*Du* Mozart«* – eine »Falle«, möchte ich annehmen – und wird von einer reichen Auswahl unaufhörlicher Epitheta beantwortet, einschließlich »*Con*!«.

* Deutsch im Original.

Trotzdem und überraschenderweise zieht das Opus ohne weitere Zwischenfälle vorbei. Aber auch ohne Einfälle. Tatsächlich ist die Anlage von kontrastierenden Klangblöcken so ziemlich dieselbe in jedem Stück; überdies deutet »kontrastierend« irreführenderweise auf Bewegung. Wenn dies »Klangarchitektur« ist, wie man geschrieben hat, dann sollte sie auf das Zeichenbrett zurückkehren.

Was jedoch an dem Konzert nach *Bohor* wirklich stört, ist, daß die lebenden Spieler, die traditionellen Instrumente und auch die Konzertroutine selbst stark veraltet zu sein scheinen. Die genormten Schlagmuster des Dirigenten haben beispielsweise keinen klaren Bezug auf die Rhythmen. Aber auch die Instrumente sind funktionell ihrer Arbeit schlecht angepaßt; immerhin entsprechen die Konstruktion der Violine und ihre Quintenstimmung einer Evolution in der Musik selber. Kurz, Xenakis' »*pensée*« scheint passender bedient von Filtern, Sonotronen, Oszillatoren, Potentiometern, Sinustongeneratoren, Ringmodulatoren und anderer Hardware.

Der Komponist zeigt sich auf dem Podium, um die Ovationen entgegenzunehmen, in der blauen Uniform eines Fabrikarbeiters und mit Schuhwerk, das ihn zum Tennisspiel bereit zeigt. Da er aber sehr gut weiß, daß der Umsatz auf dem Reputations-Aktienmarkt an der Pariser Börse rapider als sonstwo auf der Welt ist, taucht er nachher aus dem Strudel und zieht los gegen die Art und Weise, wie man in Paris *à la mode* werden kann. WERDEN KANN?

Ich tauche herauf mit Verdis Worten im Sinn: »Zurück zu den alten Meistern, und es wird ein Fortschritt sein.« Ich denke darüber nach, bei abnehmendem Interesse, bis tatsächlich zwei Uhr morgens. Zu dieser Stunde versuchen die käuflichen Mädchen – »Verkäuferinnen, die mehr Kleider kaufen wollen«, sagt R. – in fast jedem Türeingang der rue de la Paix den ganzen Weg zum Ritz zurück einen Grundbegriff ihrer Waren zu geben.

18. November. Pompano Beach, Florida. Der Zustand der Kultur, so wie hierfür in dem geistigen Ausverkauf entlang US-Highway Nr. 1A geworben wird: ein »Drive-in-Bestattungsinstitut«; eine »Dschungelgarten-Safari« (»Seht 100 Löwen in freier Wildbahn«); ein »Wigwam-Dorf«, wo »Treibholz aus Kunststoff« verkauft wird; eine Erste Kirche der Christian Science, die den Sermon verkauft: WO WIRST DU DIE EWIGKEIT VERBRINGEN?; Einladungen zum Schwimmen, Kegeln, Rollschuhlaufen, sich die Zukunft vorhersagen lassen, Shuffleboard spielen, Minigolf, zum Ballspiel Jai-Alai.

Ich gehe zum Strand: trotz der welkmachenden Hitze, des drohenden Himmels, der lähmenden Hydrozoen mit blauer Blase (portugiesischer Kriegsleute) und der allzu vielen Menschen – einer Rasse, die der Halbinsel eigen ist, obwohl nicht hier erzeugt –, deren Gerede, nach meinem (unfreiwilligen) Horchen zu urteilen, sich auf den Dow-Jones-Industrie-Index beschränkt, auf das Wetter und auf »bei uns zu Hause«.

DISKOGRAPHISCHES WERKVERZEICHNIS

von David Starke

»Ungefähr zu dieser Zeit schloß ich einen mehrjährigen Vertrag mit der großen Grammophongesellschaft Columbia ab. Es sollten Werke von mir herausgebracht werden, und ich sollte an den Aufnahmen als Pianist oder Dirigent teilnehmen.« So notiert Strawinsky in seinen 1936 veröffentlichten *Erinnerungen* den Beginn (1927) seiner Tätigkeit im Aufnahmestudio. Sie setzte sich fast vierzig Jahre lang fort. Die Meinung des Komponisten zur Aufzeichnung seiner Werke änderte sich im Laufe der Zeit. Damals schrieb er über diese ersten Platten: »Sie haben den Wert von Dokumenten und können allen Interpreten meiner Musik als Anleitung dienen.« In den letzten Jahren kam ihm nun die Kehrseite des ein für allemal Fixierten stärker zum Bewußtsein (s. S. 97), aber er hat weiterhin für Schallplattenaufnahmen dirigiert, solange seine körperliche Verfassung es zuließ.

Die folgende Liste enthält Strawinskys Originalwerke und Bearbeitungen mit den Schallplattenaufnahmen, bei denen der Komponist als Dirigent oder Pianist mitwirkte. Die Werke, die nicht von Strawinsky selbst wiedergegeben sind, zumindest nicht in der ersten Fassung, machen nur den geringeren Teil des Ganzen aus. Sie erscheinen hier kursiv.
Angeführt werden die Werke in der zeitlichen Reihenfolge ihrer Komposition bzw. Bearbeitung. Für die Zeit bis 1957 stützt sich die Benennung, vor allem bei den deutschen Titeln von Werken, die in vielen Fällen unter den ursprünglichen russischen, französischen oder englischen Bezeichnungen bekannter sind, auf das Werkverzeichnis, das Helmut Kirchmeyer am Schluß seiner Monographie *Igor Strawinsky. Zeitgeschichte im Persönlichkeitsbild. Grundlagen und Voraussetzungen zur modernen Konstruktionstechnik*, Regensburg: Gustav Bosse Verlag, 1958, bringt. Das vorliegende Verzeichnis geht von der Diskographie aus, die David Hamilton 1968 in einem von ihm kompilierten Paperback der Princeton University Press *Perspectives on Schoenberg and Stravinsky* veröffentlichte. Ergänzungen lieferten die CBS International, New York, und Dr. Barbara Knölke von CBS Schallplatten, Frankfurt, Klaus L. Neumann vom Schallarchiv des West-

deutschen Rundfunks Köln und Dr. Ulf Scharlau vom Deutschen Rundfunkarchiv Frankfurt, denen allen ich hiermit meinen Dank abstatte. Ergänzende Angaben zu früheren Aufnahmen wurden dem Standardwerk *The World's Encyclopaedia of Recorded Music* von F. F. Clough und G. J. Cuming (London 1952, Supplementbände 1953 und 1957) entnommen.

Angestrebt wurde eine möglichst vollständige Nennung der Katalognummern von Langspielplatten. Nicht berücksichtigt wurden dabei einige Kassetten-Veröffentlichungen der letzten Jahre, die schon Erschienenes vereinigen, es sei denn, sie enthalten Aufnahmen, die inzwischen nicht mehr unter den ursprünglichen Bestellnummern verfügbar waren. Manche der ersten 78 UpM-Aufnahmen sind bei Clough und Cuming unter einer wahren Fülle von Nummern belegt: ich hielt es hier für angebracht, selektiv zu verfahren. Die Bestellnummern, die bei Redaktionsschluß (1. Februar 1972) im deutschen und im amerikanischen, im Bielefelder und im Schwann-Katalog als lieferbar verzeichnet waren, sind hier kursiv gedruckt. Hinter einigen wenigen lieferbaren Platten der Firmen CBS und EMI stehen in Klammern Länderbuchstaben, wie sie von Postleitzahlen und Autoregistrierung her bekannt sind (F, GB, I). Sie können über den Auslandssonderdienst dieser Firmen bestellt werden.

Fehlen zusätzliche Angaben, so handelt es sich in den meisten Fällen um Langspielplatten von 30 cm Durchmesser und 33 UpM. Wo Verdeutlichung nötig schien, stehen Angaben wie 78/25, 78/30 oder 33/25 vor den Katalognummern. Die letzte Mono-Aufnahme fand am 14. Januar 1957 statt (*Perséphone*), die erste Stereo-Aufnahme am 18. Juni 1957 (*Agon*). Die Buchstaben-Präfixe M, ML, MS, MX u. a. weisen Platten der amerikanischen Columbia aus. Die gelegentlich verwendeten Abkürzungen sind jedem Benützer von Schallplattenkatalogen geläufig.

A. Originalwerke

Sonate für Klavier (1903–04); nicht veröffentlicht.

Faun und Schäferin, Liederzyklus für Mezzosopran und Orchester nach drei Gedichten Puschkins, op. 2 (1906)
Mary Simmons / CBC-Sinfonie-Orchester / I. S. (7./8. Mai 1964, Toronto). *MS 7439, CBS 72 881.* (GB).

Sinfonie in Es-Dur, op. 1 (1905–07)
Columbia-Sinfonie-Orchester / I. S. (2. Mai 1966, Hollywood). ML 6389 / *MS 6989,* CBS 72 569. (GB, I).

Zwei Lieder für Mezzosopran und Klavier auf Texte von Sergej Gorodetzkij, op. 6 (1907–08)

Pastorale, Lied ohne Worte für Gesang und Klavier (1908)
–, eingerichtet 1933 für Violine und vier Holzbläser vom Komponisten unter Mitarbeit von S. Dushkin
Samuel Dushkin / Bläserquartett / I. S. (1933, Paris). 78/25. Col. LB 15, LF 129, 17075–D.
–, –
Joseph Szigeti, Mitchell Miller (Oboe), R. McGinnis (Klarinette), D. Gassman (Englisch Horn), Sol Schoenbach (Fagott) / I. S. (9. Februar 1946, New York). 33/25. ML 2122.
–, –
Israel Baker / Columbia-Kammerensemble / I. S. (26. Oktober 1965, Hollywood). *M 30 579.*

Scherzo fantastique (Der Bienenflug) für großes Orchester, op. 3 (1907–08)
CBC-Sinfonie-Orchester / I. S. (1. Dezember 1962, Toronto). *MS 7094.*

Feuerwerk, Fantasie für großes Orchester, op. 4 (1908)
New Yorker Philharmonisches Orchester / I. S. (28. Januar 1946, New York). 78/30. Col. A 12459–D, WC 1100, FCX 212, LFX 997 LP, ML 4398.
–, –
Sinfonie-Orchester der Moskauer Staatsphilharmonie / I. S. (Konzertmitschnitt, Oktober 1962, Moskau). Melodija 33 Δ 010935/36.
–, –
Columbia-Sinfonie-Orchester / I. S. (17. Dezember 1963, New York). *MS 7094.*

Trauergesang für Orchester, geschrieben auf den Tod Rimskij-Korsakows, op. 5 (1908); unveröffentlicht, das Manuskript ist während der Revolution 1917 verlorengegangen.

Vier Etüden für Klavier, op. 7 (1908)

Der Feuervogel, Ballett in zwei Bildern (1909–10)
Columbia-Sinfonie-Orchester / I. S. (23./25. Januar 1961, Hollywood). ML 5728 / *MS 6328,* CBS 72 046.

–, *1. Ballettsuite (1911)*
–, –, Wiegenlied und Finale
Pariser Sinfonieorchester / I. S. (1927, Paris). Col. L 2279/82, DWX 1264/67, M 115.
–, 3. Ballettsuite (1945) (ohne verbindende Zwischenspiele)
New Yorker Philharmonisches Orchester / I. S. (28. Januar 1946, New York). Col. A 653, WC 1010, ML 4882, Phi. A 01307 L.
–, 3. Ballettsuite (1945) (mit verbindenden Zwischenspielen)
Columbia-Sinfonie-Orchester / I. S. (18. Januar 1967, Hollywood). ML 6411 / *MS 7011, CBS 72 635.*
–, –, Scherzo und Wiegenlied, für Violine und Klavier eingerichtet von I. S. und Samuel Dushkin (1933)
Samuel Dushkin und I. S. (1933, Paris). Col. LB 15, Col. 17049–D, *EMI 2C 061–11300.* (F).

Zwei Gedichte von Paul Verlaine, für Bariton und Klavier, op. 9 (1910)
–, Fassung für Bariton und Orchester (1951)
Donald Gramm / Columbia-Sinfonie-Orchester / I. S. (Dezember 1964 und 1966, New York). *MS 7439, CBS 72 881.* (GB).

Petruschka – burleske Szenen in vier Bildern (1910–11)
–, Verkürzte Aufzeichnung der ursprünglichen Fassung. (Neben einigen kleineren Strichen fehlen in dieser Aufnahme der Walzer in der 3. Szene wie auch die Episoden »Bauer mit Bär« und »Zigeuner und ein Rechenverkäufer« der 4. Szene; die letzte Episode wird durch einen Konzertschluß ersetzt.) Pariser Sinfonie-Orchester / I. S. (1928, Paris). Col. DWX 1261/63, L 2173/75, M–109.
–, Suite nach der ursprünglichen Fassung. (Enthält die 1. Szene ab Auftritt des Scharlatans, die 2. Szene vollständig und die 4. Szene vom »Tanz der Ammen« an, doch ohne die letzte Episode, die durch den Konzertschluß ersetzt wird.)
New Yorker Philharmonisches Orchester / I. S. (29. April 1940, New York). M 177, ML 4047.
–, Revidierte Fassung des vollständigen Balletts (1946)
Columbia-Sinfonie-Orchester / I. S. (12., 15. und 17. Februar 1960, Hollywood). ML 5732 / *MS 6332;* 33/25. Phi. 610307 VR / 836410 VZ; *CBS 72055, 72635, 77333.*
(Eine »Suite« aus dieser Aufnahme wurde unter den Nummern ML 6411 / *MS 7011* und *MS 7094* veröffentlicht; die 3. Szene fehlt, und die letzte Episode wird durch den Konzertschluß ersetzt.)
–, Suite nach der revidierten Fassung (1946)
Sinfonie-Orchester der Moskauer Staatsphilharmonie / I. S. (Konzertmitschnitt, Oktober 1962, Moskau). Melodija 33 △ 010933/34.
–, Russischer Tanz allein, für Violine und Klavier von I. S. und Dushkin eingerichtet (1932)
S. Dushkin / I. S. (Paris, 1933). Col. LB 15, LF 129, 17075–D, *EMI 2C 061–11300.* (F).

Zwei Gedichte von Konstantin Balmont für hohe Stimme und Klavier (1911)
–, für hohe Stimme und neun Instrumente gesetzt (1954)
Marni Nixon (S, in engl. Sprache) / Kammerensemble / I. S. (15. Februar 1955, Hollywood). ML 5107 / CML 5107, Phi. A 01493 L.

Swesdoliki, Kantate für Männerchor und großes Orchester nach einem Gedicht von Konstantin Balmont (1911–12)
Festival Singers of Toronto / CBC-Sinfonie-Orchester / I. S. (29. November 1962, Toronto). ML 6047 / *CMS 6647, M 31124*, CBS 72 272.

Le Sacre du Printemps, Bilder aus dem heidnischen Rußland (1911–12)
Sinfonie-Orchester / I. S. (1928, Paris). Col. LX 119/23, D 15 213/17, DWX 1311/15, M 129.
–, –
New Yorker Philharmonisches Orchester / I. S. (29. April 1940, New York). M 417, ML 4882, WXC 1083, LOX 494/97, Phi. A 01307 L.
–, mit revidierter Fassung vom »Danse sacrale« (1943)
Columbia-Sinfonie-Orchester / I. S. (5./6. Januar 1960, New York). ML 5719 / *MS 6319*, Phi. A 01469 L, *CBS 72 054, 72 212, 77 333.*

Drei japanische Gedichte (1912–13)
Marni Nixon (S, in engl. Sprache / Kammerensemble / I. S. (15. Februar 1955, Hollywood). CML 5107, Phi. A 01493 L.

Drei kleine Lieder (Erinnerungen an meine Kindheit) für Singstimme und Klavier nach Worten Igor Strawinskys (1913)
–, für Sopran und kleines Orchester gesetzt (1933)
Marilyn Horne (Ms, in engl. Sprache) / Kammerorchester / I. S. (28. Juli 1955, Hollywood). CML 5107, Phi. A 01493 L.
–, –
Cathy Berberian (Ms) / Kammerorchester / I. S. (11. Dezember 1964, New York). *MS 7439, CBS 72 881.* (GB).

Die Nachtigall, lyrische Erzählung in drei Akten nach einem Märchen von H. C. Andersen von I. S. und Stepan Mitusow (1908–14)
Solisten, Chor und Orchester der Opera Society of Washington / I. S. (29., 31. Dezember 1960, Washington). ML 5727 / CMS 6327, CBS 72 041. – Besetzung: Der Fischer – Loren Driscoll (T), Die Nachtigall – Reri Grist (S), Die Köchin – Marina Picassi (S), Der Kammerherr – Kenneth Smith (Baß), Der Bonze – Herbert Beattie (Baß), Der Kaiser von China – Donald Gramm (Baß), 1. japanischer Gesandter – Stanley Kolk (T), 2. japanischer Gesandter – William Murphy (Baß), 3. japanischer Gesandter – Carl Kaiser (T), Der Tod – Elaine Bonazzi (A). Choreinstudierung – John Moriarty.
–, Lieder der Nachtigall und Chinesischer Marsch, Übertragung für Violine und Klavier von I. S. und Samuel Dushkin (1932)
S. Dushkin / I. S. (1933, Paris). Col. LX 383, LFX 335, 68 334–D.

Drei Stücke für Streichquartett (1914)
–, für Orchester bearbeitet: s. u. Vier Etüden für Orchester (1928)

Pribautki, Scherzlieder für Singstimme und acht Instrumente (1914)
Cathy Berberian (Ms) / Kammerensemble / I. S. (11. Dezember 1964, New York). *MS 7439, CBS 72 881.* (GB).

Drei leichte Stücke für Klavier vierhändig (1914–15)
–, für Orchester gesetzt: s. u. Suite Nr. 2 für kleines Orchester (1921)

Katzenwiegenlieder, Gesangssuite für mittlere Stimme und drei Klarinetten, nach russischen Volksliedern (1915–16)
Cathy Berberian (Ms) / drei Klarinetten / I. S. (14. Dezember 1964, New York). *MS 7439, CBS 72 881.* (GB).

Bajka (Renard), Burleske Geschichte zu singen und zu spielen, nach russischen Volkserzählungen für die Bühne eingerichtet (1915–16)
(in engl. Sprache) George Shirley (T), Loren Driscoll (T), William Murphy (Bariton), Donald Gramm (Baß), Toni Koves (Zimbal) / Columbia-Kammerensemble / I. S. (26. Januar 1962, New York). ML 5772 / CMS 6372, *M 31124,* CBS 72 071.

Drei Geschichten für Kinder, für Singstimme und Klavier (1915–17)
–, Nr. 1 und 2 für Sopran und drei Instrumente gesetzt: s. u. Vier russische Gesänge (1953–54)

Fünf leichte Stücke für Klavier vierhändig (1916–17)
–, für Orchester gesetzt: s. u. Suite Nr. 2 für kleines Orchester (1921) und Suite Nr. 1 für kleines Orchester (1925)

Unterschale, russische Bauernlieder für Frauenstimmen a cappella (1914–17)
–, in Begleitung von vier Hörnern (1954)
Chor (in engl. Sprache) / vier Hörner / I. S. (28. Juli 1955, Hollywood). CML 5107, Phi. A 01493 L.
–, –
Gregg Smith Singers (in russischer Sprache) / Mitglieder des Columbia-Sinfonie-Orchesters / I. S. (20. August 1965, Hollywood). *M 31124.*

Swadjebka (Les Noces, Die Hochzeit), russische choreographische Szenen in vier Bildern mit Gesang und Begleitung, nach russischen Volksliedern bearbeitet von I. S. (1914–17)
(in engl. Sprache) Kate Winter (S), Linda Seymour (Ms), Parry Jones (T), Roy Henderson (Baß) / Chor und Ensemble / I. S. (10. Juni 1934, London). Col. LX 326/28, M–204.
–, –
(in engl. Sprache) Mildred Allen (S), Regina Sarfaty (Ms), Loren Driscoll (T), Robert Oliver (Baß) / American Concert Choir / Samuel Barber, Aaron Copland, Lukas Foss, Roger Sessions (Klavier) / Columbia Percussion Ensemble / I. S. (21. Dezember 1959, New York). ML 5772 / MS 6372, CBS 72 071.

Studie für Pianola (1917)
–, für Orchester gesetzt: s. u. Vier Etüden für Orchester (1928)

Die Geschichte vom Soldaten, zu lesen, zu spielen und zu tanzen (1918)
–, Konzert-Suite
Darrieux (V), Boussagol (Kb), Godeau (Klar), Dherin (Fag), Foveau (Tr), Delbos (Pos), Jean Paul Morel (Schlagzeug) / I. S. (1932, Paris). Col. LFX 263/65, LWX 25/27, M 184.
–, –
Alexander Schneider (V), Julius Levine (Kb), David Oppenheim (Klar), Loren Glickman (Fag), Robert Nagel (Tr), Erwin Price (Pos), Alfred Howard (Schlagzeug) / I. S. (27. Januar 1954, New York). ML 4964, Col. LWX 25/27, Phi. A 01193 L, A 01210.
–, –
Israel Baker (V), Richard Kelley (Kb), Roy D'Antonio (Klar), Don Christlieb (Fag), Charles Brady (Tr), Robert Marsteller (Pos), William Kraft (Schlagzeug) / I. S. (10. und 13. Oktober 1961, Hollywood). ML 5672 / *MS 6272, MS 7093*, CBS 72 007.

Ragtime für elf Instrumente (1918)
Tacz (Zimbalon), Lavaillotte (Fl), Godeau (Klar), Devemy (Horn), Poveau (Tr), Tudesq (Pos), Morel (Schlagzeug), Charmy (Vl), Volaut (Vl), Ginot (Va), Juste (Kb) / I. S. (ca. 1934, Paris). Col. LX 382, LFX 357, 68300–D.
–, –
Toni Koves (Zimbalon) / Columbia-Kammerensemble / I. S. (26. Januar 1962, New York). ML 5772 / MS 6272, *M 30579*, CBS 72 071.

Vier russische Lieder für Singstimme und Klavier (1918–19)
–, Nr. 1 und 4 für Sopran und drei Instrumente gesetzt: s. u. Vier russische Gesänge (1953–54)

Piano-Rag Music (1919)
I. S. (ca. 1934, Paris). Col. LX 382, LFX 357, 68300–D, *EMI 2C 061–11300.* (F).

Drei Stücke für Klarinette solo (1919)

Pulcinella, Ballett mit Gesang in einem Akt von I. S. nach Musik von Giovanni Battista Pergolesi (1919–20)
Mary Simmons (S), Glenn Schnittke (T), Philip MacGregor (Baß) / Cleveland-Orchester / I. S. (14. Dezember 1953, Cleveland). ML 4830, Phi. A 01139 L.
–, –
Irene Jordan (S), George Shirley (T), Donald Gramm (Baß) / Columbia-Sinfonie-Orchester / I. S. (23. August 1965, Hollywood). ML 6281 / MS 6881, *D3S–761, CBS 72 452.*
–, *Konzert-Suite (ca. 1922)*
–, –, Nr. 7 und 8
Sinfonie-Orchester / I. S. (1927, Paris). Col. D 15 126, LWX 75.
–, –, Nr. 5 und 6
Sinfonie-Orchester / I. S. (1932, Paris). Col. LFX 289.
–, –. Beide zusammen: X–36.

–, Ballett-Suite, vollständig
Columbia-Sinfonie-Orchester / I. S. (25. August 1965, Hollywood). *MS 7093, CBS 77 333.*

–, *Suite Italienne für Violine und Klavier (1933)*

–, –, Nr. 2 und 5 (Serenade, Scherzino)
Samuel Dushkin / I. S. (1933, Paris). Col. LX 290 = 68238–D (im Album M 199).

Concertino für Streichquartett (1920)

–, Fassung für zwölf Instrumente (1952)
Columbia Kammerensemble / I. S. (26. Oktober 1965, Hollywood). *M 30579.*

Sinfonische Stücke für Blasinstrumente (1920)
Bläserensemble des Kölner Rundfunk-Symphonie-Orchesters / I. S. (8. Oktober 1951, Köln). ML 4964

Die fünf Finger, acht sehr leichte Stücke im Fünftonumfang für Klavier (1920–21)

–, Fassung für Orchester: s. u. Acht Instrumental-Miniaturen (1962).

Suite Nr. 2 für kleines Orchester (1921)
Mitglieder des CBC-Sinfonie-Orchesters / I. S. (30. März 1963, Toronto). ML 6048 / *CMS 6648*, CBS 72 299.

Mawra, opera buffa in einem Akt nach Puschkin (1921–22)
Susan Belink (S), Mary Simmons (Ms), Patricia Rideout (A), Stanley Kolk (T) / CBC-Sinfonie-Orchester / I. S. (7./8. Mai 1964, Toronto). ML 6391 / *MS 6991, CBS 72 609.* (GB, I).

–, Paraschas Lied (»Gesang eines russischen Mädchens«), für Violine und Klavier eingerichtet von I. S. und S. Dushkin (1937)
Joseph Szigeti / I. S. (9. Mai 1946, New York). Col. LX 1174, 72 495–D, ML 4398.

Oktett für Bläser (1922–23)
Marcel Moÿse (Fl), Godeau (Klar), Dherin (Fag), Piard (Fag), Foveau (Tr), Vignal (Tr), Lafosse (Pos), Delbos (Pos) / I. S. (1932, Paris). Col. LFX 237/38, LX 308/09, GQX 11086/87, X–25.

–, –
Julius Baker (Fl), David Oppenheim (Klar), Loren Glickman (Fag), Sylvia Deutscher (Fag), Robert Nagel (Tr), Ted Weis (Tr), Erwin Price (Pos), Richard Hixon (Pos) / I. S. (26. Januar 1954, New York). ML 4964.

–, –
James Pellerite (Fl), David Oppenheim (Klar), Loren Glickman (Fag), Arthur Weisberg (Fag), Robert Nagel (Tr), Ted Weis (Tr), Keith Brown (Pos), Richard Hixon (Pos) / I. S. (5. Januar 1961, New York). ML 5672 / *MS 6272*, CBS 72 007 = Columbia-Kammerensemble / I. S. *M 30579.*

Konzert für Klavier und Blasinstrumente (1923–24)
Soulima Strawinsky / RCA-Victor-Sinfonie-Orchester / I. S. (1949, New York). 33/25. Vic. LM–7010.

–, –
Philippe Entremont / Columbia-Sinfonie-Orchester / I. S. (13. Mai 1964, New York). MS 6947, CBS 72600.

Sonate für Klavier (1924)

Serenade in A für Klavier (1925)
I. S. (1934, Paris). Col. LF 139/40, LW 22/23, GQ 7194/95, 17021/22–D, *EMI 2C 061–11300.* (F).

Suite Nr. 1 für kleines Orchester (1925)
Mitglieder des CBC-Sinfonie-Orchesters / I. S. (29. März 1963, Toronto). ML 6048 / *CMS 6648, CBS* 72299, *72463.*

Pater noster für vierstimmigen gemischten Chor a capella (1926)
Festival Singers of Toronto (in altslawischer Sprache) / I. S. (7./8. Mai 1964, Toronto). *M 31124.*
–, Neufassung mit lateinischem Text (1948)
Chor der Church of the Blessed Sacrament, New York / I. S. (April 1949, New York). 33/25. Vic. LM–7010.

Oedipus Rex, szenisches Oratorium in zwei Teilen nach Sophokles, von Jean Cocteau (1926–27)
Jean Cocteau (Erzähler, in franz. Sprache), Martha Mödl (Ms), Peter Pears (T), Helmut Krebs (T), Heinz Rehfuß (Bariton), Otto von Rohr (Baß) / Kölner Rundfunk-Symphonie-Orchester und Kölner Rundfunk-Chor / I. S. (8. Oktober 1951, Köln). ML 4644, Phi. A 01 137 L.
–, –
John Westbrook (Erzähler, in engl. Sprache), Shirley Verrett (Ms), George Shirley (T), Loren Driscoll (T), Donald Gramm (Baß), Chester Watson (Baß), John Reardon (Bariton) / Orchester und Chor der Opera Society of Washington / I. S. (20. Januar 1962, Washington). ML 5872 / CMS 6472, CBS 72 131.

Apollon musagète, Ballett in zwei Bildern (1927–28)
RCA-Victor-Orchester / I. S. (17. April 1950, New York). Vic. LM–1096, HMV FALB 132.
–, –
Columbia-Sinfonie-Orchester / I. S. (29. Januar und 11. Dezember 1964, New York). ML 6046 / *MS 6646*, CBS 72 355.

Der Kuß der Fee, allegorisches Ballett in vier Bildern nach Musik von Peter Tschaikowsky (1928)
Cleveland-Orchester / I. S. (11. Dezember 1955, Cleveland). ML 5102, Phi. A 01306 L.
–, revidierte Fassung von 1950
Columbia-Sinfonie-Orchester / I. S. (19./20. August 1965, Hollywood). ML 6203 / MS 6803, *D3S–761*, CBS 72 407.
–, Divertimento, sinfonische Suite aus dem Ballett »Der Kuß der Fee« (1934)

Victor Symphony Orchestra / I. S. (1940, Mexico City). Vic. (Mexico) M–931.

–, –

RCA-Victor-Sinfonie-Orchester / I. S. (1947, Hollywood). Vic. LVT–1029, Vsm FALP 153, Teldec RCA TWS LM 1075.

Vier Etüden für Orchester (1928)
CBC-Sinfonie-Orchester / I. S. (29. November und 1. Dezember 1962, Toronto). ML 6048 / *CMS 6648*, CBS 72 299.

Capriccio für Klavier und Orchester (1928–29)
I. S. (Kl) / Orchester Walther Straram / Ernest Ansermet (1930, Paris). Col. LX 116/18, LFX 81/83, M 152, *EMI 2C 061–11300.* (F).

Psalmensinfonie für Chor und Orchester (1930)
Chor Alexei Vlassoff / Orchester Walther Straram / I. S. (Februar 1931, Paris). Col. LX 147/49, LWX 13/15, M 162.

–, –

Chor / Columbia Broadcasting Symphony Orchestra / I. S. (19. Dezember 1946, New York). ML 4129, Phi. A 01193 L.

–, revidierte Fassung von 1948
Festival Singers of Toronto / CBC-Sinfonie-Orchester / I. S. (30. März 1963, Toronto). ML 5948 / *MS 6548, CBS* 72 181, *72 463, 77 333.*

Konzert in D für Violine und Orchester (1931)
Samuel Dushkin / Lamoureux-Orchester / I. S. (1932, Paris). Pol. 566 173/75, DGG 67 110/12, Vox 173 = VLP 6340.

–, –

Isaac Stern / Columbia-Sinfonie-Orchester / I. S. (29./30. Juni 1961, Hollywood). ML 5731 / *MS 6331, CBS 72 038.*

Duo concertant für Violine und Klavier (1931–32)
Samuel Dushkin / I. S. (1933, Paris). 2 x 78/25 + 1 x 78/30 = Col. LB 12/13, LX 290; LF 131/32, LFX 334; M 199; *EMI 2C 061–11300.* (F).

–, –

Joseph Szigeti / I. S. (11. und 13. Oktober 1945, New York). ML 2122.

Credo für vierstimmig gemischten Chor a cappella (1932)
–, Neufassung mit altslawischem Text (1964)
Gregg Smith Singers / I. S. (20. August 1965, Hollywood). *M 31124.*

Perséphone, Melodram in drei Bildern von André Gide (1933–34)
–, revidierte Fassung von 1949
Vera Zorina (Erzählerin), Richard Robinson (T) / Westminster-Chor / New Yorker Philharmonisches Orchester / I. S. (14. Januar 1957, New York). ML 5196.

–, –

Vera Zorina (Erzählerin), Michele Molese (T) / Gregg Smith Singers, Ithaca College Concert Choir, Texas Boys Choir / Columbia-Sinfonie-Orchester / I. S. (4. und 7. Mai 1966, Hollywood). ML 6319 / MS 6919, CBS 72 505.

Ave Maria für vierstimmig gemischten Chor a cappella (1934)
Festival Singers of Toronto (in altslawischer Sprache) / I. S. (7./8. Mai 1964, Toronto). *M 31124.*

–, Neufassung mit lateinischem Text (1948)
Chor der Church of the Blessed Sacrament, New York / I. S. (April 1949, New York). 33/25. Vic. LM–7010.

Konzert für zwei Klaviere (1931–35)
Igor und Soulima Strawinsky (1938, Paris). Col. LFX 951/53. (Die 6. Seite dieses Plattensatzes enthält Mozarts Fuge in c-Moll, KV 426, von denselben Ausführenden gespielt.)

Ein Kartenspiel, Ballett in drei Runden (1936)
Berliner Philharmoniker / I. S. (1938, Berlin). Telefunken SK 2460/62, Merc. MG–10014, 33/25. Cap. L–8028.

–, –
Cleveland-Orchester / I. S. (13. März 1964, Cleveland). ML 6049 / *CMS 6649,* CBS 72 270.

Präludium für Jazzensemble (1937)
Columbia Jazz Group / I. S. (27. April 1965, New York). *M 30579.*

Concerto in Es (Dumbarton Oaks) für Kammerorchester (1937–38)
Dumbarton Oaks Festival Orchestra / I. S. (28. Mai 1947). Merc. MG–10014.

–, –
Mitglieder des Columbia-Sinfonie-Orchesters / I. S. (29. März 1962, Hollywood). ML 6048 / *CMS 6648,* CBS 72 299.

Sinfonie in C (1938–40)
Cleveland-Orchester / I. S. (14. Dezember 1952, Cleveland). ML 4899, Phi. A 01149 L.

–, –
CBC-Sinfonie-Orchester / I. S. (2./3. Dezember 1962, Toronto). ML 5948/ *MS 6548, CBS* 72 181, *77 333.*

Tango für Klavier (1940)

–, Fassung für kleines Orchester (1953)
Columbia Jazz Group / I. S. (27. April 1965, New York). *M 30579.*

Danses concertantes für Kammerorchester (1941–42)
RCA-Victor-Kammerorchester / I. S. (1947, Hollywood). Vic. LVT–1029, Vsm FALP 159, Teldec RCA TWS LM 1075.

–, –
Columbia-Kammerorchester / I. S. (20. Januar 1967, Hollywood). *M 30516.*

Zirkuspolka, komponiert für einen jungen Elefanten (1942)
New Yorker Philharmonisches Orchester / I. S. (5. Februar 1945, New York). ML 4398.

–, –
Mitglieder des CBC-Sinfonie-Orchesters / I. S. (29. März 1963, Toronto). ML 6048 / *CMS 6648,* CBS 72 299.

Vier norwegische Impressionen (1942)
New Yorker Philharmonisches Orchester / I. S. (5. Februar 1945, New York). Col. 12 371–D, FCX 212, WCX 1100, LZX 240, ML 4398, Phi. L 1516 L.

–, –
CBC-Sinfonie-Orchester / I. S. (29. März 1963, Toronto). *M 30579.*

Ode (1943)
New Yorker Philharmonisches Orchester / I. S. (5. Februar 1945, New York). Col. FCX 212, WCX 1100, ML 4398, Phi. L 1516 L.

–, –
Staatliches Sinfonie-Orchester der UdSSR / I. S. (Konzertmitschnitt Oktober 1962, Moskau). Melodija 33 △ 010 935/36.

–, –
Cleveland-Orchester / I. S. (13. März 1964, Cleveland). *M 30516.*

Sonate für zwei Klaviere (1943–44)

Babel, Kantate nach Moses I, Vers 1–9, für Männerchor, Orchester und Erzähler (1944)
John Colicos (Erzähler) / Festival Singers of Toronto / CBC-Sinfonie-Orchester / I. S. (29. November 1962, Toronto). ML 6047 / *CMS 6647, M 31124,* CBS 72 272.

Scherzo à la Russe (1944)
RCA-Victor-Sinfonie-Orchester / I. S. (1947, Hollywood). 33/25. Vic. LM–7010.

–, –
Columbia-Sinfonie-Orchester / I. S. (17. Dezember 1963, New York). *MS 7094,* CBS 72 181.

Kleiner Kanon für zwei Tenöre (1944); nicht veröffentlicht.

Elegie für Violine oder Viola solo (1944)

Scènes de Ballet (1944)
New Yorker Philharmonisches Orchester / I. S. (5. Februar 1945, New York). ML 4047, Col. WC 1015, Phi. L 1516 L.

–, –
CBC-Sinfonie-Orchester / I. S. (28. März 1963, Toronto). ML 6049 / *CMS 6649,* CBS 72270.

Sinfonie in drei Sätzen (1942–45)
New Yorker Philharmonisches Orchester / I. S. (28. Januar 1946, New York). ML 4129.

–, –
Columbia-Sinfonie-Orchester / I. S. (1. Februar 1961, Hollywood). ML 5731 / *MS 6331, CBS 72 038, 72 463.*

Ebony Concerto (1945)
Woody Herman (Klar) und sein Orchester / I. S. (19. August 1946, Hollywood, Col. WCX 1100, FCX 212, ML 4398, Phi. G 03621 L.

–, –

Benny Goodman (Klar) / Columbia Jazz Group / I. S. (27. April 1965, New York). ML 6205 / *MS 6805, M 30579*.

Concerto in D (Basler) für Streichorchester (1946)

John Corigliano (V), Michael Rosenker (V) / RCA-Victor-Orchester / I. S. (1949, New York). Vic. LM–1096, Vsm FALP 132.

–, –

Columbia-Sinfonie-Orchester / I. S. (17. Dezember 1963, New York). *M 30516*.

Orpheus, Ballett in drei Bildern (1947)

RCA-Victor-Sinfonie-Orchester / I. S. (23. Februar 1949, New York). Vic. LM–1033, Vsm FALP 181.

–, –

Staatliches Sinfonie-Orchester der UdSSR / I. S. (Konzertmitschnitt, Oktober 1962, Moskau). Melodija 33 △ 010933/34.

–, –

Chicago-Sinfonie-Orchester / I. S. (20. Juli 1964, Chicago). ML 6064 / *MS 6646*, CBS 72 355.

Messe für gemischten Chor und doppeltes Bläserquintett (1944–47)

Chor der Church of the Blessed Sacrament, New York / Bläserensemble / I. S. (24./25. April 1949, New York). 33/25. Vic. LM–17, Elec. FBLP 1012, Vsm FBLP 1012.

–, –

Annette Baxter, Adrienne Albert / Gregg Smith Singers / Bläser des Columbia-Sinfonie-Orchesters / I. S. (9. Juni 1960, Hollywood). ML 6392 / *MS 6992, CBS 72 063, 72 604*.

The Rake's Progress, Oper in drei Akten (1948–51)

Solisten, Chor und Orchester der Metropolitan Opera Association / I. S. (1., 8. und 10. März 1953, New York). Col. SL 125, Phi. A 01 181/83 L. – Besetzung: Ann Trulove – Hilde Güden (S), Mutter Goose – Martha Lipton (Ms), Baba, genannt die Türkenbab – Blanche Thebom (Ms), Tom Rakewell – Eugene Conley (T), Sellem – Paul Franke (T), Nick Shadow – Mac Harrell (Bariton), Trulove – Norman Scott (Baß), Wärter – Lawrence Davidson (Baß).

–, –

Solisten, Chor der Sadler's Wells-Oper / Königlich Philharmonisches Orchester / I. S. (16.–20., 22./23. Juni 1964, London). M3L 310 / *M3S 710*, CBS 72 278/80. – Besetzung: Ann Trulove – Judith Raskin (S), Mutter Goose – Jean Manning (Ms), Baba, genannt die Türkenbab – Regina Sarfaty (Ms), Tom Rakewell – Alexander Young (T), Sellem – Kevin Miller (T), Nick Shadow – John Reardon (Bariton), Trulove – Don Garrard (Baß), Wärter – Peter Tracey (Baß).

Cantata für Sopran, Tenor, Frauenchor und Instrumente (1951–52)

Jennie Tourel (Ms), Hugues Cuenod (T) / Mitglieder des New York Concert Choir / Philharmonic Chamber Ensemble: John Wummer (Fl), Paige

Brook (Fl), Engelbert Brenner (Ob), Ferdinand Prior (Engl. Horn), Heinrich Joachim (Vc) / I. S. (22. Dezember 1952, New York). ML 4899, Phi. A 01149 L.

–, –

Adrienne Albert (Ms), Alexander Young (T) / Gregg Smith Singers / Columbia-Kammerensemble / I. S. (27. November 1965, Hollywood). ML 6392 / *MS 6992, CBS 72 604.*

Septett (1952–53)

David Oppenheim (Klar), John Barrows (Horn), Loren Glickman (Fag), Ralph Kirkpatrick (Kl), Alexander Schneider (V), Karen Tuttle (Va), Bernard Greenhouse (Vc) / I. S. (27. Januar 1954, New York). CML 5107, Phi. A 01493 L.

–, –

Columbia-Kammerensemble / I. S. (27. Oktober 1965, Hollywood). ML 6454 / *MS 7054.*

Drei Shakespeare-Lieder (1953)

Grace-Lynne Martin (Ms), Arthur Gleghorn (Fl), Hugo Raimondi (Klar), Cecil Figelski (Va) / I. S. (13. September 1954, Hollywood). CML 5107, Phi. A 01493 L.

–, –

Cathy Berberian (Ms) / Kammerensemble / I. S. (14. Dezember 1964, New York). *MS 7439,* CBS 72881. (GB).

Vier russische Gesänge für Stimme, Flöte, Harfe und Gitarre (1953–54)

Marni Nixon (S, in engl. Sprache), Arthur Gleghorn, Dorothy Remsen, Jack Marshall / I. S. (15. Februar 1955, Hollywood). CML 5107, Phi. A 01493 L.

–, –

Adrienne Albert (Ms, in russischer Sprache), Luise di Tullio, Dorothy Remsen, Laurindo Almeida / I. S. (30. November 1965, Hollywood). *MS 7439.*

In Memoriam Dylan Thomas, Grabgesänge und Lied für Tenor, Streichquartett und vier Posaunen (1954)

Richard Robinson / Kammerensemble / I. S. (13. September 1954, Hollywood). CML 5107, Phi. A 01493 L.

–, –

Alexander Young / Columbia-Kammerensemble / I. S. (27. November 1965, Hollywood). ML 6392 / *MS 6992, CBS 72 604.*

Geburtstags-Präludium zum achtzigsten Geburtstag von Pierre Monteux (1955)

Columbia-Sinfonie-Orchester / I. S. (17. Dezember 1963, New York). ML 6048 / *CMS 6648,* CBS 72 299.

Canticum Sacrum (1955)

Richard Robinson (T), Howard Chitijan (Bariton) / Los Angeles Festival

Symphony Orchestra and Choir / I. S. (19. Juni 1957, Los Angeles). ML 5215 / *CMS 6022*, CBS 72 438.

Agon, Ballett für zwölf Tänzer (1953–57)
Los Angeles Festival Symphony Orchestra / I. S. (18. Juni 1957, Los Angeles). ML 5215 / *CMS 6022*, Phi. A 01450 L, CBS 72438.

Threni, id est Lamentationes Jeremiae Prophetae für Soli, gemischten Chor und Orchester, dem Norddeutschen Rundfunk gewidmet (1957–58)
Bethany Beardslee (S), Beatrice Krebs (A), William Lewis (T), James Wainner (T), Mac Morgan (Bariton), Robert Oliver (Baß) / Schola Cantorum / Columbia-Sinfonie-Orchester / I. S. (5./6. Januar 1959, New York). ML 5383 / *CMS 6065*, Phi. A 01450 L.

Mouvements für Klavier und Orchester (1958–59)
Charles Rosen / Columbia-Sinfonie-Orchester / I. S. (12. Februar 1961, Hollywood). ML 5672 / *MS 6272*, ML 6454 / *MS 7054*, CBS 72 007.

Epitaphium für Prinz Max Egon zu Fürstenberg (1959)
Arthur Gleghorn (Fl), Kolman Bloch (Klar), Dorothy Remsen (Harfe) / I. S. (25. Januar 1961, Hollywood). ML 5672 / *MS 6272*, ML 6454 / *MS 7054*, CBS 72 007.

Doppelkanon für Streichquartett, Raoul Dufy in memoriam (1959)
Israel Baker (V), Otis Igleman (V), Sanford Schonbach (Va), George Neikrug (Vc) / I. S. (25. Januar 1961, Hollywood). ML 5672 / *MS 6272*, ML 6454 / *MS 7054*, CBS 72 007.

A Sermon, a Narrative, and a Prayer (1960–61)
John Horton (Erzähler), Shirley Verrett (Ms), Loren Driscoll (T) / Festival Singers of Toronto / CBC-Sinfonie-Orchester / I. S. (29. April 1962, Toronto). ML 6047 / *CMS 6647*, ML 6454 / *MS 7054*, CBS 72 272.

Anthem »The dove descending breaks the air« nach T. S. Eliot (1962)
Festival Singers of Toronto / I. S. (29. April 1962, Toronto). ML 6047 / CMS 6647, ML 6454 /*MS 7054*, CBS 72 272.

Acht Instrumental-Miniaturen (1962)
Mitglieder des CBC-Sinfonie-Orchesters / I. S. (29. April 1962, Toronto). ML 6048 / *CMS 6648*, CBS 72 299.

The Flood (Die Sintflut) (1961–62)
Laurence Harvey (Erzähler), Sebastian Cabot (Noah), Else Lanchester (Noahs Frau), Paul Tripp (Ausrufer), Richard Robinson (T, Satan), John Reardon und Robert Oliver (Bariton und Baß, die Stimme Gottes) / Columbia-Sinfonie-Orchester und Chor / I. S. und Robert Craft (28. und 31. März 1962, Hollywood). ML 5757 / MS 6357, CBS 72 063.

Elegie für J. F. K. (1964)
–, Fassung für Mezzosopran
Cathy Berberian (Ms), Paul Howland, Jack Kreiselman, Charles Russo (Klar) / I. S. (14. Dezember 1964, New York). ML 6454 / *MS 7054*.

Fanfare für ein neues Theater (auch »Fanfare für zwei Trompeten« genannt) (1964)
Robert Heinrich, Robert E. Nagel / I. S. (11. Dezember 1964, New York). ML 6454 / *MS 7054.*

Variationen für Orchester, Aldous Huxley in memoriam (1964)
Columbia-Sinfonie-Orchester / I. S. (26. August 1965, Hollywood). *MS 7386.*

Abraham und Isaak, eine geistliche Ballade für Bariton und Kammerorchester (1963–64)

Kanon über ein russisches Volkslied für Orchester (1965)

Introitus, T. S. Eliot in memoriam (1965)
Gregg Smith Singers / Mitglieder des Columbia-Sinfonie-Orchesters / I. S. (9. Februar 1966, Hollywood). *MS 7386.*

Requiem-Canticles für Alt- und Baß-Soli, gemischten Chor und Orchester (1966)

The Owl and the Pussy-Cat für Gesang und Klavier (1966)

B. Bearbeitungen fremder Werke

Edvard Grieg: »Kobold«, op. 71, Nr. 3, aus den »Lyrischen Stücken« für Klavier, im Auftrag Diaghilews für das Ballett »Le Festin« instrumentiert (1909)

Frédéric Chopin: Nocturne As-Dur, op. 32, Nr. 2, und Valse brillante Es-Dur, op. 18 für Klavier, im Auftrag Diaghilews für das Ballett »Les Sylphides« instrumentiert (1909)

Ludwig van Beethoven: Lied »Aus Goethes Faust« (»Es war einmal ein König, der hatt' einen großen Floh«) für Gesang und Klavier, op. 75, Nr. 3, im Auftrag Diaghilews für Baß und Orchester gesetzt (1910). Zusammen mit Melodien Modest Mussorgskijs, ebenfalls von I. S. instrumentiert, war es für die Partitur von »Le Puce« (»Der Floh«) bestimmt.

Modest Mussorgskij: Instrumentierung zweier Nummern und des Finales vom 5. Akt der Oper »Chowanschtschina« im Auftrag Diaghilews (1913)

Gesang der Wolgaschiffer – russisches Volkslied für Blasorchester und Schlagzeug bearbeitet (1917)
Sinfonie-Orchester der Moskauer Staatsphilharmonie / I. S. (Konzertmitschnitt, Oktober 1962, Moskau). Melodija 33 △ 010935/36.

Der blaue Vogel (Pas de deux aus Tschaikowskys Ballett »Dornröschen«), für Kammerorchester eingerichtet (1941)

Columbia-Sinfonie-Orchester / I. S. (17. Dezember 1963, New York). ML 6049 / *CMS 6649*, CBS 72 270.

The Star-Spangled Banner (Harmonisierung und Instrumentation der amerikanischen Nationalhymne) (1941)
Festival Singers of Toronto / CBC-Sinfonie-Orchester / I. S. (7./8. Mai 1964, Toronto). *M 31124*.

Choralvariationen über das Weihnachtslied »Vom Himmel hoch« (J. S. Bach), für Chor und Orchester gesetzt (1955–56)
Festival Singers of Toronto / CBC-Sinfonie-Orchester / I. S. (30. März 1963, Toronto). ML 6047 / *CMS 6647*, CBS 72 272.

Monumentum pro Gesualdo di Venosa ad CD annum, drei Madrigale für Instrumente rekomponiert (1960)
Columbia-Sinfonie-Orchester / I. S. (9. Juni 1960, Hollywood). KL 5718 / *CKS 6318*, CBS 72 276.

Hugo Wolf: Zwei geistliche Lieder aus dem »Spanischen Liederbuch« (»Herr, was trägt der Boden hier«, »Wunden trägst du, mein Geliebter«) für Gesang und Klavier, bearbeitet und instrumentiert für Mezzosopran und Instrumente (Mai 1968).

REGISTER

Igor Strawinskys im Text erwähnte Werke

Erwähnte Personen und fremde Werke

IGOR

STRAWINSKY

GESPRÄCHE MIT ROBERT CRAFT

256 Seiten mit 23 Abbildungen,
Leinen DM 21,–

In den Gesprächen mit Robert Craft, deren erster Teil hiermit in deutscher Sprache vorliegt, äußert sich Igor Strawinsky freimütig zu musikalischen Problemen der Gegenwart und zur Entstehung seiner eigenen Werke. Daneben wird auch den Erinnerungen an die Jugend in Rußland, an Diaghilew und sein Russisches Ballett, an Musiker, Dichter, Maler u. a. breiter Raum gewährt. Eine dokumentarisch wertvolle Bereicherung erfahren diese Gespräche durch Briefe, die Diaghilew, Debussy, Ravel, Valéry, Romain Rolland, Gide und W. H. Auden an Strawinsky richteten, und durch zahlreiche, bisher zum Teil unbekannte Photos.

ATLANTIS VERLAG

ZÜRICH UND FREIBURG BR.

BIOGRAPHIEN UND WERKDARSTELLUNGEN
BERÜHMTER KOMPONISTEN DES 20. JAHRHUNDERTS

Andres Briner
PAUL HINDEMITH
382 Seiten mit 8 Abbildungen, Leinen DM 36,–

Harry Halbreich
BOHUSLAV MARTINU
Werkverzeichnis, Dokumentation, Biographie
386 Seiten, Leinen DM 34,–

Hans Hollander
LEOS JANACEK
212 Seiten mit 24 Abbildungen, Leinen DM 22,–

Lisa M. Peppercorn
HEITOR VILLA-LOBOS
234 Seiten mit 8 Abbildungen, Leinen DM 28,–

Willi Reich
ALBAN BERG
232 Seiten mit 33 Abbildungen, Leinen DM 22,–

Heinrich Strobel
CLAUDE DEBUSSY
260 Seiten mit 9 Abbildungen, Leinen DM 17,50

Heinrich Strobel
IGOR STRAWINSKY
96 Seiten, kartoniert DM 4,80

Hans Heinrich Stuckenschmidt
FERRUCCIO BUSONI
Zeittafel eines Europäers
180 Seiten mit 8 Abbildungen, Leinen DM 26,–

Hans Heinrich Stuckenschmidt
ARNOLD SCHÖNBERG
176 Seiten mit 5 Abbildungen, kartoniert DM 9,80

Willy Tappolet
ARTHUR HONEGGER
256 Seiten mit 8 Abbildungen, Leinen DM 15,–

ATLANTIS VERLAG, ZÜRICH UND FREIBURG BR.